全球化境遇中的西方边疆理论研究

于 沛 孙宏年 章永俊 董欣洁 著

中国社会科学出版社

图书在版编目（CIP）数据

全球化境遇中的西方边疆理论研究/于沛，孙宏年，
章永俊，董欣洁著．—北京：中国社会科学出版社，2008.11
ISBN 978 - 7 - 5004 - 7278 - 0

Ⅰ. 全…　Ⅱ.①于…②孙…③章…④董…　Ⅲ.疆域—理论
研究—西方国家　Ⅳ.K916

中国版本图书馆 CIP 数据核字（2008）第 154771 号

策划编辑　冯　斌
责任编辑　沈锡麟
责任校对　易　凡
封面设计　部落艺族
版式设计　戴　宽

出版发行　**中国社会科学出版社**
社　　址　北京鼓楼西大街甲 158 号　　　　邮　编　100720
电　　话　010—84029450（邮购）
网　　址　http://www.csspw.cn
经　　销　新华书店
印　　刷　华审印刷厂　　　　　　　　　　装　订　广增装订厂
版　　次　2008 年 11 月第 1 版　　　　　　印　次　2008 年 11 月第 1 次印刷
开　　本　880×1230　1/32
印　　张　14　　　　　　　　　　　　　　插　页　2
字　　数　380 千字
定　　价　36.00 元

前　言

本书以新航路开辟至今的西方边疆理论——其发展变化与全球化进程密切相关——为研究对象，旨在揭示西方边疆理论的发展脉络和演变过程，并对这500多年间的主要观点、理论进行重点探讨。

一　本书的研究对象及相关概念

本书以西方边疆理论为研究对象，有许多方面值得注意，要而言之，至少有四个方面：

其一，"西方"的概念和本书涉及的地域范围问题。"西方"一词在汉语中有多种含义，其中之一就是指"欧美各国，有时特指欧洲资本主义各国和美国"。[①] 在其他语言中，"西方"的含义也是多种多样，如英语中"the West"包含"西方；西洋（指欧洲及美洲，与亚洲大陆）"和"（国际政治）西方国家；西方集团（指西欧与美国；与东欧，苏联及中国相对）"多种含义。[②]

---

① 中国社会科学院语言研究所词典编辑室编：《现代汉语词典》，商务印书馆1983年版，第1227页。

② 《牛津现代高级英汉双解词典》，商务印书馆、牛津大学出版社1988年版，第1309页。

欧美国家也有学者从政治学、文明、文化的角度理解"西方"，比如塞缪尔·亨廷顿（Samuel P. Huntington）在《文明的冲突与世界秩序的重建》中，就一再提出"西方文明范围"和"西方国际组织成员"的问题，而且提出存在着一条"将西方基督教各民族同穆斯林和东正教各民族分开"的"伟大的历史界线"，还认为"这是欧洲文化的界线，在冷战后世界中，它也是欧洲和西方政治经济的边界"。①

我们认为，在新航路开辟以来的 500 多年间，随着资本主义的发展和全球格局的变化，"西方"的地域范围不断变化，"西方"的大国分布格局也随着国际政治格局的演变而变动，先是从西欧扩展到中欧、东欧、北美，19 世纪末期东亚的日本又力图"脱亚入欧"以成为"西方"列强的一员。本书所涉及的"西方"主要是指这些国家和地区，所论述的重心也主要是欧美国家和日本的边疆理论，尽管日本在自然地理上属于东方国家的范围。

其二，"边疆"的概念及其与"边界（国界）"的关系问题。边疆问题与边界（国界）问题密切相关，又有一定区别，本书的论述中首先注重边疆理论的探讨，其中也涉及一些相关的边界理论。从概念上看，"边疆"的含义就与"边界（国界）"密切相连，二者的区别又是明显的，现代意义上的边界（国界）通常是一条线，边疆则指一个地带。比如在《现代汉语词典》中，"边界"则指"地区和地区之间的界线（多指国界，有时也指省界和县界）"，"国界"是指"本国与邻国的领土之间的分界

---

① ［美］塞缪尔·亨廷顿著，周琪等译：《文明的冲突与世界秩序的重建》，新华出版社 2002 年版，第 170—171 页。

线"，"边疆"则"靠近国界的领土"。① 这就比较清楚地说明了二者含义上的联系与差别。当然，如果就语言、词汇的表述来看，各种语言又有一定差别，如现代英语中一般以"borderline"表示"（两国等之间）的界线，国境线"（lines that marks a border），"borderland"表示"边疆、边区、边境"（district on either side of border or boundary），分别表明了一条线和一个地带；以"frontier"表示"国境、边疆、边界"（part of a country bordering on another country）。② 又如法语中的"frontière"也同时表达了"边界、国界"与"边境、国境、边疆"多种含义。③ 从西方涉及边疆、边界的学说、理论发展的实践来看，这500多年间既有专门论述边疆问题的内容，又有专门论述两国或多国边界（国界）的走向、划分、标志的内容，还有的学说、理论同时包含对边疆变迁和边界（国界）变化、划分及标志等方面的内容。由于这些论述中，边界（国界）与边疆问题关系极为密切，本书在探讨中采取同时研究的办法，既有与边疆有关的观点、理论，也有与边界（国界）相关的观点、理论。

需要特别注意的是，边疆问题本身就远远不是理论问题，更主要是一个实践问题，而本书涉及的边疆问题在这500多年间就是不断发展变化的，因此"边疆"的概念也不断发展变化。从15世纪末至19世纪末，西方关注的"边疆"主要是传统意义上的地理边疆，所涉及的范围又在不断扩大。这400年间，西方各国主要关心本土的领陆、领水的边疆和边界。随着殖民扩张、瓜

① 中国社会科学院语言研究所词典编辑室编：《现代汉语词典》，商务印书馆1983年版，第64、425页。

② 《牛津现代高级英汉双解词典》，商务印书馆、牛津大学出版社1988年版，第129、467页。

③ 《法汉词典》，上海译文出版社1982年版，第561页。

分世界斗争的激烈，他们又开始关注殖民地的范围和边界。为了确认本土和殖民地的疆界，西方各国以民族国家、国家主权理论为基础，以 1648 年《威斯特伐利亚和约》、1815 年维也纳会议《最后议定书》等一系列国际条约为依据，通过划分边界的实践来确认欧美各国的疆界，使国际法中领土变更方式和边界确认等内容不断丰富。同时，欧美列强为了殖民扩张、瓜分世界，无视亚非拉地区各国、各部族之间原有的习惯边界线，通过一系列双边或多边条约，人为地划定了殖民地、势力范围、保护国的边界。这些实践促进了国际法中疆界理论，特别是添附、割让、先占、时效、征服等领土变更方式的形成、丰富，比如列强为争夺非洲，在 1884—1885 年的柏林会议上，就所谓的"有效占领"达成一致，就使"先占"理论更加系统化。而且，列强的海外扩张使"海洋国土"的重要性日益显现，领海制度逐步得到确认，但领海宽度则有 3 海里、6 海里、8 海里、12 海里、100 海里等多种观点。19 世纪末，美国马汉提出"海权论"，既是对海洋、海军在西方大国争夺世界霸权历史的总结，又促使帝国主义殖民加紧发展海军和海外争夺，使"海上疆界"问题更加突出。

20 世纪上半期，随着列强对世界的争夺加剧和两次世界大战的进行，西方的"边疆"概念不断扩展，由原来领陆、领水两种"边疆"发展到领陆、领海和领空三种"边疆"。各国在继续关注领陆、领水的边疆、边界的同时，领海及其宽度和领空的疆界问题受到普遍重视，也提出了种种理论。其中，领海宽度以及与此相关的毗连区、历史性海湾等是关注的焦点，大陆架问题也被提出。在 1930 年的海牙国际法编纂会议上，各国一致认为曾经使用的"领水"不如"领海"适当，因而将领水改为领海，而领海是国家领土的一部分，但对领海宽度、毗连区、历史性海湾等争论激烈。飞行器的不断发明、飞行技术的日益提高，特别是飞机在一战中发挥巨大威力的事实，使"空中疆界"问题更受重视，意大利人杜黑等提出了"制空权"理论，而国家主权及于空间的主张得到认可。1919年的《巴黎航空公约》就规定缔约各国承认"每一国家对其领土上的空间具有完全的和排他的主权"，这一原则被后来的国际空间法，如1944年的《国际民用航空公约》、《国际航班过境协定》等继承。此时，国际法中已形成对"国家领土"概念的共识，《国际民用航空公约》中就规定："本公约所指一国的领土，应认为是在该国主权、宗主权、保护或委任统治下的陆地区域及其邻接的领水"，缔约国又承认"每一国家对其领土上空具有完全的和排他的主权"。这里强调"宗主权、保护或委任统治"与主权同样重要，是对新航路开辟以来国家领土取得、变更实践的总结，又带有明显的时代特点。

1945年至今，西方的边疆理论出现了三个明显的变化，使疆界问题日益复杂。一是随着二战之后冷战格局的发展和亚非拉一批国家的建立，各国之间不仅陆疆、海疆问题更加突出，而且南、北极地区引起更多的关注。对海、陆边界纠纷的增加推动划界实践和理论的发展，特别是联合国召开了三次海洋法会议，领海宽度、大陆架、毗连区、专属经济区等问题取得突破，并在1982年《联合国海洋法公约》达成共识。不论南极还是北极，都有国家对其提出领土要求，这些要求都被通过公约冻结或没有得到承认。二是随着高科技的迅速发展，特别是航天航空技术的发展，各国在关注陆、海疆和"空中疆界"的同时，又日益认识到太空是一个具有特定性能的新领域，可以从地球的"地理边疆"向"太空边疆"延伸，出现了第四种边疆——"天疆"的概念，是否拥有空间制高点开始成为衡量综合国力的重要标志，美、苏、日本和西欧等大国就围绕着"天疆"问题展开激烈的争夺和较量，出现了"高边疆"等理论。三是边疆从有形的陆疆、海疆、"空疆"、"天疆"等"地理边疆"发展为"经济边疆"、"信息边疆"、"文化边疆"、"利益边疆"等无形的"边疆"，从地理的边疆发展为多种形态的"边疆"。这主要表现为经济的全球化、网络信息技术和现代化的文化传播方式的发展，冲破了地理上边界、边疆的限制，不可逆转地渗透到经济、社会生活的各个领域，改变着人们的生活方式和生产方式，事实上已经出现了无形的经济、文化、信息等新的"边疆"，西方大国的某些理论就鼓吹借助经济、网络等多种手段，从多种形态的"边疆"打破发展中国家的国界，从而冲破地理上的有形的边界、边疆，对发展中国家进行渗透、颠覆和破坏。

如上所述，从总体上看，新航路开辟以来西方各国的"边疆"理论往往同时以"边疆"、"边界"为对象，但西方的"边疆"观念却不断变化，"边疆"的概念、范围、形态不断发展，经历了从有形的"边疆"到无形的"边疆"、从地理的边疆到多形态"边疆"的历程。而且，在20世纪中期西方列强的殖民体系崩溃以前的几百年间，列强的殖民地、半殖民地或者以"保护国"、"势力范围"等名目控制的地区遍布亚非拉地区，它们在论述自己的领土时，往往强调"一国的领土，应认为是在该国主权、宗主权、保护或委任统治下的陆地区域及其邻接的领水"，所以谈到自己的"边疆"问题时往往既包含本土的疆界，又包括其"宗主权、保护或委任统治下的陆地区域及其邻接的领水"的疆界。因此，本书在探讨新航路开辟至今500多年间的西方边疆理论时，所论述的"边疆"概念也是不断发展的，即从有形的"边疆"到无形的"边疆"、从地理的边疆到多形态"边疆"都兼容并包；而且既涉及某个国家的疆界问题，又包括列强关于殖民地、势力范围等境外控制区的疆界的理论。

其三，西方边疆理论研究中学科的交叉性、综合性。由于边疆问题的研究与历史学、地理学、政治学、国际关系、国际法等学科的研究关系密切，与这些学科的研究有交叉、复合的部分，而这 500 多年间西方有关边疆的理论又分布于这些学科的各种论著之中，不仅国际法在其形成、发展过程中有相关的内容，而且历史学、地理学、地缘政治学、国际关系等的论著中也有相关论述。由于这些论述散见于各种学科中，尚未进行充分的梳理，因此本书所论就以边疆问题为中心，涉及多种学科，以便尽可能全面地整理其中的相关内容，较为系统地介绍有关的理论，并揭示西方边疆理论的总体发展脉络。

其四，西方边疆理论研究中资料来源的多样性、复杂性。这 500 多年间，西方边疆理论的提出者，既有以学术研究、文化教育为主要职业的学者、思想家，也有长期从政的官员、政治家、社会活动家，还有一些人具有了多重身份，比如英国的寇松（George Nathaniel Curzon）在政界、学界等方面均有活动。西方边疆理论除了由这些人士提出外，一些理论还源自某些政府机构、学术流派或学术团体，以官方文件、学派论坛、论文著作等多种形式表达出来。这些理论、观点又分散于各种学科、各种语种的文献之中，所以与此有关的学术资料可谓汗牛充栋，本书作者只能从上述西方各国的各语种、各学科、各流派中，力求全面地蒐集其中有代表性的资料，较为系统地加以探讨、论述，因语言、功力及见闻所限，难免挂一漏万，恳请方家批评指正。

二　西方边疆理论的特点及研究价值

本书之所以选取新航路开辟至今的西方边疆理论为研究对象，首先是在于边疆问题的现实性、重要性。"边疆"现在是含义较广的词汇，中外辞书的用语、解释各不相同，但所作的解释又很相近，一般解释为"靠近国界的那个地方"，把它解释为一个国家比较边远的靠近国境的地区或地带。① 在今天，"边疆"既是一个让人们充满无限遐想的空间区域，与奇特的风光和各种旅游、探险活动相联系，又是值得探究的重要学术命题。边疆问题不仅与边界（国界）、边防、民族、国家安全等现实问题关系密切，而且与国际风云的变幻、国际社会的"大棋局"紧密相关，在我国和许多国家的政治生活中有着不可估量的影响。

其次在于边疆问题研究的特殊性。这一研究涉及许多方面，与历史学、地理学、经济学、社会学、政治学、国际关系、军事学、国际法等多个学科的研究相关联，需要进行跨学科的综合、交叉研究。西方的边疆问题研究，在各个国家的情况各不相同，比如欧洲国家对边疆问题研究无疑起源于古希腊、古罗马时代，但我们认为具有现代意义的边疆、边界理论兴起于民族国家出现之后，特别是 1648 年的《威斯特伐利亚和约》之后，又往往与殖民地扩张、边界划分等问题密切相关，有关的论述又包含在国际法、地缘政治等的相关理论之中。如法国的维达尔（Paul Vidal de la Blanche）及其后的学者都提出了某些相关的理论；美国的特纳（Frederick Jackson Turner）在 19 世纪末就提出的著名的"边疆假说"，对美国的边疆进行了具有开创意义的研究，由此创立了"边疆学派"，以后一个多世纪里美国的边疆问题研究一直在争论中进行。

最后在于研究西方边疆理论有利于推动中国边疆理论研究的深化。中国的边疆问题研究，特别是边疆史地研究源远流长，近

---

① 马大正：《中国与中国的边疆》，载于"中国边疆在线"网站（www. Chinaborderland. net）。

年又取得很多成果，但理论研究仍相对薄弱。"他山之石，可以攻玉"，为推进我国的边疆理论研究，我们需要了解、借鉴、吸收西方关于边疆的各种理论、观点。在西方的边疆问题及相关研究方面，近年来我国学者已经取得一定进展，比较有代表性的是何顺果教授的《美国边疆史：西部开发模式研究》①和张世明、龚胜泉教授的《"边疆"一词在世界主要法系中的镜像：一个语源学角度的考察》②等。尽管如此，就系统研究西方的边疆理论而言，现有的研究仍然相当薄弱，亟须进行更为深入、全面、系统的探讨。

西方关于边疆的相关论述无疑可以追溯到古罗马、古希腊时代，这些论述对后来产生了不同程度的影响，但是具有现代意义的西方边疆理论的发展与"全球化"的进程、世界格局的变化密切相关，又是导致世界格局变动的重要理论之一，而且对于今天仍有重大影响。这些具有现代意义的西方边疆理论正是本书所探讨的主要内容。我们认为，现代意义上的西方边疆理论是在新航路开辟以后，特别是在欧洲近代的民族国家出现并形成相关理论之后才逐步形成、发展起来，因为边疆是与边界（国界、国境）等问题密切相连的，这些问题在西方又是以民族国家的理论为基础，并相辅相成发展起来的。恰恰在边疆理论形成、发展过程中，西方国家在全球逐步展开殖民扩张，并把它的国家理念、边疆观念带到亚非拉地区，而且在殖民扩张、争夺过程中不断调整、发展各自的理论。15世纪末至19世纪末，随着全球化进程的加速，世界格局不断变化，欧洲的葡萄牙、西班牙、荷兰、英国、法国、俄国等国和美国都在扩张中提出过某些理论，

---

① 北京大学出版社1992年12月第1版。
② 载《中国边疆史地研究》2004年第2期。

并在实施中调整、发展，后来崛起的日本也在"脱亚入欧"前后提出、调整了自己的疆界扩张理论。进入 20 世纪，随着两次世界大战前后、冷战前后和冷战后世界格局的变化，西方的边疆理论在过去的基础上又发生了重大变化，出现了种种的新理论。因此，我们认为：尽管"全球化"是学术界很有争议的问题，但是在新航路开辟以来，"全球化"已经成为无法回避的现象和现实，又对西方的边疆理论产生了重大影响；这 500 多年间由于全球化的加速和世界格局的变幻，与此前的数千年相比，西方边疆理论对于西方和全球产生的影响更大，更需要我们进行深入的研究，需要以"拿来主义"的态度，"取其精华，弃其糟粕"，总结其发展脉络和主要理论，以推进我国今天的边疆理论研究。

三　本书的研究重点和主要内容

这 500 多年间，西方的边疆理论在不同时期呈现出不同的特点，本书据此把新航路开辟以来至今分成四个时期，分别探讨各个时期西方边疆理论的发展状况和主要理论及流派。新航路开辟到 19 世纪 70 年代以前的近 400 年间是第一个时期。西班牙、葡萄牙、荷兰、英国、法国等国的扩张引起了全球格局的变动，世界各国的版图也在资本主义产生、发展过程中发生了巨大变化，欧洲民族国家的出现是近代边疆理论的重要前提，重商主义和资本主义的殖民扩张则是近代边疆理论的内在动力。

这一时期，边疆理论总体上还是处于早期发展形态，主要表现为传统意义上的边疆随着资本主义的殖民争夺开始发生变化，又主要反映在领陆和领水上，而国际条约中涉及领土、边界等边疆理论，近代国际法中承认的领土变更方式对古代罗马法中关于财产取得、丧失的规则有因有革，领海制度的确立也是边疆理论的重要变化。地缘政治学（政治学思想、地理学思想）的论著、学说，如孟德斯鸠的"地理说"也直接或间接涉及边疆理论问题。就各国而言，西方各国在殖民扩张中形成各自的边疆理论和观点，俄国、美国和英国就比较突出，俄国的边疆扩展体现出由地域性蚕食向对世界水域的争夺倾向，其边疆扩张的理论主要有恢复祖传地产理论、莫斯科是第三罗马的理论等；美国的边疆表现出明显的"移动"特征，"天定命运"论对它在北美大陆版图的奠定具有极其深刻的影响；英国对海外殖民地的争夺成为扩展疆界的主要方式，随之产生了"有形帝国"和"无形帝国"的理论。

　　19 世纪 70 年代至 1945 年的 80 多年间为第二个时期。欧美和日本等主要资本主义国家陆续进入帝国主义阶段，国际格局不断变化，第一次世界大战后英、法等国又建立起凡尔赛—华盛顿体系，而后意大利、日本、德国法西斯的崛起和第二次世界大战将它彻底摧毁，在世界反法西斯的战争中美、苏、英等大国又酝酿着战后新的国际体系——雅尔塔体系。随着世界格局和世界地图和各国版图的变化，出现了许多与边疆、边界相关的新问题，边疆理论也得到迅速发展。这一时期，国际法的相关理论发展迅速，一是随着列强瓜分地界和"一战"后调整的需要，领土概念和领土的确立、变更方式发生重大变化；二是主要形成于西方的国际法，传入中国、越南、泰国等东方国家，并产生了一定影响。地缘政治学（Geopolitics）中的相关理论迅速发展、高度成熟，19 世纪末德国拉泽尔（Friedrich Ratzel）提出国家是一个"空间有机体"的观点，被认为是该学科创始的标志，此后美国的马汉（Alfred Thayer Mahan）的"海权论"、英国的麦金德（Halfard John Mackinder）的"大陆心脏学说"，意大利的杜黑（Giulio Douhet）等提出的"制空权（command of the air）"学说，以及德国豪斯浩弗（Karl Haushofer）的观点和法国一些学者的疆界理论等相继出现。

这一时期，就各国国别性的理论而言，美国、俄国、英国、日本的理论、观点较为突出。美国的边疆扩张和参与对世界的争夺引起学者关注，19世纪末特纳提出的"边疆假说"、开创了"边疆学派"，此后这一"假说"与边疆学派的研究一度占据了美国史学的统治地位；美国学者除了以边疆的视角、观点和理论研究本国历史外，还以这种观点与理论研究别国的历史。俄国经历了从帝国主义的沙俄到社会主义的苏联的历史变动，在扩张过程中沙俄政府和学者提出了一些"理论"，对边疆民族采取压迫政策，并进行了所谓的"边疆探察"活动；十月革命之后列宁等苏俄领导人把"民族自决权"理论付诸实践，在边疆地区实施民族平等政策；20世纪三四十年代，斯大林执政时期苏联的边疆政策发生一定变化，甚至是某些方面违反了列宁的理论和观点。英国、日本本土的边疆、边界问题并不突出，它们在向外扩张和维护殖民统治的过程中产生了"边疆问题"，提出"边疆"理论。英国的寇松、麦克马洪等提出了自己的"疆界"理论，并在殖民地边界、边疆问题上制定了相关的政策，划定边界是其中值得重视的内容，杜兰线、非法的"麦克马洪线"和李奇维线等就反映了某些理论、观点。日本的学者们先后提出过"脱亚论"、"国权论"、"大东合邦论"等理论，军、政官员也提出过"征韩论"、"主权线"与"利益线"、"征服支那论"、"生存空间"等理论，其中不少理论、观点成为日本对外扩张政策的直接源泉。

第三个时期是1945年至冷战结束的40多年。第二次世界大战后，世界的基本特征是"两极化"，进入以美苏两极对抗为特征的东西方冷战岁月，美国和苏联两国崛起成为世界性强国，并在雅尔塔体系内保持和扩展有利于自身的势力范围格局；殖民体系在亚非拉地区的崩溃引起世界政治地图的巨大变化，第三世界国家成为国际社会中越来越重要的力量。在这种世界格局下，不仅各国之间传统意义上的边界纠纷、领土争端频繁，而且科学技术的巨大发展推动了国家边疆视野的扩展，经济发展引发对国家无形边疆的重视，"边疆"也成为各国关注的问题，所提出边疆理论则反映出各国对自身的国家利益的理解和认识。

　　这一时期，随着人类社会生产力的提高和世界形势的变化，冷战期间的边疆理论被时代赋予了新的内容，主要的特点是人们日益从多角度的视野来思考边疆问题，地理环境决定论的色彩有所消退；旧有的边疆内外对立与冲突的逻辑开始减弱，相互合作谋求利益的成分增多；国际实践体现出来的保护人类共同继承财产、维护人类共同利益、考虑发展中国家利益及要求等原则，彰显了人类历史的进步性。国际法上与边疆、边界相关的理论和实践有很大进展，总体来看有三个明显特征：一是随着战后世界的发展和国际社会认识的提高，领土概念、领土主权原则最终确立，领土变更方式发生重大变化，海域划界立法、空间立法取得重大进展；二是上述国际法成果在战后的发展中国家产生了积极的影响，成为它们维护自身独立和国家安全的依据和武器；三是一些带有殖民扩张时代色彩的成分，如领土取得方式中的"先占"（占领）、"征服"、割让（部分为被迫割让）、时效等原则，开始退出历史舞台。美国、苏联和西欧国家的国家实践所体现出来的边疆理论与二战之前的情况相比都发生了变化，美国怀着称霸世界的目标，其所谓战略边疆开始向全球（甚至宇宙空间）扩张；苏联尽可能地在全世界扩张势力，至少要求社会主义国家和各国革命运动服从苏联国家利益的需要，其扩张的后果是严重削弱了自身的力量；西欧国家则表现出一种独特性，这就是建立在一体化实践基础上的边界在西欧的弱化。

第四个时期是冷战结束以来的十余年间。两极格局的终结成为美国世界政治霸权的起点，它成为世界上唯一的超级大国，凭借着雄厚的经济实力极力谋求世界霸权。美国奉行"单边霸权主义"，在国际事务中不与任何国家进行多边协商，而由美国自己独断专行来解决问题。而全球化使国家利益开始突破本土地理疆界向全球拓展，各个国家的利益，首先是经济利益，日趋在更深刻、更广阔的层面上融入世界，国内和国外的经济利益更加紧密地联系在一起。在全球化的背景下，边疆观也发生了重大变化，人们对各种形式的"利益边疆"问题给予了高度重视，产生了"利益边疆"和"战略边疆"的概念，并在现实生活中首先涉及经济边疆和政治边疆。西方在"全球化"的背景下出现了种种理论，包括"人权高于主权"、"国家国际化"和"国家主权让渡论"等，这些冲击了传统的民族国家、国家主权及相关理念，人们由此开始思考：边界是否是绝对的防线？信息时代的到来又使"信息边疆"成为一种正在形成和崛起的新的国家边疆，即在遥感技术、卫星通信、网络技术和多媒体技术等信息技术迅速发展和广泛应用的条件下，主权国家为了保护自身的信息资源，同时获取和创造新信息的空间和领域。它大大突破了国家的地理疆界，已经成为在陆疆、海疆、领空和太空之后的"第五边疆"。

最后，需要说明的是，本书是东北边疆历史与现状系列研究工程委托课题的研究成果，课题组由于沛研究员和孙宏年、章永俊、董欣洁三位博士组成，于沛研究员提出了总体的框架和思路，而后分工撰写，最后由于沛、孙宏年统稿。在课题设计和撰写过程中，我们进行了多次讨论，几易其稿，全书无疑是集思广益、分工合作的共同成果，而每一部分又较为集中地反映了撰写者的见解和观点。本书各部分的分工如下：前言和第二章由孙宏年撰写，第一章由章永俊撰写，第三章由董欣洁撰写，第四章和结束语由于沛撰写。

　　本书稿撰写过程中得到了中国社会科学院中国边疆史地研究中心和东北边疆历史与现状系列研究工程办公室的资助和支持，马大正研究员多方指导并对书稿提出了指导性的意见，厉声研究员、李国强研究员和北京大学的何顺果教授提出了重要意见和建议，本书初稿形成后于逢春研究员、张世明教授等专家提出了许多宝贵的意见，许多学界同仁也都给予大力帮助，在此一并表示深深的谢意！最后，本书的出版得到中国社会科学出版社的大力支持，冯斌先生作为责任编辑付出了很多劳动，在此深表谢意！当然，本书是作者在这一领域的阶段性成果之一，如有不当处，恳切地希望得到学界同仁们的批评和建议，以便把这一研究进一步推向深入！

第一章　西方边疆理论的初步发展

第一节　全球化的开端与全球格局的变动

一　民族国家出现与重商主义推行：西方近代边疆理论形成的动力

1. 外在动力：新航路的开辟与民族国家的出现

西方近代边疆理论的形成和演变与资本主义的产生发展过程紧密联系在一起，新航路的开辟以及由此引起的"地理大发现"，民族国家的出现都成为近代边疆理论的重要前提。

在资本主义的发展史上，新航路的开辟、"地理大发现"是一个重要的里程碑，它标志着全球化进程的开端，对西方近代边疆理论的形成产生深远的影响。15世纪末、16世纪初的"地理大发现"是西欧各国航海家和冒险家在地理方面的"发现航行"。哥伦布发现美洲"新大陆"，达·伽马开辟绕非洲到东方的新航路以及麦哲伦等人完成环球航行，是地理大发现的主要内容。"地理大发现"使地球上的新旧大陆通过直接的海上联系联结成为统一的整体，使新旧大陆之间的广泛交往成为可能。与此同时，它对世界政治地图的形成也产生了深刻的影响——"地理大发现"标志着一个新的世界政治地理格局的来临。欧洲列强由此开始了持续四百余年的海外殖民扩张、占有和掠夺欧洲以外土地的过程，"地理大发现"的过程也就是它们侵占新据点、掠夺新土地和控制新航线的过程。

　　民族和国家的出现虽然已有数千年的历史，但在相当长的时期里，许多民族和国家处于反复变化的过程，不少地区并未形成近代意义上的"民族国家"。民族国家的出现是近代边疆理论的重要特征，也是近代西方各国边疆、边界的变化的重要前提。在主权国家产生之前，国家只是奴隶主和封建王朝的私有财产。直到 1500 年左右，世界政治地图还主要是由几个大陆封建帝国（王国）组成的，如亚洲的中国明王朝、印度莫卧儿帝国、波斯萨菲帝国，地跨欧、亚、非三洲的奥斯曼帝国，非洲的马里帝国和松加依帝国，美洲的印加帝国和阿兹特克帝国。这一时期的西欧已经出现资本主义萌芽，各国正处于一个转折时代，但受生产力水平，尤其是交通运输手段的限制，当时世界各国、各地区相对闭塞的状态依然存在。

　　16 世纪，欧洲的封建制度开始解体，资本主义生产关系日益发展，民族国家也逐步形成。在欧洲民族国家形成过程中，英国、西班牙、荷兰、法国、葡萄牙、俄国以及欧洲一些小国在扩张中扮演了重要角色。德国后来也加入了扩张的行列。地理大发现的直接后果，不仅促进了世界各地区联系的加强，而且加速了世界各国的解体与重组。在亚非等地的帝国衰落之后，民族国家逐渐成为主导的地缘政治形式，成为地缘政治中的实体。它们之间为争夺土地、人口等资源，进行了长期争战，从而引起各国领土和疆界的起伏变化。近代边疆理论正是在这样的时代背景下形成与发展的。

　　2. 内在动力：重商主义与殖民扩张

　　重商主义产生于封建主义向资本主义过渡的重大历史时期，代表着商业资产阶级的利益。它是随着中世纪晚期商业资本的崛起和近代民族国家的建立而产生，并随着资本原始积累的深入进行而不断发展。从 14 世纪到 16 世纪，西欧各国生产力普遍有了较大的提高，尤其是 15 世纪以后，原始积累的进行，新航路的开辟，原有市场的扩大，都使商业得到前所未有的发展，从而为更多的商业资本积累提供了可能。同时，商业和商业资本的发展，必然会引起对海外市场的追逐，从而促进了世界市场的形成。

西班牙是一个后起的封建国家，由于新航路的开辟，对殖民地的掠夺，并且实行了重商主义政策，使金银源源流入西班牙国内，广大的海外资源和市场造成了西班牙 16 世纪的盛极一时。

16 世纪末，荷兰摆脱了西班牙的控制获得独立，成为"典型的资产阶级国家"。在国家政权的支持下，荷兰商人组织了一系列殖民贸易公司，取得了勘察、组建军队、宣战媾和、开发资源、征税、任命殖民地官员等特权。

在英国，15 世纪至 17 世纪中叶重商主义一直占着支配地位。都铎王朝（1485—1603）和斯图亚特王朝（1603—1649、1660—1714）都实行重商主义政策。特别是伊丽莎白女王时期（1558—1603），重商主义政策色彩极浓。她的财政大臣威廉·塞西尔和财政顾问汤姆斯·格勒善都是重商主义的崇尚者，在他们的支持下，英国推行了一系列的重商主义政策。如扶植本国商人，限制外商特权；发展航海业，支持海外探险和对殖民地的掠夺等。重商主义把贸易看做是创造财富的源泉，英国在 1553—1680 年建立了 49 个贸易殖民公司，伸入到亚洲、非洲等世界各地，使大量的廉价原料、金银财富流入英国。英国的经济史学家埃里克·罗尔认为，这正是"重商主义理论与政策完成了他们的历史使命"的结果。[①]

---

① ［英］埃里克·罗尔著，陆元诚译：《经济思想史》，商务印书馆 1981 年版，第 84 页。

16 世纪后期，法国波旁王朝的亨利四世（1589—1610 年在位）为解决历时 36 年的宗教战争（胡格诺战争）所造成的严重困难，采取了一些振兴商业的政策，重新获得在地中海东岸、西亚和比利牛斯半岛的商业地位；1604 年为鼓励航海业，成立了东印度公司和诺曼底商人公司，法国在 1599—1789 年间也建立了至少 75 个殖民公司。著名的重商主义者让·巴蒂斯特柯尔柏任路易十四（1643—1715）财政大臣期间实行了重商主义的政策。如建立王家手工工场；为便利本国商品的出口和限制外国商品的进口而确定保护关税的税率，提高外国商品的税率；为扩大对外贸易而发展海军，建立大型商船队等。这些政策促进了法国工商业的发展，并使法国走上了扩大远洋贸易和殖民掠夺的道路。

16 世纪以降，西方资本主义的发展开始受到俄国人的重视。从伊凡三世到彼得一世，俄国不断发展同西方经济文化的联系，推动了俄国内商业走向新的繁荣，俄国商人阶层迅速崛起，俄国资本主义处在萌芽状态之中。商人阶层利用经济实力和地位逐步参与国家政治生活。重商主义正是国家政权与商人结盟的产物。"在彼得以前莫斯科国领土扩张的最后阶段多半是为贸易事业推动的，并且在征服几乎全部西伯利亚时达到了高峰。由莫斯科发给许可证的贸易商效法诺夫哥罗德皮货商人的榜样深入到内地，随后接踵而来的是莫斯科国政府的官员，当然还有教会。在灭亡伏尔加河的喀山汗国和阿斯特拉罕汗国以及开发东方以后至少头五十年，莫斯科国渗入西伯利亚是由商人的努力和哥萨克的冒险主义协同完成的。"[①] 1799 年 7 月 8 日，在沙皇的特许下成立了

---

① ［美］亨利·赫坦巴哈等著，吉林师范大学历史系翻译组译：《俄罗斯帝国主义——从伊凡大帝到革命前》，生活·读书·新知三联书店 1978 年版，第 3 页。

商业垄断公司——"俄罗斯美洲公司"。俄美公司获得了在美洲东北岸，从北纬55°到白令海峡，以及阿留申群岛、千岛群岛及其他岛屿的狩猎、贸易等特权，并被授权发现新土地，作为俄国领土加以占领。俄美公司成为沙皇俄国在北美洲进行殖民扩张的工具。

从近代主要的资本主义民族国家兴起来看，重商主义往往借助强大的王权做后盾，掠夺殖民地、扩大对外贸易。16世纪开始的商业战争是新兴的英、法、荷兰等国家与西班牙和葡萄牙争夺商业霸权而发生的，其目的即在于争夺欧洲以外尚未被占领的殖民地或海域。总之，重商主义推动了资本主义的殖民扩张，造成了全球格局和世界版图的重大变动，也推动了各国边疆以及领土、疆界等变动。我们考察近代边疆理论的形成与变化，不能不注意到重商主义和殖民扩张的重要作用。

二　全球格局与世界各国版图的变化

从当时的国际形势来看，西班牙、葡萄牙、荷兰、英国、法国等国的扩张引起了全球格局的变动和世界版图的重新组合。

1. 资本主义原始积累时期的世界格局和版图变化（16世纪初至18世纪中叶）

这一时期主要经历了葡萄牙和西班牙的殖民扩张、荷兰商业资本殖民和垄断海上贸易、英法争霸和英国势力逐渐上升三个阶段。

自新航路开辟到16世纪中叶，葡萄牙和西班牙发展成为世界上最强大的殖民国家。在这一阶段葡萄牙的殖民扩张主要占领沿海据点，如非洲东海岸以莫桑比克为中心的狭长地带、西海岸的罗安达，中东的霍尔木兹，印度西海岸的果阿，马来半岛的马六甲，中国的澳门和巴西东海岸以巴伊亚为中心的狭长地带等。

西班牙则侵占了大片的美洲土地，如西印度群岛、墨西哥、秘鲁、智利、哥伦比亚、阿根廷、巴拉圭等地区。

16世纪中叶以后，西班牙势力急剧上升，不仅拥有大片中、南美洲的殖民地和菲律宾群岛，而且将欧洲的南意大利、日耳曼和尼德兰也并入自己的版图。1580年，它甚至战胜了劲敌葡萄牙，吞并了其本土和一些殖民地（1640年葡萄牙又脱离西班牙而独立）。1588年，西班牙的"无敌舰队"被英国打败，西班牙自此衰落下去。

17世纪初叶，荷兰逐渐取代西班牙的霸权地位，并先后组建了东印度公司和西印度公司，在殖民扩张中一度领先。在亚洲荷兰占领了印度尼西亚的一些岛屿、中国的台湾及葡萄牙在印度、锡兰（今斯里兰卡）、马来群岛的大部分据点，在非洲夺取了好望角，在北美洲建立了新阿姆斯特丹（今纽约）等殖民据点。到17世纪中叶，荷兰几乎控制了世界的海运和欧洲大部分地区的对外贸易，拥有绝对的海上霸权。

英国从16世纪末走上向外扩张的道路。它在1600年成立了东印度公司，并在17世纪初叶把北美洲东部的新英格兰地区变为自己的殖民地。17世纪中叶，它又成立了非洲公司。为了争夺殖民地和海上霸权，英荷之间进行了三次战争，到17世纪末，英国终于战胜荷兰，取得了海上贸易和殖民扩张的优势。18世纪初，英国又从西班牙手中夺占了直布罗陀，将其作为对亚非进行殖民扩张的重要据点。与此同时，法国于17世纪初叶后也走上了殖民扩张道路，并相继在北美、西印度群岛、东圭亚那、印度和留尼汪建立了一批殖民地。进入18世纪，英国开始与法国争夺殖民霸权。经过1756—1763年的七年战争，英国控制了大西洋，在印度和北美洲北部、东部逐出法国势力。原已衰落的西班牙于18世纪初叶和中叶又重新加入竞争，在北美洲乘机将自己的殖民地扩张到了密西西比河以西的广大地区。

2. 自由资本主义时期的全球格局和版图变化（18 世纪末叶至 19 世纪中叶）

18 世纪末叶肇始于英国，并相继在法、德、意、俄、美等国展开的工业革命，标志着西方进入了自由资本主义时期。这一时期持续到 19 世纪中叶。工业革命不仅极大地推进了世界生产力水平，而且在世界政治版图上反映出一个鲜明的特点：上述诸国都成了大小不一的宗主国，世界多数国家和地区则变成了它们的殖民地或半殖民地。其中又以英法两国的海外扩张和俄美两国向邻近陆地的领土扩张尤为突出。与此同时，拉丁美洲国家纷纷独立，西班牙和葡萄牙的殖民体系在美洲地区崩溃，则是这一时期世界政治地图变化的另一个特点。

这一时期，英国由于最先开展和完成工业革命而具有强大的经济军事实力，在殖民竞争中处于明显的优势地位，相继击败法、荷、西等国，成为头号殖民帝国。它拓展了大片海外殖民地：在亚洲，夺取了锡兰（今斯里兰卡）、新加坡、马来半岛和中国的香港及印度洋中若干岛屿等战略要地，基本完成了对印度全境的殖民占领，吞并了下缅甸，并与法国共同控制了新开凿的苏伊士运河；在非洲，它从荷兰人手中夺取了开普殖民地，占领了塞拉里昂、黄金海岸（加纳）和拉各斯及非洲西岸大西洋中的一些岛屿；在大洋洲，独占了整个澳大利亚和新西兰；在拉丁美洲，它占领了伯利兹、巴哈马群岛、北部洪都拉斯、西圭亚那和牙买加；在北美洲，虽因美国独立而丢失了密西西比河以东的大片殖民地，但却保住了在加拿大的殖民统治。在海上，它控制了由欧洲通往印度和东方的航线。

15 世纪末实现统一的法国，到 16 世纪发展成为欧洲最大的中央集权国家。1789—1794 年法国资产阶级革命的胜利，震撼

了欧洲。从 18 世纪末到 19 世纪初，法国控制了欧洲，但 1812
年拿破仑进攻俄国失利，随后被欧洲联军战败。1815 年的维也
纳会议重新瓜分了欧洲领土，使欧洲的政治地图发生了很大变
化：俄、普、奥势力大增，乘机大幅度扩张自己的领土；英国从
法国手中夺取了马耳他、毛里求斯和塞舌尔等海外殖民地；比利
时被并入荷兰（1830 年又脱离荷兰而独立）；丹麦将挪威割让给
瑞典等。

　　法国虽然在大革命之后才开始工业革命，但到 1820 年已成
为仅次于英国的世界第二工业国。资本主义经济发展对产品销售
和原料供应地的需求，促使拿破仑以后的法国加快掠夺海外殖民
地，成为仅次于英国的世界第二号殖民帝国。法国在 19 世纪
30—60 年代征服了阿尔及利亚，占领了新喀里多尼亚等一些太
平洋岛屿，扩大了塞内加尔殖民地，并逐步侵入越南及西非内
地，巩固了对东圭亚那全境的控制。

　　当西欧国家的海外扩张还方兴未艾时，沙皇俄国成了这一时
期最富于侵略性的大陆殖民帝国之一。沙俄的前身是莫斯科公
国，原本深居欧洲内陆，自 16 世纪中叶建立统一的中央集权的
俄国后，即不断对外扩张。从 16 世纪末叶到 19 世纪中叶，沙俄
东侵夺占乌拉尔山以东的西伯利亚大片土地，把版图一直扩展到
太平洋沿岸，完全吞并了北亚，甚至还一度占有北美洲的阿拉斯
加及阿留申群岛，同时逐步蚕食高加索，兼并中亚的哈萨克，强
行割占中国东北和西北 150 多万平方公里的领土；从瑞典手中夺
得了波罗的海东南沿岸大片地区和出海口以及芬兰，使沙俄由一
个内陆国家变为濒海帝国，并在沿海建起了新都圣彼得堡；沙俄
还西进与普鲁士、奥地利三次瓜分波兰（1772、1793、1795），
夺取其大部分领土和立陶宛；南下从土耳其手中夺取了包括克里
木半岛在内的黑海北岸及亚速海周围大片领土，取得了南方暖水

港和对黑海及达达尼尔、博斯普鲁斯两海峡的控制权，还兼并了摩尔多瓦公国（今罗马尼亚境内）的比萨拉比亚（今摩尔多瓦共和国）和外高加索的格鲁吉亚、阿塞拜疆大部地区及亚美尼亚的部分地区。

与沙俄一样以陆地扩张为主的另一个大陆殖民帝国是美国。建国不久，美国随即走上了向外扩张的道路。在独立伊始，美国的领土范围只限于密西西比河以东的 13 州，面积不过 214.4 万平方公里，仅占现今美国本土的约 30%。但在 1803—1853 年半个世纪的西进过程中，美国通过直接掠夺印第安人的土地和以战争及强行购买等手段兼并法国、西班牙、英国在北美洲的殖民地及邻国墨西哥的领土，使自己的版图扩大了 540 多万平方公里。例如，1803 年美国乘欧洲混战的时机，从拿破仑统治的法国手中以 1500 万美元购得路易斯安那这片自密西西比河直到落基山脉的广阔平原，面积达 214.2 万平方公里，恰好相当于最初独立时的领土面积；1810 年武力兼并了西班牙殖民地佛罗里达的西部，1819 年又以 500 万美元强行购买东佛罗里达（15.54 万平方公里）；1845 年侵占了墨西哥的得克萨斯（实际上还包括新墨西哥东部和科罗拉多北部，计 101 万平方公里）；1846 年迫使英国放弃位于西北部北纬 49°以南英美有争议的俄勒冈（66.8 万平方公里）；1846—1848 年借口边界纠纷对墨西哥宣战，以 1500 万美元代价迫使其割让格兰德河以北的半壁江山，面积达 141.3 万平方公里（包括今天的加利福尼亚、内华达、犹他三州全部和新墨西哥、亚利桑那、科罗拉多、怀俄明四州的一部分）；1853 年又以 1000 万美元从墨西哥购得加兹登（今亚利桑那州南部希拉河流域，11.55 万平方公里）。至此，美国对与它毗连的西部地区的领土扩张和占领基本告一段落，其领土已从大西洋延伸到太平洋，约占北美洲大陆的一半。

美国独立战争的胜利和法国大革命的浪潮，激发了拉丁美洲各殖民地的民族解放运动。1804年，海地岛上几十万黑人奴隶经过14年的奋战，终于打败法国殖民者，成为拉丁美洲最先获得独立的国家。随后，从1810年起，整个拉美大陆人民掀起了声势浩大的独立解放战争，彻底摧毁了西班牙和葡萄牙在拉丁美洲的殖民体系。到1826年，除古巴和波多黎各外，所有西班牙殖民地都建立了独立国家，巴西也于1822年摆脱葡萄牙殖民统治而宣告独立。拉美国家的民族独立运动使世界政治地图发生了巨大的变化。

第二节　边疆理论的早期形态

一　过渡形态的边疆理论

西方资本主义国家的殖民争夺，造成了原有国家间领土和疆界（这一时期主要指领陆和领水）的重新分化组合，传统意义上的边疆、边界因之发生了改变，传统边疆、边界逐渐向近代边疆、边界过渡，对边疆（含边界）的理论、认识也处于转变、过渡状态之中。

其一，封建帝国（王国）在西方殖民者愈益强烈的冲击下开始衰落崩解，其主权和领土亦因之受到削弱和瓜分。

在资本主义原始积累时期，西方殖民者还不敢贸然向亚洲大陆主要的封建帝国如奥斯曼帝国、波斯帝国和中国挑战，其殖民侵略矛头主要集中在那些尚处在社会发展较低阶段的东方民族或四分五裂的国家，如非洲的科伊人和黑人各族，美洲的印第安人各族和亚洲一些岛屿地区的马来各族。直到18世纪下半叶，英国才敢于逐步吞并南亚次大陆的莫卧儿帝国。这一时期，尽管中国封建统治者对西方资本主义的飞速发展反应迟钝，但十分注意维护国土完整和国家统一。1661 年民族英雄郑成功从荷兰殖民者手中收复了已被侵占 39 年的台湾岛，使台湾、澎湖列岛重归中国版图。面对西方的殖民侵略，印度王国和奥斯曼帝国反应不一。印度以奥朗则布皇帝为代表的中央封建主为在宫廷斗争中取胜，不惜对英国的东印度公司妥协，出让利权，引狼入室。地方封建主为保持和扩张自身的权益，则勾引英国殖民势力作为外援，打击中央和其他地方势力。奥斯曼帝国的最高封建主集团为减少不同宗教臣民之间的司法纠纷麻烦，1535 年同法王签约，竟然把"治外法权"拱手送给法国商人资本家，开创了东方国家丧失部分主权的先例。

到了自由资本主义时期，此前尚未受到殖民浪潮强烈冲击的亚洲大陆和北非等地的封建大国，现在则难逃劫数了。奥斯曼帝国、波斯帝国、中国、印度以及亚非其他国家，终究抵御不了长期的殖民侵蚀，最终都沦入殖民地或半殖民地的深渊。

其二，到了近代，国家领土体现了国家主权的管辖范围，传统的自然疆界和习惯边界更多地让位于人为疆界和以条约划定的线状边界。

当人类从原始社会步入文明时代，最初的国家形式主要表现为城市国家。埃及早在公元前 3000 年就已出现许多以城市为中心，联合附近一些村庄的政治组织——州；公元前 30 世纪，苏美尔人在美索不达米亚南部地区也建立了乌尔、拉伽什等 10 个城市国家。当时最早的城市国家大多只是一个设防的中心和其周围或大或小的农业地区。小国林立的城市国家通过结盟、联合与兼并，最终被疆域广大、人口众多、全部版图均在一位君主统治之下的高一级组织——王朝——所取代。公元前 31 世纪，埃及出现了世界上第一个王朝。接着在两河流域出现了阿卡德王朝。中国则在公元前 21 世纪出现了夏王朝。在欧洲，公元 1 世纪末至 2 世纪初的罗马帝国更是发展到盛极一时的程度，其范围延伸到从不列颠到波斯湾、从黑海到埃及的广大地区。应当看到，这一时期城市国家和王朝统治的地域还不具备主权管辖的范围，因为在奴隶制时代，许多城市国家和王朝的管辖范围大都表现为它们的私有财产，而且这时的疆界划分也往往是不确定的。

　　即使到了封建时代的欧洲，许多国家之间还是没有明确的国界。17 世纪中叶，像威尼斯共和国、勃兰登堡、中部意大利的帕泊尔国、匈牙利王国和几个小的德意志国家都处于四分五裂的封建割据状态。国王虽是全国的首领，但在其所属封建主的领地内却没有任何权力。

　　随着英国、荷兰、法国、德国、意大利等国建立起强大的近代民族国家，由于这时的国家领土是国际法的客体，是指隶属于国家主权的地球表面的特定部分，因此国家领土也体现了国家主权的管辖范围。

　　作为国家领土分界线的线状边界概念，也并非古已有之，而是在 14—15 世纪随着近代国家的出现才逐渐形成的。在古代，由于人口稀少，交通落后，国家与国家间的接壤地区，一般是以一定宽度的带状地面，成为相互之间的边境区，其中大多利用分布于陆地表面的山脉、河川、湖泊、海岸、沙漠、森林等自然实体的隔离作用，形成双方的传统边界。例如，15 世纪以前（也即殖民主义者入侵前）的非洲，就不存在划定属于一个国家主权范围的领土界限问题，许多王国仅由一些轮廓线模棱两可的边境地带所分开。拉丁美洲国家曾采用占有原则来确定边界，即"你既然现在占有，你就继续占有"。[①]

　　然而到了近代，一是由于西方殖民主义者相互争夺的需要；

---

　　①　参见肖星编著：《政治地理学概论》，测绘出版社 1995 年版，第 95—104 页。

二是由于世界人口迅速增长，各国的人口分布一般也逐渐由原来集中于少数经济中心区而日益向边境地区扩展；三是随着交通运输的较大改善，特别是由于经济发展，日益呈现不平衡化，国力强弱的差距日益加剧。过去一般作为边界依据的自然物体，到了近代已逐渐失去其屏障或隔离作用。其中有不少地方，如河流、湖泊、山口等，都需要在地图上面划定线状的边界，并在一定地区设立界石、垣墙、堡垒、栅栏等人为标志，严格的边界观念也就应运而生。例如，15世纪后，在西方殖民者的争夺下，非洲国家有44%的边界都是以经线或纬线划分人为边界。埃及和利比亚的大部分边界由东经25°构成，埃及和苏丹的大部分边界由北纬22°构成，纳米比亚与博茨瓦纳、南非的部分边界由东经20°构成。[①]

此外，传统习惯边界由于不确定性而容易产生边界纠纷，相邻国家也需要通过双方协商订立边界条约，正式划定彼此的边界，以消除和防止领土争端。划定边界除了专门的条约外，还有和约（有些和约确定新国家的领土，变动旧国家的领土，因而也就有关于边界线的规定）及割让条约等。后文对此有所阐述，兹不赘述。

总之，国家领土与作为民族国家的主权联系在一起，传统的自然疆界和习惯边界更多地让位于人为边界和以条约划定的线状边界，体现了近代国家领土和边界的新特点。

其三，西方殖民国家对海洋的争夺逐渐加剧，领海和公海的划分反映了传统海洋秩序的新变化。沿海国家对海洋的争夺由来已久。早在公元前5—前4世纪，希腊、马其顿各王国曾在地中海区域的东部称雄。与此同时，罗马的势力也在地中海区域的西

[①]　参见肖星编著：《政治地理学概论》，测绘出版社1995年版，第100页。

部兴起。中世纪时，随着封建制度的确立，君主对土地的所有权开始向海洋发展，这在欧洲表现得尤为明显。自10世纪始，英国国王就自称为"不列颠海洋的主权者"甚至"诸海的主权者"、"海洋之王"等。希腊、意大利半岛上的城邦国家，由于积极从事海上贸易，海洋对其利害关系颇大，它们往往对大片海洋提出权利要求。例如，威尼斯宣布领有整个亚得里亚海，热那亚则认为它是利古里亚海的主权者。北欧的瑞典也主张领有波罗的海。

15世纪以降，随着西方殖民国家的兴起，对海洋的争夺也逐渐加剧，并由此展开了对海洋的两次分割。对海洋的第一次分割发生于15—16世纪。当时，西班牙和葡萄牙以武力征服手段建立了各自的殖民地体系，其范围分别延伸扩展到除澳洲大陆以外的四大洲，因此引发了激烈的海洋争夺。为了避免冲突，1493年，教皇亚历山大六世颁布教谕，把世界海洋分给西班牙和葡萄牙两国。1494年，西、葡两国订立《托德西利亚斯条约》，规定大西洋的佛得角群岛以西370里格（1100海里）处画一条南北向的线，线西归西班牙，线东归葡萄牙。麦哲伦发现太平洋后，两国又于1592年订立《萨拉格萨条约》，在太平洋中再画一条线，将全球海域划分为两部分，分属西班牙和葡萄牙两国所有。

对海洋的第二次分割发生于16—18世纪。资本主义经济的兴起和迅速发展对航海自由提出了新的要求，而第一次海洋分割造成的少数海洋强国对整个海洋的垄断同新兴资本主义经济的发展很难相容，因此引起了一批新兴殖民国家的强烈反对。1609年，被誉为"国际法之父"的格劳秀斯发表了《海上自由论》一书，提出海洋不能成为任何国家财产的主张，反对葡萄牙禁止荷兰和印度尼西亚之间的航运行为。而约翰·塞尔登却于1635年发表了《海洋闭锁论》，主张国家对海洋拥有所有权，展开了所谓关于海洋的争论。但是，海洋自由原则在 18 世纪得到国际社会的广泛支持。19 世纪初，英国取得海上霸权之后，看到海洋自由原则有利于它的船舶在别国近海航行，便放弃了原来的"海上控制论"主张，转而倾向于把海洋划分为属于沿海国主权范围的领海与不属于任何国家的公海。于是，以海洋自由原则为基石的海洋法，即领海和公海制度便应运而生。在这种海洋制度下，国家管辖的海域仅局限于内水和领海，世界大部分海域则成为公海。这固然有利于国际航海贸易，特别是有利于资本主义的经济发展，但同时也为少数海洋强国掠夺海洋资源、进行军事航行和建立海上霸权开了方便之门，而与一些海洋弱国扩大国家管辖海域以维护国家主权和保护海洋权益的要求发生了冲突。总之，19 世纪确立的以海洋自由原则为基础的领海和公海制度，是殖民国家长期争夺的结果，反映了传统的海洋秩序发生了重大的变化。

二　国际法体系的初现与边疆理论的发展

国际法是对国家在它们彼此往来中有法律约束力的规则的总体，这些规则主要是支配国家的关系。[①] 显然，近代国际法体系的形成与发展与主权国家和近代国际社会的逐步建立不可分割地联系在一起。一方面，近代边疆、边界的变化为国际法的出现提出了客观要求；另一方面，国际法的诞生不仅为国家间领土、疆界的变更提供了法律上的依据，而且国际法的发展也直接反映了边疆（含边界）理论的变化与发展。

首先，国际条约中的边疆、边界理论。国际条约（interna-

---

① ［英］詹宁斯、瓦茨修订，王铁崖等译：《奥本海国际法》，第 1 卷第 1 分册，中国大百科全书出版社 1995 年版，第 3 页。

tional treaty），是国际法主体之间所缔结的，以国际法为准，用于确立、变更和终止其相互关系中的权利和义务，并具有法律拘束力的国际书面协议。[①] 国际条约是国际法的重要来源，有广义和狭义之分。广义的国际条约包括国际法主体间缔结的各种协议，其名称有条约（treaty）、公约（convention）、协定（agreement）、议定书（protocol）、专约（convention）等。在自由资本主义时期，《威斯特伐利亚和约》、《最后议定书》、《巴黎和约》、《维也纳和约》等一系列条约，通过划分边界以确认各自的主权领土范围和疆界所至，在实践中反映了边疆、边界理论的变化。

1648 年 10 月 24 日缔结的《威斯特伐利亚和约》涉及欧洲领土的变更问题，确立了欧洲大陆各国的国界。法国和瑞典获得了相应的领土，德意志境内的勃兰登堡、萨克森、巴伐利亚等几个大诸侯都扩充了领地，各邦诸侯在其领地内享有内政、外交的自主权。荷兰和瑞士的独立地位获得承认。《威斯特伐利亚和约》所形成的威斯特伐利亚体系在欧洲大陆确立了一个相对均衡的多极格局，维持了约一个半世纪。和约的签订推动了近代国际法的发展，也使世界地缘政治中心开始发生历史性的变化。18 世纪末，俄国和普鲁士取代了瑞典、荷兰、西班牙的大国地位。拿破仑战争则最终彻底打破了威斯特伐利亚体系所建立的欧洲国际格局。《威斯特伐利亚和约》确立了民族国家在近代国际关系中的行为主体的地位，在实践上肯定了国家主权（包括领土主权）原则，从而使国家主权平等原则成为国际关系基本准则。

---

① 慕亚平、周建海、吴慧著：《当代国际法论》，法律出版社 1998 年 5 月版，第 470 页。

在拿破仑帝国瓦解后，1814年10月至1815年6月维也纳会议召开，这是全欧国家都参加的一次重要的国际会议。英、奥、俄、普四国操纵了会议。维也纳会议所签订的《最后议定书》主要调整了拿破仑战争后欧洲各国的疆域，它为欧洲大国之间的关系创造了力量的平衡，使欧洲大国在19世纪中管辖的领土面积大致相等。战胜国四强为了防止法国重建霸权，增加法国周边国家的力量，堵住其向外扩张的通道。北面，由荷兰与比利时合并成荷兰王国；东面，莱茵河左岸领土划归普鲁士所有，符腾堡和巴伐利亚两个德意志小邦领土有所增加；东南，建立瑞士永久中立共和国，允许撒丁王国吞并热那亚共和国。[①]

维也纳会议以国际公法方式确定划分国界的基本原则与具体做法如下：

第一，从欧洲列强统治者的根本利益出发，人为地确定政治与安全边界线。梅特涅为维也纳条约制定的总原则就是恢复欧洲封建王国的家族统治及其边界。[②] 这就是划分政治边界的总原则。据此，第一次《巴黎和约》规定："法兰西国王保持1792年1月1日时存在的边界的完整。"[③] 拿破仑"百日政变"失败后，反法同盟在第二次《巴黎和约》中规定将法国领土退至1790年时的边境。[④] 法国海外领地亦如此。

不仅如此，欧洲列强还以维护国家安全为借口，要求邻国在其边境附近的军事战略要地或划归自己的领土版图，或者要求对

---

① 王绳祖主编：《国际关系史》第二卷（1814—1871），世界知识出版社1995年版，第14页。

② ［美］C. J. H. 海斯：《近代欧洲政治文化史》（Carlton J. H. Hayes, *A Political and Cultural History of Modern Europe*, Vol. I），纽约麦克米伦公司1932年版，第725页。

③ 《国际条约集》（1648—1871），世界知识出版社1984年版，第260页。

④ 同上书，第334页。

方拆除该地区的军事防御设施，建立安全边界线。

第二，确定变动地区的国民可自由选择国籍的原则。维也纳会议《最后议定书》第 17—27 条规定：对于必须或将要更换主人的各国，对其本国居民和外国人，不管他们的条件如何，所属国家如何，均应给予一个 6 年期限（自互换批准书时算起），以便处理他们在此次战争以前或此次战争以来所得的财产并撤退到他们乐于选择的国家，如果他们认为这样做是合适的话。①

第三，建立混合勘界委员会。由有关国家派员组成一个混合勘界委员会，负责划分边界、调整有关标示各国边界的一切事宜。一俟该委员会的工作完成，各委员签字的地图应予以制定，并建立界碑以确认相互间的边界。

第四，制定了便于操作的划分边界的实施细则。在这以前的国际条约中涉及划分边界的规定比较模糊、粗糙。它们通常规定以边境地区、荒芜地带、山脉、沼泽、河湖为边界。如 1659 年《比利牛斯条约》规定法国与西班牙两国以比利牛斯山脉为边界，山脉东侧土地归法国，山脉西侧归西班牙。但方圆数百公里的比利牛斯山脉，无法确定两国国界在何处。维也纳会议的有关规定则比较细致，由过去的二维平面划分法变成一维直线划分法。② 它规定：以山脉为界时，应以山脊之分水线为边界线。在以河川、湖泊为界时，改变过去以整个河床或湖面为界的做法，规定视具体情况而定：(1)可航行之河川、湖泊，以其航路的主航

---

①　《国际条约集》(1648—1871)，第 265—266 页。

②　[荷] J. H. W. 贝谢尔：《历史透视中的国际法》(J. H. W. Verzijl, *International Law in Historical Perspective*, Vol. Ⅲ)，纽约 A. W. 西哈托夫出版社 1970 年版，第三卷，第 514 页。

道或中心线为分界线，莱茵河主航道为法德边界线；① (2)不可航行之河湖，以两岸距离之中心线为边界线，而河湖中的岛屿及产业之归属并不依水位之变化而变化；(3)作为边界之桥梁，应以该桥中点各分一半，斯特拉斯堡与克尔之间的桥梁，一半归法国，另一半归巴登大公国。②

　　第五，关于国际河川自由航行的规定。自查理曼大帝以来，作为西欧国际河流之一的莱茵河，一直被视为沿岸国家的内水而被分割管理：水源归瑞士所有，河口归低地国家（即尼德兰，后称荷兰）所有，流经法、德等国地段归它们各自所有。莱茵河从上至下，层层设卡，各自为政：沿岸国家禁止非沿岸国家的船舶自由航行；即使沿岸国家也是上游国家阻止河水下流，下游国家拒绝上游国家的船舶通过，使该河障碍重重，无法畅通，彼此纠纷丛生。为了彻底解决国际河川的问题，维也纳会议专门做出有关规定，制定了国际河川的总原则与管理体制。③

　　维也纳会议关于划分国家边界的总原则与具体规定，在国际法发展史上占有重要位置。它首创独立的主权国家元首及代表举行国际会议，通过外交谈判协商一致，以国际公法确定划分国界的各项原则。④ 这为其后解决各国边界纠纷、划分国界提供了重要原则与法律依据。当时划分的各国边界在相当长时间内保持相对稳定。

　　1856 年，《巴黎和约》签订，其第 20 条的内容表明，"俄国把根据 1829 年《亚得里亚堡条约》所获得的南比萨拉比亚地区

---

① 《国际条约集》(1648—1871)，第 261—262、334 页。

② 同上书，第 335 页。

③ ［荷］贝谢尔：《历史透视中的国际法》第三卷，第 120 页。

④ W. L. 通：《组织世界的国际法》（W. L. Tung ed.，*International Law in Organizing World*），纽约托马斯 .Y. 克罗维尔公司 1968 年版，第 153 页。

割让给摩尔达维亚，这确属一次边界更动。"① 该和约规定，俄国收复克里米亚半岛，而把卡尔斯归还给土耳其，俄国在土耳其帝国内的所有优势被废除，土耳其置于欧洲协调保护之下。和约还宣布黑海中立化。所有这些反映了欧洲国家领土主权和边界的变动。

　　1864 年 10 月，普奥与丹麦签订《维也纳和约》，丹麦将石勒苏益格、荷尔斯坦及劳恩堡交给普鲁士和奥地利共同管理。和约中有关领土主权的变化标志着"石勒苏益格和荷尔斯坦问题由国际问题变成德意志内部的政治问题"。②

　　综观自由资本主义时期的大小条约，涉及领土边界的国际条约在国际法中占有相当大的比重。通过对这些条约的考察，我们可以看到，领土主权和边界的不断变动需要国际法提供法理依据，而国际条约以其法律形式规定了领土边界的状况，从而保证了国家间领土边界在一段时间内的相对稳定。

　　其次，国际法中的传统领土变更方式。领土的变更（territorial change）是指由于某种法律行为和事件使得领土归属发生变动。变更的后果是取得领土或丧失领土。国际法中的领土变更方式直接体现了用法理依据所确立的领土变动，其中大部分反映了西方殖民国家为掠夺领土而推行的一种强权公理。

　　国际法中国家领土的变更方式随着领土观念的变化而变化，变更的合法性标准也在发生转变。传统国际法援引罗马法中关于财产取得、丧失的概念和标准，作为领土变更的合法方式。关于传统国际法中"几种取得领土主权的不同方式"，英国法学者阿库斯特认为，这种划分"最初借用自罗马法关于财产取得的规

---

　　①　王绳祖主编：《国际关系史》第二卷（1814—1871），第 195 页。
　　②　同上书，第 407 页。

则"，这是因为对领土的主权和对财产的所有权"具有某些相似之处"，而且在近代国际法刚刚开始发展之时，"流行的专制君主学说倾向于把国家的领土看作君主的私有财产"。① 随着"文明社会"认可殖民扩张，战争结果成为领土变更的合法来由，兼并和掠夺也被作为法律依据。

国际法中的传统领土取得方式主要有 5 种，即先占、时效、添附、割让和征服。丧失领土主权的方式主要有 6 种：割让、放弃、自然作用、灭亡、时效以及叛变。领土的取得方式与丧失方式大多具有对照性，兹先结合案例分析传统领土的取得方式。

1. 先占（occupation）

先占作为原始取得领土的一种方式，是指国家根据占有的意图，事实上统治着不属于任何国家的土地（无主地）。对于某一地域的先占的完成必须具备三个条件：一是占领的主体是主权国家。即先占是一种国家占领行为，只能以国家名义进行，占领行为应于事先或事后经国家授权或认可。二是占领的客体必须是无主地（terra nullius），即从未经他国占领或已被占领者放弃的土地。按照西方学者的解释，除少数荒岛外，土著部落居住或尚未形成"文明"国家的民族的民族居住的土地都是无主地，从而无限扩大了先占的范围。三是先占的内容为有效占领（effective occupation）。所谓有效占领，指国家不仅有占领的意识，而且有占领的行动，如建立行政机构、实行管理，仅有名义上的象征性占领是不够的，这种有效占领还必须稳定地继续下去。先占在自由资本主义时期极为盛行，西方殖民国家曾利用先占理论强占了

① ［英］M·阿库斯特著，汪瑄、朱奇武、余叔通、周仁译：《现代国际法概论》，中国社会科学出版社 1981 年版，第 167—168 页。

大片土著居民的土地。

有关这一时期"先占"的典型案例有：帕尔马斯岛仲裁案和克利伯敦岛仲裁案等。帕尔马斯岛仲裁案（荷兰—美国）[①] 是有关确立领土主权的著名案例，是对国际法"先占原则"的最好的说明。帕尔马斯岛（Palmas Island）大致位于菲律宾棉兰老圣阿古斯丁岬（Cape San Augusitn）和荷属东印度最北的纳努萨岛（Nanusa）的中间。据说此岛原是西班牙人在 16 世纪发现的，自 1677 年以来，岛上的土著居民已根据建立宗主国的协议与荷属东印度公司联合，从此就成了荷属东印度的一部分。1898 年的美西战争后，西班牙在美国《巴黎和约》中同意将菲律宾群岛及附近岛屿割让给美国。和约笼统地把帕尔马斯岛划在割让的范围，美国认为该岛已随同菲律宾群岛一起割归美国。当时，美国曾将此和约通知荷兰政府，荷兰政府没提出反对。1906 年，美国驻棉兰老的司令官李昂纳德·伍德将军（General Leonard Wood）在视察帕尔马斯岛时发现岛上悬挂荷兰国旗。美国政府便与荷兰政府交涉，由此引起美荷两国关于帕尔马斯岛主权的争端。

在该案中，国际常设仲裁法院的瑞士法官马克斯·胡伯在裁决中作出以下几点结论：其一，西班牙在 16 世纪发现帕尔马斯岛所取得的"初步权利"，没有为后来的行使实际权力所完成。此初步权利已因 1677 年的默认而丧失，或已为 1714 年的乌特勒支条约所代替；西班牙即使到 1898 年的时候仍然保持这种权利，该权利也不可能优于荷兰长期以来在该岛所建立的有效占领。其二，西班牙没有取得帕尔马斯岛的主权，无从把它所没有的权利割让给美国。美国也无权以《巴黎和约》的割让而取得帕尔马

---

① 陈致中编著：《国际法案例》，法律出版社 1998 年 10 月版，第 118—126 页。

斯岛的主权。荷兰对《巴黎和约》的没有反应，不构成对此割让的默认。其三，"邻近性"没有法律依据。美国不能以帕尔马斯岛靠近菲律宾为理由而认为该岛与菲律宾群岛一起割让给美国。其四，"有效占领"应表现为"持续和平稳地行使国家权力"。荷兰从 1677 年到 1906 年本争端发生时都在该岛行使国家权力，其间虽然有间断，但不影响其持续性。在荷兰在帕尔马斯岛行使国家主权行为的整个过程中，西班牙或其他国家都没有对它提出反对，其国家权力的行使应认为是平稳的。因此美西《巴黎和约》签订和生效时，或本争端发生时，帕尔马斯岛一直是荷兰的领土。

根据上述结论，法官胡伯裁定帕尔马斯岛（棉加斯岛）是荷兰领土的一个部分。

我国国际法学者陈致中认为胡伯所指的"持续和平稳地行使国家权力"是为了说明"有效占领"的内涵，它与"时效"所指的"在相当长时期内不受干扰地加以占有"[①] 的概念是完全不同的。荷兰不是侵占西班牙的帕尔马斯岛而是根据宗主权协议取得帕尔马斯岛主权的。因此不能认为胡伯支持了国际法上的"时效原则"。

克利伯敦岛仲裁案（墨西哥—法国）[②] 涉及的是一个没有居民的小岛。仲裁人维克托·埃曼努尔二世的裁决论证了国际法上的先占的两个问题，即怎样构成主权宣告和如何完成占领。仲裁人认为：在法国 1858 年宣布对克利伯敦岛的主权的时候，该岛的法律地位是无主地，加以占领在法律上是允许的。1858 年，

---

① ［英］詹宁斯、瓦茨修订，王铁崖等译：《奥本海国际法》第 1 卷第 2 分册，中国大百科全书出版社 1998 年版，第 88 页。

② 陈致中编著：《国际法案例》，第 126—129 页。

法国军官对克利伯敦岛所作的地理记录、法国驻火奴鲁鲁领事馆的行为以及在《波利涅西亚》上发表的声明，都是法国的国家行为，应视为正式的主权宣告。1858 年以后，克利伯敦岛当然就不再是无主地了。我国学者陈致中认为："本案仲裁人把占有和占领作为两个不同的步骤，占有是权利的拥有，占领是权利的实行。占有必须经过实际的占领才完成了占领的过程……对于没有居民的小岛，占有有时候本身就构成完全的占领了。这个观点对于论证某些岛屿的主权归属，还是有一定的参考价值的。"

2. 时效（prescription）

时效是指在足够长的一个时期内对于一块土地连续地和不受干扰地行使主权，以致在历史发展的影响下造成一种一般信念，认为事物现状是符合国际秩序的，因而取得该土地的主权，但是国际上的时效没有确定期限的限制。

根据时间经过取得的领土叫时效。时效的成立需要表明占有的意图和有效、稳定地继续占有下去。只要其他国家还继续不断地提出抗议和主张，主权的实际行使就不是不受干扰的，也就未造成所需要的认为事物现状是符合国际秩序的一般信念。但是，在这样的抗议和主张（如果有的话）不再继续提出之后，实际占有就不受干扰了，并且在某种情形下事态也就可能逐渐演变成为那种符合国际秩序的情况，在什么时候和在什么情形下产生这样的事物情况，是一个事实问题，而不是一个法律问题。[1]

先占与时效的不同在于先占的对象是无主地，即使有时也侵占有主土地，所占领的也应当是尚未形成国家的民族的土地；而时效的对象却是非法占有他国领土。显然，时效的侵略性表现得

---

① ［英］詹宁斯、瓦茨修订，王铁崖等译：《奥本海国际法》第 1 卷第 2 分册，第 88 页。

更为强烈，时效方式为殖民主义掠夺领土提供了理论依据。

3. 添附（accretion）

添附是国家取得原始领土的一种方式，指土地由于新的形成而增加。它可以是自然作用造成的，也可以是人为造成的。由自然现象造成的领土增加通常有海底隆起、泥沙在河口的堆积，以及海岸的扩展等。如果添附后海岸得以扩展，那么那一部分的领海也要扩展。除自然形成的土地外，填海造地等人为制造的土地也可以称为添附，只不过作为人为形成的土地与自然形成的土地有所区别而已。添附会影响到领海基线的划定，使领海范围扩大。不论是自然还是人为作用，添附都是领土的合法取得方式。

在自然形成的土地中，涨滩是其中的一种构成形式。它是指海岸或河岸因水流冲击而产生的土地的增加。在特殊情形下涨滩可以由于大面积三角洲的扩展而形成，三角洲所造成的土地的增加可以相当大，这种土地的增加应该被认为是河口所属国的领土的添附。"安娜号案"是一个有说明性的案例。1805 年，在大不列颠和西班牙战争中，不列颠私掠船米讷伐号在密西西比河河口附近拿捕了西班牙船安娜号。当这个案件被送到不列颠捕获法院的时候，美国以该船是在美国领海内被拿捕为理由，要求将该船交给美国。司透韦耳勋爵判决同意这种要求，因为从当时情形看来，拿捕虽然实际上发生在大陆海岸 3 海里以外的地方，但却是发生在一些由漂流入海的泥土和树木所造成的小泥岛 3 海里以内的地方。而且这些泥岛"是其所邻接的海岸的自然附属物，并且也是由该海岸造成的"。①

---

① ［英］詹宁斯、瓦茨修订，王铁崖等译：《奥本海国际法》第 1 卷第 2 分册，第 80—81 页。

4. 割让（cession）

割让是指一国领土依条约转移于他国。这可以是和平谈判的结果，也可以是武力胁迫或战争所致；可以是自愿的，也可能是被迫的；可以是有代价的，也有无代价的。因此割让可分为非强制性的转让和强制性的转让两种类型。

非强制性的领土转让往往是两国根据平等自愿的原则所进行的买卖、交换、赠与或合并等。买卖领土是指一国将其领土的一部分有偿地转让给他国的行为。如1803年法国将路易斯安那地区卖给美国；1867年沙俄以720万美元把面积151.9万平方公里，相当于美国本土六分之一的阿拉斯加卖给美国。交换土地是指两个当事国出于自愿以基本等值的土地或实物进行互易，交换也常发生在两国划界时。赠与领土是指一国自愿将其一部分领土无偿地赠予他国，该他国表示接受并缔结条约的转让。如奥地利在1866年对普鲁士和意大利的战争中，将威尼斯作为赠与割让给法国；几个星期以后，法国又将威尼斯割让给意大利。赠与领土多发生在封建社会时期皇室婚娶时，近代则较少。库朗公国在1795年将其全部领土割让给俄国，从而自愿合并于俄国。

在实践中，大量的、严格意义上的割让是强制性的、无代价的领土转让。通常是列强以武力威胁或战争为手段，或者直接强迫小国、弱国签订条约割让领土，或者先行强占它们的领土，再强迫其缔结条约承认割地的事实。沙俄和美国是两个通过军事侵略和不平等条约强迫邻国割让大片领土，从而扩展自己版图的典型代表，比如在1858年以后的几十年中，沙俄通过《瑷珲条约》等一系列不平等条约和划界议定书，累计割去150多万平方公里的中国领土；在美墨战争结束后的1848年，美国迫使墨西哥订立美墨和约，一次就割去了230万平方公里的墨西哥领土，占当时墨西哥全部领土的一半。可见，强行割让乃是一国以武力兼并他国领土的手段，然而在传统国际法中被认为是合法的。

5. 征服（conquest）

征服是指一国以武力占有他国全部或部分领土而取得其主权，或迫使其邻国就范于本国政府的控制之下而使自己的疆域得到扩大。它也是一国以武力兼并他国领土的一种手段，只不过这种兼并无须像割让那样缔结双边条约罢了。例如，1845 年美国侵占墨西哥的得克萨斯就是典型的例子。

传统国际法认为，构成征服的合法要素有两方面：一是占领者必须具有征服的意思，并实施了征服行动；二是被占领者已屈服，即部分领土被占领时被占国放弃收复失地，全部领土被占领时战败国及其盟国停止一切反抗活动。在允许将战争作为推行国家政策的工具或手段的时代，征服曾被认为是合法的。

与上述 5 种传统领土取得方式相对照的，有 5 种丧失领土主权的方式，即放弃、时效、自然作用、割让、灭亡。此外，丧失领土还有第六种方式——叛变。① 关于领土因灭亡、时效和割让而丧失，兹不作详论。主要讨论的是：放弃、自然作用和叛变。

放弃作为丧失领土的一种方式，是与占领作为取得领土的一种方式相对应的。放弃是使一块土地不再属于现在所有国的主权。如果所有国完全以永久退出领土的意思舍弃领土，从而抛弃对该领土的主权，这就发生了放弃的情形。正如先占的实际完成需要具备几方面的条件，放弃也需要：第一，领土的实际舍弃；第二，抛弃该领土的主权的意思。只要领土所有者应该被推定还有重新占领该领土的意志和能力，单单实际上的舍弃就不构成放

---

① ［英］詹宁斯、瓦茨修订，王铁崖等译：《奥本海国际法》第 1 卷第 2 分册，第 95—97 页。

弃。例如，如果土著的叛变迫使一个国家从一块领土撤出，只要该国还有重新占有的能力并且正在作重新占有的努力，该领土就不算被放弃。

自然作用作为丧失领土的一种方式，是与添附作为取得领土的一种方式相对照的。正如一个国家可能因添附而扩大，一个国家也可能因为土地消失和其他自然作用而缩小。因自然作用而丧失领土，是由于自然作用而当然发生的。例如，如果一个近岸的岛屿因火山爆发而消失，有关国家的领海范围就不从先前岛屿的沿岸算起，而从大陆海岸的最低落潮线算起。又如，如果一条河的水流使一块土地从河的一岸脱离出来而把它带到河的另一岸去，或者河流改道而流在上述土地所脱离出来的那一岸的土地上面，那么，沿河国家之一的领土就可能因为疆界线被当然地移到河流的新的中航道而减少。

叛变之后继之以分离，是一种丧失领土的方式。因叛变而丧失领土究竟在什么时候完成的问题，是不能一成不变地予以答复的，因为关于一个国家从另一个国家分离出来，在什么时候可以说已经自己可靠地和永久地确立起来的问题，是不能以硬性的规则予以规定的。叛变似乎表明是一种特殊的政治情况，而不是丧失领土主权的一种法律形式。

再次，近代国际海洋法中的边疆理论。国际海洋法与人类利用、分割、争夺的过程相伴，尽管近代意义上的国际海洋法的发生、发展"是在资本主义生产方式出现以后"，但又经历了漫长的过程，其历史可以追溯到远古时期，在古印度、古罗马的国内法律、文献中都曾涉及航海等问题。古代印度的摩奴法典中曾提到航海。公元 2 世纪，罗马法学家马西纳斯认为海洋为全人类所共有，人类可以自由利用海洋。当时，罗马法承认海洋为"大家共有之物"（resomnium commues），这只是从国内法的角度规定的，但同时也出现了君主的权力应扩展到海洋的主张。未成文的罗得海法从公元前 2 世纪起就在地中海东部地区盛行，在 1000 多年后的公元 7—9 世纪被东罗马帝国编纂起来，称为《罗得海上法》（*Sea Law of Rhods*）。《巴西里卡法典》和《阿马菲法集》出现在这前后，补充罗得海法的若干原则，但这一时期尚未形成各种海域的概念及其制度。中世纪时期，十字军东征极大地促进了相关海洋、海事法典的编纂，《奥里朗法典》（*Olylong Code of Laws*）和《耶路撒冷法典》等都是这一时期出现的。① 欧洲君主们对土地的领有权向海洋发展，英国、瑞典、葡萄牙等国都邻近乃至全球范围内的海洋提出了主权主张。一些法学家也认为各国对沿岸海域享有主权，如 12 世纪的意大利法学家阿佐（Azo）就主张，皇帝有权对海洋的公有性质进行限制。他提出，通过皇帝赐予的特权，或者由于长期不间断的使用，可以把海洋据为己有。②

　　近代国际海洋法在其形成发展中，先后经历了两个阶段：一是"海洋自由论"的提出时期；二是领海制度的确立时期。近代海洋法中涉及有关沿海国主权的支配和管辖的海域等边疆理论问题。

　　16 世纪西欧开始进入资本主义，远洋航行发展；而另一方面海上强国极力主张称霸海洋。为反对少数国家垄断海洋，代表新兴资产阶级利益的荷兰法学家格劳秀斯于 1609 年发表了著名的《海洋自由论》。该书对海洋自由作了全面的论述，主要论点有：（1）根据国家法，航行对任何人都应有自由；（2）依据发现权，

---

　　① 魏敏主编：《海洋法》，法律出版社 1987 年版，第 7—8 页。慕亚平等：《当代国际法论》，第 276—278 页。

　　② ［澳大利亚］J. R. V. 普雷斯科特著，王铁崖、邵津译：《海洋政治地理》（*The Political Geography of the Oceans*，1975），商务印书馆 1978 年版，第 27 页。

葡萄牙以罗马教皇的捐赠权，对东印度主张专属主权权利是无效的；(3) 依据占领权或根据习惯，印度洋的航行权不属葡萄牙专有；(4) 按照国家法，贸易对任何人都应有自由；(5) 根据占领权，东印度群岛的贸易不属葡萄牙专有。① 在当时，格劳秀斯的观点，并未被所有国家接受，而且理所当然地遭到了西班牙、葡萄牙的反对与攻击，尤其是后来遭到英国的激烈反对。直到 19 世纪初叶海洋自由才得到广泛承认，并成为传统国际法的一项原则。

17 世纪初意大利学者真提利斯（Albericus Gentilis, 1552—1608）在《西班牙辩护论》一书（该书在他死后于 1613 年出版）中为西班牙和英国的主张辩护，提出了国家领土包括毗连的海域的主张，开始形成领海的概念，从而将海洋区分为领海和公海。但领海范围应有多大，却众说纷纭，莫衷一是。3 海里说、6 海里说、8 海里说、12 海里说、100 海里说是这一时期的主要观点。

1702 年，荷兰法学家宾克舒克（Bynker Shoek, 1673—1743）在《海上主权论》一书中，首先提出陆地上的控制权"以其炮火射程所及的范围为限"的主张，即"大炮射程论"（Cannot Shot Rule）。1782 年，意大利法学家加利亚尼根据宾克舒克的理论以及当时大炮射程约 3 海里（1 海里等于 1.852 公里）的事实，提出了领海宽度为 3 海里的主张。第一批接受这个限度的国家是美国和英国，后来，不少国家都采用了这一宽度②，因为它既维护了沿海各国陆上的安全利益和一定范围内海

---

① 陈德恭：《现代国际海洋法》，中国社会科学出版社 1988 年版，第 5 页。

② 1878 年英国颁布了《领海管辖权法》，建立 3 海里领海。1794 年美国正式宣布 3 海里中立区域（以后成为领海），此后宣布 3 海里领海宽度的还有法国、日本、荷兰、比利时等国（参见陈德恭：《现代国际海洋法》，中国社会科学出版社 1988 年 8 月版，第 6—7 页）。

洋利用和控制的权利，同时又不妨碍各国在 3 海里以外的海洋自由活动。

至于 6 海里、8 海里与 100 海里等观点，在新航路开辟前后都有一部分法学家或不同国家的政府认可。我们依次看一下各自的情况：

6 海里说，西班牙在 1760 年第一次提出 6 海里的领海主张。

8 海里说，丹麦在 1598 年的一项法令中规定，保留冰岛周围 2 里格（League）宽的海域供本国渔民使用。当时丹麦的 1 里格为 4 海里，其专属渔区的宽度即为 8 海里。在此前后的 60 多年间（1588—1648），丹麦宣布的专属渔区宽度从 2 里格到 8 里格不等，一度确定为 4 里格，也就是说其宽度为 8—32 海里不等。

100 海里说，早在 14 世纪，意大利法学家巴托拉斯（Bartolus）就提出，任何国家的君主对沿海 100 海里范围内的邻接的岛屿都享有所有权，并对岛屿之间的海域拥有权力。[①]

12 海里，是今天许多国家认可的领海宽度，其形成过程同样漫长。这一宽度本来就包含在丹麦等国曾经主张的宽度之内，同时也不断提出来。俄国在 1821 年曾首次试图禁止外国船只进入亚洲和阿拉斯加领地 100 海里以内的海域，因遭到别国反对未能实施，后又划定了距离海岸 10 海里的海豹禁猎区和 30 海里的其他区域，1908 年宣布 12 海里宽的海关区。[②] 美国在 1799 年就规定了 12 海里的关税区，虽非领海宽度，但又与领海问题相关连。

---

① ［澳大利亚］J. R. V. 普雷斯科特著，王铁崖、邵津译：《海洋政治地理》（*The Political Geography of the Oceans*，1975），商务印书馆 1978 年版，第 27—34 页。

② ［美］杰拉尔德·J. 曼贡著，张继先译：《美国海洋政策》，海洋出版社 1982 年版，第 41 页。

上述不同的观点反映了各国对海洋国土权力范围的不同主张，由于各国实力、利益要求的种种差异，最初只是引起相关的少数国家的赞同或反对，甚至引发了武装冲突。比如，荷兰、英国、法国和俄国就曾多次与丹麦就领海宽度问题交涉，"迫使丹麦君主缩小专属领水的宽度"，1740 年荷兰因丹麦逮捕其船舶差点发生战争，丹麦在各国压力下在 1745 年宣布其领海宽度为 4 海里。[①]

从此，世界海洋又被重新分割为领海和公海两部分，海洋自由演变为"公海自由"。在 19 世纪 20 年代中，公海自由原则在理论上和实践上已经获得普遍的承认。[②] 领海制度的确立是近代海洋法的一个重要发展，同时反映了边疆理论发生的变化。

三　地缘政治学思想中的边疆学说

在资本主义产生发展时期，边疆理论处于形成阶段，系统、成熟的边疆理论尚不多见。地缘政治学在这一时期主要表现为政治学思想或地理学思想，而严格意义上的地缘政治学（Geopolitics）应当指地理和政治的结合体，亦称地理政治学。因此，这一时期的政治学思想和地理学思想可以视为地缘政治学的理论渊源，这些思想中直接或间接涉及边疆理论问题，对近代边疆理论的发展有着不可忽视的影响。政治学思想以法国人让·博丹（Jean Bodin，1530—1596）为代表，法国的孟德斯鸠（Charies Louis de Secondat Montesquieu，1689—1755）、德国的伊尔努埃尔·康德（Kant，1724—1804）、黑格尔（Geory Wilhelm

---

① ［澳大利亚］J. R. V. 普雷斯科特著，王铁崖、邵津译：《海洋政治地理》（*The Political Geography of the Oceans*，1975），第 29—31 页。

② ［英］詹宁斯、瓦茨修订，王铁崖等译：《奥本海国际法》第 1 卷第 2 分册，第 155 页。

Friedrich Hegel，1770—1831）、亚历山大·洪堡（Alexander von Humboldt，1769—1859）以及德国的卡尔·李特尔（Carl Ritter，1779—1859）等学者的著作中都涉及了有关的地理学思想。

关于主权理论的较为完整和系统的论述，一般都追溯至法国的古典法学家让·博丹的著作，尤其是于 1577 年出版的《论共和国》（*Six livres de la République*）一书。他认为主权是一国享有的统一、持久、不容分割和凌驾于法律之上的最高权力。博丹主权论的目的或作用，便是为王权的巩固和扩张提供思想上的依据。这种早期的主权论的关注点，是如何分析一个地域内的政治权力架构，并研究政治权力集中化的需要。主权论指出，为了维持社会秩序、为了避免困扰民生的武装冲突，必须有一个强大的、至高无上的权威，这便是主权。

16 世纪宗教改革运动开始后，欧洲的政治和社会经历了长时期的动荡不安，宗教和政治的矛盾错综复杂，酿成无数纠纷和战乱。"三十年战争"更是带来前所未有的生灵涂炭。在这种形势下，越来越多人觉得博丹的主权论是有道理的。于是，结束三十年战争的《威斯特伐利亚和约》，便成为近代西方以主权国家为单位的国际秩序的基础。

博丹在其《论共和国》一书中首先阐明了主权这一概念，并得到了后来的格劳秀斯、霍布斯等人接受。格劳秀斯丰富了主权的对外独立的性质，于是主权具有了对内和对外的双重职能，即对内主权，一国享有对内管理国家事务的最高权力；对外则表现为独立自主、平等权，具有排他性。

尽管博丹有关主权概念论述的侧重点并不在边疆理论上，然而历史的发展证明了主权理论的确立对近代边疆理论产生了极大的影响。

近代欧洲学者关于地理条件与历史发展之关系的论述，也有不少论及边疆理论及其来源问题。法国思想家孟德斯鸠在《论法的精神》一书中提出，土壤的性质和地形的特点直接影响着国家的政体和法律的形式。例如，疆域的大小影响到国家政体："如果从自然特质来说，小国宜于共和政体，中等国宜于由君主治理，大帝国宜于由专制君主治理的话，那么，要维持原有政体的原则，就应该维持原有的疆域，疆域的缩小或扩张都会变更国家的精神。"孟德斯鸠认为，地理位置的不同会影响到一个民族或一个国家的面貌和命运，地理位置比较好的地区容易受到别的民族的侵扰，如"波斯、土耳其、俄罗斯和波兰的最温暖的地区曾受到大小鞑靼人的蹂躏"；而"由于中国的气候，人们自然地倾向于奴隶性的服从"等。

地理说是孟德斯鸠《论法的精神》里著名的理论之一。它认为地理环境，尤其是气候、土壤等，和人民的性格、感情有关系，法律应考虑这些因素。孟德斯鸠的这套理论直接影响了后世的许多西方思想家，如亚当·斯密的《国富论》、黑格尔的《历史哲学》乃至马克思与恩格斯有关亚细亚生产模式的概念，都受到其影响。在欧洲殖民扩张的时代，当欧洲人在讨论为什么热带气候会有害欧洲人的健康以及为其帝国主义行径寻找理由时，就经常引用这套地理环境论述来宣扬欧洲人的优越性以及殖民活动的正当性。

康德的地理学思想集中表明了他是一个"欧洲中心论者"。康德认为，就事物的本质而言，可以建立一个所谓"大一统的国际性国家"，而在世界格局中，由于欧洲各国相互征服的愿望太强，在这块土地上无法实现实力的均衡。同时他又认为，由自由国家组成的和睦的欧洲联邦可以促成全球的和平。[①]

---

① 美国陆军军事学院编，军事科学院外国军事研究部译：《军事战略》，军事科学出版社1986年版，第143页。

在孟德斯鸠后的一个多世纪，德国大思想家黑格尔从历史哲学的高度精辟地阐述了地理条件在人类历史发展中的重要作用。他在其名著《历史哲学》中明确地提出了"历史的地理基础"这个概念。黑格尔认为，由于气候条件的差别，各个地区在世界历史上所发挥的作用是极不相同的："有好些自然的环境，必须永远排斥在世界历史的运动之外……在寒带和热带上，找不到世界历史民族的地盘。……在极热和极寒的地带上，人类不能够作自由的运动，这些地方的酷热和严寒使得'精神'不能够给它自己建筑一个世界。……历史的真正舞台所以便是温带，当然是北温带，因为地球在那儿形成了一个大陆，正如希腊人所说，有着一个广阔的胸膛。"① 这里，黑格尔把寒带和热带"永远排斥在世界历史的运动之外"的论点，当然是不对的；但是，黑格尔指出温带在人类历史发展上具有比寒带和热带更大的优越性这一事实，则有其合理因素。

黑格尔对地中海更有一种特殊的评价。他认为，由于地中海的存在，才使非洲、亚洲和欧洲这"组成旧世界的三大洲相互之间保持着一种本质上的关系，形成一个总体"，所以地中海"是世界历史的中心"。② 黑格尔强调海对于人类社会的重要，指出地中海在世界历史上的特殊作用，诚然是有一定的道理的。但是他由此得出结论，说地中海"是世界历史的中心"，"是旧世界的心脏"等，这就过分夸大了地中海的存在和作用。

此外，19世纪德国著名地理学家洪堡和李特尔旨在研究地理环境与人类社会的相互作用的因果关系，从而引发了地理学的

---

① ［德］黑格尔著，王造时译：《历史哲学》，上海书店出版社1999年版，第85—86页。

② 同上书，第93页。

深刻革命，他们被称为古典地理学的掘墓人和近代地理学的创始人，在他们之后"摆在这门引人注目的学科的新的耕耘者面前的最为重要的理论，可能是这样一个问题，即外部自然条件，特别是地球表面形状、陆地和海洋的分布、轮廓及其相互位置，对人类的社会生活与社会进步的影响有多大多深的问题"。[①]

　　总之，上述有关学者的政治学思想（主权理论）和地理学思想对近代边疆理论的形成有着一定的影响。从某种意义上也可视其为边疆理论的早期形态。

第三节　有关国家的边疆理论

一　俄国的边疆扩展及"理论"

1. 俄国边疆扩展的特征：地域性蚕食和对世界水域的争夺

　　其一，地域性的蚕食体制。俄国在15世纪末摆脱蒙古人的统治后，逐渐形成为统一的中央集权国家。1547年，俄国统治者伊凡四世以罗马帝国的继承者自居，以双头鹰徽号为国徽，加冕自称"沙皇"，从此，俄国开始走上了对外扩张的道路。当时，俄国的大陆扩张政策包含两个方面，在西方向欧洲开拓疆域，打通出海口；在东方向亚洲扩张领土，最终建立一个横跨欧亚两洲的殖民帝国。

　　18世纪以前的俄国，虽然对外侵略扩张的野心很大，但由于当时俄国是一个落后的封建专制国家，力量不足，因此，当时俄国推行地域性蚕食体制来对外进行扩张，利用毗邻国家衰落和分裂，实行武装入侵，把邻国领土一块一块地蚕食掉。沙

---

　　① 转引自刘从德：《地缘政治学：历史、方法与世界格局》，华中师范大学出版社1998年版，第19页。

俄用蚕食手段于 1552 年兼并了喀山汗国，1556 年兼并了阿斯特拉罕汗国，把疆域推进到了南面的里海与东面的乌拉尔山脉。16 世纪下半叶，沙皇俄国开始越过乌拉尔山，向西伯利亚扩张；1555 年沙皇迫使西伯利亚的失必儿汗国向其纳贡，1581 年，沙皇又派军队入侵失必儿汗国，但遭到失必儿汗国人民的强烈反抗；但沙俄不甘心失败，采用修建城堡逐渐蚕食的办法继续侵略失必儿汗国，并于 1588 年再次洗劫失必儿汗国首都，终于征服了西部西伯利亚。随后沙皇又不断向东部西伯利亚扩张，在征服鄂毕河流域之后，又侵入叶尼塞河和勒拿河流域，终于在 17 世纪中叶，鲸吞了西伯利亚的大部分领土。与此同时，在西方，俄国又同波兰争夺乌克兰获得了胜利，于 17 世纪中叶兼并了乌克兰。

女皇叶卡特林娜二世统治时期（1762—1796），俄国通过勾结普鲁士和奥地利 3 次瓜分波兰，夺取波兰领土共 46.2 万平方公里，占波兰国土的 62%。在远东方面，叶卡特琳娜二世除了继续对中国东北和北部边境进行武装骚扰外，最后征服了西伯利亚北部，并在 80 年代越过白令海峡，占领了北美洲的阿拉斯加和太平洋上的阿留申群岛。

俄国在向乌拉尔的扩张中，利用了一种特殊的军事行政编制——"军队"（"host"）来加强对哥萨克人的控制。[1] 这支"军队"被系统地安置在沿边境的地区，形成一个由殖民者、农民居住的军事殖民区，一旦有事他们可以立即转变成一支骑兵部队。而且，随着俄国在东方的扩张，新的特殊"军队"沿着不断变动的边境建立起来。这个政策一直实行到 20 世纪。各支不

① ［美］乔治·亚历山大·伦森编，杨诗浩译：《俄国向东方的扩张》，商务印书馆 1978 年版，第 24—25 页。

同"军队"的名称说明俄国扩张的历程：如顿河、库班、捷列克、阿斯特拉罕、乌拉尔、西伯利亚、塞米里臣斯克（土耳其斯坦）、外贝加尔、阿穆尔河、乌苏里江等。

　　俄国在向东方西伯利亚的推进过程中，采用了一种河流的策略。① 这种策略的基础是河流，水陆联运和堡寨。四条大水系和几条较小的水系分布于西伯利亚，形成天然的交通线。俄国人沿着这些河流前进。这四条大水系中有三条被山隔开，但山均不高，所以俄国人得以在它们之间建立起短途的水陆联运。河流靠水陆联运联结起来，形成一个广阔的天然路网，并为有效地控制西伯利亚提供基础。俄国人设置了堡寨作为控制河流的工具。为了控制战略据点，俄国人把堡寨设置在河流汇合处，水陆联运的终点，或河边守得住的地点。这些堡寨便确保了他们的征服地，并为他们进入未征服地区提供了基地。通过这一策略，在西比尔陷落后的八十年中，俄国人蚕食了几乎整个西伯利亚，只有黑龙江河谷、堪察加半岛、吉尔吉斯草原和叶尼塞河最上游部分，当时尚未归于俄国人统治。

　　俄国征服中亚时还采用了"防线"推进的手段。对此，俄国学者有细致的描述："我们继续东进的历史大体上有这样的特点：与野蛮人为邻，他们除强权外，既不承认国际法，也不承认任何法律，这就迫使我们修筑要塞防线以巩固疆界；偶尔，有些野蛮部落被更强大的部落所压迫，前来请求给予公民权，即请求庇护，他们也受到这些要塞的保护；过了一段时间，这些新来的臣民竟然比敌人还要坏；我们只得严加镇压，或予以驱逐，但无论在哪种情况下，都必须修筑许多新的工事以遏制被他们所占领

━━━━━━━━━━━━━

　　① ［美］乔治·亚历山大·伦森编，杨诗浩译：《俄国向东方的扩张》，第55—56页。

的地区，于是就出现了一条新防线。这在旧时称作'界限'。例如'外卡马河界限'……为了防御诺盖人和克里木鞑靼人的袭击，又设了多道防线，构筑了连绵不断的土墙。……罗斯就是采用这种不断往前伸展的一条条防线，向东推进。"[①] 这里，我们姑且不论俄国学者的强权观点，可以看到的是"防线"在俄国东进中的重要作用。到18世纪末，俄国在中亚建立了四条"防线"以抵御草原上所谓的野蛮人：一是长达700俄里的雅伊克防线，即乌拉尔防线；二是绵延1100俄里的奥伦堡防线；三是长达600俄里的伊施姆河防线；四是长达1100俄里的额尔齐斯河防线。[②]

值得注意的是，俄国在向伏尔加河和乌拉尔山脉推进的过程中，大部分地区是以武力赢得的，西伯利亚即是如此，而有一些地区则是按照欧洲人向美洲印第安人购买曼哈顿岛以及俄亥俄河和其他大河流域的大片土地的方式，通过与土著首领的个人交易获得的。俄国著名作家塞吉·阿克萨科夫在其回忆录《一个俄国绅士》中生动地描写了这种方式的扩张：

你只需邀请某些地区12个土生的巴什基尔人首领接受你的款待：向他们供上两三头肥羊，用他们自己的方式宰杀、整治，再拿出一桶威士忌酒、几桶发酵的烈性巴什基尔蜂蜜酒和一桶自己制的家乡啤酒——顺便说说，这证明即使在过去的日子里，巴什基尔人也不是严格的穆斯林——其余的事就极其简单了。确实，这种款待据说一次也许要维持一星期甚或两星期：巴什基尔人不可能匆匆忙忙地办事，每天都得向他们问这样一个问题：

---

① ［俄］M. A. 捷连季耶夫：《征服中亚史》（第一卷），商务印书馆1980年版，第14页。
② 同上书，第92—93页。

"喂，好朋友，现在是讨论我那事儿的时候了吗？"毫不夸张地说，宾客们一直在整日整夜地大吃大喝；但是，如果他们对款待尚未感到完全满意，如果他们唱自己的单调的歌曲、吹奏长笛和跳他们那种在同一地点站起或蹲下的奇特舞蹈尚未非常尽兴的话，那么，他们当中地位最高的首领就会喷喷地咂巴着嘴、摇晃着脑袋、满脸尊严、不朝询问者瞧上一眼地回答说："时候还没到，再替我们拿头羊来吧！"当然，羊随时可得，啤酒和烈酒也是现成的；于是，醉醺醺的巴什基尔人又开始唱歌、跳舞，一个一个地在他们感到合适的地方倒身睡去。然而，世界上的每件事都有个结束；这样的日子终于到来：一天，大首领坦率地正视主人说："我们感谢你，非常感谢！现在，你想要的是什么呢？"交易的其余方面是遵循一种固定的方式。买主开始以真正的俄罗斯人天生的精明说语：他向巴什基尔人保证他完全不需要任何东西；不过，他听说巴什基尔人是非常仁慈的，所以前来想和他们建立友谊，如此等等。然后，不知怎么地，话题会转到以下方面：巴什基尔人的领土广袤无垠；现在佃户的情况不能令人满意，他们会缴纳一二年地租后便不再缴纳，然而继续生活在这土地上，好象他们是土地的合法所有人；驱逐他们未免有些鲁莽，因而诉讼已不可避免起来。这些话是符合事实的；接着，买主有礼貌地提出，他乐意帮仁慈的巴什基尔人减去一部分已成为他们的负担的土地。结果，整片整片地区的买卖以非常低廉的价格成交。交易由一个法律文件确定，不过，对土地的数量，文件上从不作规定，也无法规定，因为土地从未得到过测量。通常，边界由下述这种界标确定："从某某小河口直到狼道上的死槲材，从死槲树直到分水岭，从分水岭到狐穴，从狐穴到索尔塔姆拉特卡的空心树。"等。圈起一万、二万甚或三万俄亩土地的界标是非常明确、持久的！而所有这些土地的代价也许是100卢布和价值

100 卢布的礼物，款待的费用不在内。①

如上所述，俄国主要通过蚕食方式，如采取"军队"编制、运用河流策略和"防线"推进等手段扩大疆域，同时还采用了廉价购买的方式夺得土著人的大片土地。

其二，争夺水域，打开出海口。18 世纪以后的俄国，随着疆域的不断扩展，侵略的野心也随之增大，俄国已不满足于陆地的蚕食，想进一步争夺世界霸权。沙皇彼得一世通过 1695 年和 1696 年两次远征亚速夫和 1697—1698 年随俄国"大使团"到西欧游历，认识到要使俄国摆脱内陆闭塞状况，挤进欧洲大国的行列，就必须夺取出海口和制海权。

正如苏联学者所揭示的，"争取出海口的斗争对俄国的命运具有头等重要意义。"② 彼得一世发动的历次战争都有这样的明确目的。他企图通过征服波罗的海，打开通往大西洋的通道；通过夺取黑海出海口，进入地中海；通过控制日本海，进入太平洋；以及从中亚寻找南下印度和印度洋的通道来建立沙俄的海上霸权。为了从瑞典手中夺取波罗的海出海口，俄国同瑞典进行了长达 21 年的北方战争（1700—1721），终于打败了瑞典，根据 1721 年签订的《尼斯塔得和约》，俄国占领了波罗的海东南岸的里加湾、芬兰湾、卡累利阿，爱沙尼亚以及拉脱维亚的大部分，至此，俄国在波罗的海获得了出海口。为了争取黑海出海口，在 18 世纪下半叶，彼得一世发动了两次俄土战争（1768—1774，1789—1791）。俄国在这两次战争中打败了土耳其，先后缔结了

---

① S. 阿克萨科夫：《一个俄国绅士》，伦敦，1923 年，第 2—4 页。转引自：[美] 斯塔夫里阿诺斯著，吴象婴、梁赤民译：《全球通史——1500 年以后的世界》，上海社会科学院出版社 1999 年版，第 195—196 页。

② [苏联] 卡巴洛夫、马夫洛金主编：《苏联史》，1974 年莫斯科版第 1 分册，第 307 页。

《楚库克—开纳齐和约》（1774 年）和《雅西和约》（1792 年），占领了亚速夫、刻赤等地，取得了在黑海海峡自由航行的权利，对克里米亚的合并也得到承认。至此，俄国打开了通往欧洲的南、北两扇大门。

总之，俄国边疆扩展的特点是：主要通过蚕食方式发动战争向四周各个方向持续进行大规模的陆地扩张，用武力强占毗邻国家的领土。这种地域性蚕食体制一直贯彻于沙俄扩张的过程中，在彼得一世前表现得尤为明显。彼得一世以后，除继续陆地扩张外，同时采取了大规模的水域扩张，向四周争夺出海口，从而使俄国由一个内陆国家变为濒海的帝国。

2. 俄国边疆扩张的理论表现

其一，恢复祖传地产理论。作为留里克王朝的继承人要恢复其祖传的"世袭地产"理论，早在伊凡三世晚年就已经提出。[①] 1503 年，伊凡三世在和立陶宛大公谈话时说："我要的不也是我自己的世袭领地吗？俄国土地直到现在被立陶宛占据着，包括基辅、斯摩棱斯克和其他城市。"[②] 1519 年，瓦西里三世的大臣也说："大公所想要的是自己的俄罗斯世袭领地。"伊凡四世则宣称："我和他（指波兰国王巴托里）不可能和平，因为他拿走了我的立夫兰地方。我的世袭领地、城市均被他拿去，成为他的了。"[③]

莫斯科的君主们所提出的这一恢复祖传地产的理论，一直成为他们向西方和波兰、立陶宛争夺，兼并乌克兰和白俄罗斯的借口。

---

① 北京大学历史系：《沙皇俄国侵略扩张史》（上），人民出版社 1979 年版，第 16 页。

② 《克留切夫斯基文集》，1957 年莫斯科版第 2 卷，第 117 页。

③ ［俄］查也夫：《"莫斯科是第三罗马"在十六世纪莫斯科政府的政治实践中》，《历史札记》第 17 卷，第 9 页。

而老沙皇、新沙皇的许多御用文人，也一脉相承，以"收复失地"来遮掩沙俄向西方扩张，兼并乌克兰、白俄罗斯的实质。

我们知道，国家、民族都是历史的产物。基辅罗斯是一个暂时的王公联合，从来就不具有民族国家的意义。而莫斯科国家完全是在新的历史条件下、新的地区兴起的。早在莫斯科兴起之前很久，基辅罗斯的西南、西北部即后来的乌克兰、白俄罗斯等地，已经归属于波兰和立陶宛。而众所公认，俄罗斯、乌克兰、白俄罗斯这三个民族，是在15—16世纪方才形成的。即使乌克兰、白俄罗斯民族和俄罗斯民族有一定关系，但也决不能作为兼并的口实。

其二，莫斯科是第三罗马。作为罗马奴隶制帝国的继承人要恢复罗马的"世界"帝国——莫斯科是第三罗马的理论，在新的历史条件下成为大俄罗斯主义、泛斯拉夫主义等扩张理论的滥觞。

这一理论，从伊凡三世和亡国的拜占庭公主结婚，自称沙皇，把拜占庭的双头鹰添入国徽等一系列行动中，已见其端倪。但正式提出这一理论的是瓦西里三世时的僧人费洛菲，他在给瓦西里三世的文件中阐述了这一理论。他写道："至高至贵的君主，基督教正教的沙皇，大公陛下……您将取代罗马和君士坦丁堡的地位"，这是因为"第一个罗马因为信奉异端而垮台，第二个罗马——君士坦丁堡的教堂之门也被伊斯兰教徒的战斧所劈开。现在这里是新的第三罗马，保持您的皇位以及神圣使徒的教会，使宇宙之内，普天之下，永远照耀着正教信仰的阳光。"又说："尊敬的沙皇啊！因为一切信仰基督教的王国将统一于您的王国，您也将成为普天之下的基督教沙皇。"[①]

---

① ［俄］查也夫：《"莫斯科是第三罗马"在十六世纪莫斯科政府的政治实践中》，《历史札记》第17卷，第12页。

上述论点的核心，就是主张莫斯科取代君士坦丁堡的地位，全世界的基督教王国要统一于沙皇俄国。因此，沙俄首先要攻占君士坦丁堡，从土耳其人手中"解放"东南欧，兼并乌克兰、白俄罗斯。进而打着维护正教信仰的旗号，宣称哪里都可以去。到17世纪的奥登一纳施金、克里然尼奇等人那里，这一理论更多地加上了种族色彩，要沙皇成为全体斯拉夫人的沙皇，从异教徒的压迫下"解放"斯拉夫人，建立斯拉夫大帝国。

其三，地理环境因素之作用于俄罗斯扩张的理论。美国学者亨利·赫坦巴哈在分析俄国边疆理论问题时，认为环境因素对俄罗斯扩张有重要的影响。[①] 在他看来，地形和其他自然特征能够阻碍或推动一个民族扩展它的边界的要求。俄罗斯发祥于欧亚大平原，并且以后接着实际上囊括了一望无际的平川大地，从波罗的海延伸到太平洋。俄罗斯人在大草原上继续生存并且终于征服这个大草原，是历史上伟大的给人以深刻印象的事件之一。没有自然障碍是俄罗斯周围环境的基本条件。亨利·赫坦巴哈还论列了以下西方学者对该问题的阐释。

罗伯特·J. 克纳的理论或许是著名的，他强调俄罗斯为陆地包围的不利处境，力图用一种为获取通往世界主要海洋的出海口而不断斗争的说法，说明俄罗斯的扩张主义。他指出，助长这种向海洋推进的强烈欲望，是大自然赋予的纵横交错的河流网，它的连水陆路使得易于从一处转移到另一处，并且加速了向南到黑海和往东横越西伯利亚的移动。"每个（集团），无论它的意识形态如何，都利用了它们（连水陆路）"。[②] 据克纳说，无论什

① ［美］亨利·赫坦巴哈等著，吉林师范大学历史系翻译组译：《俄罗斯的地理环境和扩张主义》，《俄罗斯帝国主义——从伊凡大帝到革命前》，第3—5页。

② 罗伯特·J. 克纳：《迫切要求通向海洋》（伯克里，加利福尼亚州，1942年），第103页。

么样社会和政府的制度得胜，每种制度终于都得适应这种环境的特点，并且沿着大自然所提供的水路移动。因此，他推论说，这种地理因素"真正地有助于形成俄罗斯历史的进程"。①

关于地理对俄罗斯历史演进的影响，鲍利斯·布鲁特库斯写得更为透彻。他认为，非常广阔的俄罗斯平原及其漫长的毫无防卫的边界使得它非常易受敌人的攻击。这种基本的地理因素也导致了文化孤立，从而迫使俄罗斯人寻求与西方的一些中心交往。同这个题目更加有关的是布鲁特库斯的第三点：人口稀少的欧亚平原给东斯拉夫人不断地向东殖民提供了一个空前的机会。②

鲍利斯·布鲁特库斯把这个最后的看法归功于瓦·奥·克柳切夫斯基，因为克柳切夫斯基已敏锐地认识到俄罗斯扩张主义是自然环境造成的，其主要特征是斯拉夫民族对欧亚平原长达数世纪之久的殖民过程。他指出，这个过程从最早的斯拉夫人到达第聂伯河流域开始，并且一直顺利地继续到 19 世纪。据克柳切夫斯基的看法，俄罗斯多半是由于斯拉夫民族迁徙持续不变的过程而成长起来的。"俄罗斯历史的主要事实一直是殖民，并且所有其他因素都一直是直接或间接地同它有关系"。③

此外，拉恩希尔德·马丽·哈顿认为："回顾历史，扩张似乎是有点不可避免。由于莫斯科位于邻接伏尔加河和奥卡河的心脏地区的莫斯科河畔，有水路通往伏尔加河、姆斯塔河、第聂伯河、西德维纳河和洛瓦特河。瓦尔代丘陵的西部和北

---

① 罗伯特·J. 克纳：《迫切要求通向海洋》，第 103—104 页。

② 鲍利斯·布鲁特库斯：《俄国社会经济发展的历史特点》，载莱因哈德·本迪克斯与西摩·马丁·利普塞特编：《阶级、地位和权力》（纽约，1953 年），第517—518 页。

③ ［苏联］瓦·奥·克柳切夫斯基：《文集》（莫斯科，1956 年），第一卷，第32 页。

部，有三条航路通往波罗的海……因此毫不奇怪，由于一些政治因素以及水上航道和运河纵横交错形成的陆地商业的位置而产生通向海洋——通向波罗的海、黑海和太平洋的强烈欲望，一直是俄国史的一个主题。'莫斯科不是去统治世界，就是被窒息而亡'。"①

二 美国的"移动"边疆及早期理论

1. 美国边疆的特征："移动"的边疆

众所周知，美国独立时实际只具有大西洋沿岸的一个狭长地带。但是，在独立后的几十年间，美国不仅从印第安人和英国人手中夺取密西西比河以东的土地，而且将其疆界从密西西比河向西推进了 1500 英里，直抵太平洋沿岸。美国边疆表现出明显的"移动"特征。

美国向西部领土的推进，以 1803 年从法国购买路易斯安那开始。拉丁美洲爆发革命后，美国趁机夺取西班牙的殖民地佛罗里达。之后，美国领土扩张主要沿着两个方向继续推进。在西南方面，美国首先策划了得克萨斯名为"独立"、实为分裂的运动，直至将其公然兼并，到 1848 年共割去墨西哥一半的领土。在西北方面，美国迫使英国放弃对俄勒冈的领土要求。最后，这两条扩张路线在加利福尼亚汇合，从而完成了对整个西部的占领。

2. 美国领土扩张的理论依据："天定命运"论

美国的领土扩张是在"天定命运"论的驱使下实现的，"天定命运"成为美国领土扩张的理论依据。"天定命运"论是美利

---

① ［美］亨利·赫坦巴哈等著，吉林师范大学历史系翻译组译：《俄国和波罗的海》，《俄罗斯帝国主义——从伊凡大帝到革命前》，第 136—137 页。

坚合众国成立后竖起的第一面旗帜，其源头可以追溯至近似美国之父的本杰明·富兰克林、托马斯·杰斐逊、约翰·亚当斯等人。1787 年亚当斯认为，美国"命中注定"要扩张到"西半球的整个北部"。杰斐逊是出生于弗吉尼亚州阿尔比马尔县的边疆人，自幼目睹阿勒根尼山的兰岭，也是强烈拥护向西部移民的。①

路易斯安那购买和佛罗里达夺取之后，19 世纪 40—50 年代美国大陆扩张在"天定命运"的借口下直接指向得克萨斯、俄勒冈以及加利福尼亚和新墨西哥。

"天定命运"在 19 世纪 40—50 年代极其盛行。据弗雷德里克·默克说："在 19 世纪 40 年代中期，一种名称上、号召力上和理论上新奇的扩张主义形式在美国出现了，它就是'天定命运'。"他解释道："它意味着上天预先安排的向尚未明白确定的地区扩张。在一些人的心目中，它意味着向太平洋地区扩张；在另一些人的心目中，向北美大陆扩张；在其他一些人的心目中，则是向西半球扩张。"② 默克认为，扩张主义总是同各种进攻性的意识形态联系在一起。他为了替美国扩张主义开脱罪责，编造出一套扩张主义各国有份论："就阿拉伯扩张主义来说，意识形态是伊斯兰；就西班牙扩张主义来说，是天主教；就拿破仑来说，是革命的自由主义；就俄国和中国来说，是马克思的共产主义。就美国的扩张主义来说，这些意识形态的对应词则是'天

---

① ［英］约翰·霍古德：《天定命运》（John A. Hawgood, *Manifest Destiny*），载艾伦和希尔合编：《英国人撰写的美国史论文集》（H. C. Allen and C. P. Hill, *British Essays in American History*），伦敦 1957 年版，第 125、127、128 页。

② 弗雷德里克·默克：《天定命运与美国历史上的使命：一个重新解释》（Frederick Merk, *Manifest Destiny and Mission in American History; A Re - interpretation*），纽约 1963 年版，第 24 页。

定命运'。"①　朱利叶斯·普拉特在《"天定命运"的起源》一文
中指出："显然，'天定命运'这个用词是 1845 年夏季增加到我
们的政治词汇中的。"②　贝利宣扬："'天定命运'这个 19 世纪
40 至 50 年代使得感情高涨的名称类似一种世俗宗教，在 1844
年总统选举中达到了顶点。具有无限智慧的万能上帝已经'明
显地''命定'了年富力强的美国人把他们崇高的共和制度从巴
拿马传播到北极，也许还有整个南美。"③　福斯特指出，南北战
争前"美国统治阶级的扩张主义分子就已经提出了'天定命运'
的口号。据他们说，美国人是命中注定要控制整个北美洲，也许
还有南美洲的一大部分"。④

　　当时的民主党即有"天定命运"党之称。从党派来说，主
张"天定命运"论的刊物都是民主党人主办的；就地区而言，
东北部是"天定命运"论刊物集中的地方，纽约市更是全国最
大的集中地点。爱尔兰裔美国人约翰·奥利沙文是民主党人，他
所主编的鼓吹"天定命运"的两个刊物《民主评论》和《纽约
晨报》都是在纽约市出版发行的。⑤　1839 年他在《民主评论》

　　①　弗雷德里克·默克：《天定命运与美国历史上的使命：一个重新解释》
(Frederick Merk, *Manifest Destiny and Mission in American History*; *A Re - interpretation*),
序言Ⅷ。
　　②　转引自贝米斯主编：《美国历届国务卿和他们的外交》(S. F. Bemis, ed.,
The American Secretaries of State and Their Diplomacy, Vol. 5)，纽约1958年版，第5卷，
第294页。
　　③　托马斯·贝利：《美国人民外交史》(Thomas A. Bailey, *A Diplomatic History
of the American People*, 10th ed.)，新泽西1980年版，第226页。
　　④　威廉·福斯特：《美洲政治史纲》(William Z. Foster, *Outline Political History
of the Americas*)，纽约1951年版，第205页。
　　⑤　由于宣传"天定命运"非常卖力，奥利沙文 (John Louis O'Sullivan) 在波
尔克总统圈内颇受宠幸，以后他在民主党皮尔斯总统期间出任美国驻葡萄牙公使。
南北战争后，他流亡欧洲。

上写道："长远无限的未来将是伟大的世纪。在它的时间和空间宏大的领域里，这个多民族的国家被注定了要显示出天命原则的美德。它将以半球作地板，以星空为屋顶。"① 1845 年 7 月，奥利沙文在《民主评论》上发表了一篇题为《天定命运》的文章，此文认为，美国在北美大陆上的扩张和征服活动是上帝赋予白种的盎格鲁—撒克逊民族的一项神圣使命。同年 12 月，他在《纽约晨报》上又同时使用了两个词"天定命运"和"不许动手"。前者是为美国的大陆扩张制造理论根据，后者则是警告欧洲，尤其是英国不得染指俄勒冈，以便美国合并得克萨斯，占有俄勒冈。

　　19 世纪 40 年代是"搞得克萨斯阴谋"、"俄勒冈热"日趋激烈的年代。1843 年 9 月 12 日，美国前总统杰克逊宣称，美国必须取得得克萨斯，"如果可能就和平地取得，如果必要，就不惜用武力取得"。② 奥利沙文在《民主评论》上发表论《得克萨斯问题》的文章，声称美国人口的增长和分布不久即将遍布"北美大陆适宜于居住的每一平方英寸"，还说："在必然实现我国人口滚滚西流的普遍规律中，得克萨斯已经被吸收到联邦；它与我国人口增长率在一百年内注定要膨胀到二亿五千万（即使不会更多）之间的联系非常显明，致使我们毫不怀疑关于占领

---

　　① ［英］约翰·霍古德：《天定命运》（John A. Hawgood, *Manifest Destiny*），载艾伦和希尔合编：《英国人撰写的美国史论文集》（H. C. Allen and C. P. Hill, *British Essays in American History*），第 125 页。

　　② ［美］雷·艾伦·比林顿：《西部扩张，美国边疆史》第二版（Ray Allen Billington, *Westward Expansion: A History of the American Frontier.* 2nd ed.），纽约 1960 年版，第 502 页。

本大陆的天定命运。"① 在他看来，合并得克萨斯乃至占领整个北美大陆都是合乎自然法则和"天定命运论"的预见。

在波尔克总统任期，美国兼并了得克萨斯，夺取了北纬49度的俄勒冈，占有了墨西哥的大面积割让地。美国扩张的领土占了北美大陆的一半和太平洋地区。即使这样，1847年10月的《民主评论》还不满足，提出："只有北美大陆的每英亩土地被美国公民占领，才算奠定了未来帝国的基础。"②

3. 威廉·西沃德的"太平洋贸易霸权论"

在19世纪上半期，美国对亚洲的欲望是"心有余而力不足"，只能跟在欧洲列强的后面，见缝插针，捞得一些好处。从19世纪下半期起，美国开始加强对亚洲和太平洋地区的争夺与控制。自南北战争后，美国国内政治稳定最终完成，并开始了近代工业化的进程。随着经济实力的迅速增长，美国海外扩张主义开始抬头。1861—1869年间任国务卿的威廉·西沃德创立的"太平洋贸易霸权论"成为这一时期美国海外扩张主义的典型代表。

西沃德认为，同美国角逐的地点将不是在大西洋、加勒比海、波罗的海，而是在太平洋及其岛屿和大陆，美国将在东方的大陆和海洋上遇到对手，美国人若控制了亚洲市场，必将成为现有国家中最强大的国家。他还论证了世界历史的霸权在不断地向西转移，认为历史发展到19世纪末，争夺世界霸权主要是在太

---

① 转引自西尔拉：《1846年的悲剧》（Justo Sierra, The Tragedy of 1846），载鲁伊泽编：《墨西哥战争——它是天定命运吗？》（R. E. Ruiz, ed., The Mexican War, Was It Manifest Destiny?），纽约1963年版，第59页。

② ［英］约翰·霍古德：《天定命运》（John A. Hawgood, Manifest Destiny），载艾伦和希尔合编：《英国人撰写的美国史论文集》（H. C. Allen and C. P. Hill, British Essays in American History），第144页。

平洋上，太平洋注定要成为"今后世界最大的历史舞台"，亚洲400年来是欧洲扩张的主要目标，美国作为太平洋上大国应该向它的彼岸亚洲扩张。然而，由于内战后美国忙于国内重建和本土向西推进，且国力还不足以扩张到太平洋，西沃德向亚洲扩张的计划未能实现。但它对美国的外交战略思想产生了重大影响。19世纪90年代风靡一时的扩张主义理论"海军实力论"的代表马汉上校就主张应利用菲律宾为基地争夺太平洋和远东地区的霸权优势，夺取中国市场。

三　英国的殖民扩张及"边疆"政策

1. 海权对于英国的重要性

英国在欧洲以外地区从事殖民扩张开始于16世纪下半叶。为了争夺商业利益和海上霸权以及殖民地占有方面的优势，英国曾与西班牙、荷兰和法国等欧洲列强在16世纪末到19世纪初的两百多年间进行过十多次重大的征战和火并。1588年英国在英吉利海峡打败西班牙"无敌舰队"，逐渐巩固和扩大了海上优势。而荷兰则在17世纪后半期的战争中遭到了严重削弱。法国在这之后成为英国的主要对手，经过1756—1763年的七年战争和1793—1815年的拿破仑战争，英国终于在殖民地的角逐场上战胜了自己的主要对手，成为世界上最大的殖民帝国和海上霸主。关于海权对于英国的重要性，罗伯特·吉芬爵士在《我国军队的实力标准》一文中写道："没有制海权的大英帝国是难以想象的。"[1] 而且英国人还认为强大的海军对于本土防御来说也是必不可少的，因为英国没有征兵制，无法迅速征集一支强大的陆军去抵御入侵之敌。同时，英国十分发达的对外贸易也仰仗海

_____

[1]　转引自王觉非主编：《近代英国史》，南京大学出版社1997年版，第675页。

军的保护。

19世纪下半叶，法国和俄国的海军发展迅速，威胁到英国的海上霸主地位。1860年前后，法国首先研制出装甲舰。当时英国人担心海上优势会被法国取而代之，而且为防备拿破仑三世从海上入侵英国南部，便加快建造军舰的速度，到60年代实现了舰只的装甲化。此后20年中，英国牢牢地保持着海上霸权。

关于英国海外扩张的特征，诚如美国海军上将马汉所言："和以前的霸权国家不同，英国的扩张和进取不是朝向欧洲，而是针对其外的世界。这也许就是我们今天所称的'世界政治'的开端。在对外扩张方面英国独树一帜，这不是说它是首先进行扩张的国家或没有竞争对手，而是指尽管它对扩大殖民地有永不知足的欲望，但它所重视的不是从殖民地捞到多少财富，而是将英国自身的制度推及于它。在这方面，英国的殖民地和罗马的开拓地相似，无论在政治上还是产业上都是母国的翻版。"①

2. 殖民帝国："有形帝国"与"无形帝国"

工业革命以后，英国加强了对外殖民扩张。19世纪初期英国把它的注意力集中于确立对印度的统治上。后来进入了加拿大和澳大利亚的腹地以及在新西兰的殖民地，最后与欧洲列强共同瓜分了非洲和太平洋岛屿。维多利亚女王时代，英帝国达到其发展的顶峰。1876年宣布维多利亚女王兼任印度女皇。20世纪初，一位名叫A. V. 迪西的历史学家对大英帝国称颂备至，他在《英国的法律与观点》一书中宣称："小国时代显然已经过去……对

---

① ［美］马汉著，萧伟中、梅然译：《海权论》，中国言实出版社1997年版，第138页。

于我们的时代而言，庞大的帝国与巨型商业公司一样是必不可少的。"[1] 到第一次世界大战前夕，英国的疆域扩及世界各大洲，占全球总面积的四分之一，被称为"日不落帝国"。

对于英国的殖民扩张，我国学者高岱、郑家馨总结出"有形帝国"和"无形帝国"是英帝国的重要特征，也是其殖民扩张的重要手段。[2] 一方面，凡是不用武力兼并就不能绝对保证帝国利益的地方，英国就毫不犹豫地予以兼并。从1757年（大致是英国工业化的开始时间）到1850年（大致是英国工业化基本接近完成的时间），英国兼并了印度次大陆410多万平方公里领土；东南亚的马来亚和缅甸；在北美加拿大继续扩大领地；在大洋洲兼并了澳大利亚和新西兰；在非洲占领开普、纳塔尔和巴苏陀兰殖民地及西非沿岸一些殖民地。1815至1865年，英国每年平均扩张和兼并25.9万平方公里土地。这上千万平方公里土地全都囊括在"有形帝国"之内。另一方面，所谓"无形帝国"就是英国通过保持整个地区（全球）的霸权，在未纳入大英帝国版图的更广大地区，稳定而成功地谋取到帝国的主要利益。在英国拥有世界经济优势和全球殖民优势的条件下，这种不费"一兵一卒"的"无形帝国"手段对英国谋取最主要的帝国利益是极为有利的。总之，英国在殖民扩张中堂而皇之地打出"有形帝国"与"无形帝国"两张牌：如有可能就采取无形的手段，如有必要就予以正式兼并。

3. 英国殖民地的类型

从总体上看，英国的殖民地主要有以下几种类型：

---

① A. V. Dicey, *Law and Opinion in England*, 1905, pp. 455—456.

② 高岱、郑家馨：《殖民主义史（总论卷）》，北京大学出版社2003年版，第29—30页。

一是移民型殖民地，它是指宗主国进行大规模移民，以至于移民构成当地居民主体的殖民地。移民将宗主国的政治、经济、文化等各种制度带到殖民地，并按宗主国的模式进行开发建设，因而这类殖民地在各方面都像是宗主国的摹本。英帝国内这样的殖民地有加拿大、澳洲、新西兰等，独立前的美国也属于这一类型。

二是非移民型殖民地，它是指宗主国未进行大规模移民，仅派少量官员和专业人员及军警等充当统治工具，土著居民仍是当地居民主体的殖民地。移民只占这类殖民地人口的很小比例，殖民地仍在较大程度上保留了原有的社会组织和文化。宗主国将这类殖民地视为政治控制、经济掠夺的对象，其根本动机完全不是要将它们带入所谓的文明世界。因此宗主国并不将它们视为本身的延伸及其文化的扩散。这类殖民地大多分布在非洲和亚洲。

此外，还有一种介于这两者之间的二元型殖民地。在这类殖民地中，宗主国的移民具有相当的规模，并按宗主国的模式进行开发建设，但是移民人数远少于当地土著居民的人数，而且土著居民的社会组织和文化依然存在，形成移民中的宗主国文化和土著居民中的土著文化并存的局面。南非的开普殖民地即属于这种类型。

4. "边疆"政策：对殖民地的统治策略

英国的"边疆"政策，主要体现在英国政府对不同类型的殖民地实行的不同政策上。

其一，对移民型殖民地，英国允许它们建立自治统治，默许它们要求独立的倾向。

北美13州殖民地的丧失和殖民地人民的起义和抗争，对英国的殖民政策具有重要的作用和影响。英国统治集团为了使白人移民建立或由他们居统治地位的海外领地留在帝国内而不重蹈北美 13 州脱离母国独立的覆辙，主张让他们依照母国的模式实行程度不等的内部自治和责任政府制度。

　　加拿大是英帝国内第一个建立责任政府的殖民地。这项政策的起源是 1838 年德拉姆勋爵在前往加拿大巡视和调查之后提出了著名的《德拉姆勋爵报告》。报告认为原来实行的代议制政府（选举产生的顾问班子，可向总督提出建议，但不具有实权）已不能再使当地居民满意，主张建立具有自治权的责任制政府（选举产生的立法议会，有权任命和罢免部长，并对内部事务实行监督），并建议将上、下加拿大两省区合并。1840 年英国议会通过的《加拿大法案》，将德拉姆的大部分建议付诸实施，从此加拿大走上了内部自治的道路。与此同时，加拿大内部经济发展的需要和来自南部美国的压力和威胁，促使加拿大各个分散的殖民地实行联合。1867 年，英国议会通过《英属北美法案》，将上、下加拿大、新不伦瑞克和新斯科舍合并组成了加拿大自治领，以后其他一些地区也先后加入了这一联邦。

　　加拿大的榜样为其他白人殖民地走向内部自治开辟了道路。澳洲最初是作为英国罪犯的流放地而知名的（1788 年第一批 750 名罪犯来到新南威尔士）。19 世纪 20 年代起大规模的移民浪潮涌向澳洲。自由人（与罪犯相对而言）不久就要求自治，并为自己的经济、政治权益而斗争。原来确立的殖民体制被迫予以改革。在 1855—1859 年期间，在澳洲所有的殖民地都实行了责任制政府，建立了由选举产生的、部长向下院负责的两院议会（只有西澳大利亚除外，这里直到 1890 年才实现完全自治）。

　　在英国人来到新西兰以前，毛利人是这块土地的主人。1840 年英国根据与毛利人酋长签订的《威坦吉条约》，获得了这个地方的主权。1842 年以前新西兰为澳洲新南威尔士州的属地。随着移民数量的增加，他们开展了要求实行自治的运动。1853 年，新西兰总督乔治·格雷在惠灵顿组建了一个两院制的中央政府，属下的6个省通过其经选举产生的政务会处理各自的事务。1856年，英国议会通过法案，同意新西兰建立完全的责任制政府。1875年，新西兰地方政府系统重建，其构成与今日之英国地方政府系统相似。从那时起，新西兰实际上已成为一个拥有自治权的统一国家。

其二，在亚洲和非洲地区，英国采取直接统治和间接统治两种形式进行殖民统治。

在资本主义的产生发展时期，英国对亚洲的印度主要采取直接统治的方式进行军事占领和殖民掠夺。英国侵略和征服印度的过程，也就是对印度进行大规模殖民掠夺的过程。从剥削方式上看，既有暴力的抢劫，也有贸易为手段的掠夺。在征服印度后，又进行一系列的"改革"，以继续保持对印度的剥削和掠夺。16世纪，英国对印度和其他东方国家的殖民掠夺，是英国资本原始积累的重要组成部分。17世纪至18世纪初，英国主要依靠不等价的商业贸易进行掠夺，18世纪以后，直接搜括甚至超过贸易掠夺。随着工业革命的完成，工业资产阶级的成长，1813年英国议会取消了英国东印度公司在印度的贸易垄断权。从此，印度逐渐成为英国的商品市场和原料产地，开始了英国工业资本掠夺印度的阶段。

在19世纪中叶以前，英国人对北非以南地区（南非除外）了解甚少。英国对非洲的殖民扩张是从"内陆探险"开始的。50—60年代，英国人对非洲内地进行了多次探险。1854年，英国著名探险家、传教士大卫·利文斯敦（1813—1873）完成了从非洲东海岸的莫桑比克横穿大陆，到达西海岸的安哥拉。随后，他又开始了对非洲心脏地区的探险，陆续发现了恩加米湖、赞比西河、尼亚萨湖和维多利亚瀑布。70年代以后，英国同比、法、德等殖民国家展开了对非洲的瓜分和统治，而英国又是其中的主角之一。

从统治形式上看，英国在非洲的殖民活动主要分直接统治和间接统治两种形式。英国最初实行的是直接统治制度，剥夺原有酋长和其他统治者的权力，建立新的统治体系。20世纪初开始推行"间接统治"制度。所谓"间接统治"，是指各殖民地的地方政权仍由当地的封建主、部落酋长掌管，并保留传统的政权组织形式和法律制度；省一级和中央的政权由英国人掌管，依靠军队和警察维护其统治。这套统治制度起初在英属西非推行，因手段隐蔽狡猾，所受阻力较小，后推广到英国在非洲的大部分殖民地。

其三，在南非，英国采取的方针是一方面与布尔人相争夺，一方面镇压非洲居民。

南非的历史进程有别于非洲其他地区。南端开普周围一带原是荷兰移民布尔人建立的殖民地。拿破仑战争中英国人将开普殖民地作为敌人的领土加以占领，后来根据1814年的和约正式割让给了英国。19世纪20年代起英国开始加紧向南非移民，推行"英国化"政策，除原来的开普殖民地外，于1834年又建立了纳塔尔殖民地，并在这两地先后建立了责任制政府。布尔人于19世纪30年代北迁，以逃避英国人的统治，在新的地区又先后建立了德兰士瓦共和国和奥兰治自由邦。19世纪后期钻石和金矿在南非的发现，以及该地区在英帝国海上交通线中的重要地位，促使英国加强同其他帝国主义国家对这一地区的争夺。英国人和布尔人之间的矛盾日益激化，最终于1899年爆发了英布战争。

在英国对南非的争夺中，塞西尔·罗得斯是一个极为狂妄的扩张主义者。英国在非洲的"开普—开罗"殖民计划便由此人提出，但这仅是其扩张野心的一部分。他的梦想是夺取整个非洲后，进而占据整个南美、中东和太平洋诸岛，最后再收复美国。①

显然，英国在南非采取的是一方面与布尔人相争夺，一方面压制、掠夺非洲居民和资源的方针。

小　结

通过本章的分析，我们可以看到随着资本主义的产生和发展，近代边疆理论也在国际格局的变动中萌生与发展。

首先，从近代边疆理论产生的背景和动力来看，欧洲民族国家的出现是近代边疆理论的重要前提，而重商主义和资本主义的殖民扩张则是近代边疆理论的内在动力。地理大发现在资本主义发展史上有着重要的意义，它标志着全球化进程的开端，世界各国、各地区的隔绝状态开始被打破，交往与联系日益加强。差不多在这同时，欧洲的一些民族国家也在形成之中，它们逐渐发展成为主导的地缘政治形式，成为地缘政治中的实体。在资本主义的产生发展时期，世界政治版图的变化，以及领土争端和边界纠纷，可以说大都是在各民族国家之间展开的。这与民族国家出现以前王权国家的领土表现为封建王朝私有以及领土范围和边界划分不明晰的边疆理论是不同的。

可以看到，重商主义和资本主义的殖民扩张对于近代边疆理论的形成起了直接的推动作用。无论是老牌的殖民国家——西班牙和葡萄牙，还是新兴的荷兰、英、法等国家，都采取了重商主义的政策，争夺商业霸权，扩大对外贸易。为此，它们重点展开

---

① J. G. Lockhart and C. M. Woodhouse, *Rhodes*, 1963, pp. 69—70.

了对海外弱小国家的掠夺以及所谓"无主地"的占领，因之造成了全球格局和世界版图的重大变动。

其次，在资本主义产生发展时期，边疆理论还处于早期形态。在资本主义的殖民争夺下，传统意义上的边疆发生了改变。不过，这一时期的变化还主要反映在领陆和领水上。国家领土和边界观念的变化在国际法中也有体现。不仅国际条约中涉及领土、边界等边疆理论；而且，传统国际法中承认的领土变更方式对古代罗马法中关于财产取得、丧失的规则有因有革。近代海洋法在这一时期得到了发展，领海制度的确立即是边疆理论的重要变化。此外，地缘政治学在这一时期有其渊源形式，主要表现为政治学思想和地理学思想，这些思想中也直接或间接涉及边疆理论问题。如博丹的主权国家理论、孟德斯鸠的"地理说"等，对近代边疆理论的形成都有着重要的影响。

最后，在国别上，有关这一时期的俄国、美国和英国的边疆理论和观点比较突出。俄国的边疆扩展体现出由地域性蚕食向对世界水域的争夺倾向；美国的边疆表现出明显的"移动"特征；而英国的边疆则主要表现在对海外殖民地的争夺上。

俄国在边疆扩张上的理论表现，主要有恢复祖传地产理论、莫斯科是第三罗马的理论和地理环境因素之作用于俄罗斯扩张的理论等。其中前两者有着鲜明的泛斯拉夫主义的特征。美国在这一时期主要是为其领土扩张寻求理论依据，"天定命运"论对于美国在北美大陆版图的奠定具有极其深刻的影响。英国在这一时期已发展成殖民帝国，其理论特征正如我国学者高岱、郑家馨总结的"有形帝国"和"无形帝国"理论。此外，英国海外殖民地的类型以及英国对殖民地的统治策略也都是值得注意的理论问题。

第二章 "自由"资本主义向帝国主义过渡时期的边疆理论

第一节 全球格局的变化与西方边疆理论的演变

19 世纪 70 年代至 1918 年，欧美和日本等主要资本主义国家陆续进入帝国主义阶段，并掀起瓜分世界的浪潮，将亚洲、非洲、拉美和大洋洲都纳入了资本主义世界经济的体系，1914 年起为重新瓜分世界又进行了四年的第一次世界大战。一战之后，英、法、美、日等国又重建新的世界体系，形成了凡尔赛—华盛顿体系，而后意大利、日本、德国法西斯的崛起逐步打破了这一体系，直至 1939 年第二次世界大战全面爆发将它彻底摧毁，在世界人民反法西斯的战争中，美、苏、英等大国又在斗争、妥协中酝酿着战后的新的国际体系，即雅尔塔体系。

随着全球格局的不断变化，世界地图和各国版图也不断发生变化，出现了许多与边疆、边界相关的新问题。面对这些变化和问题，西方国家相关的理论也处在不断发展、演变之中。本节将简要介绍这 80 多年间世界格局和世界版图的总体变化，并对这一背景下西方与边疆、边界相关的主要的理论作简要说明。

一 全球格局的变化与各国的边疆、边界问题

（一）1871—1918：帝国主义瓜分世界的狂潮与边疆、边界问题

这近半个世纪是资本主义发展到帝国主义时代的重要时期，也是全球性国际关系最终形成的时期。19世纪中叶以后，西方国家开始的新技术革命和第二次工业革命引起资本主义工业生产力和物质财富的巨大增长，造成生产与资本的高度集中，导致了垄断组织和金融资本统治的确立。到19世纪末20世纪初，英国、法国、美国、意大利、俄国、德国、日本等主要资本主义国家，"都已完成了向以垄断为特征的帝国主义阶段的过渡，亚洲、非洲、拉美和大洋洲也都被纳入了资本主义世界经济的网络"。为掠夺世界领土、输出资本和扩大国际贸易，帝国主义列强展开了瓜分世界和争夺霸权的斗争，这也成为这一时期国际关系的主题。[①] 正是由于列强对世界的瓜分，世界格局发生了重大的变化，各国的版图也出现重大变动，最主要的特点是亚洲、非洲、大洋洲成为列强的殖民地和半殖民地，这些地区的独立国家明显地减少；19世纪末因列强争夺势力范围和瓜分弱小国家引发的领土争端、边界冲突也明显增多，20世纪初世界被列强瓜分完毕，英、法、俄集团和德、奥集团形成，这种争端、冲突相对减少，1914年又爆发了重新瓜分世界的大战。

1. 欧洲：列强的扩张与欧洲地图的变化

19世纪70年代以后，欧洲的地图与此前相比已经发生重大变化，主要表现为德意志帝国和意大利王国的建立改变了欧洲的

---

① 王绳祖主编：《国际关系史》（三），世界知识出版社1995年版，本卷前言。

格局，使过去四分五裂的中欧、南欧出现了较为强大的国家。当时，除了丹麦、挪威—瑞典联盟（1814—1905）、荷兰、比利时、卢森堡、瑞士、西班牙、葡萄牙等小国外，欧洲形成英国、法国、德国、奥匈帝国、俄罗斯帝国、意大利并存和奥斯曼土耳其帝国统治东南欧的局面。这些大国往往控制着今天的几个国家，或者它们领土的一部分，比如英国统治着爱尔兰，奥斯曼土耳其控制着今天东南欧的许多国家；俄罗斯帝国的欧洲部分就统治着北欧的芬兰、中欧的波兰大部分领土，并包括今天的俄罗斯联邦的欧洲领土和爱沙尼亚、拉脱维亚、立陶宛、白俄罗斯、乌克兰、摩尔多瓦等国。因此，民族独立斗争此起彼伏，如俄国统治下的波兰、芬兰不断掀起民族解放斗争，奥斯曼土耳其帝国控制的东南欧和英国控制的爱尔兰境内的民族独立斗争一浪高过一浪，挪威—瑞典联盟之内挪威反对瑞典控制的斗争也持续高涨。而且，为扩张疆土，欧洲的大国之间也存在着一些边界争端与疆土争夺，特别是法国在普法战争之后被迫割让阿尔萨斯和洛林，法国一直为洗战败的耻辱和收回这两个地区而努力，法、德在1875年有爆发战争的危险，此后两国关系长期紧张；为争夺东南欧，俄国则打着支持民族解放运动的旗号，以武力威胁奥斯曼土耳其，英、法、德、奥匈等国也介入争端，谋求各自的利益，使这一地区形势几度紧张。

　　20世纪初，随着国际形势的变化和民族独立斗争的发展，欧洲地图发生了明显变化，又主要集中在南、北两端，一是挪威在1905年获得独立，北欧的国家增加到了3个；二是东南欧摆脱了奥斯曼土耳其的统治，一些民族获得了独立，建立了罗马尼亚、保加利亚、塞尔维亚、阿尔巴尼亚、门的内哥罗等国。此时，由于许多被压迫民族尚未获得独立，仍在沙俄、奥匈帝国、奥斯曼土耳其、英国等的统治之下，1914年前各大国又加紧争夺东南欧,特别是奥匈帝国侵吞波斯尼亚和黑塞哥维那,点燃巴尔干这个火药桶,引发了第一次世界大战,使欧洲地图在四年后再次被改变。

2. 亚洲、非洲、大洋洲:列强的瓜分与各国边界、边疆问题

这一时期,亚洲、非洲和大洋洲的弱小国家和族部成为列强争夺的目标。到20世纪初期,英、法、德、意、美、日等国几乎将这些地区瓜分完毕,它们的势力范围、殖民地、保护国等遍布,仅有为数不多的国家,如中国、暹罗(今泰国)、利比里亚、埃塞俄比亚还能保持形式上的独立,往往又受到列强或某一大国的控制。在瓜分、争夺的过程中,列强既加紧争夺,在划分势力范围、殖民地时矛盾重重,使这些地区的冲突和争端不断发生,时常出现战争一触即发之势;又根据各自全球战略相互妥协,把这些地区几乎瓜分殆尽。

19世纪末20世纪初,亚洲各国和大洋洲各岛屿始终是欧美列强争夺的重点,日本崛起后又加入了瓜分的行列。在亚洲西部,对于波斯(今伊朗)和奥斯曼土耳其控制下的伊拉克、地中海沿岸和阿拉伯半岛地区,英、法、俄和后起的德国展开了争夺,英国1878年从奥斯曼土耳其夺取了塞浦路斯,把阿拉伯半岛的科威特、阿曼苏丹国和其他酋长统治区列为"保护"范围,1909年又迫使奥斯曼土耳其承认从也门到波斯湾以南一带是英国的势力范围。德国积极地拉拢奥斯曼土耳其,通过投资向这一地区加紧扩张,提出著名的"三B铁路"计划,即建设一条连通柏林、拜占庭(君士坦丁堡)和巴格达的铁路,以控制这一地区。英、俄两国一直都想控制波斯,争夺颇为激烈,德国的加入让它们逐步靠近,1907年签订《英俄协定》"尊重波斯的完整和独立",事实上把波斯变为共有的半殖民地,以抵制德国。

在亚洲中部、南部，19 世纪中叶在沙俄侵吞布哈拉、浩罕、希瓦三个汗国和土库曼地区、强占中国西北大片领土时，英国以印度为基地向周边扩张，1876 年占领俾路支，1878—1879 年将阿富汗沦为其附属国，同时逐步控制了不丹、锡金、尼泊尔、马尔代夫等南亚小国。为控制阿富汗，俄、英争夺激烈，1907 年沙俄在《英俄协定》中才承认阿富汗不属于"俄国势力范围"，事实上认可了英国对它的控制。同时，英、俄又把魔爪伸向中国的新疆、西藏，19 世纪末它们私分了本属于中国的帕米尔地区，1907 年在协定中表示不干涉中国西藏的内政、尊重其"领土完整"，"只通过中国政府作中介同西藏进行交涉"。①

对于中国和亚洲东部及大洋洲地区，英、法、意、俄、德、美等国与新崛起的日本都加入了争夺。19 世纪末，日本割占中国的台湾和澎湖列岛之后，列强不仅划分各自在中国势力范围，而且强迫中国租借沿海战略要地，掀起瓜分中国的狂潮。1905 年后，中国东北形成日本控制南部、沙俄控制北部的局面。辛亥革命前后，列强企图乘机分裂中国领土，日本对东北、英国对西藏的侵略，沙俄控制外蒙古、侵吞唐努乌梁海，使中国边疆形势极为危急。作为中国的近邻，东亚的琉球王国被日本吞并；东北亚的朝鲜在 19 世纪中叶就受到日、俄等国侵略，1895 年沦为日本的殖民地，1910 年后又被日本"合并"。

在东南亚，19 世纪末英、法等国的侵略、争夺加剧，法国在 1885 年把整个越南沦为它的殖民地，1887 年建立了由越南、柬埔寨组成的"印度支那联邦"，1889 年又把老挝变为殖民地。此时，英国已经侵吞了缅甸，法、英冲突加剧，双方从东、西两

---

① 《国际条约集》（1872—1916），世界知识出版社 1986 年版，第 316—321页。

面把矛头指向暹罗，到 1896 年双方达成妥协，在伦敦签订《关于暹罗等地的宣言》，同意维持暹罗的"独立"，作为双方殖民地之间的缓冲国，并划定了在中南半岛的势力范围。① 两国虽然表示维持暹罗的"独立"，但法国并未停止对暹罗领土的掠夺，到 1907 年时法国已经从暹罗夺取了 96 000 平方英里的领土。②

　　这一时期，英国又将马来半岛的霹雳、雪兰莪、森美兰和彭亨四个邦置于保护之下，又强迫暹罗同意将吉打、玻璃市、吉兰丹和丁加奴等归其保护，称为英属马来联邦和马来属邦；还控制了柔佛，从而把马来半岛南部都变为它的殖民地。对于大洋洲的各岛，英国 1874 年侵占斐济，1884 年宣布巴布亚为保护地，1893—1904 年又先后占有所罗门、汤加、吉尔伯特、埃利斯等群岛，1906 年又与法国共管新赫布里底群岛。同一时期，美、德等国也加紧瓜分东南亚和大洋洲的各岛屿，1898 年美国侵吞了夏威夷群岛，又在美西战争中从西班牙夺取了关岛、菲律宾群岛各岛屿。1899 年，美国又占领了太平洋的库克岛，美、德两国签订条约瓜分了萨摩亚群岛。

　　对于非洲，西方殖民者从 15 世纪起就开始侵入其西海岸，葡萄牙、荷兰、英国、法国先后建立殖民地。18 世纪中叶以后，随着"地理考察"的持续进行，列强对非洲的了解不断深入，纷纷前往强占殖民地，不仅北非原属于奥斯曼土耳其的埃及、苏丹等受到英、法等国侵略，而且整个非洲都成为列强瓜分的对象。19 世纪的最后 30 年，列强在非洲的争夺达到白热化的程度，各自提出了各自的瓜分方案，比如德国力图建立一个从大西

―――――――――

　　① 《国际条约集》（1872—1916），世界知识出版社 1986 年版，第 145—147页。

　　② ［美］约翰·F·卡迪著，姚楠、马宁译：《东南亚历史发展》，上海译文出版社 1988 年版，第 538—541 页。

洋到印度洋斜断南非的德属殖民大帝国和"条顿非洲";法国提出"V—S计划",想建立一个佛得角到索马里、横贯非洲大陆,连接大西洋、地中海和红海的殖民大帝国;英国则提出"C—C计划",想建立一个从开罗到开普敦、南北纵贯非洲的殖民帝国。它们在瓜分过程中,特别是英、法在北非、西非,英、德在南非、东非,都进行过激烈的冲突,有时甚至出现战争危机,如1898年前后英、法两国因法绍达事件几乎就兵戎相见。在争夺的同时,列强又相互妥协,在1884—1885年列强就召开过柏林会议,就刚果归属、如何划分"势力范围"和所谓的"有效占领"问题达成暂时妥协,以后又根据各自的全球战略和利益各自调整关系。在列强的争夺、妥协中,非洲大片领土沦为殖民地,1876年前后列强的殖民地仅占非洲总面积的10.8%,柏林会议结束时瓜分的非洲土地增加到其总面积的25%,到1900年达到非洲总面积的90.4%,1912年时则达到了96%,最终将非洲瓜分完毕。[①] 到1914年,非洲除了埃塞俄比亚和利比里亚保持独立外,其他地区都成为列强的殖民地,而前者的独立是在1896年抗击意大利侵略取得胜利后才被帝国主义承认的,后者是受到美国支持、控制的。

　　这一时期,帝国主义列强在瓜分亚洲、非洲、大洋洲时,根据自身的利益和意志,任意划定各自的势力范围和各国的边界,在这些地区特别是给亚洲、非洲各国制造了无数的边界、边疆问题,对今天相关国家关系的边界、边疆仍有影响,一些甚至仍是未能解决的历史遗留问题。对此,1930年的美国《社会科学百

---

　　① 中国社科院西亚非洲所编:《非洲概况》,世界知识出版社1981年版,第58—85页;张文淳:《柏林会议与西方列强对非洲的瓜分》,朱庭光主编:《外国历史大事集》(近代部分第三分册),重庆出版社1985年版;王绳祖主编:《国际关系史》(三),世界知识出版社1995年版,第90—128页。

科全书》第二卷中就指出，亚洲、非洲许多国家的边界是在欧洲列强的意志下划定或重新调整的，那里的许多民族被列强人为地分割到这个殖民者或另一个殖民者的统治之下，并举例说英、法两国1904年划定的黎波里与埃及的边界，以及它们划定暹罗、中国南部的边界时都是如此。[1]

这些问题可以分为三种情况，一是列强划分各自殖民地、势力范围的"边界"所造成的，比如列强瓜分非洲时，根据各自的实力和意志，人为地确定了各国殖民地领土范围和边界，"这种不是建立在传统的部族关系和共同的经济、文化基础上的疆界线"，恰恰"形成了今天绝大多数非洲国家的疆域"。[2]

二是列强划定所属殖民地与邻国的边界或企图划界时留下的，比如英、法两国19世纪末20世纪初就迫使暹罗与它们所属殖民地划定边界，划界中就侵吞了暹罗的大片领土。又如19世纪末20世纪初，英国一直妄想把西藏从中国分裂出去，辛亥革命后又迫使袁世凯政府同意召开西姆拉会议，会议期间首席代表麦克马洪未经中国中央政府代表允许，暗地里向中国西藏地方代表提出一条把中国的门隅、珞瑜和下察隅等领土划归英属印度的所谓的"印藏边界线"，这就是臭名昭著的"麦克马洪线"。这条线无视中印之间已有的传统习惯线，仅仅根据英国的侵略扩张意图，用简单勾勒的方式划出了一条边界线。对于这条非法的"边界线"，中国历届政府从未承认，但1936年这条非法边界线开始出现在英国和印度的地图上，二战期间英印军队又侵占了此线以南的中国大片领土，1947年又把所占中国领土交给印度，

---

[1] Herbert Adams Gibbons, Boundaries, Encyclopaedia of the Social Sciences, Volume. 2, The Macmillan Company, New York, 1930, p. 650.

[2] 中国社科院西亚非洲所编：《非洲概况》，世界知识出版社1981年版，第251—252页。

这就给印、中两国制造了矛盾，并导致了 1962 年的中印战争。

三是列强干预所属殖民地的两个邻国划界时留下的，比如 1872 年，英国的代表团为波斯、阿富汗划定锡斯坦地区的边界，将这一地区一分为二，把该地区赫尔曼德河口和大部分沼泽地及可开垦地划给波斯，又将赫尔曼德河的主干流划给阿富汗。这就使波斯有很多可垦地却缺少足够的灌溉用水，阿富汗获得了丰富的水资源却缺少可资开垦的土地，于是双方从此为赫尔曼德河的用水问题争吵不休，1977 年才达成一项河水分配的条约，英国划定波、阿边界时的潜在恶果才告终结。①

3. 美洲：美国的扩张与拉美各国版图的变化

19 世纪 70 年代以后，美洲的格局已经呈现明显的特点，即美国继续向外扩张，直接影响了整个美洲的格局乃至世界的形势；拉美各国的版图出现某些变化，突出地表现为秘鲁、玻利维亚、智利的阿塔卡马沙漠之争、委内瑞拉与英属圭亚那边境争端以及巴拿马建国等。

美国在独立后就不断扩张领土，提出"天定命运"理论，通过以战争、购买种种手段扩张领土。19 世纪 50 年代前，美国就从法国、西班牙、墨西哥、英国、俄国等获得大片土地，把领土由大西洋迅速伸展到太平洋，1867 年又获得了阿拉斯加、阿留申群岛。19 世纪 70 年代以后，美国又加入同列强争夺殖民地、瓜分世界的行列，1898 年侵吞夏威夷群岛，又击败西班牙将古巴事实上置于保护之下，占领波多黎各岛和西属西印度其他各岛以及亚太地区的关岛、菲律宾群岛各岛屿；1899 年占领太平洋的库克岛，又与德国瓜分萨摩亚群岛，把领土扩展到从北冰

---

①　王绳祖主编：《国际关系史》（三），世界知识出版社 1995 年版，第 137—138 页。

洋到中部太平洋的广大地区。美国还与英、法两国争夺巴拿马运河开凿权，1903 年策动巴拿马从哥伦比亚"独立"，攫取了巴拿马运河区管理权。

拉丁美洲相关国家疆土出现一系列重大变化，一方面是由各国历史上遗留问题和争端引起的，比如萨尔瓦多与洪都拉斯就存在着边界争端，一直拖到 1992 年才解决；阿根廷与智利为解决 1810 年独立时即产生的边界问题多次交涉，1855、1893、1896 年前后多次谈判签约，1898 年又把争议地区提交仲裁，1902 年做出裁决，1915 年前后又发现裁决的部分内容与事实不符，直到 1966 年才解决了争端。① 此外，秘鲁、玻利维亚和智利之间阿塔卡马沙漠之争也基本属于这种情况。另一方面是因为英国侵略、美国扩张引发的，巴拿马独立、哥伦比亚失去部分领土即是如此，委内瑞拉与英属圭亚那的边境争端也是如此。

这些变化中，值得注意的变动有两个：一是阿塔卡马沙漠之争引起的变动。该沙漠位于南纬 18°至 28°之间的太平洋沿岸，南北长约 1000 多公里，这里蕴藏着丰富硝石、铜、银、硫磺等矿产。南美独立战争后该沙漠划归秘鲁、玻利维亚和智利三国，19 世纪中叶秘、玻两国与智利关系恶化，1879—1881 年智利在战争中击败秘、玻联军，而后与秘、玻两国分别签订条约，秘鲁将盛产硝石的塔拉帕卡省割让给智利，将塔克纳、阿里卡两省由智利继续占领 10 年，10 年后通过公民投票决定归属；玻利维亚把有智利人居住的所有阿塔卡马地区划归智利，智利因此占据了南纬 25°至劳河河口原属玻利维亚的阿塔卡马省。这次战争中智利在英国支持下大获全胜，夺取秘、玻两国大片领土，玻利维亚

---

① 陈致中编著：《国际法案例》，法律出版社 1998 年版，第 140—147、164—175 页。

从此失去太平洋沿岸领土，完全成为内陆国家。而塔克纳、阿里卡两省归属问题直到1929年才解决，塔克纳交还秘鲁，阿里卡被智利吞并，大大改变了太平洋沿岸的南美洲国家的疆土格局。

二是委内瑞拉与英属圭亚那的边境争端。19世纪中叶，委内瑞拉就本国与英属圭亚那的边界问题同英国进行交涉，英国曾提出所谓的"朔姆布尔克线"，委方坚决反对，因为该线把埃塞奎博河以西大片委内瑞拉领土划入英属圭亚那。双方交涉持续到1881年仍无结果，但英国却不断把边界线向委方推进。这引起了美国的关注，1895年以委内瑞拉"保护者"的姿态向英国施压，强调委、英冲突涉及美国的荣誉和利益，使英国1897年同意通过仲裁解决争端。1899年的仲裁决定仍以"朔姆布尔克线"为基础，只是将其南端稍微向东移动。这一决定使英国表面上放弃了向该线以西扩张的野心，但它所蚕食的委内瑞拉领土得以合法化。美国则在这一争端中挑战了英国在拉美的垄断地位，表明了称霸美洲的意图。[①]

（二）1918—1945：凡尔赛—华盛顿体系向雅尔塔体系的演变与边疆、边界问题

第一次世界大战结束时，世界格局发生巨大变化，强大一时的德意志帝国、奥匈帝国、奥斯曼土耳其帝国和俄罗斯帝国已经崩溃，英、法两国的实力大大削弱，美、日两国乘势崛起，而欧洲在德、奥、土、俄四大帝国的废墟建立一大批民族国家，并出现了苏维埃俄国。面对这些变化，1918年1月美国总统威尔逊提出"十四点原则"，除了公开缔结和平条约、建立国际联盟等内容外，其他都涉及领土、边界问题，包括领海以外"保持公

---

①　王绳祖主编：《国际关系史》（三），世界知识出版社1995年版，第236—279页。

海航行的绝对自由"、对所有殖民地"作出自由的、坦率的和绝对公正的调整"、外国从俄国"全部领土上"撤军、恢复比利时主权、归还法国被侵占的领土（含阿尔萨斯、洛林）、根据"可识别的民族界线"调整意大利边界、成立"独立的波兰国"、保证巴尔干各国独立和领土完整，以及保障奥匈帝国统治下的捷克斯洛伐克、奥地利等民族的自由和自治等。① 这是美国提出的重建战后世界秩序的纲领，调整殖民地等无疑包含着美国干预全球事务的意图，但又部分地反映相关国家的要求和愿望，尤其支持被压迫民族"民族自决"和独立、法国收回阿尔萨斯和洛林等，并对即将召开的巴黎和会和此后的各国版图产生重要影响。

1918—1922 年，英、法、美、日、意等战胜国先后召开了巴黎和会和华盛顿会议，通过一系列的条约重建世界秩序，形成了凡尔赛—华盛顿体系。这一体系既以"民族自决"原则为依据承认战后新建的国家，成立标榜以维护和平为宗旨的全球性组织——国际联盟，又暂时满足了英、法、美、日等国瓜分德国、奥斯曼土耳其等战败国殖民地、属地的"分赃"要求，根据本国的利益和意志确定世界秩序。一位西方学者曾经这样评价巴黎和会，说这是美、英、法三国首脑"一起控制着整个世界"，他们"决定着哪些国家将存在，哪些将不存在，将创造哪些新的国家，它们的边界应如何划分，谁将统治它们，以及中东和世界其他地区在战胜国之间应如何分配"。② 对于这一体系，意大利、日本统治集团认为"分赃"太少，战败的德国的资产阶级则极端仇视，20 世纪二三十年代意、日、德法西斯先后上台，向这

---

① 王斯德主编：《世界现代史参考资料》，高等教育出版社 1988 年版，第 51—59 页。

② ［美］塞缪尔·亨廷顿著，周琪等译：《文明的冲突与世界秩序的重建》，新华出版社 2002 年版，第 87 页。

一体系挑战，并逐步打破了该体系。1939年，第二次世界大战全面爆发，德、意、日又力图彻底摧毁这一体系，重建由它们主导的世界秩序。面对法西斯的侵略，中国、埃塞俄比亚、西班牙等各国人民奋起抗争，而英、苏、美等大国加入世界反法西斯战争后既合作又斗争，酝酿着战后新的国际体系，即雅尔塔体系。

1. 凡尔赛—华盛顿体系下的世界格局与边界问题、领土争端

凡尔赛—华盛顿体系对世界格局产生重要影响，首先是欧洲的版图发生了重大变化，其次是英、日等国通过"委任统治"，分割了原属德意志帝国的海外殖民地、奥斯曼土耳其帝国的属地，使1914年前的殖民地归属格局发生了较大的改变，而亚、非、美、大洋洲的个别国家获得独立，或者解决了部分边界、边疆问题。

欧洲的版图的重大变化主要表现在两个方面，一是德意志帝国、奥匈帝国、奥斯曼土耳其帝国和俄罗斯帝国崩溃，英国的一流帝国地位动摇，许多被压迫民族获得了独立，出现了一大批民族国家。德意志、奥匈、奥斯曼土耳其三大帝国战败后，其主体民族建立了德国、奥地利、匈牙利、土耳其，其他曾经被压迫、奴役的民族也获得解放，新建了波兰、捷克斯洛伐克、南斯拉夫三个国家。这三个新建国家都是多民族国家，波兰的领土包括原德国、奥匈和沙俄占领下的地区，其领土既包括原波兰人居住地区，又包括非波兰的德国人、立陶宛人、乌克兰人等居住区；捷克斯洛伐克是在原奥匈帝国范围内建立的，北面、西面沿喀尔巴阡山脉、苏台德山脉、厄尔士山脉、波希米亚林山脉与波兰、德国为邻，南部、东南与奥、匈、罗马尼亚接壤；南斯拉夫成立于1917年12月，即塞尔维亚—克罗地亚—斯洛文尼亚王国，领土包括战前的塞尔维亚、门的内哥罗和旧属奥匈的波斯尼亚、黑塞

哥维那、斯洛文尼亚、达尔马提亚和巴纳特的西部等地区，是塞尔维亚、克罗地亚、斯洛文尼亚三大民族的联合王国，又包含了马其顿人、马扎尔人、罗马尼亚人等少数民族。此外，罗马尼亚一战前就已经建立，战后在巴黎和会上获得了大片新领土，从匈牙利获得了特兰西瓦尼亚、布科维纳的大部分，与南斯拉夫分割了巴纳特，又合并了比萨拉比亚，领土比战前扩大了一倍，也成为东南欧多民族的大国。

1917—1920 年间，在沙皇俄国的废墟上，北欧、中欧、东欧出现了一批新的民族国家，包括芬兰、波兰、爱沙尼亚、拉脱维亚、立陶宛、白俄罗斯和苏维埃俄国等。其中，芬兰在沙俄的 108 年殖民统治之后实现独立，波兰则成为中欧的重要国家，爱沙尼亚、拉脱维亚、立陶宛的建立改变了波罗的海沿岸的格局，到 1922 年苏俄与乌克兰、白俄罗斯以及外高加索的格鲁吉亚、亚美尼亚和阿塞拜疆组建了苏维埃社会主义共和国联盟。爱尔兰在一战期间就爆发了大规模的独立斗争，战后英国被迫于 1921 年允许爱尔兰南部 26 郡成为享有自治权的"自由邦"，但北部 6 郡划归英国，成为大不列颠及北爱尔兰联合王国的一部分。至此，爱尔兰的民族解放取得阶段性的重要成果，1936 年爱尔兰又改自由邦为共和国（仍留在英联邦内，1948 年才宣布脱离）。

二是欧洲各国新的版图、边界主要是根据大国的利益和意志确定的，造成了新的边界冲突和领土争端，这使边界、边疆问题更加突出。一战后，欧洲各国之间的疆界发生重大变化，一些新建国家通过和平谈判与邻国确立了边界，比如苏俄根据民族自决原则承认了芬兰独立，1920 年又签订《多尔帕特条约》划定边界，将贝柴摩省划归芬兰作为它在 1864 年把卡累利阿地峡一块地方割让给沙俄的补偿；1921 年 3 月与波兰在里加签订《波兰与俄罗斯和乌克兰和平条约》，双方承认乌克兰和白俄罗斯的独立，并把西乌克兰和西白俄罗斯划归波兰，又划定了边界；还与爱沙尼亚、拉脱维亚、立陶宛签订条约承认其独立。但是，战后欧洲大陆上主要国家的领土、边界主要是大国的意志决定的，法、德之间边界就是这样，新建的波兰、捷克斯洛伐克、罗马尼亚、南斯拉夫也是如此，这就留下了潜在的争端和冲突，法德边界、波兰问题尤其突出。

　　法、德边界问题在普法战争后就已经出现，法国在巴黎和会上极力要削弱德国，在领土、边界问题上提出严厉主张，除了要求收回阿尔萨斯、洛林外，还要求：（1）德国割让历史上一度属于法国管辖的萨尔南部，其北部则建立实为法国势力范围的特别政治制度；（2）把北起荷兰边界、南到阿尔萨斯和洛林的莱茵区割让给法国，以确保法国安全。出于现实的战略利益，英、美等国仅仅答应收回阿尔萨斯、洛林，对其在萨尔地区的要求予以抵制，美国尤其反对，最后达成折衷方案，即该地区行政权移交国际联盟，自对德和约生效之日起为期15年，15年后通过公民投票方式决定是同德国或法国合并，或者继续由国联管辖。由于莱茵区的要求遭到英、美两国的反对，法国最后接受妥协方案，即莱茵河右岸50公里以内为非武装区，禁止德国驻军和建立军事设施；左岸由协约国占领，自北而南占领5—15年不等，德国倘若不履行和约中义务还可以重新占领。英、美两国还与法国签订条约允诺共同防御德国，这才暂时满足了法国的安全要求。

　　波兰重新获得独立体现了民族自决的原则，但巴黎和会及其后国际联盟确定的"大波兰"版图则制造了它与邻国的大量领土纠纷，这又与法国等协约国的战略需要有关。波兰代表团在和会上就要求把居民多数为波兰人的地区全部划归波兰，和会接受这一要求，将原德、奥匈、沙俄统治的以波兹南、克拉科夫、华沙为中心的地区划入波兰版图，这些地区75%的居民是波兰人。此外，和会还决定把德国的西普鲁士和波美拉尼亚的一部分让予波兰，构成"波兰走廊"；对于波、德有争议的上西里西亚和波、捷争议的特申，和会和国联把上西里西亚的主要工业区和有经济价值的特申的一部分划归波兰，有奥拉瓦和斯皮什由波兰和捷克斯洛伐克分割。对俄、波边界，英国外相乔治·寇松（George Nathaniel Curzon）提出了被称为"寇松线"的临时边界线，主张把应属于波兰的一切地区都划入波兰。波兰对此仍不满意，要求把历史上曾属于波兰的居住着大量立陶宛人和乌克兰人的地区划进来，1921年的《波兰与俄罗斯和乌克兰和平条约》把"寇松线"西乌克兰和西白俄罗斯划归波兰，暂时稳定波兰的东部边界。波兰还与立陶宛在维尔纳的归属上有争议，波兰1919—1920年以武力控制这一地区，国联在调解未成的情况下1923年竟宣布承认波兰对维尔纳拥有主权，立陶宛为此多次向国联控诉，要求收回这一地区。法国之所以支持"大波兰"，目的是以强大的波兰作为防范德国的盟友，又对苏俄建立"防疫线"。因此，"大波兰"把东普鲁士与德国分开，又出现了但泽自由市，这当然实现了法国的战略意图，但波兰境内却有众多的少数民族，而且使波兰与几乎所有的邻国都存在着领土纠纷和边界争端。① 这些都成为以后波兰与邻国冲突的潜在因素，少数民族问题也成为十余年后纳粹德国侵略波兰的借口。

在亚、非、大洋洲，一战后值得关注的是委任统治制度使英、日等国得以重新瓜分殖民地，局部地改变一战前殖民地的分布格局。这一制度是一战结束时协约国为处置已经决定从德国和

---

① 王绳祖主编：《国际关系史》（四），世界知识出版社1995年版，第67—84、407—411页。

奥斯曼土耳其帝国分离出来的殖民地和某些其他领土而确立的，即这些分离出来的领土，不属于任何国家所有，而被委托给称为"受委任国"的若干国家，由它们根据国联和每一个受任统治国之间所订的称为《委任统治协定》的书面协定所规定的条件，代表国联进行管理（详见第二节）。根据这一制度，1920 年至 1924 年间法国、比利时、日本和英国及其附属的新西兰、澳大利亚、南非自治领成为受委任国，对一战前的德国殖民地和奥斯曼土耳其领土进行了分配，英国统治喀麦隆的 5/6 和多哥的 2/3，比利时获得卢旺达—布隆迪；南非统治德属西南非，中太平洋德属萨摩亚由新西兰统治，瑙鲁由英国、澳大利亚和新西兰共同统治；日本统治西太平洋赤道两侧的岛屿中北侧的马利亚纳群岛、马绍尔群岛、加罗林群岛，南侧的俾斯麦群岛由澳大利亚统治；伊拉克、巴勒斯坦（含后来划分出来的约旦）由英国统治，叙利亚、黎巴嫩归法国统治。这种新制度不仅改变了世界地图上的格局，而且改变某些国家的疆界，喀麦隆的 5/6 和多哥的 2/3 由英国统治即为例证。

同时，在一战后的亚、非、美和大洋洲，由于各国人民的斗争，个别国家获得了独立，主要是非洲、美洲和大洋洲的英属殖民地、自治领在反英运动推动下，英国 1922 年被迫承认埃及独立，尽管英国保留着某些特权；1931 年英国又通过《威斯敏斯特法》，承认加拿大、澳大利亚、新西兰 3 个自治领和南非、爱尔兰及纽芬兰与英国的平等地位，有独立处理内外政策的权力。这就使埃及、加拿大、澳大利亚等获得了相对独立的国际地位，不再是英国能够完全控制的殖民地，向真正的独立迈出重要一步。在亚洲东部，中国在反帝斗争的推动下，通过巴黎和会、华盛顿会议两次斗争，解决了一战期间日本企图接管德国在中国山东的势力范围的所谓的"山东问题"，

1922年2月签订《中日解决山东悬案条约》和附约，规定日本将德国旧租借地交还中国，胶济铁路及其一切附属财产移交给中国，但铁路要由中国赎回，部分地解决了边疆问题。在亚洲西部，因英国实行抑制阿拉伯民族、扶植犹太民族的政策，出现了新的边界、领土问题。犹太民族从公元前1世纪起就从巴勒斯坦地区流亡到世界各地，19世纪末世界犹太复国主义组织成立，提出了"神授说"、"故国说"、"优秀民族说"等理论，强调要返回"故国"，恢复从尼罗河到幼发拉底河的所谓"历史边界"。英国为侵略、控制西亚的阿拉伯民族，1917年11月竟发表贝尔福宣言，支持犹太复国主义者在巴勒斯坦建立一个"犹太民族之家"。一战后，英国又不顾阿拉伯民族的反对，与美国一道鼓励和支持犹太人大量移居巴勒斯坦，由于阿犹冲突不断升级，1937年英国又提出了"皮尔计划"，主张将巴勒斯坦地区一分为三，沿海地区和加利地区为"犹太国"所有，耶路撒冷以及由此通往地中海的走廊仍由英国托管，其他地区并入外约旦。这一计划遭到阿拉伯民族的强烈反对，英国被迫放弃，但以后仍允许犹太人不断移入这一地区。[①]这就使阿、犹冲突更加激烈，并造成了持续至今的巴以冲突。

面对一战后新的领土边界问题，特别是欧洲各国新的边界问题，国联在成立之初积极干预，通过调停、斡旋、仲裁等方式力图和平解决，1925年前就处理了欧、亚各国的多起边界、领土争端，有代表性的是芬兰、瑞典之间的奥兰群岛问题，波兰、立陶宛之间的维尔纳之争，波兰、德国之间的上西里西亚问题，波

---

① 郭应德著：《阿拉伯史纲》，中国社会科学出版社1991年版，第517—531页。王绳祖主编：《国际关系史》（四），第193—201页；（五），第244—246页，世界知识出版社1995年版。

兰、捷克斯洛伐克之间的亚沃尔奇那问题，意大利、希腊之间的科孚岛问题，匈牙利与邻国奥地利、南斯拉夫、捷克斯洛伐克的边界问题，希腊、保加利亚之间的边界争端，与立陶宛密切相关的麦默尔归属问题，以及土耳其、英国委任统治的伊拉克之间的摩苏尔之争。[①] 1925 年后，国联的国际常设法院还受理了一些国家的领土争端，如丹麦、挪威之间的东格陵兰案，经过分析历史事实，认为丹麦长期以来就对东格陵兰持续平稳地行使权力，1933 年判定东格陵兰是丹麦领土。[②] 在处理这些争端时，国联在英、法等国的主导下力图维护凡尔赛体系，一些调停、斡旋、仲裁等活动为和平解决欧洲中小国家之间的争端发挥了积极作用，其中一些问题的处理较为公平，如亚沃尔奇那问题就较为公平，波兰、捷克斯洛伐克都较为满意；东格陵兰案就分析了历史事实，作出公正的判决。但是，许多调停、斡旋、仲裁无视历史上的归属事实和当时的居民状况，更多地反映帝国主义大国的意志，比如波兰以武力控制了与立陶宛有争议的维尔纳地区，国联在 1923 年竟宣布承认波兰对维尔纳拥有主权，立陶宛为此多次要求收回这一地区。

2. 凡尔赛—华盛顿体系的变动、崩溃与雅尔塔体系的酝酿

20 世纪 30 年代，日本、德国、意大利法西斯相继向凡尔赛—华盛顿体系挑战，又由于英、法的绥靖政策和美国的孤立政策，这一体系被逐步打破，甚至出现了崩溃的危险。在亚洲，日本侵占中国东北、华北，并进而发动全面侵华战争，华盛顿会议上《九国公约》中列强"尊重中国之主权与独立及领土与行政

---

① 王绳祖主编：《国际关系史》（四），世界知识出版社 1995 年版，第 404—421 页。

② 陈致中编著：《国际法案例》，法律出版社 1998 年版，第 129—132 页。

之完整"① 成为空文,华盛顿体系在远东的基础遭到破坏。在欧洲、非洲,1935 年意大利吞并了埃塞俄比亚,德国在萨尔区投票重归德国后则叫嚣收回《凡尔赛和约》中失去的一切领土;1936 年德国军队进驻莱茵非武装区,对此除了英国无力的"抗议"外并未受到任何制裁,此后它又与意大利一起干涉西班牙内战。1937 年,德、意、日又打着反共的旗号,形成"柏林—罗马—东京"轴心,亚、欧两洲的战争策源地至此形成,凡尔赛—华盛顿体系受到严重的威胁。1938 年,也就是在中国的抗日战争进入相持阶段的那一年,德国侵吞了奥地利,在慕尼黑会议后肢解了捷克斯洛伐克,吞并了该国的苏台德地区,控制了捷克斯洛伐克,凡尔赛体系在欧洲的格局被打破了。

1939 年 9 月,德国大举侵略波兰,英、法对德宣战,第二次世界大战全面爆发。此后 8、9 个月内,德国迅速侵占了丹麦、挪威、法国、比利时、卢森堡、荷兰等国,将西欧纳入其统治之下;意大利也在 1940 年 6 月对英、法宣战,并派军进攻东非、北非的英国军队,但到 1941 年 5 月被英军击败,英国又控制了红海与非洲之角。在德国侵吞西欧、中欧时,苏联也向西扩张了领土,1939 年 9 月 17 日出兵波兰,占领其东部的西乌克兰和西白俄罗斯;11 月,苏联因要求租借芬兰部分领土被拒绝而发动战争,1940 年 3 月双方签约重新划定两国在波罗的海沿岸的边界,又租借其汉科半岛及附近岛屿 30 年。1940 年 6 月,苏联又要求罗马尼亚将两国有争议的比萨拉比亚归还苏联,并把布科维那北部交给苏联作为占领比萨拉比亚 22 年的赔偿,8 月即出兵占领这些地区,迫使罗马尼亚同意了苏联的要求。同一年,苏联又以武力胁迫波罗的海拉脱维亚、立陶宛、爱沙尼亚"加入"

---

① 《国际条约集》(1917—1923),世界知识出版社 1961 年版,第 767 页。

苏联，把边界向西推进了二三百公里。① 至此，凡尔赛体系下的欧洲格局彻底崩溃。

1941 年 6 月，德国突然向苏联发动大规模进攻，苏联开始了卫国战争，初期苏军连连失利，波罗的海沿岸、高加索地区、乌克兰等大片地区被德军侵占，莫斯科保卫战取得胜利后形势才有所好转。1941 年 12 月，日军偷袭珍珠港的美军基地，美、英对日宣战，太平洋战争爆发。此后半年内，日军向东南亚和西南太平洋发动全面进攻，从英、美、荷兰等国夺取了关岛、威克岛、马来亚、新加坡、菲律宾群岛、印度尼西亚，侵占了缅甸部分地区，并控制了泰国和法属印度支那，到 1942 年 5 月侵占了 380 万平方公里土地，一度掌握印度洋制海权，达到了向西扩张的顶峰。这就使欧、亚、大洋洲的各国版图再度改变。

德、意、日的侵略推动了反法西斯国家的联合，1942 年 1 月 26 个国家发表《联合国家宣言》，标志着以美、英、苏、中为核心的世界反法西斯联盟已经形成。在各国人民的联合抗击下，德、意、日法西斯的扩张受到扼制，1942 年 4 月的中途岛海战、8 月的瓜达尔卡纳岛之战使日军受到重创，美军控制了太平洋上的战略要地；1943 年 1 月的斯大林格勒战役、库尔斯克战役歼灭大量德军，苏联收复大片国土；中国战场则在 1943 年下半年向战略反攻过渡，牵制了大量日军；1943 年 1 月英军在非洲的阿拉曼战役中歼灭德、意军队，5 月盟军肃清非洲的轴心国军队，控制了非洲；1943 年 7 月，盟军在西西里岛登

---

① 《国际条约集》（1934—1944），世界知识出版社 1961 年版，第 250—253、268—270 页；华辛芝、陈东恩著：《斯大林与民族问题》，中央民族大学出版社 2002 年版，第 198—199 页。

陆，9月意大利投降，10月它退出法西斯同盟并对德宣战。这些使世界反法西斯战争实现了战略转折，并向全面的胜利推进。1944年，苏联军队解放了本国的全部领土，并进入波兰、罗马尼亚、保加利亚、南斯拉夫等国作战；盟军在缅甸展开反攻，中国战场也进入局部反攻阶段。这年6月，盟军在诺曼底登陆，开辟欧洲的第二战场，而后苏军与盟军相互配合，1945年5月攻克柏林，德国投降，欧洲战争结束。1945年8月，中国军民对日展开大反攻，苏军也出兵中国东北和朝鲜北部，击溃并解除日本关东军武装，并攻占了南库页岛和千岛群岛的各岛屿。8月15日，日本宣布无条件投降，9月正式签署投降书，第二次世界大战结束。

德、意、日发动世界大战，力图摧毁凡尔赛—华盛顿体系，重新瓜分世界，重建由它们主导的世界秩序。在世界反法西斯战争中，各国人民为维护民族独立、实现民族解放而战斗，而英、苏、美等大国在战争中又酝酿着战后新的国际体系，即雅尔塔体系。这一体系是在德黑兰会议、雅尔塔会议、波茨坦会议等会议上，通过一系列公开的条约、宣言和大国间的秘密协定构建的。这一体系既顾及到反法西斯各国的一些共同要求，比如彻底击溃德、意、日法西斯和重建战后秩序，又反映了苏、美、英三个大国的意志和各自利益，甚至往往不顾小国的正当要求，牺牲它们的利益达成大国之间的妥协。比如苏联为把1941年前占领的波兰土地在战后合法化，1943年12月斯大林在德黑兰会议上就同英、美两国首脑讨论了波兰问题，苏、波边界又是讨论的主要议题。[①] 三国首脑在波兰代表未在场的情况下就达到默契和妥协，

---

① 王绳祖主编：《国际关系史》（六），世界知识出版社1995年版，第283—292页。

基本认可了苏联方面的要求，为苏联战后合法地获得这些领土创造了条件。1945年2月，在雅尔塔会议上苏、美、英三国又讨论了波兰的边界问题，雅尔塔协定根据苏联的要求做了初步的规定；7月在波茨坦会议的议定书中，又根据苏联的要求确认了波兰的西部边界，使苏联对所占波兰领土合法化。① 又如苏联在雅尔塔会议上向美、英提出的对日作战条件中，就包括"外蒙古（蒙古人民共和国）的现状须予维持"；苏联恢复日本在1905年获得了各项权利，即"库页岛南部及邻近一切岛屿须交还苏联"，苏联在大连享有"优越权益"，得以租用旅顺港为海军基地，中东铁路、南满铁路由中、苏"共同经营"。② 这就严重损害了中国主权和领土完整，美国竟在雅尔塔协定中给予支持，尽管中国已经是苏、美、英三国的重要盟国，又在二战中发挥了巨大的作用。

二　西方边疆理论概述

这一时期，随着国际格局变化，各国的版图也发生了巨大变化，并出现了许多与边疆、边界相关的新问题。面对这种变化和问题，西方国家相关的理论、认识处于不断发展、演变之中，如果就全球性的理论而言，国际法和地缘政治学的相关理论发展迅速。其中，国际法中与边疆、边界相关的理论与实践有了很大发展，总体上看主要是：一、随着列强瓜分世界和一战后调整的需要，领土概念和领土的确立、变更方式发生重大变化；二、领海、海岛成为各国争夺海上疆土的重心，领海宽度、毗连区等问

---

① 《国际条约集》（1945—1947），世界知识出版社1959年版，第6、89页；吴伟：《苏联与第二次世界大战中的波兰边界问题》，《首都师范大学学报》（社会科学版）1995年第4期。

② 《国际条约集》（1945—1947），世界知识出版社1959年版，第8—9页。

题越来越受到重视；三、领空问题开始受到重视，1919 年订立了《巴黎公约》等国际法文件都对相关问题做了规定；四、由于西方国家在国际关系、国际组织中处于主导地位，在这一时期国际法的丰富、发展过程中，这些国家的政府和学者起到了主要的作用，然后又传入中国、越南、泰国等东方国家，并产生了一定的影响，特别是中国在与西方国家的边界交涉中都自觉地拿起国际法的武器，以保卫边疆、维护主权，但各时期效果不同，总体上是失利多于受益。

地缘政治学（Geopolitics）中的相关理论迅速发展，19 世纪末德国拉泽尔（Friedrich Ratzel）提出国家是一个"空间有机体"的观点，被认为是该学科创始的标志。此后，地缘政治学得到迅速发展，美国的马汉（Alfred Thayer Mahan）的"海权论"、英国的麦金德（Halfard John Mackinder）的"大陆心脏学说"，意大利的杜黑（Giulio Douhet）等提出的"制空权（command of the air）"学说，以及德国豪斯浩弗（Karl Haushofer）的观点和法国一些学者的疆界理论等相继出现，其中不少内容直接论述边疆问题，或者与此相关的国家领土、疆界问题。

就各国国别性的理论而言，美国、俄国、英国、日本的理论、观点较为突出：

美国独立后就不断地扩大自己的疆域，边疆也不断变动，出现了著名的"西进运动"，19 世纪末 20 世纪初又在列强对世界的争夺中获得了海外殖民地。对于边疆变迁及其与美国历史发展的关系的系统研究，就始于 19 世纪末特纳（Frederick Jackson-Turner）提出的著名的"边疆假说"，也由此开创了"边疆学派"。这一"假说"与边疆学派的研究一度占据了美国史学的统治地位，20 世纪 30 年代以后才受到挑战。而且，除了以边疆的角度、观点和理论研究本国历史外，美国学者还以这种观点与理论研究别国的历史。

俄国经历了从帝国主义的沙俄到社会主义的苏联的历史变动，其疆土也发生过巨大的变化。在沙俄的扩张过程中，沙俄政府和学者提出了一些"理论"，对边疆民族采取了压制、压迫政策，而御用学者进行了所谓的"边疆探察"活动进行配合。十月革命之后，列宁等苏俄领导人把"民族自决权"理论付诸实践，在边疆地区实施民族平等政策。20 世纪三四十年代，斯大林执政时期苏联的边疆政策与列宁时代有一定变化，甚至是某些方面违反了列宁的理论和观点。

作为岛国的英国、日本，本土的边疆、边界问题并不突出，但它们都在不断向外扩张，在向外扩张和维护殖民统治的过程中产生了"边疆问题"。在英国，寇松、麦克马洪等人提出了自己的"疆界"理论，并在殖民地边界、边疆问题上制定了相关的政策，划定边界也是其中值得重视的内容，英属殖民地与邻国划界中的杜兰线，非法的未能实现的"麦克马洪线"，以及英国干预所属殖民地的邻国波斯、阿富汗的划界和李奇维线等，其提出或划定过程中就反映了某些边界理论、观点。在日本，扩展疆土理论与日本的对外扩张相伴随，既有学者提出的"脱亚论"、"国权论"、"大东合邦论"等理论，又有军、政官员的"征韩论"、"主权线"与"利益线"、"征服支那论"、"生存空间"，这些又都在日本军国主义的扩张政策中有所反映，许多理论往往成为其对外扩张政策的直接源泉。

当然，除了上述理论、学说外，西方其他学派、学者和思想家的理论中也有相关论述，比如马克思、恩格斯在多种论著中也涉及边疆、边界问题，反映了马克思主义的经典作家在 19 世纪末的一些观点、理论，这些观点、理论博大精深，又在列宁的著作中得到继承、发扬，中国一些学者就曾对有关的论述进行过部分的辑录，① 本书未作全面的研究，仅在苏俄时期的有关论述有所涉及，以后再作专门的深入研究。除了上述西方国家出现的边疆、边界理论外，这一时期其他国家的相关理论也值得关注，比如中国从 19 世纪中期起就出现西北史地研究的高潮，到 20 世纪上半期初步发展成为边政学。② 尽管这些与西方边疆、边界理论的比较研究有重大学术价值，由于本书主旨和篇幅限制，也不再赘述。

第二节 国际法的发展与西方边疆理论的演变

新航路开辟以后，国际法的内容不断丰富，其中就有涉及国家领土、疆域、边界的相关概念、理论。这些概念、理论具有鲜明的时代性，一是往往主要关心陆地上的领土、边界，领海也受到一定的关注，但领空问题限于时代仍未提出；二是带有殖民扩张的时代色彩，如领土取得方式中的"先占"（占领）、"征服"、割让（部分为被迫割让）、时效等原则就是如此。19 世纪 70 年代以后，随着世界形势与国际关系的演变，国际法中与边疆、边界相关的理论与实践有了很大的发展：

一 领土概念、变更方式的演变

边疆、边界都与领土的概念、领土的变更方式密切相关，19 世纪 70 年代至 20 世纪 40 年代中期随着各种边疆、边界问题的发生，领土的概念、变更方式有哪些变化呢？

---

① 参见吕一燃编：《马克思恩格斯论国家领土与边界》，黑龙江教育出版社 1992 年版。

② 参见马大正、刘逖著：《二十世纪的中国边疆研究》，黑龙江教育出版社 1998 年版。

当代国际法认为，国家领土由领陆、领水、领空和领底土组成。领陆（land territory）是国家领土的陆地部分，指国家境内的陆地，包括大陆（含飞地）和岛屿；领水（territorial waters）是国家领土的水域部分，指位于陆地疆界以内或与领陆邻接的水域，包括内陆水域（河、川、湖、泽）、内海水域（内海湾、内海峡、港口水域等）、群岛国的群岛水域和领海海域等；领空（territorial air space）是国家领土的上空部分，指处在国家主权管辖之下的领陆、领水之上的空气空间；领底土（territorial subsoil）是国家领土的地下层部分，包括领陆的底土、领水的水床及底土，其深度从理论上讲是从领陆、领水范围垂直向下直到地心。[①]

二战前的"国家领土"概念与当代国际法认定的上述概念，又有所差异。当时的"国家领土"是指什么呢？1944年12月7日签订的《国际民用航空公约》的第一、二条就有明确的规定，即"本公约所指一国的领土，应认为是在该国主权、宗主权、保护或委任统治下的陆地区域及其邻接的领水"，缔约国又承认"每一国家对其领土上空具有完全的和排他的主权"。[②] 这就表明，经过多年的发展与演变，二战结束前不久世界各国对"国家领土"已经形成某些共识，即包括一国"主权、宗主权、保护或委任统治下的"领陆、领水，并对其上空享有"完全的和排他的主权"。这与当代国际法中的相关概念相比，在组成部分上只少了领土，而领土构成要件上则强调"宗主权、保护或委任统治"与主权同样重要，明显地反映出时代的特征，又是对

---

① 慕亚平、周建海、吴慧著：《当代国际法论》，法律出版社1998年版，第247—248页。

② 王铁崖、田如萱编：《国际法资料选编》，法律出版社1982年版，第496—497页。

二战结束以前，特别是新航路开辟、全球一体化以来的国家领土取得、变更实践的总结。

国际法中"传统的观点"认为存在着"几种取得领土主权的不同方式"，英国的国际法学者阿库斯特认为，这种划分"最初借用自罗马法关于财产取得的规则"，这是因为对领土的主权和对财产的所有权"具有某些相似之处"，而且在近代国际法刚刚开始发展之时，"流行的专制君主学说倾向于把国家的领土看作君主的私有财产"。他还强调"只有在领土权利不确定时才真正和取得方式有关"。① 这些观点是有一定代表性的，对传统国际法认可的领土取得的分析也是富有见地的，但是"只有在领土权利不确定时才真正和取得方式有关"的提法仍值得讨论。因为恰恰是在19世纪末列强瓜分世界时，亚非拉地区才出现许多"领土权利不确定"的问题，领土的变更、边界的变动、各国疆域和边疆的变化发生剧烈变动，近代国际法中才出现了诸多的领土变更事例，"宗主权、保护或委任统治"才在领土构成要件上获得了与主权同样重要的地位。在这些领土变动之中，国际法上出现的"领土权利不明确"，以及由此认可的领土变更方式，往往反映的是强国、大国和侵略者的意志，亚非拉地区沦为殖民地、半殖民地的人民的意志则无法反映。

国际法中的传统领土变更方式主要有添附、先占、时效、征服、割让等，这一时期添附的变化较小（本章不再赘述），其他变更方式对各国边疆产生了较大的影响；而且，"委任统治"也成为协约国扩展疆土的方式，与租借地、势力范围一样值得

────────────

① ［英］M·阿库斯特著，汪瑄、朱奇武、余叔通、周仁译：《现代国际法概论》，中国社会科学出版社1981年版，第167—168页。

关注。

1. 先占

先占，在《奥本海国际法》等著作中又称为"占领"，是指对无主地实行最先且有效的占领，从而获得该领土主权的方式。这是作为原始取得领土的一种方式，传统国际认为需要具备三个要件，一是先占的主体是主权国家，即先占只能以国家的名义进行，应于事先或事后由国家授权或认可；二是先占的客体是无主土地；三必须是有效的占领，即国家不仅有先占的意思，而且有占领的行动，仅有象征性的占领还不够，还要建立行政组织、行使统治权力，实行有效的管理。

这一方式的内容、规则是随着列强争夺世界而不断发展的，新航路开辟之初西班牙、葡萄牙等国的殖民者无视亚、非、美洲地区已有主人的事实，视这些地区为无主土地，时常以"发现"某某新大陆自居，只需在"发现地"留下象征性的标志，就宣布已经实施了先占。当英国、荷兰、法国等国先后加入海外扩张的行列之后，它们仍出于"欧洲中心论"的文化优越感，视亚、非、美洲的土著居民为野蛮人，把这些地区视为无主土地，加紧侵略扩张，象征性的先占便引起争议和冲突，"有效占领"的问题就一再被提出来。这在19世纪后半期列强瓜分非洲过程中就颇为突出。1884—1885年，当列强争夺非洲达到白热化的时候，英、法、德、美、俄等欧美14个国家的代表在柏林召开会议，在没有非洲国家参加的情况下签订了《柏林会议关于非洲的总议定书》，就如何瓜分非洲制定了原则。"有效占领"的问题在这次会上引起激烈的争论。为抑制英国在非洲的进一步扩张，德、法两国联合提出，今后在非洲取得领土必须遵守"有效占领"的原则，即任何国家对非洲任何地区的占领，不应仅仅在文件上以及通过地图画线确立，必须由军队或管理人员进行

"实际占领"；每一个国家认为哪些地区已经为自己所占有时，必须通知该《议定书》的签字国，使"他们及时提出其要求"；任何欧洲国家对有争议地区进行"有效占领"，才能获得合法"转让"。英国对此最初表示不同意，后经过争论写入了相关内容。① 这就是《总议定书》第6章，即"关于为使在非洲大陆沿岸地区占据的新领土被认为有而必须具备的重要条件的共同声明"，它规定：

"今后占据目前在其领地外的非洲大陆沿岸地区某领土的国家，或迄今没有这类领地而即将获得这种领土的国家，以及将要承担保护权的国家，应该向本议定书的签字国呈送与此有关的相应的文件及声明，以便使后者在必要时有可能申述自己的要求"；该议定书缔约国承认"有义务在他们占领的非洲大陆沿岸地区的领土上确保建立一个足以保护他们的既得权利，又在必要时根据为贸易和过境运输的自由而订立的条件保护贸易和过境运输自由的政权"。②

这就是对非洲进行"有效占领"的两个要件，其前提当然是否认非洲人民的生存权利，视他们为野蛮人，把他们世代生息繁衍的家园视为供帝国主义"有效占领"、瓜分侵占的"无主"土地。作为对这一立场的总结，20世纪初成书的《奥本海国际法》就有清晰的阐述，即占领（或先占）的客体"只限于不属于任何国家的土地，这种土地或者完全没有人居住，或者虽然有土著居民，但该土著社会不被认为是一个国家"。③ 柏林会议前

---

① 王绳祖主编：《国际关系史》（三），世界知识出版社1995年版，第104—105页。

② 《国际条约集》（1872—1916），世界知识出版社1986年版，第81—97页。

③ ［英］詹宁斯、瓦茨修订，王铁崖等译：《奥本海国际法》第1卷第2分册，中国大百科全书出版社1998年版，第74页。

后，列强对非洲的态度显然属于后一种，即"虽然有土著居民，但该土著社会不被认为是一个国家"。20世纪上半叶，先占的"有效占领"问题在国际法案例中多次出现，帕尔马斯岛仲裁案、克利柏敦岛仲裁案（详见第一章）都是与此相关的著名案例。

2. 时效、征服

时效是指一国对他国的某些领土进行长期安稳的占有后，就取得了该土地法律上的权利，但是国际法上的时效又没有明确期限的限制。征服则指一国以武力占领他国领土的全部或一部分，并迫使被占领国停止反抗从而取得该领土的主权。传统国际法认为，构成征服的合法要素包括两点，一是占领者必须有征服的意思，并实施了征服的行动；二是被占领者已屈服，即部分领土被占领时被占国放弃收复失地，全部领土被占领时战败国及其盟国停止一切反抗活动。

如果仅仅从理论上看，时效、征服都是一国先占领他国的领土，然后取得对该领土主权；与先占相比，最大差别就在于所占的是"有主"的土地，而先占所占的是"无主"的土地。但是，这在实践中事实上具有极大的欺骗性，其差别也无法辨别，首先看一下先占与时效，它们之间关键的差异是所占的土地是否是无主地，如果像欧洲殖民—帝国主义者所称的那样，亚非地区即使有土著居民，即使有自己独立的社会形态和国家，也"不被认为是一个国家"，那么"无主"的土地与"有主"的领土又有何差别？殖民—帝国主义者不是照样用大炮、军舰摧毁当地的政权，力求进行"长期安稳的占有"，依据所谓的"时效"以取得对该地的权利？再看一下时效与征服，它们都具有强制性，强占之后或进行"长期安稳的占有"，或者迫使被占领地区"停止反抗"，以便取得该地区的主权，但从新航路开辟以来亚非拉地区人民长期进行反殖反帝的民族解放斗争，侵略者幻想的"长期安稳的占有"、被占地区停止反抗纯属自欺欺人，时效、征服也仅仅是他们的意志在传统国际法中的反映。因此，殖民者把亚非拉国家沦为殖民地后就成了合法的"宗主国"的统治者，强制弱小国家接受"保护"后就成为了保护国，传统国际法中便出现了宗主国与殖民地、保护国与被保护国、附庸国等的概念，"宗主权、保护"才在领土构成要件上获得了与主权同样重要的地位。

　　进入20世纪以后，各国人民和进步人士一再掀起呼吁和平和反对、谴责战争的浪潮。第一次世界大战后，1919年6月在巴黎和会上形成的《国际联盟盟约》就在第10条规定，国际联盟会员国"尊重并保持所有联盟各会员国之领土完整及现有之政治上独立，以防御外来之侵犯。如遇此种侵犯或有此种侵犯之任何威胁或危险之虞时"，国联的"行政院应筹履行此项义务之方法"。[①]《奥本海国际法》认为，这一规定已宣布"以取得领土为目的而发动的战争是非法的"。[②] 1928年8月，美、英、法等国在巴黎签订《非战公约》，这一公约在1929年7月25日生效，截至1933年连同15个签字国已有63个国家加入。这一公约明确宣布："缔约各方以它们各国人民的名义郑重声明它们斥责用战争来解决国际纠纷，并在它们的相互关系上，废弃战争作为实行国家政策的工具"；缔约各方同意"它们之间可能发生的一切争端或冲突，不论其性质或起因如何，只能用和平方法加以

---

　　①　《国际条约集》(1917—1923)，世界知识出版社1961年版，第270页。

　　②　[英]詹宁斯、瓦茨修订，王铁崖等译：《奥本海国际法》第1卷第2分册，第82页。

处理或解决"。① 这虽然不能制止以后德、意、日等国发动侵略战争，但已在全球范围内明确地否定了战争的合法性，成为二战后宣告废弃战争、各国互不侵犯别国领土主权的先声，也否认了以武力或战争强占他国领土的合理性、合法性，时效、征服的合法性也就随之被否定。所以，在日本军国主义强占中国的东北等地的大片领土之后，意大利法西斯、纳粹德国侵占非洲、欧洲许多国家之后，尽管它们认为已经实施了占领、征服，但却遭到世界各国的正义力量所反对，非但未能安稳地占领别国领土，并且在世界反法西斯战争中难逃覆灭的下场。

3. 割让

割让是领土所有国根据条约将领土转移给其他国家，就性质而言可分为强制性和非强制性两种类型。强制性割让是这一时期国际法实践中多数情况，又大多发生在帝国主义列强与弱小的亚非国家之间，通常是列强以武力威胁或战争为手段，或者直接强迫小国、弱国签订条约割让领土，或者先行强占它们的领土，再强迫其缔结条约承认割地的事实。比如，19 世纪中期以后法国先后侵占越南南部的边和、嘉定、定祥、永隆、安江、河仙六省，1874 年又通过不平等条约迫使越南割让这些领土。列强之间也发生过此类割让，比如法国在普法战争中被击败，1871 年德法签订《法兰克福和约》，法国就被迫把阿尔萨斯和洛林的大部分割让给德国。20 世纪上半期，随着各国人民掀起反对战争的浪潮，1919 年的《国际联盟盟约》和 1928 年的《非战公约》都已明确地否定了战争的合法性，也否定了以武力或战争强迫割让领土的合理性、合法性。

---

① 《国际条约集》（1924—1933），世界知识出版社 1961 年版，第 373—374页。

非强制性割让一般是自愿谈判的结果，一般表现为赠予、买卖、交换等。赠予是一国自愿无偿地把一部分领土转让给另一国，而该国表示接受并通过条约予以确认，这种情况大多发生在中世纪的王室婚娶时。买卖领土是指一个国家将其领土的一部分有偿地转让给另一个国家，美国就是通过这种方式改变了自己的疆界，迅速地扩大自己的领土的。1916年，美国又以2500万美元的代价，购买了原属于丹麦的西印度群岛中的圣托马斯、圣约翰和圣克罗伊等岛。交换是指两个当事国出于自愿互换基本等值的土地或实物，如1890年德国以东非的保护地交换英国北海中的赫尔哥兰岛，是相互交换土地；1940年英国以所属岛屿换取美国的50艘超龄军舰，是土地与实物交换。

4. 委任统治问题

委任统治制度是第一次世界大战结束时，协约国为处置已经决定从德国和奥斯曼土耳其帝国分离出来的殖民地和某些其他领土而确立的一种制度，即这些分离出来的领土，不属于任何国家所有，而被委托给称为"受委任国"的若干国家，由它们根据国联和每一个受任统治国之间所订的称为《委任统治协定》的书面协定所规定的条件，代表国联进行管理。这一制度在二战后又被国际托管制度取代。

对于这一制度，1919年6月28日签订的《国际联盟盟约》第22条做出了明确的规定：（1）"凡殖民地及领土于此次战争之后不复于从前统治该地之各国，而其居民尚不克自立于今世特别困难状况之中"，而"此等人民之福利及发展成为文明之神圣任务"，因而采用委任统治制度。（2）受委任国由"资源上、经验上或地理上足以承担此项责任而亦乐于接受之先进国"担任，并且要向国联行政院提交有关委任统治地情形的年度报告。（3）依据"人民发展之程度、领土之地势、经济之状况及其他类似之情形"，对原属德意志帝国的殖民地和奥斯曼土耳其帝国的领地进行区别，一、甲类委任统治地为奥斯曼土耳其帝国的领土，如叙利亚、黎巴嫩、巴勒斯坦、伊拉克和外约旦，其"各民族其发展已达可以暂认为独立国之程度"，但仍须"由受委任国予以行政之指导及援助，至其能自立之时为止"；二、乙类委任统治地是德意志帝国在中非的殖民地，如多哥、喀麦隆、卢旺达—布隆迪和坦噶尼喀，由受委任国负责地方行政事务和禁止贩卖奴隶、军火等各项弊端，但须"以担保其信仰及宗教之自由，而以维持公共安全及善良风俗所能准许之限制为衡"，"除警察和国防所需外，不得以军事教育施诸土人"，并保证向国联其他会员国提供商业贸易的均等机会；三、丙类委任统治地德意志帝国的殖民地西南非洲、新几内亚、瑙鲁、西萨摩亚和赤道以北的太平洋岛屿，"或因居民稀少，或因幅员不广，或因距文明中心辽远"，或者在地理上接近受委任国领土，或"其他情形最宜受治于受委任国法律之下"，可以作为受任统治国"领土之一部分"，但为了维护土著居民的利益，"受委任国应遵行以上所载之保障"。

　　那么，如何分配这些待"委任"的殖民地、领地？国联盟约对此未作规定，更未规定哪些国家为委任统治的受托国。实际上，在此之前的1919年5月7日，英、法、美、意四个大国做出实际的行动了，即就决定了如何"委任"前德意志帝国的海外殖民地。1920年至1924年间，法国、比利时、日本和英国及其附属的新西兰、澳大利亚、南非自治领成为受委任国，它们与国际联盟签订了《委任统治书》，对一战前的前德意志帝国殖民地和奥斯曼土耳其帝国领土进行了分配：（1）英国统治喀麦隆的5/6，多哥的2/3，比利时获得卢旺达—布隆迪；（2）德属西南非由南非统治，中太平洋德属萨摩亚由新西兰统治，瑙鲁由英国、澳大利亚和新西兰共同统治；西太平洋赤道两侧的岛屿中，北侧的马利亚纳群岛、马绍尔群岛、加罗林群岛归日本统治，南侧的俾斯麦群岛由澳大利亚统治；（3）伊拉克、巴勒斯坦（含后来划分出来的约旦）由英国统治，叙利亚、黎巴嫩归法国统治。①

根据这些安排，英国及其自治领、法国、日本等接管了德国殖民地、土耳其领地。在英、法、日等国接管这些地区后，尽管国联盟约强调这一制度是为了"此等人民之福利及发展"，但这些地区的主权却成了国际法上有争议的问题，至少出现了六种观点，一是属于受任统治国；二是属于国际联盟；三是属于主要协约国；四是未定；五是属于受任统治国，但在国联行政院的同意下行事；六是属于委任统治地的居民，但暂时不能行使。② 这些观点中，除了未定论外，有四种不认可委任统治地居民对本地区享有的主权，仅有第六种认为委任统治地的居民享有主权，但又认为暂时不能行使。直到二战即将结束时，国际法文件中仍把"宗主权、保护或委任统治"作为与主权同样重要的领土构成要件。这就说明，委任统治制度并非完全像国联盟约文字规定的那样，事实上是一战后英、法、日等帝国主义列强瓜分战败国殖民地、领地，进行殖民统治的新制度；这种新殖民制度不仅改变了世界地图上的格局，而且改变了某些国家的疆界，喀麦隆的5/6和多哥的2/3由英国统治即为例证。

5. 租借地、势力范围

近代的国际实践和交往中还出现的对一国的部分领土的主权

① 《国际条约集》（1917—1923），世界知识出版社1961年版，第274—275、552—605页。

② ［英］詹宁斯、瓦茨修订，王铁崖等译：《奥本海国际法》第1卷第2分册，第258页。

加以限制的情况，一般认为是指依照国际习惯和条约，国家主权的行使在某些方面受到限制，以致不能和不能完全行使。这种限制又分为两种情况，一是一般限制，是指依照国际习惯和公约对多数国家设立的就个别或某些方面对领土主权的限制，比如每个国家应允许外国非军用船舶，无害通过其领海；二是特殊限制，即指依照条约在其特定范围内或特定方面对某缔约国领土主权的限制。特殊限制分为自愿限制和非自愿限制两种类型，前者如某国根据条约实行领土中立化；后者多为不平等条约所致，已经为当代国际法所否定。[①] 但是，在19世纪70年代以后80年间，非自愿类型的特殊限制却往往成为特殊限制的主要形态，租借、势力范围、国际共管又是大国、强国把特殊限制施加于亚非拉的弱国、小国的主要方式，这又往往引发这些国家的边疆危机，也是导致这些国家沦为殖民地半殖民地的前奏。

租借指一国根据条约从另一国租赁部分领土，并在规定期限内用于条约所规定的目的行使管辖权的法律关系。租借领土的国家称为承租国，被租借领土的国家称为出租国，条约规定的租赁期限称为租期，按照国际惯例一般为10年、25年、50年、70年、99年。根据租借的目的，租借的性质分为政治性、军事性和经济性三种。从国际法的法理上讲，租借的并不改变领土的归属，租借地的主权仍属于出租国；租借还分为自愿租借和非自愿租借两种，但在国际实践上的租借，大多是列强以租借为侵吞该国领土的手段，以不平等条约为依据强行租借弱小国家的领土。19世纪末，这类情况在中国多次发生，1898年德国租借胶州湾，租期99年；俄国租借旅顺、大连湾及其附近地区，租期25年；

---

① 慕亚平、周建海、吴慧著：《当代国际法论》，法律出版社1998年版，第258—259页。

法国租借广州湾，租期99年；英国租借威海卫25年、九龙99年。这些港湾都处在中国沿海地区，英、法等国以租借为名，行控制中国海疆之实，并为瓜分中国做准备。

势力范围是根据条约一国将其控制下的别国领土的一部分或全部，在名义上不加兼并的情况下，划为确保自己享有政治独占或经济专控等特权地位的利益范围。1884—1885年，当列强争夺非洲达到白热化的时候，英、法、德、美等14国在柏林召开会议，英国就在会上提出"势力范围"的主张，与会各国表示赞同，即先在地图上划定彼此的势力范围，而后再加以占领。这次会议之后，列强果然掀起了瓜分非洲的狂潮，会议结束时列强所占非洲土地仅为其总面积的25%，到1900年非洲土地的90%多已经沦为列强的殖民地。19世纪末，帝国主义列强也在中国划分各自的势力范围，即俄国为东北全境，德国为山东，英国为长江流域，日本为福建，法国为云南、广东、广西三省。这就不仅把侵略矛头指向中国的边疆地区，还把魔爪伸向中国广大的腹地，与强行租借一样是列强力图瓜分中国的重要步骤，只是因为中国人民的斗争和列强之间的矛盾才未能实现。

二 国际海洋法的进展与海上疆界的确认

海洋是人类生活的空间之一，尽管早在远古社会就有一些国家开始了对海洋的争夺，比如古希腊时代地中海沿岸国家为控制海洋进行过长期的、大规模的斗争，但国际海洋法的产生是伴随着近现代世界各国对海洋的争夺产生、发展的。随着国际格局不断变幻、发展，列强争夺世界的加剧和国际法的广泛传播，海上国土的问题受到各国普遍关注，这一时期国际海洋法迅速发展，与海疆有关的国际法不断演变，不仅领海的宽度成为临海各国关心的问题，与此相关的毗连区、历史性海湾等也引起争论。

1. 领海宽度问题

这一时期，领海的宽度问题备受关注，主要集中反映在1930年的海牙国际法编纂会议的争论之中。在这次会议上，各国在领海（territorial sea）名称、性质问题上取得一致意见，认为曾经使用的"领水"不如"领海"适当，因而将领水改为领海；领海是国家领土的一部分，国家对其领海主权的行使应按照正在讨论的公约及国际法其他规则所定的条件。领海的宽度在会上的争论则极为激烈，英国、美国、日本等海洋大国凭借其海军优势，竭力主张狭窄的领海，提出和支持3海里领海的观点。大会上发言时，36个国家中有17个（包括英国的4个自治领）主张3海里的宽度，19个国家对此提出反对意见，所提出的领海宽度又有不同，其中冰岛、瑞典主张4海里，意大利、巴西和哥伦比亚主张6海里，葡萄牙则主张12海里。毗连区在这次会上也引起讨论，英国坚决反对各国在领海之外拥有毗连区、渔区外，美国、法国、德国等国都予以支持，但在宽度问题上则有争议。其中，法国、德国、埃及等主张附加有毗连区的3海里领海，芬兰、挪威主张附加有毗连区的4海里领海，西班牙主张附加有毗连区的6海里领海；智利主张不附加毗连区的6海里领海，或者附加有毗连区的3海里领海；葡萄牙主张12海里领海，或附加有毗连区的6海里领海。对于历史性海湾，法学家筹备委员会提出的草案主张，某一海湾依照惯例仅属于沿海国管辖，不管湾口的宽度如何，其领海应从连接湾口的直线算起，但对历史性海湾的概念又未加明确，与会各国也反应不一。总之，这次会议提出了与海洋国土相关的许多问题，而各国分歧明显，会议因此在海洋法编纂方面成效甚微，但却为二战以后的海洋法编纂打下了初步的基础，仍有一定的意义。①

2. 大陆架问题

一般认为，大陆架的归属问题被明确地提出来是二战之后，1945 年 9 月 28 日美国总统杜鲁门发表大陆架宣言，首次以政府的名义明确宣布"美国政府认为，处在公海下但邻接美国海岸的大陆架底土及海床的自然资源属于美国所有，受美国的管辖和控制"，此后墨西哥、秘鲁、冰岛等沿海各国纷纷发表此类宣言或命令，全球出现了"对领海以外的大陆架及其上覆水域的资源提出权利主张的热潮"，到 20 世纪 80 年代更为全球范围内关注、争论的重要海洋法问题。但这并非空穴来风，也有一个渐进发展的过程。早在 1569 年，英国的托马斯·迪格斯（Thomas Digges）就认为，王国政府对环绕英伦列岛的"大盐河"及其海岸和海底也享有权益和所有权。他并未限定王国政府的海底所有权向海的界限，因而这一提法在以后 200 年间不断遭到否定。19 世纪，一些再次论证大陆架及其归属问题，如法国的热拉尔·德雷纳瓦尔（Gerard de Rayneval）在 1803 年指出，一般来说，沿海岸的海底在地理上可以认为向来是、并且仍然是大陆的一部分；一些国家也"习惯上对邻接其海岸的海床及其底土行使统治权"，如 1858 年英国的《康沃尔郡海底采矿法》就规定，低潮线以外毗邻水域下的一切矿藏及矿物属于王国政府所有。

20 世纪上半叶，大陆架的问题受到人们更多的重视，一些国际法学家和政界人士就明确提出了大陆架的归属问题。20 世纪初，奥本海（Lassa Francis Lawrence Oppenheim）就曾明确指出，邻水边缘地带以外的底土不属于任何人，因而沿海国可以据为己有。1916 年，西班牙的科斯（Odon de Buen y del Cos，后任

——————

① 魏敏主编：《海洋法》，法律出版社 1987 年版，第 13—15 页。

渔业部长）就曾呼吁，有必要把一国领海扩大到包括整个大陆架，因为大陆架是沿海国领土的继续，它受毗邻大陆的影响要比受海洋的影响大。1932 年，著名国际法学家吉尔伯特·吉德尔（Gilbert Gidel）则主张，海床表面具有同上覆水域一样的法律地位，任何国家只有一贯地使用某个海床区域或在得到他国默许的情况下，才能主张对该海床区域行使管辖权。[①] 这些观点的提出与海上强国争夺海洋资源的形势密切相关，比如 1945 年首次提出大陆架归属问题之前，美国国内就已经感到这一问题的严峻，首先是渔业资源，由于缺乏对 3 海里以外近海渔业资源的有效保护，无法防范外国渔船到美国近海捕鱼，如日本渔民在 1936—1938 年间到阿拉斯加的大陆架浅水区捕捞鲑鱼，致使美国沿海渔业呈现衰退趋势，引起美国渔民的抗议和政界人士的忧虑；二是石油资源，为解决二战期间的石油供应问题，20 世纪 30 年代美国就开始研究近海区域海底石油问题，这就使大陆架的归属问题更为重要。[②]

如果领海宽度、大陆架问题都是对沿海各国海洋国土有普遍性的影响，那么国际海峡通行问题则对相关国家的海疆有一定影响。国际通行海峡，就被视为海洋的咽喉，具有重大的经济、军事价值，在新航路开辟以后更成为列强争夺的焦点。在世界近代史上，受到列强关注、争夺的主要是直布罗陀海峡、麦哲伦海峡和黑海海峡，而涉及的国际法问题主要有两个，一是海峡通行制度，二是各国军舰是否能在该海峡内享有无害通过权。对于这三个海峡沿岸的国家而言，即直布罗陀海峡两岸的摩洛哥和西班

---

① ［美］杰拉尔德·丁·曼贡著，张继先译：《美国海洋政策》，第 245—249页。

② 魏敏主编：《海洋法》，法律出版社 1987 年版，第 146—147 页。

牙,麦哲伦海峡沿岸的智利和阿根廷,黑海海峡两岸的土耳其
(1453—1923 年间属奥斯曼土耳其帝国),其领土主权就受到了
某种影响。黑海海峡尤其如此,从 17 世纪起沙俄多次发动战争,
夺取和扩大在黑海沿岸的控制范围,使黑海不再是奥斯曼土耳其
的内海,并为该海峡的通行问题多次与奥斯曼土耳其签订条约。
19 世纪中后期至 20 世纪上半叶,由于英、法等国的干预,从
1840 年《伦敦协定》、1856 年《巴黎和约》、1871 年《伦敦海
峡公约》到 1936 年《关于海峡制度的公约》(又称《蒙德勒公
约》),黑海海峡的通行问题长期备受国际关注,土耳其的沿岸
领土主权才逐步得到维护。

三 国际空间法的初现与空中疆界的划分

当代国际法认为,领空(territorial air space)与领陆、领
水、领底土一样,都是国家领土的组成部分,是处在国家主权管
辖之下的领陆、领水之上的空气空间。20 世纪后半期,一系列
与航空、航天相关的国际条约的制定,多种空气空间、外层空间
管辖范围、高度的学说,都使空中疆土的问题日益丰富和复杂。
但是,在人类发明空气热气球、飞艇、飞机之前,"嫦娥奔月"
只是人类遨游太空的美妙的设想,而领空问题也都不可能受到关
注,所以古代曾经出现的部分提法,如罗马法上的"谁有土地,
就有土地的上空"(cujus est solun, ejus estuspus ad coelum),仅
仅是理论上的假想,到 19 世纪中叶以后领空的问题才逐步受到
重视,空中边疆的问题也随之产生。

1783 年 11 月,法国的罗齐埃(J. F. P Roier)和达尔朗德
(M. d' Arlander)乘坐蒙哥尔费热气球在巴黎升空,这是人类首
次升空自由飞行。此后,人类的飞行技术不断发展,由乘气球飞
行发展到制造飞艇、飞机,并从和平飞行发展到为军事服务,由

国内飞行发展为跨境飞行。1783 年 12 月，法国又有人乘氢气球在巴黎自由飞行。1785 年 1 月，法国人布朗夏尔（J‐P. F. Blanchard）和美国人杰弗里斯（J. Jeffries）一同乘氢气球，成功地飞越了英吉利海峡。1794 年 6 月，法国军队用系留式载人氢气球进行空中侦察。这是人类把载人飞行器用于战争的开端，到 1849 年奥地利用热气球对威尼斯进行了人类战争史上的首次空袭。19 世纪后半期，飞艇出现并不断取得进展，1884 年法国电动飞艇"法兰西"号试飞，这是世界上第一艘可操纵的飞艇。1903 年 12 月，美国的莱特兄弟（W. Wright，O. Wright）研制成用一架内燃机驱动的飞机，12 月试飞成功，使人类的飞行技术获得重大发展。1909 年，法国人布莱里奥（L. Bleriot）制成第一架单翼机，7 月驾机首次成功地飞越英吉利海峡。不久之后，飞机也用于战争，1911 年 11 月意大利派人驾机对北非的土耳其军队投掷炸弹，这是飞机用于轰炸的开端。1914 年 1 月，世界第一条民用客机定期航线飞机在美国开始运营，这使飞机在和平地为人类服务方面进入了新时代。第一次世界大战期间，英、法、德、意等国的飞艇、飞机多次参加战斗，执行侦察、轰炸等任务，此后和第二次世界大战期间空军则日益成为重要的军事力量。

随着飞行器的不断发明、飞行技术的日益提高，特别是 19 世纪中期以后气球、飞艇、飞机相继投入使用，并在更大的空间范围发挥作用，国际空间法的相关理论初步形成。在这一过程中，如何确定各国的"空中领土"、划定"空中疆界"也就被提出来，并为各国的国际法学家和政府关注，提出了各种观点，20 世纪前半期又与各国实践相结合，形成了相关的国际法文件。20 世纪初，形成了若干关于国家的领陆、领水上面的空间的不同学说，主要有 4 种：一是空间是完全自由的；二是以领海为类比，有一个较低层的领空和其上无限高的自由空间；三是空间属于在它下面的国家的主权，但外国民用飞机（而非军用飞机）受无害通过的限制；四是整个空间完全属于其下面的国家的主权。在这些观点还在争论之时，飞行器不断用于军事，特别是飞机在第一次世界大战中发挥出巨大的威力的事实，"使安全成为最重要的考虑，因而国家实践一致强调国家主权及于空间的主张"。[①]这一主张又体现在第二次世界大战前签订的几个重要条约之中，它们分别是：

1.《巴黎航空公约》，全称为《关于航空管理的公约》，1919年10月13日签订于法国巴黎，先后有38个国家参加，二战后为《国际民用航空公约》取代。

2.《华沙公约》，全称为《统一国际运输某些规则的公约》，1929年9月12日签订于波兰华沙，1933年2月13日生效，以后又多次修改。该公约的主要内容包括航空运输的业务范围、承运人的责任、损害赔偿标准等，形成了国际航空运输上的"华沙体系"。

3.《国际航班过境协定》，又称"两种自由协定"，1944年12月7日签订于美国芝加哥，1945年1月30日生效。

4.《国际航空运输协定》，又称"五种自由协定"，1944年12月7日签订于美国芝加哥，1945年2月8日生效。

5.《芝加哥公约》，全称为《国际民用航空公约》，1944年12月7日签订于美国芝加哥，1947年4月4日生效。

《巴黎航空公约》是"对空间法在多边基础上加以规定的第

---

① ［英］詹宁斯、瓦茨修订，王铁崖等译：《奥本海国际法》第1卷第2分册，第53—54页。

一个条约"，① 在第 1 条就规定，缔约各国承认"每一国家对其领土上的空间具有完全的和排他的主权"，而"本公约所指一国的领土应理解为包括本国和殖民地的国土以及毗连的领水"；第 2 条则规定，各缔约国"承允在和平时期给予其他缔约国的航空器以在其领土上空无害通过的自由"，但又以这类航空器"必须遵守本公约规定的条件"；第 31、32 条又规定，军用航空器是指"由特派的军事人员控制的任何航空器"，"任一缔约国的军用航空器未经另一缔约国特许"不得在该国领土飞越或降落。② 这就首先承认了各国对于本国领陆、领水之上的空间的主权，缔约国之间承诺准许航空器无害通过则是国际实践的产物。这虽然未对一个国家主权管辖的上空的高度作明确规定，但又从一个角度确定了各国在空中的疆界，即领土之上的"空间具有完全的和排他的主权"。

这些原则又被后来的其他国际空间法所继承，这在《芝加哥公约》、《国际航班过境协定》、《国际航空运输协定》中有充分的反映。《芝加哥公约》第 1 条同样明确地规定，"缔约国承认每一国家对其领土上空具有完全的和独享的主权"，第 2 条接着指出，"本公约所指一国的领土应认为系所有在该国主权、宗主权、保护或委任统治下的陆上区域及其毗连的领水"。这一公约还强调，该《公约》"仅适用于民用航空器，不适用于国有航空器"。后者即指"用于军事、海关和公安的航空器"，一个缔约国的这类航空器"未经特别协定或其他方式的许可并遵照其中的条款时，不得飞越或在另一缔约国的领土上降落"。《芝加

---

① ［英］詹宁斯、瓦茨修订，王铁崖等译：《奥本海国际法》第 1 卷第 2 分册，第 54 页。

② 《国际条约集》（1917—1923），世界知识出版社 1961 年版，第 482—497 页。

哥公约》还把缔约国航空器在其他缔约国领土上空的飞行分为两类，即"航班飞行"和"非航班飞行"，并对各自的飞行权利作了不同的规定。《国际航班过境协定》、《国际航空运输协定》又对每一缔约国给予其他缔约国定期国际航班的空中自由作出规定，前者规定它们有不降停而飞越其领土的权利、非运输业务性降停的权利。后者则给予五种自由，即不降停而飞越其领土的权利，非运输业务性降停的权利，卸下来自航空器所属国领土的客、货、邮的权利，装载前往航空器所属国领土的客、货、邮的权利，装载前往或来自任何其他缔约国领土的客、货、邮的权利，后三项自由"仅限于构成来自或前往该航空器所属国本土的合理的直接航线上的直达航班"。① 至此，尽管上述公约仍未对一个国家主权管辖的上空的高度作出明确规定，但已经进一步明确规定各国的"空中疆界"，即各国空中的疆界是沿着领陆、领水的疆界垂直划定的，对领陆、领水之上的空间"具有完全的和独享的主权"。

四 国际法的传播及其对东方国家的影响

这一时期，国际法在丰富、发展过程中，由于西方国家在国际关系、国际组织中处于主导地位，这些国家的政府和学者，特别是法学家也无疑起到了主要的作用。同时，主要形成于西方的国际法，又不断传入中国、越南、暹罗（今泰国）等东方国家，并产生了一定的影响。这些国家往往是在受到西方列强的侵略之后，认识到包括国际法在内的"西学"、"新学"的重要性，并力图从中找到御侮求存的武器。比如越南，在19世纪中期多次

---

① 《国际条约集》（1934—1944），世界知识出版社1961年版，第420—452页。

遭到法国侵略，被迫签订割地赔款的不平等条约，这种大背景之下出现了学习西方、进行改革的人士，他们就主张与西方签订条约、保卫国家的独立。1881 年（越南翼宗嗣德三十四年）前后，阮朝朝廷在痛定思痛之后也认识到"不习新学则不能进化"，选派幼童到香港英国学校学习，派人到学习"西学"已有成效的中国、暹罗考察，准备与英国、美国等发展外交关系。① 正是在1881 年，阮朝又下令刊刻 4 部"洋书"，即《万国公法》、《航海金针》、《博物新编》和《开煤要法》作为教材，发给各地的学堂"俾资传习"。②《万国公法》既为国际法，又列为这 4 部书之首，就说明当时阮朝极其重视学习国际法，不仅把这看成同发展航海、采矿等实业一样重要的国家大政，而且还是本国改革、进化的首要任务。

　　进入 20 世纪，越南等大多数东南亚国家和朝鲜都已沦为英、法、日等国的殖民地，而中国、暹罗在与西方国家的交涉中都自觉地拿起国际法的武器，以保卫边疆、维护主权。这些活动主观上都与稳定边疆、防止侵略有关，但各个时期效果各不相同。下面就以中国为例加以说明：

　　鸦片战争之前，清政府对国际法有过了解的机会，有研究者认为 17 世纪时耶稣会传教士已经把国际法知识介绍到中国，1689 年中俄尼布楚谈判中就曾运用国际法。1839 年，林则徐又进行翻译国际法的尝试，主持翻译了 18 世纪瑞士法学家瓦特尔（Emmerich de Vattel）的《国际法》的片段，并在禁烟斗争中试图运用一些国际法的做法。③ 第二次鸦片战争之后，随着与西方

---

　　①　[越南] 陈重金著，戴可来译：《越南通史》，商务印书馆 1992 年版，第351—352、389 页。

　　②　《大南实录》正编第 4 纪，卷 66，页 2。

　　③　田涛著：《国际法输入与晚清中国》，济南出版社 2001 年版，第 16—31 页。

列强交涉的增加，清朝政府感到了系统了解西方的国际法的紧迫性，在总理衙门的支持下，1864 年美国传教士丁韪良翻译了《万国公法》(*William Alexander Parsons Martin*)。《万国公法》原名为《国际法原理》(*Elements of International law*)，美国外交官惠顿 (Henry Wheaton) 所著，是当时最新、最流行的一本国际法著作。

《万国公法》把国际法第一次系统地输入中国，对当时的外交活动有重要的参考价值，就是在 1864 年春，即此书翻译、刊刻过程中，已经为清政府解决了发生在中国领海内一起争端提供了依据。当时，普鲁士正与丹麦进行战争，其驻华公使李福斯 (Guido von Rehfus) 竟不顾国际公法，率军舰在中国的大沽口拦江沙外扣留了丹麦的三艘货船。中国为此同普鲁士进行交涉，领海问题是其中的关键。中方照会指出"外国在中国洋面，扣留别国之船，乃显系夺中国之权，于中国大有关系"。李福斯辩称，捕拿丹麦船只地点"相去海岸远近，亦属万国律例准拿敌船之处"。中方再次照会，强调扣留丹麦船只之处是"中国专辖之内洋"，该国军舰"不得任意妄为"。[①] 中方还结合战争法的中立原则进行交涉，李福斯承认违反国际法，释放两艘丹麦货船，给另外一船赔偿。这次交涉中，清政府成功地运用国际法的领海、中立等观念，取得了对普交涉的胜利，维护了自己的领土主权。其中，领海的观念来源于《万国公法》第四章，其第六节《管沿海近处之权》规定，"各国所管海面及海口、澳湾、长矶所抱之处，此外更有沿海各处，离岸十里之遥，依常例亦归其管辖"，也就是说"炮弹所及之处，国权亦及焉，凡此全属其管辖而他国不与也"。第七节《长滩应随近岸》又规定，沿海的"长

---

① 《筹办夷务始末》(同治朝) 卷 26，页 32—34。

滩，虽系流沙，不足以居人"，也"随近岸归该国管辖，但水底浅处不从此例，按公法制此"，可是"炮弹所及之处，国权亦及之"。①

1864 年的中普交涉无疑取得了成功，虽然此后的 40 多年间清政府的公法意识不断强化，参加了一些国际会议、国际公约，还多次力图运用国际法维护主权，但因列强加紧侵略、国势日衰，这些交涉大多以失利、受挫告终，而大片国土被列强侵占，边疆危机、民族危机不断加深，如中日《马关条约》中就被迫割让辽东半岛（后以赔款代替）、澎湖列岛、台湾全岛及所有附属岛屿；19 世纪末帝国主义又在中国强行租借、划定势力范围。对于国际法为何不能使中国受益的问题，当时不少人就有清醒的认识，如唐才常就指出："《万国公法》虽西人性理之书，然弱肉强食，古今所同"，英国侵略印度，沙俄灭亡波兰，日本侵吞琉球、朝鲜，"但以权势，不以性理"，因而"公法果可恃乎"？②

1912 年中华民国成立后，尽管新旧军阀等反动势力曾控制中央政府，中国仍长期遭受帝国主义的侵略、控制，但在国内爱国力量的推动下，中国在运用国际法维护国家主权仍取得了一定的进展，其中之一 1919 年巴黎和会以后经过了 20 多年的努力，废除不平等条约方面取得成效，基本取消了列强在华条约特权，不平等条约制度基本瓦解。在一些事关国家领土主权的斗争中，中国运用国际法也取得了某些成就，二战结束前的《开罗宣言》就是例证。1943 年 11 月，中、美、英三国首脑举行会议，如何击败日本和战后处置日本问题是会议的主要议题之一。在起草会

① ［美］惠顿著：《万国公法》，上海书店出版社 2002 年版，第 73 页。
② 唐才常：《唐才常集》，中华书局 1980 年版，第 44—45 页。

议宣言时，日本侵占的各国领土问题也列入其中，草稿中提出将日本侵占的满洲、台湾、澎湖列岛"应归还中华民国"，占领的其他地区都提"应予剥夺"，中、英对此产生了激烈争论。英国代表、外交副大臣贾德干认为，既然草稿对日本占领的其他地区都提"应予剥夺"，满洲、台、澎也应改写成"必须由日本放弃"，以求一致；还辩解说已经标明这些地区是"日本夺自中国的土地"，日本放弃后归还中国是不言而喻的。中国代表王宠惠就此指出，日本侵略中国东北引起第二次世界大战的事实人所共知，如果只说将满洲、台、澎由日本放弃而不说应归还哪个国家，中国人民和世界人民将疑惑不解，联合国家共同作战和反侵略的目标也得不到明确体现，何况外国人士又对满洲、台、澎有种种的奇怪论调呢？最后，因美方也支持中方主张，这一内容在《开罗宣言》中就明确地表述为：中、美、英三大盟国对日作战的宗旨在于"剥夺日本自 1914 年第一次世界大战开始以后在太平洋所夺得的或占领的一切岛屿，在使日本所窃取于中国之领土，例如满洲、台湾、澎湖列岛等，归还中华民国"。1945 年 7 月，中、美、英三国又发表《促令日本投降之波茨坦公告》，重申"开罗宣言之条件必将实施"。[①]

《开罗宣言》以国际法文件的形式，确认了中国对曾被日本侵占的东北、台湾和澎湖列岛等地区无可争辩的主权，明确地宣布了中国在战后收复被日本侵占的领土的合法性。这在当时驳斥了西方关于中国领土构成的种种谬论，比如"长城为中国的疆界"、"满洲非中国领土"等；对于后来也产生重要影响，特别60 年后当"台独"势力大肆进行分裂祖国的活动，它们就竭力

---

① 王斯德主编：《世界现代史参考资料》，高等教育出版社 1988 年版，第 421、429—431 页。

否认《开罗宣言》的法律性质和法律效力。"《开罗宣言》是具有国际法效力的条约性文件，从国际法上明确规定了台湾是中国不可分割的神圣领土"，《开罗宣言》的法律效力不容否定，"台独"分子的举动也是徒劳的，恰恰是从反面说明了该宣言的重大意义。[①]

第三节　地缘政治学的演变与西方边疆理论的进展

地缘政治学（Geopolitics）是政治地理学的一种理论，它根据各种地理要素和政治格局的地域形式，分析和预测世界或地区范围内的战略形势和有关国家的政治行为。地缘政治学把地理因素视为影响甚至决定国家政治行为的一个基本因素，这种观点为国际关系理论所吸收，对国家的政治决策有相当的影响。[②] 它又渊源于政治地理学，古希腊、古罗马时代和中国古代就已出现相关的思想，19世纪中期以前又有所发展，让·博丹（Jean Bodin，1530—1596）、孟德斯鸠（Montesquieu，1689—1755）、黑格尔（Geory Wilhelm Friedrich Hegel，1770—1831）、亚历山大·洪堡（Alexander Von Humboldt，1769—1859）、卡尔·里特尔（Karl Ritter，1779—1859）等的著作中就有相关的思想。[③] 但是，作为一种学说和理论，地缘政治学则形成于19世纪末，德国地理学家弗里德里西·拉泽尔（Friedrich Ratzel）1897年发表《地

---

①　于沛：《陈水扁"玩火"岂能篡改历史——纪念〈开罗宣言〉发表60周年》，饶戈平：《开罗宣言的法律效力不容否定》，载《光明日报》2003年11月28日。

②　《中国大百科全书·地理学》，中国大百科全书出版社1990年版，第118页。

③　刘从德著：《地缘政治学：历史、方法与世界格局》，华中师范大学出版社1998年版，第6—41页。叶自成主编：《地缘政治与中国外交》，北京出版社1998年版，第34—42页。

理政治学》，提出国家是一个"空间有机体"的观点，被认为是该学科创始的标志。此后，地缘政治学得到迅速发展，艾尔弗雷德·塞耶·马汉（Alfred Thayer Mahan）"海权论"、哈尔福德·丁·麦金德（Halford John Mackinder）的"大陆心脏学说"等相继出现，卡尔·豪斯浩弗（Karl Haushofer）的观点又尤其受到纳粹德国的重视。地缘政治学的各种学说包含的内容极为丰富，小到某一国家的地缘政治形势，大到世界格局和全球性问题，其中不少内容直接论述边疆问题，或者与此相关的国家领土、疆界问题，因而与边疆相关的观点、理论就成为重要的组成部分。对于地缘政治学的各种学说，中外学者已进行全面、系统的论述，① 由于主旨所限，本节仅从边疆问题的角度对相关理论、观点进行探讨。

在进行讨论之前，有必要对有关术语的中外用法进行说明。中国一些学者在使用术语时往往把"地缘政治"与"地理政治"、地理政治学或者"政治地理学"通用，英文对译上却有很大的差异，如《中国大百科全书》中把"political geography"译为"地理政治学"、"Geopolitics"译为"地缘政治学",② 刘从德所著《地缘政治学：历史、方法与世界格局》中也采取了同样的译法;③ 李亦鸣等把"political geography"译为"政治地理

① 参见李亦鸣等译：《二十世纪的西方地理政治思想》，解放军出版社1992年版；叶自成主编：《地缘政治与中国外交》，北京出版社1998年版；刘从德著：《地缘政治学：历史、方法与世界格局》，华中师范大学出版社1998年版；Andrew Gyorgy, Geopolitics: the New German Science University of California Publications in International Relations, Volume 3, No. 3, pp. 141—304; University of California Press, Berkeley and Los Angeles, 1944. Geoffrey Parker, Western Geopolitical Thought in the Twentieth Century, Croom Helm ltd, Sydney, 1985。

② 《中国大百科全书·地理学》，中国大百科全书出版社1990年第1版，第118、481页。

③ 刘从德著：《地缘政治学：历史、方法与世界格局》，第1页。

学"；吴传钧、叶自成等学者则把"Geopolitics"译为"地理政治"或"地理政治学"，把"Geopolitik"译为"地缘政治学"。在西方，二战期间因这一学科在德国为纳粹政权服务受到关注，也因此声名狼藉，1945 年前就有学者以"Geopolitics：the New German Science"为书名论述地缘政治学的发展历程，书中"Geopolitics"与"Geopolitik"通用，都有"地缘政治学"或"政治地理学"的意思，又强调"Geopolitics"是在德国新兴的学科，行文中有时用"Geopolitik"指为纳粹德国扩张服务的地缘政治理论，并对其反动性进行批评。① 二战后，一些西方学者把地缘政治学（Geopolitik）与政治地理学（Geopolitics）明确地区分，有的则视地缘政治学为伪科学，在英文文献中"地缘政治"往往指德国的地缘政治学，用"地理政治"指一般的地理政治，特别是英、美等国的地理政治学。② 笔者认为，地缘政治学是由政治地理学发展出来的人文地理学分支学科，卡尔·豪斯浩弗等的理论为纳粹德国服务只是它发展中的一个插曲，其理论也只能是发展过程中的一个分支乃至是扭曲的部分，不应因此否认地缘政治学本身的科学性、合理性，故本节使用"地缘政治学（Geopolitics）"这一术语，它包含各个时期、各种相关学说，并不仅仅指纳粹德国的地缘政治学。

一　拉泽尔的国家"空间有机体"说

拉泽尔（1844—1904），1868 年在海德尔堡大学获得哲学博

---

① Andrew Gyorgy, Geopolitics：the New German Science, University of California Press, Berkeley and Los Angeles, 1944.

② ［英］杰弗里·帕克著，李亦鸣等译：《二十世纪的西方地理政治思想》，解放军出版社 1992 年版，吴传钧撰《中译本序》和第 11 页。叶自成主编：《地缘政治与中国外交》，第 2 页。

士学位，此后至 1875 年间作为新闻记者到法国、美国、墨西哥、古巴等地旅行考察，1875—1904 年先后在慕尼黑工业学校、莱比锡大学任教。他著作等身，据统计一生共有 25 部著作和 518 篇论文，代表作有三部，一是《人类史》（*History of Mankind*），被称为人种学的历史里程碑；二是《人类地理学》（*Anthropogeographie*），三是《政治地理学》（*Politische Geographie*），这两部在人文地理学方面产生了重要的影响，也使他"一直成为争论的中心"。[①]

拉泽尔认为，国家是一个特定的人群集团或民族在特定的土地上所形成的组织，是一种单纯细胞的国家有机体。按照他的说法，"国家是属于土地的有机体"，就是"一群人和一群土地"的机体，也就是由特定的通过一定的语言结合在同一政府组织之下的所居住的地球表面的一部分。作为一种有机组织的形式，国家受一种相当于头脑的东西操纵着，按照一定的规则运转，以保证它持久、连续的生存；这个"空间有机体"又像生长在陆地上的树木一样，牢牢地扎根在土壤中。既然国家是以人类集团为基础所区划的一块地域组成的、领土与人民紧密联结的生活体，那么从生物学的立场去观察和分析，一定范围内的土地上由人群所组成的一定类型的国家，又必然是受制于土地的有机体的统一体。

拉泽尔又指出，国家还是一个不断生长的空间性的有机体，"一个国家必然和一些简单的有机体一样地生长或老死，而不可能停止不前"，正是增长（grossing）的国家倾向于侵吞那些不太

① Andrew Gyorgy, Geopolitics: the New German Science, University of California Press, Berkeley and Los Angeles, 1944, p. 151；刘从德著：《地缘政治学：历史、方法与世界格局》，第 43 页。

成功（less successful）的国家，并会对那些最有战略和经济价值的领土进行扩张，这种领土的扩张首先可能是从外部的刺激引发的，这又发展了它的活力。换句话说，这一侵吞行动激起了对更多的领土进行扩张的欲望，每个国家需要以这种方式获得发展，否则就会被那些相对成功的国家吞并而灭亡。当然，成功的扩张并不仅仅在领土方面，而是同时在所有方面展开扩张。拉泽尔为此提出："地理的扩张，更加如此的是政治扩张，是运动中物体的所有特性，交替地前进扩张和倒退收缩"，而"这种运动的目的是为了建立国家而征服空间"。因此，国家作为一个可以不断生长的空间有机体，首都是其头脑、心脏与肺腹，边疆部分是它的末端器官；生长的地域就成为它的四肢，公路、铁路、水道则是它的循环系统。①

拉泽尔在创建地缘政治学理论方面无疑有自己的新见解，被后世的许多学者视为这一学科的鼻祖，但他也吸收了前人的思想、观点，其学说中又有着时代的烙印。对此，英国学者帕克（Geoffrey Parker）就指出，拉泽尔是"新地理政治学（the new political geography）的鼻祖"，但是思想却是德国19世纪哲学和自然科学的产物。康德就"对自然环境及其对人类的作用特感兴趣，把整个历史看成是一种连续的地理。自康德以后，德国的学术研究中地理学与哲学就密切相关，这就产生19世纪洪堡（Humboldt）和里特尔（Ritter）以空间观念（spatial ideas）为中心的地理学整体论思想（holistic thinking）。其中，里特尔就认为有机体的统一就像一个整体（Ganzheit）一样，由它自己的

----

① Geoffrey Parker, *Western Geopolitical Thought in the Twentieth Century*, Croom Helm ltd, Sydney, 1985, pp. 11—12；刘从德著：《地缘政治学：历史、方法与世界格局》，第46—48页。

规律支配着，又是一种有目的论过程的表现。[①] 我国学者刘从德则认为，拉泽尔受到了英国思想家赫伯特·斯宾塞（Herbert Spencer）的影响。斯宾塞是社会达尔文主义的代表人物，他把达尔文的"生物进化论"应用于人类社会的研究，认为人类社会与生物系统有机体之间有极大的相似性，并首创了"适者生存"这一概念，而拉泽尔也"深受斯宾塞关于人类社会与动物有机体有相似性这一思想的影响"。[②]

拉泽尔的国家"空间有机体"运动论，有人概括地归纳为"生存空间"、"国家有机体"和"边疆动态论"的统一体。这一概括是有合理性的，因为这三者都是拉泽尔学说中的重要组成部分，又密切相关。如果从边疆问题的角度来看，动态的边疆理念是生存空间和国家有机体发展的结果，即国家既然是一个可以不断发展的有机体，在争夺生存空间的大背景下，国家间领土的进退盈缩必然呈现出弱肉强食的局面，较为"成功"的有机体末端器官——边疆地区自然能够不断扩展，与之相伴的是不太成功者边疆地区的不断退缩乃至整个国家领土被强者吞噬。在 19 世纪后期列强瓜分世界、侵吞弱小国家的形势下，这种变动着的边疆理论今天看来带有社会沙文主义的色彩，但的确又是对当时状况的反映和总结。

还应指出的是，作为地缘政治学的开创者，拉泽尔并未提出"地缘政治学"这一概念，但他的思想却对 20 世纪产生了深刻的影响。"地缘政治学"概念的提出者是瑞典的鲁道夫·契伦（Rudolf Kjellén，1864—1922），他也是发展这一学科的

---

① Geoffrey Parker, *Western Geopolitical Thought in the Twentieth Century*, Croom Helm ltd, Sydney, 1985, p. 11.

② 刘从德著：《地缘政治学：历史、方法与世界格局》，第 44—45 页。

重要人物。他对拉泽尔学说较早做出积极反应，首创了"地缘政治学"的这一术语，即"Geopolitik"（英文中为 Geopolitics），把地缘政治学定义为"国家作为空间的一个地理有机体或现象，即陆地、领土、地域、或者最为特别的，作为一个政府的理论"。而且，他还力图在理论上继续完善这一学科，研究领域涉及地缘政治学、生态政治学、人口政治学、社会政治学和权力政治学；认为国家是由领土、生活、国民、统治和权力五项要素构成的超人的生活体，边界的扩张是国家的合法目标，大国、强国才能影响大陆和全球的政治，因为"一个国家在有限边疆地区内的强大国家受制于无上的命令，要求它通过殖民、联盟其他国家或者其他类型的征服扩充自身的范围……它并不是攫取原材料，而是作为自我保护的一种手段，这是自然和必须的扩张趋向"。① 20 世纪 30 年代，纳粹德国的地缘政治学研究者也从拉泽尔学说中寻找依据，尽管拉泽尔所进行的研究从未涉及国家政策。

二　马汉的"海权论"、麦金德的"大陆心脏学说"与杜黑的"制空权"学说

在拉泽尔提出国家"空间有机体"学说前后，美国海军上校马汉提出了著名的"海权（sea power）论"，并受到列强的重视，成为英、美、德、日等国发展海军、争夺海上霸权的理论依据。20 世纪初，英国学者麦金德又提出"大陆心脏学说"，意大利将军杜黑（Giulio Douhet）等提出"制空权（command of the

---

① Andrew Gyorgy, Geopolitics: the New German Science, University of California Press, Berkeley and Los Angeles, 1944, pp. 162—163; Michael Pacione（ed）: Progress in Political Geography, pp. 42—48, 转引自刘从德著：《地缘政治学：历史、方法与世界格局》，第 52 页。

air)"学说。这些都成为当时地缘政治的重要理论,其中就对边疆问题进行了阐述,或者与这一问题有一定的关联。

1. 马汉的"海权论"

马汉(1840—1914)在1856年进入安纳波利斯海军军官学校,毕业后长期在海军服役,1884年受聘到新成立的海军学院任教,讲授海军史和海战战术。[①] 他因提出"海权论"而闻名世界,并担任过美国历史学会主席。

1890年,马汉出版了《海权对历史的影响(1660—1783)》(*The Influence of Sea Power upon History*, 1660—1783),提出了"海权"(Sea Power,有人译为"海上力量")的概念及相关理论。在这本书的前言中,马汉就指出对海洋的使用和控制力量(the use and control of the sea)是而且已经成为影响历史进程的重要因素,同时又承认准确地表述"海权"这个词的意义却是非常困难的。[②] 他在书中以绝大部分的篇幅详细论述1660—1783年历次战争中的主要海战,以说明获得了制海权或控制了海上的要冲就能掌握主动权,在战争中或世界霸权的争夺中成为胜利者。在论述这些史实的基础上,马汉以"影响海权的因素的讨论"(Discussion of the Elements of Sea Power)为题,对与海权相关的六个方面的问题,即地理位置、自然结构、领土范围、人口数量、民族特征和政府的特性进行专门的论述。尽管这一章是作者在此书出版前临时补加的,主观上主要出于经济上的考虑,即

---

① [美]罗伯特·西格著,刘学成等编译:《马汉》(*Alfred Thayer Mahan*, Naval Institute Press, Annapoli, 1977),解放军出版社1989年版,第1—182页。

② Alfred Thayer Mahan, *The Influence of Sea Power upon History*, 1660—1783, Little, Brown and Company, Boston, 1890, Preface.

"确保公众大量购买",让出版商投资出版一本续集①,但这一章无疑是该书中理论性最强的部分,也是其中极为精彩的部分。

"海权论"并非马汉独创的观点,与他同时代的 R. W. 舒费尔特、W. G. 戴维、J. R. 西利等也提出过部分类似的观点,而且他在研究中实际上也吸收前人的成果。但是,马汉升华、总结并提出"海权论"后,立即在欧美列强中产生强烈反响,马汉也因此成为世界闻名的人物。在美国,西奥多·罗斯福(即后来的美国总统)、S. B. 卢斯等军政界、学术界人物或者撰写书评,或者致函马汉,给予这本书很高的评价,如罗斯福就称它是"我所知道的这类著作中讲得最透彻、最有教益的大作",卢斯则在赞同海权重要性的同时又指出美国海军的弱小和发展不力,强调重建美国海上力量的重要性。在英国,一些评论家也为此称赞他们"大洋彼岸的亲族"美国人在"创作真正具有哲理性的海军史著作方面名列前茅",一些人则借此呼吁增加军费发展海军,以便与后起的德国海军抗衡。在德国,帝国皇帝威廉二世赞扬它"是第一流的著作,所有的观点都是经典性的",表示他"现在不是在阅读,而是在吞噬"这部书,并要求德国海军"所有的舰船上都要有这本书,我们的舰长们和军官们经常引用它",还把德文译本提供给国内所有的公共图书馆、学校和政府机构。亚洲新兴的帝国主义国家日本对它也极为重视,1897 年把这部书译成日文,并送到天皇、皇太子手中,还分送发各个学校以及政府官员和军官们。②

1890 年以后的 20 多年间,马汉又陆续发表了多种论著,包

---

① 〔美〕罗伯特·西格著,刘学成等编译:《马汉》(*Alfred Thayer Mahan*, Naval Institute Press, Annapoli, 1977),解放军出版社 1989 年版,第 196 页。

② 〔美〕罗伯特·西格著,刘学成等编译:《马汉》,第 190—193、199—206 页。

括 1892 年的《海权对法国革命和帝国的影响（1793—1812）》
（*The Influence of Sea Power upon the French Revolution and Empire,
1793—1812*），1893 年的《夏威夷与我们未来的海权》（*Hawaii
and Our Future Sea Power*），1897 年的《现在与未来：美国对海
权的利害关系》（*The Interest of American in Sea Power, Present and
Future*），1905 年的《海权的影响与 1812 年战争的关系》（*Sea
Power in its Relations to the war of 1812*），1908 年的《德国海军的
野心》（*Germany's Naval Ambition*），1911 年的《制海权的重要
性》（*Importances of Command of the Sea*），1914 年的《当前欧洲
战争中的海权》（*Sea Power in the Present European War*），继续阐
发和完善、丰富他的"海权论"。而且，他还关注国际关系与美
国的利益，发表了多种论著阐明对外扩张、与英国结盟等帝国主
义立场，如 1900 年的《菲律宾与未来》（*The Philippines and the
Future*）和《亚洲问题》（*The Problem of Asia*），1902 年的《促
成帝国联盟》（*Motives to Imperial Federation*），1905 年的《日本
海战役》（*The Battle of the sea of Japan*），1907 年的《海牙会议
与战争实践》（*The Hague Conference and the Practical Aspect of
war*），1912 年的《军备与仲裁》（*Armaments and Arbitration*）和
《在国际关系中武力的地位》（*The Place of Force in International
Relations*）。[①]

其实，马汉的"海权论"与他对国际问题的关注密切相关，
因为他关心的重点是在当时国际形势下美国向海外扩张的问题，
无论是对 1660—1812 年间英、荷、法、西等海权问题的历史研
究以阐明海权的重要性，还是对菲律宾问题、日俄战争、巴拿马
运河等当时国际关系中重大问题的研究，都是在鼓吹美国应从历

---

① ［美］罗伯特·西格著，刘学成等编译：《马汉》，第 594—629 页。

史上的列强争夺充分认识海权的重要性，控制巴拿马海峡、侵占菲律宾和古巴，积极对外扩张、争霸世界，与英、法、德、日、意等列强争夺海外疆土。这些观点和理论中主要与国际范围内的世界争夺殖民地有关，又与一个国家向外扩展领土、开拓边疆相关，他对影响海权的因素的论述就是一个代表性的例证。在他看来，地理位置、自然结构、领土范围影响海权的自然地理因素，人口数量、民族特征都是人文地理的因素，政府的特性则是重要的政治因素。其中，自然地理方面又都与边疆、边界问题相关。他认为，如果一个国家所处的地理位置使它既不需要凭借陆地保卫自己，也不必在大陆上扩张领土，它就会把拓展的目标直接指向海洋，那么它在发展海上力量方面就比部分边界是陆地的国家更具有优越性。就自然结构和领土范围而言，绵长的海岸，数量众多得到保护的深港，以及港口沿海岸的合理分布都是发展海上力量的重要条件，因为海岸是一个国家边疆的组成部分，海上疆土提供的向外的通道越畅通，人们与世界的其他地区联系、交流的愿望越强烈，合理分布的优良海港则为发展海上力量创造了条件。马汉在论述中一再指出，美国具有发展海上力量的优越条件，比如它和英国的地理位置比法国、荷兰、意大利、西班牙等国更有利，自然结构、人口等地理条件也极为优越，人民有发展海外贸易、获得财富的强烈愿望，因而强调政府应充分利用这些有利条件，发展海上力量。[①]

尽管马汉主观上是为美国鼓吹，但"海权论"实际上又在当时影响了帝国主义列强，尤其是后起的德、日两国，成为各国发展海军、进行海外扩张的理论依据。古巴、菲律宾、中国、泰

---

① Alfred Thayer Mahan, *The Influence of Sea Power upon History*, 1660—1783, Boston, 1890, pp. 25—89.

国等亚非国家成为列强争夺的对象，边疆危机加深，菲律宾、古巴等的全部国土沦为殖民地，都说明了"海权论"对当时国际格局、边疆问题的深刻影响。

2. 麦金德的"大陆心脏说"

麦金德（1861—1947）是英国著名的地理学家、政治活动家，其学术研究因"大陆心脏说"而著称，代表作是 1904 年的《历史的地理枢纽》（*The Geographical Pivot of History*），1919 年的《民主的理想与现实》（*Democratic Ideals and Reality*）和 1943 年的《全世界与赢得和平》（*The Round World and the Winning of the Peace*）。他一生以从事教育和研究事业为主，其学术活动又与政治活动密切相关，1919—1920 年曾担任英国驻南俄罗斯高级专员，参与了联络波兰和俄国的邓尼金集团的活动，因此被英国授予"爵士"。

他的"大陆心脏学"在 1904—1943 年间有一个不断发展的过程。1904 年，他在《历史的地理枢纽》中提出，世界历史基本上是陆上人（landsmen）与海上人（seamen）反复斗争的过程，欧亚大陆的心脏地带总是陆上霸权最有力的中心。这个心脏地带外部为山系环绕，内部是草原和沙漠，构成了巨大的天然的堡垒，海上人不易侵入，而"亚洲人的大锤"正是从这里不断地向外打击着濒海的边缘地带。因此，他相信欧亚大陆的中心地带是"世界政治的枢纽"，俄国现在取代了历史上的游牧帝国统治了这一地带，由此在世界上得到了极为强大的地位。在他看来，哥伦布时代海上力量（或海权，sea power）的势力曾经强于陆上力量（或陆权，land power），这以后陆上力量逐步占有优势，海洋航行的机动性受到了铁路的发展的挑战，这为枢纽国组织起来向边缘地带扩张创造了条件。这一设想一旦出现，就有可能"世界帝国就会出现"，而处于枢纽地位的俄国则显然是这一角色的候选者。他还根据这一理论绘制了一幅世界地图，图中与这个枢纽相对应的是世界边缘地带，它由两个同心的新月地带，内新月地带又称为边缘新月地带（marginal crescent），曾经哺育了欧洲、中东、印度和中国的伟大的历史文明；外新月地带又称为海岛新月地带（insular crescent），由美洲、澳大利亚和撒哈拉沙漠以南的非洲组成。①

一战以后，他的这一理论又在《民主的理想与现实》得到发展。"陆权"与"海权"两分法的基本论题仍是该书的中心，但其形式和内容又都发生重大变化，表达时还采用新的术语。欧、亚、非三洲现在被称为"世界岛（World－Island）"，这里有世界上最多的土地和人口，是世界历史的基本舞台。"世界岛"北面的土地荒凉，北极地区的冰冻阻止了在沿岸的活动；南面、西面的沿海地带常年可以通航，这一线的海岸从欧洲绕过非洲延伸到印度洋，构成"世界海角（World－Promontory）"。这个海角从16世纪起就被欧洲的"海上人"控制，它沿岸的海上大新月地带构成了某种统一体，特别是在交通和商业方面。"北美海上基地（the North American sea base）"紧邻这个大新月地带，与其说它与"世界岛"是一体的，不如说是远离其海岸的岛屿（off－shore island）。"枢纽区"仍被命名"心脏地带"，可它与海上新月地带的欧洲部分的关系与其余地区更加密切，因为有了横贯欧亚大陆的"大低地（great lowland）"，这总体上促进了"陆上人"向西的移动。麦金德还提出，占有东欧是控制心脏地带的关键，并提出著名的警语："谁统治了东欧谁就控制了心脏地带，谁统治了心脏地带谁就控制了世界岛，谁统治世界

---

① H. J. Mackinder, "*The Geographical Pivot of History*", Geographical Journal, 23 (1904) . see Geoffrey Parker, *Western Geopolitical Thought in the Twentieth Century*, Croom Helm ltd, Sydney, 1985, pp. 15—19.

岛谁就控制了世界岛。"①

　　麦金德的上述思想变化，正如英国学者帕克所认为，在于明确地表达了一个"综合的世界观念"（a comprehensive world outlook）。这与他对一战前后世界格局变动的观察密切相关，《民主的理想与现实》的写作出于"需要利用胜利和确保最有利的和平（the most advantageous peace）的强烈信念"，该书"是参与事务的活跃人物，而不是孤独的学院式的隐遁者"思考的产物。② 他的思考又与实践经验相结合，1919—1920 年出任英国驻南俄高级专员期间就是一次重要的尝试，他力图促成波兰政府与邓尼金集团的相互支持，从而防止布尔什维克控制苏俄，以防止苏维埃俄国控制东欧和"心脏地带"。

　　1919 年后，世界的形势仍在不断变化，尤其是法西斯势力的抬头和二战的爆发使他进行新的思考。1943 年，他的"大陆心脏说"在《全世界与赢得和平》中又得到补充、发展。在世界反法西斯战争进入转折的时期，麦金德认为"心脏地带"的战略概念"要比 20 年前或 40 年前更确凿、更有用"。他指出，"有充分的理由说苏联的领土相当于心脏地带"，这个地带又以叶尼塞河为界分为两部分，即战略位置优越的"心脏地带"和自然资源丰富的"勒拿地带"。在战争中，"心脏地带"将迫使敌人"进行过宽的人力部署"，从而"为击败敌人提供了机会"；"心脏地带"平原形成天然的屏障，它由"不可到达"的北极海岸、"勒拿地带"的荒野和从阿尔泰到兴都库什的山脉构成。他

---

① 　H. J. Mackinder, *Democratic Ideals and Reality*: A Study in the Politics of Reconstruction, conatable, London, 1919. See Geoffrey Parker, *Western Geopolitical Thought in the Twentieth Century*, Croom Helm ltd, Sydney, 1985, pp. 19—22.

② 　Geoffrey Parker, *Western Geopolitical Thought in the Twentieth Century*, Croom Helm ltd, Sydney, 1985, p. 19, p. 29.

还认为，"面对苏联的陆基空防力量，想要穿过极圈广阔的冰地、西伯利亚的寒泽及塔尔加森林，从而进行一种敌对的入侵几乎是不可能的"；如果苏联在战争中击败德国，将成为世界上最大的陆上强国，"还将是处于战略上最强防御地位的强国"，"心脏地带"将是"地球上最大的自然堡垒，在历史上它是第一次布置足够数量和质量的驻军"。①

麦金德的"大陆心脏学"以大陆为中心探讨世界格局，力图以简单化的论战说明复杂的历史事态的进程。这一学说在不同时期不同国家的反响却迥然不同，二战前"在英语世界的很多人看来，他的书显得骇人听闻和异想天开"，到1919年英国内阁成员——除寇松外——的冷淡都让他感到悲哀，而左派人士则视其为帝国主义分子；他的学说在法国也没有一点影响，甚至在法国《地理学年鉴》上也没有介绍。但是，他的学说在战败的德国却很受欢迎，把它与中欧的日耳曼式的世界理想糅合起来，二战前后才使英国学者刮目相看。② 这是因为德国的地缘政治学者吸收了他的某些思想。二战后，英、美等国的学者对他的学说颇为重视，有人还认为英、美等国"全球战略的理论基石在很大程度上是受了麦金德理论的启迪"，尤其是美国政策的制定者和执行者都自觉或不自觉地受到影响。③

尽管麦金德的"大陆心脏说"更多地论证全球性问题，二战前并未在英、美等国产生多少影响，但是二战期间纳粹德国的

---

① H. J. Mackinder, *The Round World and the Winning of the Peace*, Foreign Affairs, 1943, Vol. 21, No. 4. 转引自刘从德著《地缘政治学：历史、方法与世界格局》，第87—88页。

② Geoffrey Parker, *Western Geopolitical Thought in the Twentieth Century*, Croom Helm ltd, Sydney, 1985, p. 19, pp. 29—31.

③ 刘从德著：《地缘政治学：历史、方法与世界格局》，第89—91页。

战略和行动受到本国的地缘政治学的影响（详见下文），也就间接受到了这一学说的影响，而二战后美国的政策又直接受到他的学说的影响。德国在二战期间和美国在二战后的行动无疑都影响了世界的格局，对欧洲、亚洲、非洲许多国家的边疆和边界都产生了重大影响，因此从这一意义上讲，这一学说也是对边疆问题产生过重大影响的理论。

3. 杜黑的"制空权"学说

"制空权"一词产生于19世纪末，1893年英国工程兵少校富勒尔顿提出，"未来战争可能由空中开始，制空权将可能是陆地和空中战争的重要前提"，这表明在气球和飞艇的时代已经有人提出了"制空权"的问题。20世纪初，随着航空技术的不断进步，尤其是飞机的发明和不断用于大小战争，"制空权"问题越来越受到重视。一战前后，制空权的理论有了很大发展。英国的休·特伦查德、美国的威廉·米切尔和意大利的吉里奥·杜黑都有所建树，杜黑则是其中较为著名的理论家。

杜黑（1869—1930）毕业于都灵军事工程学校，后又进入陆军大学学习，从1908年起就进行航空学发展的军事运用研究，而且有一定的军事实践经验，在1912年曾担任意大利空军的第一个航空营营长，一战期间又担任米兰师参谋长。1916年，他根据自己的理论指责意大利陆军当局战略失误，因而被军事法庭判处监禁。一年后，意大利政府因前线战事失败重新调查此案，对他的判决才被撤销。1922年，他出任法西斯政府的航空部长，1923年退职后专门从事研究和著述，发表过多篇论文。

杜黑的代表作是1921的《制空权》，1928年的《未来战争的可能面貌》，1929年的《扼要的重述》。这些著作阐明了他的制空权理论，还论述了与此相关的独立空中战争、独立空军、防空等军事思想。就制空权问题而言，他提出了系统的理论：

第一，航空为人类开辟了一个新的活动领域，这就形成了一个新的战场，而且天空是与陆地、海洋同等重要的战场，并强调"空军能够单独用它自己的手段完成战争使命，完全不必有陆、海军参与"。因此，他提出一个国家要想获得最有效的国防，必须正确分配国防资源，合理地安排海、陆、空军力量的比例，还极力主张建立独立的空军。

第二，"制空权"就是指"我们自己能在敌人面前飞行而敌人则不能这样做"的"一种态势"，获得了制空权就是取胜的关键。一般而言，取得制空权的途径有两个，一是在空中与敌方交战获得，二是摧毁敌人地面上的空军及其基地。由于飞机具有不受地面障碍约束的巨大机动性，因而进攻在空战中是重要的。

第三，在战争中，空军应执行空战和轰炸的双重任务，并强调攻击敌方的交通要道、供给和生产中心以及居民中心，彻底摧毁这些目标具有精神上和物质上的双重效果。

第四，空中航行是一种文明进步的手段，它为民用航空事业的发展开辟了广阔前景。每个国家都应当促进民航的发展，建设强大的民用航空也是随时直接用于国防，即独立航空兵和配属航空兵的手段。他还强调发展民间的航空活动的必要性，通过举办航空比赛、飞行表演、展览等活动，增进人们对航空工业的兴趣，吸引广大民众关心国家的航空事业。

杜黑较为系统地阐述制空权的理论，对于空战的理论做出了巨大贡献，极大地影响了二战期间意大利和德国的空战战略，有学者认为"如果德国人完全遵循杜黑将军的建议，英国人恐怕就在劫难逃了"，而且在"太空武器飞速发展的今天，杜黑的理论与核时代的战略在很多方面不谋而合"。但是，他毕竟生活在20世纪前期，对于航空技术的变革和迅速发展估计不足，其观点也就有一定的局限性，有学者认为最大的缺点是"过高地估计了航空兵轰炸的破坏威力，尤其是打击平民士气的效果及其对战争结局的影响"，20世纪20年代以后的战争实践就证明了这一点。[①]

尽管杜黑的理论更多地侧重于军事，而且有一定的时代局限性，但对于20世纪上半叶的边疆问题，特别是对空中边疆的问题仍有一定的影响。首先，杜黑强调飞机和空军对军事的作用是对当时航空技术和军事方面的某些反映，之所以产生了一定影响，则是因为这些理论的某些方面符合当时的实际，尤其是掌握了制空权就是取得胜利的关键的观点，就使一个问题显得越来越突出，即如何规定各国对"空中领土"的主权及其管辖方式。其次，杜黑强调发展民用航空的必要性，那么如何在发展民用航空事业中协调各国的关系，尤其对别国民用航空器进入所辖的领空、领陆、领海进行管辖限制，这一方面提出了各国如何确定边疆、边界的问题，另一方面也同样使对各国"空中领土"的主权及其管辖方式更加迫切地提出来。这些问题与国际航空的实践一道，都使这一时期关于领陆、领水上面的空间的不同学说的争论更加激烈，也推动了一战后相关国际法的发展，1919年的《巴黎航空公约》、1929年的《华沙公约》以及1944年的《国际航班过境协定》、《国际航空运输协定》、《芝加哥公约》也就应运而生，国际社会以国际法文件的形式承认并完善了一个重要

---

① 刘从德著：《地缘政治学：历史、方法与世界格局》，第91—98页。华人杰、曹毅风、陈惠秀主编：《空军学术思想史》，解放军出版社1992年版，第55—66页。

的规则，即各国对其领土上的空间具有"完全的和排他（或独享）的主权"，而且"一国的领土，应认为是在该国主权、宗主权、保护或委任统治下的陆地区域及其邻接的领水"，从而确定了各国在空中的疆界。

三　德国的地缘政治学理论与纳粹政权的战略

这一时期，德国的地缘政治学有了很大的发展，但因与希特勒、法西斯主义关系密切而声名狼藉，以至于二战后这一学科被英、美学者斥为伪科学，一些西方学者和英文文献也把地缘政治学（Geopolitik）与政治地理学（Geopolitics）明确区分，"Geopolitik"往往指德国的地缘政治学，用"Geopolitics"指一般的地理政治，特别是英、美等国的地理政治学。笔者认为，尽管它与纳粹德国、法西斯主义有千丝万缕的联系，我们仍应以科学的态度进行研究，这里将简介其理论、源流及影响，并着重分析它对边疆问题的影响。

豪斯浩弗（1869—1946）是德国地缘政治学研究的中心人物，早年参加德意志帝国的军队，1903—1906年出任军事学院（the War Academy）的教官，为参谋人员讲授战略战术、军事史。1908—1911年，他奉命出访、考察日本的军事状况，还到朝鲜、中国东北、英属印度、荷属东印度旅行考察，1912年出版《大日本》一书。1918年，他晋升少将（major - general），一战后离开军界，并且开始了系统的地缘政治学研究。1924年，他成为慕尼黑地缘政治学研究所刊物《地缘政治学刊》的首任主编，后又创办英文刊物《时务评论》向英语国家宣传地缘政治学。当时，除了他以外，德国的地缘政治学研究者还有班斯（Ewald Banse）、萨沃特（Wulf Siewert）、罗斯（Colin Ross）、亨尼格（Richard Hennig）等人。而且，他的儿子奥尔布雷克特

（Albrecht）也是地缘政治学者，还是纳粹党领导人之一鲁道夫·赫斯（Rudolf Hess）的朋友。[①]

一战后，豪斯浩弗等人发表了大量的论著，提出了系统的地缘政治理论。对于他们的理论，美国学者詹奥吉（Andrew Gyorgy）在 1944 年就概括为空间（space）、世界强国（World powers）、边疆（frontiers）、权力（power）、总体战和地理战略（total war and geostrategy），并指出德国地缘政治学"整个理论是建立在一个基础之上，并以此中心展开的，这就是'空间'"。豪斯浩弗等所说的是"政治—军事力量区域"（political - power areas），还认为一定的土地和人口的结合构成了一个"生存空间"（a living space），并以"Lebemsraum"表示这个概念。他们的理论明确指出，一个国家的生存空间包括本土（homeland）和殖民地两部分，后者不仅是其"生存空间"的组成部分，而且更是占有重要地位的、必要的补充。豪斯浩弗等人还对英国、苏联、美国、德国、中国、巴西等国的"生存空间"进行了比较研究，尤其关注英国、苏联两个强国的生存空间，对太平洋地区的冲突也很感兴趣，日本则是豪斯浩弗研究颇为深入的国家。

根据他们的理论，豪斯浩弗把欧洲划分为两个较大的"爆炸地带"（spheres of explosion），即两个"破碎地带"（shatter areas），这形成海权强国的西部和陆权强国的外围。这两个地带以大河相连并延伸到河谷，西部的危险地带形成于莱茵河周围，东部的危险地带形成于多瑙河周围。在莱茵河地区，德、法两国存

---

① Andrew Gyorgy, Geopolitics: the New German Science, University of California Press, Berkeley and Los Angeles, 1944, pp. 179—180; Geoffrey Parker, *Western Geopolitical Thought in the Twentieth Century*, Croom Helm ltd, Sydney, 1985, p. 57.

在着长期冲突和斗争，法国对于欧洲大陆霸权的"政治野心"和强烈欲望始终威胁着这一地区的安全。多瑙河流域则是中欧、东欧的"心脏地带"，该河的水道把德国的利益与中欧的"心脏"、黑海和俄罗斯的平原紧密相连。因此，在他们看来，中欧是未来德国发展的"命定空间"（space of destiny）——根据纳粹分子关于历史、地理的宣言，日耳曼民族命中注定要统治这一地区。而且，德国地理上的"生存空间"要在南、北两个方向上扩展，向北要控制斯堪的纳维亚半岛和除了英国本土以外的整个西欧，向南扩张的目标要建立一个地跨欧洲和非洲的大帝国——庞大的"大陆集团"。根据豪斯浩弗的观点，向南的扩张具有不同寻常的重要性，因为占有非洲就使德国成为极大的、无可争议的"世界心脏"，也就是麦金德所称的"世界岛"。此外，德国在经济上的"生存空间"是实现一个德国领导的、包括欧洲所有国家的紧密的协作，通过持续的愿望和努力促成整个大陆的自给自足。

　　国家的边疆问题是德国地缘政治学理论的一个重要方面，并提出了自己的理论、观点。他们的"边疆"理论与国家"空间有机体"学说密切相关，又围绕"生存空间"的观念展开。对于"边疆"，1936年1月的《地缘政治学刊》一篇文章中就提出："一个种族、民族、国家、帝国的发展真实地反映在边疆的确立、运动上……一个民族在种族和政治上的发展很大程度上依靠边疆运动的动力学原理，即国家边界向前或向后的推移、变动。"[①] 因此，在他们的术语学中，现代国家的"边疆意识"

---

　　① Hansjulius Schepers, "*Geogpolitische Grundlagen*". See Andrew Gyorgy, Geopolitics: the New German Science, University of California Press, Berkeley and Los Angeles, 1944, p. 228.

(frontier－consciousness) 是一个重要论题，认为这意味着一个重要的事实，即一个有雄心的年轻的民族会非常容易地意识到自己生存空间的不足，进行彻底的思考，并改变边疆的现状。豪斯浩弗坚定地强调德意志民族"自觉的边疆感"（conscious frontier feeling），这存在于他们扩大可怜的、狭窄的"生存空间"的边界的坚定的共同的决心之中。

在边疆的分类上，他们试图突破传统划分的"自然边疆"（natural frontier）和"人为边疆"（artificial frontier），提出了"有机的边疆"（organic frontier）概念，但是并没有取得多少进展，基本上仍围绕着这两种类型探讨，国家的边界也是如此。他们认为，自然边疆主要有两种情况，一是借助于自然的边疆，主要是指以天然的水域作为划分不同民族、人类文化类型等人群的自然的、便利的疆界，如亨尼格（Richard Hinnig）就认为海洋、河流都属于这种情况；二是作为自然障碍的边疆（natural－barroer frontier），是指阻碍人们进行文化、商业往来的自然的障碍所形成的疆界，山脉、沼泽、沙漠和气候恶劣的地带都属于最典型的"障碍型"自然疆界。"人为边疆"是他们讨论更多的问题，也是至关重要的问题。豪斯浩弗等人把"人为边疆"又称为经济的、军事的、防御的、文化的、司法的边疆，还把凡尔赛条约的规定作为人为地制造政治的、经济的边疆的例证，认为根据该条约所形成的"人为边疆"增加了欧洲政治舞台上的不安定因素。

他们还提出了"有机的边疆"理论，认为"有机的边疆"是建立在国家的地理结构基础上并与之相结合的政治边界，因此政治上的认可和地理上自然稳定又取决于国家本身的需要。比如1936 年 1 月《地缘政治学刊》上一篇文章曾指出，"有机的边疆"是指"包括理想的种族、人口、国家、管辖、经济等因素的边疆，并能发展成为和谐的有机体"。① 对于这一理论，詹奥吉（Andrew Gyorgy）在 20 世纪 40 年代就指出，这是一种实际的野心和民族的希望的综合体，其目的是建立一种全新的、更科学的类型，反映其全球性的扩张理念，"有机的边疆"的概念就说明这一点。豪斯浩弗等人的这一概念源自拉泽尔、契伦的国家"空间有机体"学说，但是当他们为"有机的边疆"或"和谐的边疆"欢呼时，又发现无法把它与已有的"自然边疆"和"人为边疆"的任何一个结合起来，因为它很难同时严谨地阐明政治上的理想与地理上的现状及其合法性。而且，当他们宣称已经建立了适用于所有国家和大洲的绝对标准——"有机的边疆"时，恰恰集中地表明了他们的民族主义和帝国主义野心。②

对于德国地缘政治学的理论核心，我国学者刘从德在半个多世纪后也进行了分析，并概括为六个相互关联的部分，即国家是一个有一定土地和人口构成的有机体；这个有机体必须进行扩张，以便"从较狭窄的空间向更广阔的空间"发展；战争或战争威胁是大国扩张必需的手段；极权主义是扩张的后盾；轴心国同盟是扩张的手段。③ 这比美国学者詹奥吉的总结更为概括、清晰，总体上又有相近之处。

豪斯浩弗等人的地缘政治理论并非完全是他的独创，而是吸收了 19 世纪以来的地缘政治学的理论，特别是拉泽尔、契伦的国家"空间有机体说"，马汉的"海权论"和麦金德的"大陆心

---

① Hansjulius Schepers, "*Geogpolitische Grundlagen*". See Andrew Gyorgy, Geopolitics: the New German Science, University of California Press, Berkeley and Los Angeles, 1944, p. 231.

② Andrew Gyorgy, Geopolitics: the New German Science, University of California Press, Berkeley and Los Angeles, 1944, pp. 205—258.

③ 刘从德著：《地缘政治学：历史、方法与世界格局》，第 121—126 页。

脏说"等理论。豪斯浩弗等德国地缘政治学者的论著就有大量的论据,对此中外学者已经做了充分的研究和论证。[①] 格拉斯格和德伯里杰在探讨地缘政治学起源时,就曾概括地讲:豪斯浩弗"及其追随者们都致力于拉泽尔的有理国家理论,契伦的进一步研究及马汉和麦金德的地缘战略原则,再加进德国沙文主义故意的模棱两可和神秘主义的内容,就为德国扩张主义政策提供了理论依据"。[②] 这一概括很有代表性,比如豪斯浩弗就深受麦金德著作中的"枢纽地区"、权力、范围等思想、观点的影响,不仅多次承认他受益于麦金德,而且把麦金德1904年称为"所有地理学世界观中最伟大的",还至少四次把麦金德的地图复制刊印在所主编的《地缘政治学》杂志上。这就出现了麦金德的理论"帮助纳粹军国主义奠定基础"的说法,麦金德为此很不高兴,争辩说不管豪斯浩弗从他的书里引用了什么,都是从1904年的演讲中摘录下来的,这"远远在有任何纳粹政党问题之前"。[③]

对于德国地缘政治学与格拉斯格和德伯里杰所说的"德国沙文主义",或者一些学者称为"德国帝国主义"的关系,有学者认为是互动的,如詹奥吉(Andrew Gyorgy)就认为,德国的帝国主义经历了三个重要阶段,即1871年前后以实现德国统一为目标的阶段,19世纪末到一战结束以控制中欧、成为世界强国的阶段,1919—1939年间建立第三帝国的阶段,各个阶段的帝国主义理论都为地缘政治理论的发展提供了条件,这使地缘政

---

① 叶自成主编:《地缘政治与中国外交》,第55—56页;Geoffrey Parker, *Western Geopolitical Thought in the Twentieth Century*, Croom Helm ltd, Sydney, 1985, pp. 55—56, p. 61。

② Michael Pacione (ed):*Progress in Political Geography*, p. 44,转引自刘从德著:《地缘政治学:历史、方法与世界格局》,第120页。

③ 刘从德著:《地缘政治学:历史、方法与世界格局》,第115—116页。

治学不断演变，又反过来推动了帝国主义的理论的发展。因此他指出"如果在研究地缘政治学（Geopolitik）的历史时，脱离德国帝国主义的发展过程论述它的地位和影响，就是缺乏完整性的"。[①]

詹奥吉论证了较长历史时期内地缘政治学与德国帝国主义的关系，无疑是有其合理成分的，但对于豪斯浩弗等人的地缘政治学理论与纳粹德国的扩张政策的关系，中外学者的认识却有一定的差异。这一问题也直接影响到了本节关注的问题，即如何评价他们的地缘政治理论对当时边疆问题的影响。对于这一问题，许多西方学者认为德国的地缘政治理论是为纳粹侵略扩张的精神武器，并因此对德国的地缘政治学大加批评、贬斥。如英国学者帕克曾作过形象的比喻，"纳粹主义就像原始森林里的日耳曼部落一样对抗西方的文明，而地缘政治学却在很多方面成为纳粹心智的滋补品。它充当了'日耳曼精神'智力赞助人的角色，成了纳粹德国领土扩张的辩护人"。他接着指出，尽管豪斯浩弗说过，学者的任务是"通过研究在这个星球上公正地划分区域的先决条件为政治家提供手段"，但是他们走得太远了，以至于他们的地理哲学也同其他许多事物一同随之毁灭了。[②]

我国学者刘从德则对此作了较为全面的分析。他首先回顾纳粹党领袖人物鲁道夫·赫斯、希特勒等人与豪斯浩弗的关系，在此基础上指出，一方面是豪斯浩弗与纳粹党的主要成员之间关系甚密，1933 年纳粹党当权后地缘政治学及其支流广为流传，他个人的职务不断晋升；另一方面是希特勒只是将"德国地缘政

① Andrew Gyorgy, Geopolitics: the New German Science, University of California Press, Berkeley and Los Angeles, 1944, pp. 175—178.

② Geoffrey Parker, *Western Geopolitical Thought in the Twentieth Century*, Croom Helm ltd, Sydney, 1985, p. 84。

治学派的某些术语"用于"纳粹党的政治目标与需求中","地缘政治学思想在希特勒的理论中是有限的和通过精选的"。接着，他又分析了豪斯浩弗与希特勒在思想上的异同，指出二者的相似点在于对"生存空间"的论证，都认为德国不得不为生存而扩张地理区域，但是"生存空间"对希特勒而言明显地与种族密切相关，而豪斯浩弗使用这个词时"纯粹是从地理学意义上而言的，完全忽略了种族的影响及其决定作用"。而且，在"将地缘政治学的概念运用于现实的战略"时又有明显的分歧，20世纪30年代慕尼黑协定之前双方较为一致，此后分歧日益暴露，特别是德国入侵苏联后豪斯浩弗认为德国与陆权国家苏联和海权国家英国不能同时对抗，他们父子投入了赫斯飞往英国谈判的活动。他还指出，"德国的地缘政治学者及其创立的德国地缘政治学流派的确对纳粹政权造成了不容置疑的影响"，"对纳粹政策的影响主要表现是政治宣传"，1933至1945年间这种色彩都极为明显，所起作用主要有两方面，一是与纳粹党政治目标一致的某些词句，如"生存空间"、"种族和领土"、"区域和位置（空间）"、"权力与区域"等词句，被不断重复和广为利用；二是综合利用纳粹德国援以作为政治鼓惑的地图。①

笔者认为，与西方一些学者的贬斥乃至全面否定相比，刘先生的上述评述应当说更为中肯，而德国地缘政治学的边疆理论部分与"生存空间"等词句密切相连，这些词句的宣传自然为纳粹德国侵略别国、扩大疆土发挥了作用，但是豪斯浩弗等的理论、观点与纳粹政策又有明显区别，特别在1938年慕尼里协定后向哪里扩张、如何扩张的策略方面。因此，应当承认德国地缘政治学在间接地为纳粹政权的侵略政策服务，即利用其学说的政

① 刘从德著：《地缘政治学：历史、方法与世界格局》，第126—138页。

治宣传推动了纳粹德国扩张，改变了凡尔赛体系下的世界格局，摧毁了这一体系建构的各国边界、边疆形势，但是纳粹政权并不完全根据地缘政治学说制定侵略政策，其决策与地缘政治学的学说又有不同，其中的涉及各国边疆、边界的理论不完全等同于纳粹政权扩张的理论依据，相关地图也不是纳粹侵略军作战的军用地图。

四 其他学者、流派及其边疆理论

这一时期，地缘政治学除了上述的代表人物、学派外，英、法、美等国的学者提出了一些理论、观点，其中不少与边疆问题相关。如英国的利奥·艾默里（Leo Amery）对 1904 年的论文提出了不同意见；詹姆斯·费尔格雷夫（James Fairgrieve）和美国的尼古拉斯·斯皮克曼（Nicholas Spykman），他们的理论都与麦金德理论的主题相同，都视陆上力量与海上力量的对抗为世界历史的主题；美国的汉斯·魏格纳（Hans Weigert）提出了"大陆漂移说"等。这些都提出了具有全球性的地缘政治观点，与边疆问题关系相对较小，而值得注意的是维达尔传统与法国的边疆理论。①

维达尔（Paul Vidal de la Blanche，1845—1918）是法国著名的地理学家，曾任巴黎大学的地理学教授，担任著名的《地理学年鉴》杂志主编长达 20 多年。《人文地理学原理》（*Principes de Géographie Humaine*）是他的代表作，在他逝世后由马赫顿（Emmanuel De Marktonne）编辑而成，1922 年在巴黎以法文首先出版。此书出版后，就受到西方学者的高度重视，很快就由宾哈

---

① 英国学者帕克把英国寇松的边疆理论也列入政治学说，笔者以为寇松的理论与英国殖民地统治关系更为密切，所以在第五节专门探讨其理论。

莫博士（Millicent Todd Bingham Ph. D. ）在纽约译成英文（*Principles of Human Geography*），1926 年在伦敦出版，以后二十几年内又在 1931、1950 年两次重印。该书主要包括五大部分，《前言》简要介绍了从古希腊时代到 19 世纪末的有关理论，提出了人文地理学的定义、研究范围，论述了"和谐的统一体"（terrestrial unity）、环境的概念、人与环境等问题；作为全书的主体，以下四部分对人口、文化、交通运输、种族、城市等问题进行较为系统的研究。

　　对于维达尔和《人文地理学原理》，当时西方学术界就给予很高的评价。马赫顿在《编者序》（*Editor's Preface*）中指出，"此书无疑是经典之作，充满活力，富有思想性"。宾哈莫博士在《译者的话》（*Translator's Note*）就指出，"维达尔是法国现代地理学的奠基人，他培养了一个世代的地理学者，当代法国一流的地理学者大多出自他的门下"；尽管《人文地理学原理》有其明显的不足，但是该书以独特视角观察、把握世界——无论是过去的，还是现在的，所以"历史学家、经济学家、人类学家和地质学家都能从他关于人类与环境关系的理论中汲取营养"。[①]时隔半个世纪之后，英国学者帕克则评价说，法国维达尔学派的地理学者对于"地球有机体"的概念、人类与环境的统一性很感兴趣，赞赏拉泽尔关于人类活动作为总体环境的一部分的研究，认为地理环境决定论是枯燥的、缺乏生命力。维达尔本人就相信，地理学者与其抵制"建立某种定律"的诱惑，不如说应该阐明产生独特状态的各种变量之间的相互作用。[②] 帕克这样论

---

　　① 　Paul Vidal de la Blanche, *Principles of Human Geography*, Constable and Company Ltd. , London, 1926.

　　② 　Geoffrey Parker, *Western Geopolitical Thought in the Twentieth Century*, Sydney, 1985, pp. 13—14.

述维达尔时，所引的论著正是《人文地理学原理》。而且，他还对二战前的法国地理政治学进行专门论述，并冠以醒目的标题：《对立于德国地缘政治学的维达尔精神：第二次世界大战前的法国地理政治思想》。

正如帕克所论，维达尔为 20 世纪的法国地理学培养一个"维达尔学派"，也形成了一个"维达尔精神"（L'Esprit Vidalienne）或"维达尔传统"（La tradition Vidalienne）。帕克认为，这种"精神"或"传统"就是强调，在观念上把地理学视为一门集中地球上所有现象的科学，其最高的表述就是地域的综合性；而维达尔自己也认为，法国的地理政治离开人文地理学这个整体无法进行研究，实质上把它看成了这个整体的一个部分。[①]第二次世界大战以前，法国地理政治的相关理论都受这种"精神"或"传统"影响，一战后 20 多年间的外部因素也产生某些特殊的作用，欧洲政治格局的演变、德国法西斯主义、地缘政治学的发展又是其中最主要的因素。这一时期，法国有关边疆的理论就是这种背景下出现的，其特点是关注法德两国的边界问题，又往往与德国的地缘政治学带有相对抗色彩，而且其内部也有些争论和分歧。这些理论主要集中在以下几个问题上：

一是"自然疆界"（les limites naturelles）问题。普法战争以后，德、法两国的对立就日益严重，一战虽然以德国的战败告终，但此后法、德两国的相互警惕依旧，特别是德国法西斯主义借地缘政治学的"生存空间"等概念夺取宣传，使法国不少学者颇为担心，希望从理论上提出足以确保本国安全的边界、边疆。"自然疆界"就是他们关注的一个理论，帕克认为"自然疆

---

① Geoffrey Parker, *Western Geopolitical Thought in the Twentieth Century*, Sydney, 1985, p. 87.

界的整个内涵实质上是地理政治的一个概念，它加强了当时法国战略思想的基础，几代法国人在中小学时就接受了教育：我国地理的独特形态就像精确地几乎不能忽视一样"，所以当神圣的六边形在 1871 年被篡改时就极度悲痛，在 1918 年重新复原后就欣喜万分。当时，有人提出莱茵河是法、德两国"自然边界"的一部分，这当然是有针对性的，因为德国不少人认为莱茵河是"德国的内河，并非德国的边境"。

对于"自然疆界"的传统说法，特别是将莱茵河作为法国自然边界的观点，当时法国的一些学者也提出了批评意见。如菲伯勒（Febvre）和昂塞尔（Ancel）等人就认为，决不应把边疆看作就永恒不变或者是命中注定的，相反是可以变化的，而这种变化必须置于新的地理现实基础之上。

二是批判德国地缘政治学的有关理念，主张建立国际合作基础上的边疆。这一时期，对于拉泽尔提出的国家"空间有机体说"，一些法国学者曾进行研究和阐发，如瓦劳凯（Camille Vallaux）和布让赫（Jean Brunhes）就把国家视为纯粹的领土现象，它通常有三个要素构成，街道是体现着国内的秩序，边疆是其与邻国相接、对抗的部分，首都则是国家的管理中枢。在他们看来，国家主权则是支配、控制该国领土和居住在这些领土上的人民的力量。[1]

但是，面对纳粹德国的崛起，法国学者更迫切地感到了东部强邻的威胁，并把地缘政治学理论的发展与法西斯势力的抬头联系起来，认为拉泽尔及其门徒的地缘政治学说是德国扩张的理论源泉之一，于是对国家"空间有机体说"等进行针锋相

---

[1] Vallaux, *Géographie social*. See Andrew Gyorgy, Geopolitics: the New German Science, University of California Press, Berkeley and Los Angeles, 1944, pp. 175—178.

对的批判。他们认为德国地缘政治学者的论断多为欺人之谈，
"日耳曼人优越论"和雅利安民族对欧洲霸权的必然性更是荒
谬至极，戈布利（Goblet）就称之为"伪科学的地理决定论和
荒谬的种族思想"，并指责"某些渊博的学究总想论证国家的
领土欲望是完全合理正当的"。他还指出，德国地缘政治学依
靠的是引起 1914 年战争的那种民族情绪（nationalistic senti-
ments），它已经成为一种"国家神秘主义"（state mysticism）
的代言者。① 昂塞尔则指出，"德国地缘政治学的空间（space，
Raum）概念与西方的合作（cooperation，groupement）观念是
相抵触的"。②

　　为了保障本国的安全，法国的学者对欧洲和世界的格局变动
非常关注，不仅"欧洲的衰落"成为研究的重要问题，德芒戎
（Demangeon）就以此为题撰写了专著，认为欧洲从 20 世纪开始
就不断丧失此前两个多世纪建立的世界霸权；而且他们研究了欧
洲后的世界格局，认为美国、日本是欧洲衰落的受益者，太平洋
地区存在着巨大的利益，美国将成为这一地区的大国，逐步取代
英国成为白色人种保护人。在这些研究基础上，他们更关心如何
保障法国的安全，并倡导一种国际合作基础上的边界互透性（a
permeability of frontiers），认为整个欧洲都会在这种互透性的发展
中受益。德芒戎则把这一思想变为一种在国际上处理问题和欧洲

　　① Y. M. Goblet, The *Twilight Treaties*, Bell, London, 1936, Chapter II. See Geoffrey Parker, *Western Geopolitical Thought in the Twentieth Century*, Croom Helm ltd, Sydney, 1985, p. 89.

　　② J. Ancel, *Géographie des Frontières*, Gallimard, Paris, 1938. See Geoffrey Parker, *Western Geopolitical Thought in the Twentieth Century*, Croom Helm ltd, Sydney, 1985, p. 94.

联合的呼吁，他希望英国是联合的欧洲的组成部分。①

三是"殖民地边疆"问题。这一时期，法国一些学者认为殖民帝国对重振已经衰老的法兰西具有潜在的作用，把巩固、扩展"殖民地边疆"当成改善法国国际地位的重要途径。如德芒戎就认为，拥有殖民地的国家（民族）是幸运的，因为它给那些在沙漠、荒原、森林的边缘地带同大自然作斗争的边疆居民带来了生机和活力，"随着殖民地边疆的推进，国家（民族）本身就会进步和富裕"。但是，对比英国殖民地的发展，一些法国学者对本国在北非殖民地的经营颇感失望。昂塞尔较为关心欧洲事务，他就认为马格里布的法国人虽然控制着介于大海和沙漠之间的岛状地区，但从未真正适应它，他们不过是统治这一地区的帝国民族的最后一代。他把他们与罗马人、拜占庭人、奥斯曼人联系在一起，颇有预感地暗示人们，不管目前法国人的热情如何高涨，那些帝国民族的命运都将是相同的。②

第四节　美国：边疆理论的形成与发展
——以特纳与边疆学派为中心

美国在独立后就不断地扩大自己的疆域，边疆不断变动，还出现了著名的"西进运动"。19 世纪末 20 世纪初，美国又通过战争获得古巴、菲律宾和关岛等，攫取了巴拿马运河区的管理权，获得了海外殖民地。随着疆域的不断扩展，美国内外政策也

---

① A. Demangeon, The British Isles, Heimemann, London, 1939. See Geoffrey Parker, Western Geopolitical Thought in the Twentieth Century, Croom Helm ltd, Sydney, 1985, pp. 94—95.

② Geoffrey Parker, Western Geopolitical Thought in the Twentieth Century, Croom Helm ltd, Sydney, 1985, pp. 95—96.

不断演变，经济迅速发展，国力日益增强，从大西洋沿岸的新兴国家成为世界一流强国。如何看待美国的疆域变动或者说边疆变迁及其影响呢？对于边疆变迁、"西进运动"及相关问题，德国的黑格尔、英国的亚当·斯密等都曾有相关论述，马克思、恩格斯也不止一次地谈到过这些问题。① 但是，对于边疆变迁及其与美国历史发展的关系，正式较为系统的研究始于 19 世纪末，特纳（Frederick Jackson Turner, 1861—1932）1893 年宣读了著名的论文《边疆在美国历史上的重要性》（*The Significance of the Frontier in American History*），不仅提出了著名的"边疆假说"，也由此开创"边疆学派"。

20 世纪上半叶，"边疆假说"与边疆学派的研究引起极大关注，30 年代以后又引发了争议，"边疆史学"也成为美国历史学中的热门领域。而且，美国学者除了以边疆的角度、观点和理论研究本国历史外，还以这种观点与理论研究别国的历史，其中欧文·拉铁摩尔（Owen Lattimore）的《亚洲腹地的中国边疆》（*Inner Asian Frontiers of China*）在"边疆史"理论和地缘政治理论等指导下研究中国历史，正是其中的重要学术著作。

一　特纳的"边疆假说"与边疆学派

特纳是美国著名的历史学家，他 1861 年出生在威斯康星州的波特奇，这里"宛如边疆村庄"，早年的生活让他目睹了欧洲移民"在边疆美国的廉价土地上发家致富的演变过程"。他在威斯康星大学 1884 年获学士学位，1887 年又获硕士学位。接着，

---

① 参见丁则民：《"边疆学说"与美国对外扩张政策（上）》，《世界历史》1980 年第 3 期；何顺果：《西进在美国经济发展中的作用》，《历史研究》1994 年第 3 期。

他进入约翰·霍普金斯大学攻读博士学位，1890年获得博士学位后先到威斯康星大学任教，1910—1924年又在哈佛大学从事教学和研究。

他的硕士论文是《毛皮贸易对威斯康星发展的影响》，这一研究"把社会看成一个在各种力量的影响下不断成长的进化着的有机体"；攻读博士学位时，他对导师赫伯特·巴克斯特·亚当斯教授等人所坚信的"原种论"表示怀疑，这种理论认为"所有美国的制度都可以在中世纪日耳曼的森林里找到'根源'"，把美国的历史发展同中世纪欧洲的影响联系起来。1890年以后，特纳在研究中逐步提出了自己的理论，1893年在芝加哥"美国历史协会"会议上发表了著名的《边疆在美国历史上的重要性》，提出了著名的"边疆假说"。① 此后，他先后出版四部著作，即1906年的《新西部的兴起》、1920年的《美国历史上的边疆》、1933年的《地域在美国历史上的意义》和1935年由他的学生整理出版的《1830—1850年的美国：这个国家和地域》。这些著作也都围绕"边疆假说"展开，可以说"都是那篇论文所提出论点的引申和发挥"，其重要性也"都超不过他的那篇著名论文"。②

《边疆在美国历史上的重要性》既然如此重要，到底提出了哪些观点呢？下面就以此为中心讨论特纳的"边疆假说"及相关理论，③ 并对美国边疆学派的发展进行介绍：

---

① ［美］雷·A. 比林顿著，阎广耀译：《美国边疆论题：攻击与辩护》，杨生茂编《美国历史学家特纳及其学派》，商务印书馆1984年版，第232—236页。

② 何顺果著：《美国边疆史——西部开发模式研究》，北京大学出版社1992年版，第3页。

③ 特纳除了提出"边疆假说"外，还提出了"地域理论"，认为各地域间的斗争以及西进运动是18—19世纪美国历史的主要内容，有关情况可参见丁则民《特纳的"地域理论"评介》，《吉林师大学报》1979年第3期。"地域理论"与其"边疆理论"虽有关联，但内容上各成一说，故本文从略。

（一）特纳的"边疆假说"及相关理论

特纳的"边疆假说"与"自由土地"、"西进运动"、"移动的边疆"密切相关，而其边疆概念也由此而产生，他又强调了边疆对于美国历史的重要意义。

1. "自由土地"与"移动的边疆"

特纳在《边疆在美国历史上的重要性》① 第一段中就有概括性的论述：

1890 年美国人口调查局局长宣布，"直到 1880 年（含 1880年），我国本有一个定居的边疆地带（a frontier of settlement），但是现在未开发的土地大多已被各个独自为政的定居地所占领，所以不能说有边疆地带了。因此，对于边疆范围、西进运动等的讨论，已经不再在人口调查中占有篇幅了。"这个简略的官方文告说明，历史上一个伟大的运动已告结束。直到现在为止，一部美国史在很大程度上可以说是对于大西部的拓殖史。一个自由土地区域（an area of free land）的存在及其不断的收缩，以及美国定居地的向西推进（the advance of American settlement westward），可以说明美国的发展。②

这就提出他的"边疆假说"，"自由土地"与"移动的边疆"无疑是这一假说的基石，而其边疆学说也正是在此基础上展开的。他在这篇著名的论文中提出，1890 年以前的美国边疆是不断地移动、变化着的，"'瀑布线'是 17 世纪的边疆，阿勒格尼山脉是 18 世纪的边疆，密西西比河是 19 世纪第一个 25 年的边疆，密苏里河是 19 世纪中叶的边疆（向加利福尼亚的移民

---

① Frederick Jackson Turner, The Frontier in American History, Henry Holt and Company, New York, 1920, pp. 1—38.

② Ibid., p. 1.

运动除外），落基山脉和干旱地带是现在的边疆。"

在边疆的移动过程中，正是由于"自由土地区域的存在"，"大西洋边疆"过去聚集着的几种人——渔民、皮货商人、矿工、畜牧者和农民，除了渔民外都被不可抗拒的魅力驱使着向西移动，每一行业的人波浪式地相继越过大陆，出现了向西移民的"西进运动"。他认为这种"运动"是有序的、递进的、"文明"的"西进"，并且颇为形象地说："站在坎伯兰岬口（Cumberland Gap），就可看见文明的队伍单行地前进着——先是走在到盐泉去的小路上的水牛，接着是印第安人，接着是毛皮商人和猎人，再接着是畜牧者，最后是农民拓荒者——于是边界就走过去了。在一个世纪后，站在落基山脉的南山口，能看到同样的队伍，距离较大地前进着。"不同的人群在"西进运动"中的速度有一定差异，因此美国的边疆又可划分为"商人的边疆，牧场主的边疆，或者矿工的边疆以及农民的边疆等等"。①

1893年以后，特纳还把"移动的边疆"与"西部"、"天定命运"等观念联系，并把美国的对外扩张视为边疆"移动"的必然结果。1896年，他发表《西方问题》一文，就把"西部"与"移动的边疆"联系起来，指出"西部问题只不过是美国发展的问题"，"西部的社会条件是旧的制度和观念对自由土地发生转变作用的结果，由于这种应用……荒野消失了，西部本身发展到一个新的边疆。"他还强调，"西部人相信他们国家的天定命运。在他们的边界上，阻止他们前进的是印第安人、西班牙人和英国人。对于他们与这些民族的关系，东部人漠不关心、缺乏同情。这与东部目光短浅的政策一样，都让他们愤慨"，可是在

---

① Frederick Jackson Turner, The Frontier in American History, Henry Holt and Company, New York, 1920, pp. 9—12.

西部的要求下，美国购买了路易斯安那，并使形势有利于 1812 年宣布对英战争。① 这就把美国"移动的边疆"与传统的"天定命运论"联系起来，并认为西部人自觉地担当起这种"使命"，使美国的边疆向西不断"移动"、国土不断拓展。

20 世纪初，面对帝国主义列强争夺世界的激烈形势，作为历史学家的特纳又把美国"移动的边疆"与对外扩张联系起来，把美西战争以来美国的侵略扩张看成是边疆"移动"的"合乎逻辑的结果"。1910 年 12 月 28 日，作为美国历史协会的主席，他在印第安纳波利斯发表了题为《美国历史中的各种力量》的演说。在这篇演说中，他表示"今天我们必须指出，对于尚未被个人占有的国家资源进行自由竞争的年代即将结束"，同时又为美国在对外扩展"边疆"方面的成就欢呼。他指出，美国在垦殖了"远西地区"、控制了国内自然资源之后，19 世纪末 20 世纪初"转而应付远东、从事太平洋的世界政治了"，由于美西战争的胜利，"美国继续它的历史性的扩展，深入到旧西班牙帝国的土地，成了菲律宾的统治者，同时又占据了夏威夷群岛，并在墨西哥湾成为控制性力量"。而且，美国通过巴拿马运河把大西洋沿岸与太平洋沿岸连接起来，已是一个拥有附庸国和保护国、具有帝国性质的共和国，成为一个公认的新兴世界强国，在欧、亚、非洲的问题具有潜在的发言权。"扩展势力，在新的领域承担重大责任，以及跻身世界强国之林"，这些都不是"孤立的事件"，而是美国"向太平洋前进的合乎逻辑的结果，这也是它占有自由土地和开发西部资源时代的继续"。② 这篇演说把美

---

　　①　Frederick Jackson Turner, the Frontier in American History, Henry Holt and Company, New York, 1920, pp. 205—214.

　　②　Ibid., pp. 311—334.

国侵占夏威夷、菲律宾等国、与列强争夺世界的活动，视为"占有自由土地和开发西部资源时代的继续"，表明特纳作为一个历史学家，已不再把"移动的边疆"理论用于美国国内发展史的研究，从而把自己的"边疆假说"与美国对外扩张的现实联系起来。

2. "边疆"的概念

对于"边疆"的概念，特纳也把它与"自由土地"、"移动的边疆"等联系起来。他认为，欧洲、美国的边疆在概念上截然不同，"欧洲的边疆是一条通过稠密的人口、修筑了防御工事的边界线（a fortified boundary line running through dense populations）；而美国的边疆，最重要的一点是，它位于自由土地这一边的边缘上（the hither edge of free land）。在人口调查报告中，它被当作一平方英里有两人或以上人口这样的密度的定居地的界限。"他接着又指出，"这是一种弹性的说法，对我们来说却不需要明确的定义（sharp defintion）。我们要考虑整个边疆地带（the whole frontier belt），既包括印第安人的地区，也包括人口调查报告中'定居地'的外界"。在《边疆在美国历史上的重要性》中，他表示这篇论文对这一题目进行详尽无遗的讨论，但在文章中还是多次论及"边疆"的概念，又主要是从三个方面展开：一是从"文明"的角度，提出在美国向西扩张的过程中，"边疆是（西方移民）浪潮的前沿，即文明与野蛮的汇合处"。①

二是从美国史研究的角度，提出以往的美国历史研究往往注重寻找"日耳曼根源"，对美国本身的因素注意不够，"边疆就是一条极其迅速而有效的美国化的界线"，"起初的边疆在大西

---

① Frederick Jackson Turner, the Frontier in American History, Henry Holt and Company, New York, 1920, p. 3.

洋沿岸，真正说来那是欧洲的边疆。向西移动，这个边疆才越来越成为美国的边疆"。① 这里提出了美国历史上的"欧洲的边疆"和"美国的边疆"，一方面强调边疆在美国史研究中的重要性，另一方面又力图把他所讲的"边疆"与传统美国史的"欧洲生源论"区别开来。

三是从"西进运动"、"移动的边疆"的角度，把边疆有时视为一个地带，有时又说成是一条线，有时还与特定的人群联系在一起。他不仅提出，美国的边疆"位于自由土地这一边的边缘上（the hither edge of free land）"；而且他提出"线"性的概念，即"构成边疆并表明其特点的自然边界线（natural boundary lines），最初是'瀑布线'（fall line），其次是阿勒格尼山脉，其次是密西西比河，其次是大致南北流向的密苏里河，再次是大约西经99°的干旱地带，最后是落基山脉"。② 此外，他还提出，根据"西进运动"中的人群及其前进速度的差异，把边疆划分为"商人的边疆，牧场主的边疆，或者矿工的边疆以及农民的边疆等"③。而且，各类边疆推进的方式方法也不尽相同，特纳分别对它们作了简要论述。

此外，特纳有时还把"西部"等同于"边疆"，这在后来的研究中多次出现。如1896年，他在《西方问题》一文就把"西部"与"移动的边疆"联系起来，指出"西部问题只不过是美国发展的问题"，"西部说到底是一种社会形式，而不是一个区域。这个名词指这样一种区域：它的社会条件是旧的制度和观念对自由土地发生转变作用的结果，由于这种应用，新的环境突然

---

① Frederick Jackson Turner, the Frontier in American History, Henry Holt and Company, New York, 1920, pp. 3—4.

② Ibid, p. 2, p. 9.

③ Ibid, p. 12.

出现了,寻求机会的自由敞开了,根深蒂固的习俗打破了,新的活动、新的成长方式、新的制度和理想随之产生了。荒野消失了,西部本身发展到一个新的边疆"。①

3."边疆"在美国历史上的意义

特纳强调,边疆对美国社会发展具有极其重要的意义,"美国的发展不仅表现为一个单线的前进运动,而且是在一个不断前进的边疆地带上回复到原始状态,并在那个地区有新的发展的运动。美国的社会发展就是这样在边疆连续地、周而复始地进行着。这种不断的再生,这种美国生活的流动性,这种西部扩张所带来的新机会以及与简单的原始社会的不断接触,提供了支配美国性格的力量"。为此,针对美国过去的历史研究重视东部忽视"大西部"的问题,他指出"只有把视线从大西洋沿岸转向大西部,才能真正理解这个国家的历史"。②

那么,美国的边疆在哪些方面对该国社会历史发展产生了影响呢?他在《边疆在美国历史上的重要性》中进行了分析,提出了主要的观点,以后又在其他论著中作了展开和发挥。他把边疆对美国历史的重要影响归结为以下三个方面:

一是边疆促进了美国特殊的民族性的形成。他在1893年的论文中指出,对于边疆对东部和旧世界的影响,首先就是"边疆促进了美国人民的一种混合性的民族性(composite nationality)的形成"。他分析说,海岸一带在早期殖民地时代就是英国人占优势,但后来的大陆移民涌进了自由的土地,正是这些"受到边疆残酷的考验的移民都美国化了,获得了自由,熔合成了一个

---

① Frederick Jackson Turner, the Frontier in American History, Henry Holt and Company, New York, 1920, p.205.

② Ibid, pp. 2—3.

混杂的种族（mixed race）。这个种族既没有英国的民族性，也没有英国的特点。这一发展过程从早期到我们今天，一直在进行"。①

　　二是边疆使美国民族摆脱"旧社会"的思想束缚，使美国社会具有与之不同的特点，有着强烈的"拓荒者"精神，因而边疆是美国式民主的产生地。特纳在论著中还一再强调，边疆使进入美国的移民摆脱了"旧社会"的思想观念，新形成的美国民族具有与之完全不同的精神，这种精神就是"拓荒者精神"，也促进了美国式的民主的产生。1893 年，他在论文中就强调，"边疆最重要的影响却在于美国和欧洲民主的发扬"，"边疆是产生个人主义的场所"，而"边疆的个人主义一开始就发扬了民主"。他还指出："边疆推进到哪里，哪里就有一片新气象，人们就增强了自信心，对'旧社会'报以嗤笑：'旧社会'的限制和思想不能忍受，'旧社会'的种种教训不必理会。地中海对于希腊人产生了这样的意义：打破了习俗的枷锁，提供了新的经验，出现了新的制度和活动等。而不断退却的边疆对于美国的意义，也是如此，而且意义更大、更直接。"②

　　1896 年，他发表了《西方问题》一文，把"西部"与"移动的边疆"联系起来，并借用社会达尔文主义的观点，论述了美国的"西部"、"边疆"对民主制度发展的重大意义。他指出："西部说到底是一种社会形式，而不是一个区域。这个名词指这样一种区域：它的社会条件是旧的制度和观念对自由土地发生转变作用的结果，由于这种应用，新的环境突然出现了，寻求机会

---

①　Frederick Jackson Turner, the Frontier in American History, Henry Holt and Company, New York, 1920, pp. 22—23.

②　Ibid, pp. 30—38.

的自由敞开了，根深蒂固的习俗打破了，新的活动、新的成长方式、新的制度和理想随之产生了。荒野消失了，西部本身发展到一个新的边疆。"以前的区域则出现了一个"新的社会"，"这个社会逐渐失去了原始的条件，被东部较老的社会条件同化，但它内部仍保留着边疆经验的持久的明显的残余"。正是随着"西部"的不断向西扩展，"美国社会的再生一直进行下去，在它后面留下了痕迹，并对东部发生了影响"。因此，他认为"我们的政治制度，即民主制度史既不是模仿别人的，也不是简单地借用。它是各个器官在反应变化着的环境时发生演变和适应的历史，是一种新的政治物种起源的历史。从这个意义上讲，西部在我们生活中一直是一个具有最重大意义的建设性的力量"。①

1910 年，他在印第安纳大学毕业典礼的演说中，更加鲜明地强调了"拓荒者的理想"（pioneer ideals）与美国民主制度的关系。他指出，美国"这个国家就是在拓荒者理想下形成的"，拓荒者"不仅有征服和发现的理想，还有个人发展和摆脱社会、政府压制的理想。他来自一个以个人竞争为基础的文明，又把这一概念随身带到荒野，在这里资源财富和无穷的机会使这个概念得到新的发展余地"，但是"民主的理想与个人主义一样，固有地存在于拓荒者的思想之中"，历史时期美国"民主运动的力量主要分布在拓荒者区域"。他强调："美国相信它产生了一种自决、自治和理智的民主（a self-determining, self-restrained, intelligent democracy），并以此为社会历史做出了独特的贡献。在中西部，社会是沿着与欧洲社会很不相同的路线形成的。假如有地方找到的话，那就是在这里，美国民主将与适应于一种欧洲式

---

① Frederick Jackson Turner, the Frontier in American History, Henry Holt and Company, New York, 1920, pp. 205—206.

的趋势对抗到底。"①

1914 年，在题为《西部与美国的理想》的文章中，特纳更为明确地提出："美国的民主不是产生于理论家的梦想之中，不是被萨拉·康斯坦克号（Sarah Conatant）带到弗吉尼亚的，也不是被五月花号带到普里茅斯的。它来自美洲的森林，每当接触到一个新的边疆就获得了新的力量。不是宪法，而是自由土地和向有能力的民族敞开的丰富自然资源，在这个民族占据这片国土的三个世纪内造就了美国的民主社会模式"。② 至此，他终于旗帜鲜明地亮出了自己的观点，美国的民主不是对欧洲民主的复制，而是产生于"美洲的森林"，正是在美国边疆它得到了不断的发展，从而在 300 多年间形成了"美国的社会民主模式"。

三是边疆为美国社会发展提供了"安全阀"。特纳还在论著中一再指出，边疆对于美国经济的发展创造了新的机会，成为社会经济发展的"安全阀"，这种理论又被称为"边疆——安全活塞"理论。③ 在《边疆在美国历史上的重要性》中，他把"自由土地"与边疆联系起来，认为"边疆的推进减少了我们对英国的依赖"，是边疆对美国发展影响的重要方面。④

1893 年后，他出版《新西部的兴起：1819—1829》（1906年）等论著，进一步论证边疆对于美国社会经济发展的影响，认为"边疆起着安全阀的作用，它排出了萧条时期被夺去产业的东部工人，因而提高了东部的工资标准，并防止了如同其他工

---

① Frederick Jackson Turner, the Frontier in American History, Henry Holt and Company, New York, 1920, pp. 269—289.

② Ibid, p. 293.

③ 参见厉以宁：《美国边疆学派"安全活塞"理论批判》，《北京大学学报》1964 年第 3 期。

④ Frederick Jackson Turner, the Frontier in American History, Henry Holt and Company, New York, 1920, p. 23.

业化国家里都有的那些激进哲学的出现"。① 换句话说，由于以
"自由土地"为基础的边疆的存在，美国在经济萧条时东部的失
业工人可以到边疆地区谋生，东部得以保持和提高工资标准，美
国的阶级矛盾、社会冲突得以缓解。正因为此，1890 年后美国
"自由土地"的缩减和边疆的消失让他颇为忧虑，1910 年在一次
演说中就表示："三年前，美国总统召集 46 个州的州长，对国
家自然资源耗竭的危险进行商议。人口对粮食供应的压力已经被
觉察到了，我们正处于这种转变的开始"，"在不再拥有从前的
丰富资源的安全阀，又对想占有资源的人开放这些资源的情况
下，一个新的民族发展（问题）就出现在我们面前"。②

（二）边疆学派的发展及其影响

1893 年，特纳提出"边疆假说"后就受到了一些关注，由
于他和门徒以及支持者的不断发表论著，这一假说在 20 世纪初
得到越来越多的支持，从而成为美国历史学界的主流观点。特别
是特纳自己在威斯康星大学和哈佛大学任教，通过研究班等形式
培养学生，讲授、传播自己的学术观点。特纳的这些学生和受
"边疆假说"影响的其他学者在研究中阐发了这一学说，又多在
美国各地的院校和科研机构培养新人，从而形成了一个影响巨大
的"边疆学派"。20 世纪 30 年代以后，由于经济大萧条的到来，
不少学者对于特纳的某些学说也提出了质疑，特别是"安全阀"
说受到严厉批评，尽管支持者进行辩护，但特纳"边疆学说"
一统天下的局面有所改观，而围绕"边疆假说"的论争却持续
不断，一直延续到二战以后。

---

① ［美］雷·A. 比林顿：《美国边疆论题：攻击与辩护》，杨生茂编：《美国历
史学家特纳及其学派》，商务印书馆 1984 年版，第 243 页。

② Frederick Jackson Turner, the Frontier in American History, Henry Holt and Company, New York, 1920, pp. 279—280.

　　特纳 1893 年提出"边疆假说"后，有资料认为当时美国史学界立即几乎毫无批评地给予接受和赞赏，而以后 40 年间的美国历史编纂的很大一部分是围绕着特纳的"边疆假说"进行的。① 但是，最初的情况并非如此。有研究者指出，特纳的"边疆假说"的确受到了一些学者的关注，有学者为他的"新奇的有趣的文献"（curious and interesting contribution）表示感谢，也有学者把他看成一位"非常狭隘和以自我为中心的学者"（a very provincial man）。② 据特纳的再传弟子比林顿（Ray Allen Billington）介绍，特纳提出这一假说后，并非像美国《社会科学百科全书》所称的那样，"当时美国史学界立即几乎毫无批评地给予接受和赞赏"，无论是 1893 年，还是以后 6 年间，美国制度源于欧洲的"原种论"仍然大有市场，坚持这种观点的学者对特纳的"这种异端邪说连看也不看。然而，由于他的门徒们的传播，他的朋友们的鼓吹以及后来他自己出版著作的支撑，他的观点逐渐盛行起来"。边疆论题到 1900 年已为大家接受，并从那时到 20 世纪 20 年代末，一直是对美国"过去所作的居于统治地位的解释"。美国的历史学家们也一致支持这一论题，特纳曾当选为美国历史协会主席，该协会在那时也被说成是一个巨大"特纳协会"，而"经济学家、政治学家和文学家都加入到这一行列，改写他们的主题，用以说明向西扩张的重大意义"。③

　　20 世纪 30 年代，特纳的"边疆假说"得到更为广泛的传

---

　　①　Frederic L. Paxson, Frederick Jackson Turner, Encyclopaedia of the Social Sciences, Volume Fifteen, the Macmillan Company, New York, 1935, pp. 132—133.

　　②　J. Schafer, The author of the frontier hypothesis', Wisconsin Mag. of Hist. , xv (1931), pp. 96—97. See H. Hale Bellot, American History and American Historians, University of London, the Athlone Press, 1952, p. 108.

　　③　［美］雷·A. 比林顿：《美国边疆论题：攻击与辩护》，杨生茂编：《美国历史学家特纳及其学派》，第 226—227 页。

播，也因经济危机的到来而受到了挑战，有关特纳学说的争论由此迅速展开。特纳学说不仅在学术方面得到广泛传播，而且在社会上也产生了相当大的影响。学术方面的影响，在两点上得到印证，一是在美国《社会科学百科全书》中成为主流的观点。该书中"frontier"的解释有"美国历史"和"地理和社会"两种术语的阐释，"美国历史"方面的解释全面引用了特纳的观点，又全部是对 1893 年的那篇著名论文观点的摘引。在摘引之后，该词条的作者帕克森（Paxson）还强调："由于边疆本身已经消失，所以特纳的假说对于阐明美国的历史、美国在世界中的地位都是极为重要的。"① 二是通过教育渠道广泛传播到 20 世纪 30 年代，"阿尔拉契亚山脉以西几乎所有的大学都开设美国西部的高年级课程，这些课程在一致的原理方面，在对历史意义的论证方面，都或多或少盲目仰仗特纳 1893 年首创的公式"。② 特纳学说在社会上的影响，在政界的反应中得到回应。1932 年，民主党候选人富兰克林·D. 罗斯福在一次演说时，就引用特纳关于"自由土地"、"边疆"、"安全阀"等观点。他在演说中指出，"我们最后的边疆很早以前就已经到达，实际上已经没有更多的自由土地了……那些被东部经济机器从工作中赶出来的人们，为了寻求一个新起点而前往的西部大草原的安全阀也不复存在了。"

恰恰是在特纳学说得到广泛传播时，有关该学说的争论也在较大范围内出现了。这是由多方面原因造成的，一方面是由于经济危机的到来改变了人们的观念，马克思主义的阶级斗争学说影

---

① Frederic L. Paxson, Frontier, Encyclopaedia of the Social Sciences, Volume Six, the Macmillan Company, New York, 1931, pp. 500—506.

② 约翰·海厄斯：《弗雷德里克·杰克逊·特纳的分裂的遗产》，杨生茂编：《美国历史学家特纳及其学派》，第 198 页。

响了美国历史学界；另一方面确实是因为特纳学说中存在着自身的缺陷，主要是边疆的概念随心所欲、模糊不清，强调边疆对美国民主制度的影响时忽视、否定了欧洲的影响，强调边疆的"安全阀"作用时缺乏足够的分析和论证。① 所以，在 20 世纪30—40 年代，特纳学说中的这些缺陷更成为反对者批评的重要方面，比如路易斯·莫尔顿·哈克（Louis Morton Hacker）指责"特纳忽视了垄断资本主义和帝国主义的成长，漠视了美国历史中基本的阶级对抗和在美国经验中包含的相当的欧洲的经验"；弗雷德·阿伯特·香农（Fred Albert Shannon）依照特纳的方式整理人口统计资料，但其结论与"安全阀"理论大不相同。此外，还有学者对其"边疆是一种革新的政治力量"理论提出质疑，对特纳边疆"命题中自相矛盾之处和脱漏之处进行抨击"。面对这些批评，特纳的学生们和支持"边疆学说"的其他学者如沃尔特·普雷斯科特·韦勃（Walter Prescott Webb）就发表了《大平原》等著作，继续研究美国的"边疆问题"，维护特纳的观点，回应这些批评和责难。②

在与批评者进行论战、深入研究美国边疆史的同时，美国边疆学派的学者还与受"边疆史"观点影响的西方（含美国）学者一道，把研究的领域扩大到对加拿大、澳大利亚、中国等和拉丁美洲的研究，发表一些相关论著（详见下文）。不仅如此，这

---

① 有关特纳"边疆假说"中的缺陷，中国学者也有评述，可参见蒋湘泽：《特纳尔的"边疆论"历史观批判》，《中山大学学报》1964 年第 2 期；厉以宁：《美国边疆学派"安全活塞"理论批判》，《北京大学学报》1964 年第 3 期；丁则民：《美国的"自由土地"与特纳的边疆学说》，《吉林师大学报》1978 年第 3 期；何顺果著：《美国边疆史——西部开发模式研究》，北京大学出版社 1992 年 12 月第 1 版，第 9—12 页。

② 哈维·威什：《特纳和移动的边疆》，雷·A. 比林顿：《美国边疆论题：攻击与辩护》，杨生茂编：《美国历史学家特纳及其学派》，第 184—193、227—251 页。

种传统对二战后美国和西方的历史学研究仍有深远影响，除了比林顿、韦勃等学者继续致力于美国边疆史的研究外，海斯等不少学者还主张以"边疆史"的观点研究别国历史，并发展为比较研究。[①]

二　以边疆观点、理论研究别国历史

20 世纪上半叶，美国学者除了以边疆的角度、观点和理论研究本国历史外，还以这种观点与理论研究别国的历史，其他西方国家一些学者的研究也受到这一观点的影响，俄罗斯、加拿大、澳大利亚、中国等国和拉丁美洲成为他们关注的对象。比如对于加拿大的历史，有华莱士·N. 塞奇的《加拿大历史上边疆的一些方面》（载加拿大历史协会《报告》，1928 年），约翰·L. 麦克杜格尔（John L. McDougall）的《边疆学派与加拿大历史》（载加拿大历史协会《报告》，1929 年）等。对于拉丁美洲的历史，有维克托·A. 贝劳恩德（Victor A. Belaunde）的《拉丁美洲的边疆》（载《赖斯研究所专刊》第 10 卷，1923 年），阿瑟·S. 艾顿（Arthur S. Aition）的《拉丁美洲边疆》（载加拿大历史协会《报告》，1940 年）等。[②] 对于中国历史的研究，欧文·拉铁摩尔（Owen Lattimore）是其中的代表人物，他的《中国在亚洲腹地的边疆》则是"边疆史"理论和地缘政治理论等指导下的代表性著作。

欧文·拉铁摩尔是著名的东方学家，又被称为美国的"中

---

① 参见丁则民：《"边疆学说"与美国对外扩张政策（上）》，《世界历史》1980 年第 3 期。雷·A. 比林顿：《美国边疆论题：攻击与辩护》，杨生茂编：《美国历史学家特纳及其学派》，第 269—273 页。

② 雷·A. 比林顿：《美国边疆论题：攻击与辩护》，杨生茂编：《美国历史学家特纳及其学派》，商务印书馆 1984 年版，第 269—272 页。

国通", 1920 年到中国, 先在上海的一家洋行任职, 而后到天津的《京津泰晤士报》任编辑。1922 年, 他沿着"丝绸之路"前往新疆旅行, 1929 写成《通往土耳其斯坦的荒漠之路》(The Desert Road to Turkestan), 此后在欧美学术界渐有名气。1929 年, 他前往中国东北研究移民问题, 九一八事变发生后出版了《满洲——冲突的发源地》(Manchuria, Cradle of Conflict)。1932—1935 年, 他出任太平洋学会的《太平洋事务》季刊编辑, 1941 年 7 月又成为罗斯福总统与中国政府联系的私人代表, 1942 年回国任美国新闻处中国部主任, 1945 年后任教于霍普金斯大学、利兹大学。他在中国和中国边疆的研究方面著述繁多, 除前述两部外, 1945 年前还著有《高地鞑靼》(High Tartary)(1930)《满洲的蒙古人》(Mongols of Manchuria)(1934)、《中国在亚洲腹地的边疆》(Inner Asian Frontiers of China)(1940)、《蒙古游记》(Mongol Journeys)(1941), 和《现代中国的形成》(The Making of Modern China)(1944); 1945 年后又出版《亚洲的枢纽——新疆及中国和俄国的亚洲腹地边疆》(Pivot of Asia: Sinkiang and the Inner Asia Frontiers of China and Russia)(1950)、《边疆史研究论文集》(Studies in Frontier History: Collected Papers, 1928—1958)(1962)、《中国的历史和革命》(History and Revolution in China)(1970)等著作。①

《中国在亚洲腹地的边疆》为美国地理学会研究丛书(American Geographical Society Research Series)的第 21 种, 1940 年由该学会在纽约首次出版。该书共四篇, 第一篇为《长城的历

---

① 中国社会科学院近代史研究所翻译室:《近代来华外国人名辞典》, 中国社会科学出版社 1981 年版, 第 275—276 页。承中国社会科学院近代史研究所黄光域先生惠赠此书, 在此深表谢意!

史地理》（*The Historical Geography of the Great Wall*），从总体的角度分 8 章介绍了中国及其边疆的状况，并对长城边疆区域、黄土高原、"满洲"（中国东北）、西北、西藏等作了总体论述。第二篇《传说时代和早期的历史》（*The Legendary and Earliest Historical Ages*），分 2 章主要论述了史前和夏商时期中国的 "华夏族"和 "野蛮民族"、"农业进化和游牧"。第三篇《列国时代》（*The Age of National States*），以 3 章论述了西周、春秋、战国时代的中国和边疆。第四篇《帝国时代》（*The Imperial Age*），用 3 章的篇幅从理论的高度论述了秦朝到清朝的中国边疆问题，包括边疆的形成、边疆民族的语言差异、边疆均势以及中国历史的周期性循环问题。如果第一篇是从 "横" 的角度论述各个区域的问题，后三篇则是从 "纵" 的角度阐述中国与中国边疆的问题。此书纵横结合，论述中阐发了许多理论性的问题，这些问题的论证中又反映了美国 "边疆学派" 和地缘政治学某些理论的影响。这又主要表现在两个问题的论述中：

一是边疆与边界及其差异，该书第 8 章《"蓄水池" 与边缘地带》（*The "Reservoir" and the Marginal Zone*）的第 1 小节对此就作了专门的分析。作者首先指出，在讨论中国在亚洲腹地的边疆时，有必要讨论 "边界"（boundary）与 "边疆"（frontier）两个词的差别，因为地理和历史的边界在地图上通常画成线，但边疆通常表现为一个地带。接着，他强调 "长城的边境地带"（the Great War Frontier）本身就是一个例证，这是通过多少世纪的政治上的努力极力保持的一个界线，以此划分包括在中国 "天下" 以内的土地和蛮夷之邦。这可以证明这种界线的信念，却不能成为地理上的事实。

他还指出，这不是中国历史上特有的现象，在罗马帝国和近代的英属印度都存在着同类的情况。在向外拓展达到顶峰时，罗马帝国就企图划定界限，把归附的早期日耳曼部落和多瑙河流域的蛮族与帝国的"天下"分开。在印度，英国划定了"印度帝国"的疆界，也企图把这条政治边界绝对化、永久化；西北边疆地区政治上很明确的界线却变成了边缘地带，"杜兰边界线"事实上成为"已治"与"不治"的两个部落区域的界限，与中国的内蒙古、外蒙古有惊人的相似。在分析之后，作者认为在讨论这些边界时，不应忽视一个同样重要的事实，即"边界表明了一个帝国体系（an imperial system）发展的最大限度……简单说，这里所讨论的帝国边界不仅仅是划分地理区域和人类社会的界线，而且是一个特定的社会发展的最适合的限度（the optimum limit）。换句话说，一个被认为用于防御和隔绝野蛮民族的帝国界线，事实上具有双重作用，即不仅防止外面的人进来，也防止里面的人出去"。①

　　二是海权、陆权及其对中国历史的影响。书中专门论述了"陆权、海权对中国历史的影响"。作者指出，把陆权、海权的理论用于中国的历史并不难。西方势力对中国产生影响确切地说是在哥伦布时代以后，这以前中国的"对外事务"主要与"长城的边境地带"有关，海外的对外关系处于次要地位。直到明代——汉族建立的最后一个王朝，天主教传教士和葡萄牙及其西方国家的商人开始向中国渗透，欧洲的火炮和炮术曾在短期内阻滞了满洲的进攻，海权第一次向控制中国的陆地进行了挑战。17世纪，满洲"征服"中国，这是远古以来对中国历史起到重要作用的机制最后一次产生影响。19世纪，进入中国的海上力量

---

　　① Inner Asian Frontiers of China, by Owen Lattimore, American Geographical Society, New York, 1940, pp. 238—242；赵敏求译《中国的边疆》，正中书局 1941 年 12 月中文初版，第 158—160 页。

已势不可挡,长城以外的陆上力量似乎已经消沉。西欧的海权强国在远东按照自己的意愿形成各自的势力,这在1914—1918年的世界大战期间达到顶峰,也走向了崩溃。日本侵吞中国东北和侵略中国,在某种意义上是陆权与海权的正面冲突。因此可以说,19世纪以来的一个问题,即来自长城边境地带的陆上力量与来自海上的力量的冲突,现在出现了。[1] 上述分析很显然受到了19世纪末以来马汉、麦金德等的地缘政治理论的影响。

此书出版后就受到了中国学术界的重视,由赵敏求翻译成中文,书名为《中国的边疆》,1941年12月由正中书局在重庆出版,1946年4月又在上海再版。对于书中所强调的边疆理论、观点,赵敏求在中文译本的《引言》中进行了阐发。他首先介绍了美国历史学界以历史的"边疆观"论证该国历史的学术史和现状,第一次世界大战后"美国历史界形成了一个新的风气,以'边疆'为历史现象的典型,用边疆去解释整个历史过程。第一位美国历史家采用这种历史的'边疆观'的是邓勒",这是第一次世界大战之前,而"这二十年来,历史的'边疆观'差不多支配了整个的美国历史界。近年来出版的美国历史,都以在最初即行存在的'边疆'影响,来解释各州的发展"。[2]

译者在这里力求说明此书受了美国"边疆观"历史学的影响,所说的美国第一位"采用这种历史的'边疆观'的"历史学家邓勒,似应为特纳(Frederick Jackson Turner)姓名中"Turner"的音译。至于1940年美国史学界以"边疆观"研究的状况,他的论述并不完整,只看到了一战以后美国历史学界出现

---

[1] Inner Asian Frontiers of China, by Owen Lattimore, American Geographical Society, New York, 1940, pp. 6—15;赵敏求译《中国的边疆》,第4—5页。

[2] 赵敏求:《引言》,拉铁摩尔著,赵敏求译《中国的边疆》。

过"以'边疆'为历史现象的典型，用边疆去解释整个历史过程"的新风气，而"近年来出版的美国历史，都以在最初即行存在的'边疆'影响，来解释各州的发展"也只是"边疆学派"发展的一个方面，并未看到 20 世纪 30 年代以后对"边疆假说"的批评和争议，所称"这二十年来，历史的'边疆观'差不多支配了整个的美国历史界"与事实并不相符。

接着，译者在《引言》中又指出：所谓"边疆"，是两个不相等形式的文化，互相接触，因而产生相互的影响，造成许多行动及反动，形成特殊的势力，并从中发展出新的观点来。美国最后的一个地理边疆于 1898 年左右消失，但是美国人民的边疆心理至今仍然存在。在某种意义上，"中华民族也是一个深具边疆心理的民族。每一个边疆社会——两个文化的接触——必然有其力求发展，超越另一种文化的企图，这是一个很自然的现象。由于这种现象的存在，就发生中国的边疆问题"。拉铁摩尔写此书"就是企图以'边疆观'解释历史，由于'边疆'的存在"，作者"用边疆现象作为根据，以经济社会的观点，去解释中国边疆问题的历史的形成"。

此书的贡献，译者认为"最少对中国历史提出了若干值得重视的新解释"，比如"他坚持一个史前原始中华民族的存在"，后因环境的不同使其文化发展出现差异，并分成了"汉族"和"野蛮民族"，许多民族事实上仍然是整个的中华民族。对于中国边疆，作者强调"边疆社会"的重要，这是"边疆观"的最明显的表现之一。"边疆"事实上是"两种不相等文化接触和互相渗合"的过渡地带，既不属于严格的"汉族文化"，也不属于严格的"野蛮民族文化"，而是根据各个时期的不同情况，"徘徊于二者之间，忽而汉，忽而野蛮而已"。认清这一点，就可对中国边疆"有明确的认识"，这种算法显然比我国历史上所用的

"'入寇'、'征伐'的算法高明得多"。总之,译者认为,对我国边疆历史,中国学者研究不多,"外国作家们"了解不够又"每作偏论",在这种情况下,虽然此书并非十全十美——比如"忽视历史的'人'的条件",但是作者是对中国有较多"亲身经历"的"中国通"、"蒙古通",书中又材料丰富,处理适当,"极力地作客观的讨论",因此"大体说来,这是近代论中国边疆问题的有数巨著,值得我们详加研究的"。

从这篇《引言》可看出,译者虽然对美国"边疆学派"发展历程的介绍有所偏失,但总体上对特纳和美国的"边疆学派"还是有一定了解的,而在简介该书时又引发出许多新的观念和思想,又主要集中在"边疆"、"边疆社会"和中国历史上的边疆方面,这既反映了此书在当时中国学术界所受到的重视,又从侧面反映了此书和"边疆学派"的某些观点对中国边疆研究的某些影响。

第五节 沙俄—苏俄—苏联:疆土变动 与边疆理论、政策

19世纪70年代至1945年,俄国经历了从帝国主义的沙俄到社会主义的苏联的历史变动,其疆土也发生过巨大的变化。1917年前的近半个世纪里,沙皇俄国继续向中亚、东北亚和东南欧扩张,并利用辛亥革命之机侵略中国领土,又参与挑起第一次世界大战,与帝国主义列强争霸世界。沙俄政府对外扩展疆土的同时,对边疆民族采取了压制、压迫政策;而御用学者进行了所谓的"边疆探察"活动,这往往又是侵略军的先头部队,尽管这些活动及其成果客观上带有某些研究的成分。

十月革命之后,列宁等苏俄领导人把"民族自决权"理论

付诸实践，在边疆地区实施民族平等政策，促使各苏维埃共和国自愿联合，建立了苏联。20 世纪三四十年代，斯大林执政时期苏联的边疆政策与列宁时代有一定变化，甚至是某些方面违反了列宁的理论和观点，尤其是二战期间利用国际局势的变化，向欧洲方向扩张领土，在远东地区又采取防范日本以自保的政策，虽然有利于击败纳粹德国、维护本国安全，也为世界反法西斯战争做出了自己的贡献，但事实上同时损害了周边邻国的领土完整和边疆安全。

一　沙俄时期的边疆扩张与边疆"理论"、政策

　　19 世纪 70 年代以后，沙俄为同列强争夺殖民地、争霸世界，继续推行扩张疆土的政策，把侵略的矛头指向了中亚、中国、阿富汗、波斯和巴尔干等国家和地区，并参加了列强重新瓜分世界的第一次世界大战，直到 1917 年覆灭为止。① 这些扩张又是伊凡四世以来扩张政策的延续和发展，正如苏联时期的学者所指出的，"俄国的历史就是一部国家殖民的历史"。② 这种"国家殖民"，其实就是沙俄以国家为主体推行的扩张疆土政策。正是在这一政策作用之下，沙皇俄国从 16 世纪初地处东欧一隅的莫斯科公国，20 世纪初发展成为一个地跨欧亚两洲、有着 2280

---

　　① 有关沙俄时期对外扩张的情况，本文不再赘述，请参见北京大学历史系《沙皇俄国侵略扩张史》编写组：《沙皇俄国侵略扩张史》，上、下两册，人民出版社 1979、1980 年版；复旦大学历史系《沙俄侵华史》编写组：《沙俄侵华史》，上海人民出版社 1975 年版；中国社会科学院近代史研究所：《沙俄侵华史》，共四卷，人民出版社版。

　　② 《克留契夫斯基文集》第 1 卷第 31 页，莫斯科 1956 年版，转引自复旦大学历史系《沙俄侵华史》编写组：《沙俄侵华史》，上海人民出版社 1975 年版，第 2 页。

万平方公里的大帝国，其中仅殖民地的面积就有1740万平方公里。[①] 有人曾作过推算，认为在1914年前的四百年间，"帝俄一直以每天五十五平方英里，或每年大约二万平方英里的速度扩张"。[②] 当然，如果不是在1867年把阿拉斯加、阿留申群岛等出售给美国，则会成为地跨欧、亚、美三大洲的殖民大帝国。

对于沙俄政府的侵略扩张政策，马克思主义的经典著作进行过相当多的分析和论述，马克思在《十八世纪外交史内幕》中就指出，以彼得一世时期对水域和出海口的争夺为标志，沙俄的扩张从"地域性蚕食"发展到"世界性侵略"；恩格斯也撰写了《俄国在远东的成功》、《俄国在中亚细亚的进展》、《工人阶级同波兰有什么关系》、《俄国沙皇政府的对外政策》等文章，对沙俄在19世纪中后期的扩张进行了论述，其中一些文章就涉及1870年以后的沙俄扩张问题。在《中国的战争》、《帝国主义是资本主义的最高阶段》、《沙皇对芬兰人民的进攻》等许多著作中，列宁也对19世纪末20世纪初沙俄的扩张政策进行过分析和研究。这些论述对研究沙俄时期的边疆理论无疑具有重要的指导意义，由于这些论述各有具体背景、论证中又有其侧重点，所以今天看来仍属于粗线条的讨论，我们今天仍要在此基础上进行更为深入的探讨，包括沙俄扩张疆土的"理论根据"、对边疆地区的政策、学者们在其中扮演的角色等。

（一）扩张疆土的"理论根据"

从16世纪起，沙俄政府就通过对外战争的手段不断向外扩张，并在每次战争、扩张前后都为自己找出种种"理由"，作为

---

① 北京大学历史系编写：《沙皇俄国侵略扩张史》（上），人民出版社1979年版，第1页。

② ［英］弗来明著，向红笳、胡岩译：《刺刀指向拉萨》，西藏人民出版社1987年版，第3—4页。

蚕食、侵吞其他国家、部族领土的"理论根据"。这些"理论"在 16 世纪至 20 世纪初有所变化,早期的理论主要为"恢复世袭地产论"、"维护正教信仰"、"从异教徒压迫下解放斯拉夫人"等,后期的理论为泛斯拉夫主义、"自愿归附论"、"请求保护论",这些又相互关联、衔接,有内在的统一性和继承性,总体看来有三个大的方面:

1. "恢复世袭地产论"

"恢复世袭地产论"是沙皇俄国早期扩张的理论,在伊凡三世(1462—1505)晚期就已经提出,并成为沙俄对外扩张的理论。沙俄所要恢复的"世袭地产",包括两个方面,一是作为留里克王朝的继承人要恢复祖传的"世袭地产",伊凡三世时就力图把所有的俄罗斯部落统一到自己的政权之下,这就成为沙俄向西同波兰、立陶宛争夺,兼并乌克兰和白俄罗斯的借口。二是自称是罗马帝国的继承人,力图恢复罗马的"世界帝国"——第三罗马。伊凡三世和亡国的拜占庭公主结婚,并把拜占庭的双头鹰添加到国徽中,初步表明了自己是罗马帝国的继承者的立场。1613 年后,罗曼诺夫王朝的历代沙皇也都积极扩张疆土,建立"世界帝国"依然是他们的目标,彼得大帝最为典型,他把自己与建立过地跨欧、亚、非三洲的大帝国的亚历山大大帝相比,力图模仿并超过他,建立一个从波罗的海到太平洋的大帝国,并成为全世界的主宰。①

正是在这种恢复所谓的"世袭地产"理论指导之下,沙俄不断扩张,1867 年前还控制了阿拉斯加、阿留申群岛等美洲地区,形成了地跨欧、亚、美三洲的殖民大帝国。19 世纪末期,

---

① 北京大学历史系《沙皇俄国侵略扩张史》编写组:《沙皇俄国侵略扩张史》(上),人民出版社 1979 年版,第 16—19、92—93 页。

这一理论产生一个新变种——"浩罕继承论"。这是沙俄在侵吞浩罕之后，为侵占中国萨雷库勒岭以西的地区提出的，即谎称这些地区历史上属于浩罕，而浩罕又已经被沙俄侵占，所以沙俄有权继承这些地区。这一说法极其荒谬，因为这些地区本身历史上就是中国的领土，浩罕领土在灭亡前始终"没有管辖过萨雷库勒岭以西之我国所属的帕米尔地区"，沙俄根本无从继承。[①] 况且，沙俄侵吞浩罕本身就是非法的，又有何资格以浩罕继承人自居呢？其实，所谓的"浩罕继承论"只是沙俄侵吞中国帕米尔地区的借口，在1893年中俄交涉时中国政府代表就指出这一地区"归浩罕管属说，未之有闻，而其属华则确有证据"，并举出多项证据，沙俄方面则拿不出任何证据。在这种情况下，沙俄便以强权逼迫中国妥协，此招失效后又转向与英国勾结，1895年瓜分了中国所属帕米尔地区的领土。[②]

2. "斯拉夫文化优越论"：从"保护"东正教徒到泛斯拉夫主义

"斯拉夫文化优越论"是沙俄在扩张过程始终采用的理论，这是在"神圣使命"伪装下提出和宣扬帝国主义扩张思想的，到19世纪又"成为代表文化界广泛阶层的"理论。[③] 该"理论"有一个不断发展的过程，不同时期又有不同的口号，与不同的目的相联系。最初，它以"维护正教信仰"，"从异教徒压迫下解放斯拉夫人"为旗号，伊凡三世时就以保护东正教、维护斯拉

---

① 黄盛璋《驳无耻的浩罕继承论》，《中俄关系史论文集》，甘肃人民出版社1979年版。本文由马大正先生惠示，在此表示感谢！
② 中国社会科学院近代史研究所：《沙俄侵华史》（三），人民出版社1981年版，第326—336页。
③ ［美］安德鲁·马洛泽莫夫：《俄国人的扩张思想》，［美］乔治·亚历山大·伦森编，杨诗浩译《俄国向东方的扩张》，第112页。

夫人为借口，挑拨立陶宛境内天主教与东正教居民的矛盾，扩张领土。17、18 世纪，沙俄以要求波兰给予天主教徒与非天主教徒平等权利为名，1767 年入侵波兰，1872 年又伙同奥地利、普鲁士第一次瓜分波兰；① 还打着从奥斯曼土耳其帝国统治下"解放斯拉夫人"的旗号，多次向奥斯曼土耳其发动战争，夺取了黑海沿岸的大片土地，并把魔爪伸向东南欧地区。

　　19 世纪，随着沙俄对外扩张的步步得手，所谓的"斯拉夫文化优越论"在俄国文化界颇有市场，美籍俄裔学者安德鲁·马洛泽莫夫曾指出，当时俄国宣传、支持这种"理论"的既有历史学家，还有作家、诗人，他们"所说明的范围和方法各色各样都有"，而"他们的思想接触并影响了各种各样的读者"。他们一般"强调巴尔干人同俄国人之间宗教的、种族的和文化的密切关系"，极力要说明"巴尔干各族人民是愿意靠拢俄国的"。1877—1878 年的俄土战争"部分解放"了巴尔干半岛的斯拉夫人之前，他们的宣传往往"强调泛斯拉夫主义"，此后特别是出现了"1888 年保加利亚反俄倾向的事件"之后，他们便"不那么强调泛斯拉夫主义"。19 世纪 80 年代又兴起一个新学派，它"强调俄国文化同欧洲文化是截然不同的"，认为俄国文化"介于欧洲文化与东方文化之间"，负有向东方传播西方文化的"历史使命"。该学派的极端分子还强调"俄国文化与东方文化的关系更为密切"，所以"把东方合并到俄罗斯帝国里"是俄国的"历史使命"。②

　　诚如马洛泽莫夫所论，19 世纪"斯拉夫文化优越论"的确

---

　　① 《沙皇俄国侵略扩张史》（上），第 19—23、130—131 页。
　　② ［美］安德鲁·马洛泽莫夫：《俄国人的扩张思想》，《俄国向东方的扩张》，第 112—113 页。

在俄国极为流行，而更值得关注的是它包含着两方面的内容，这又是与沙俄扩张的两个方向密切配合的，首先是针对奥斯曼土耳其帝国和欧洲的，它"强调巴尔干人同俄国人之间宗教的、种族的和文化的密切关系"，极力说明巴尔干各族人民"愿意靠拢俄国的"，目的是以"解放斯拉夫人"为口号夺取奥斯曼土耳其土地的同时，又更多地带有同列强争夺巴尔干霸权的意图。对于这一险恶用心，巴尔干地区人民早有觉察，罗马尼亚人民就乘1877—1878年俄土战争之机，依靠自己的力量赢得独立，并极力反对沙俄的干预和胁迫，做好了迎击沙俄入侵的准备，而后使列强有条件地承认了它的独立；1888年保加利亚又出现"反俄倾向的事件"。①

　　与俄国的"斯拉夫文化优越论"紧密相连，泛斯拉夫主义是极力为沙俄扩张服务的一种"理论"和观念。它最早并非产生于俄国，是"匈牙利的，其次是土耳其的一切弱小的斯拉夫民族为了反对奥地利的德国人、马扎尔人，可能也是为了反对土耳其人而结成的同盟"，其"直接目的是建立一个由俄国统治的从厄尔士山脉和喀尔巴阡山脉直到黑海、爱琴海和亚得里亚海的斯拉夫国家"，这个国家要"用斯拉夫民族特征的抽象性质和斯拉夫语（当然这是大多数居民的共同语）联合起来"。但是，正如恩格斯所指出的，所谓"斯拉夫民族特征"也都只存在于"某些思想家的头脑里"，而共同的"斯拉夫语"也不存在，所以"泛斯拉夫的统一，不是纯粹的幻想，就是俄国的鞭子"。②正是因为"泛斯拉夫的统一"的不切实际，俄国的扩张主义者

---

① 《沙皇俄国侵略扩张史》（下），第170—194页。
② 恩格斯：《匈牙利的斗争》，《马克思恩格斯全集》第6卷，人民出版社1965年版，第201页。

更可以利用，俄国泛斯拉夫主义虽然在 19 世纪五六十年代抬头，但迅速地发展起来，并积极地投身到沙俄对外扩张之中。1867 年，俄国的泛斯拉夫主义组织莫斯科斯拉夫慈善委员会召开了斯拉夫人代表大会，沙皇及其贵族、官员不断接见来自奥匈帝国和土耳其的代表，这些代表虽然对沙俄抱有幻想，但会上坚决反对以俄语为斯拉夫的共同语，事实上否认了俄国泛斯拉夫主义者建立俄国霸权的企图。

1867 年后，俄国泛斯拉夫主义制造了一整套的"理论"，包括斯拉夫世界与西欧世界对立，斯拉夫世界在文化是一体的，政治上也应实现统一；东正教是真正的斯拉夫宗教，俄语应在斯拉夫语言上占统治地位，以实现斯拉夫语的统一。这些"理论"的目的是要把斯拉夫人在政治、文化上置于俄国的保护之下，为俄国控制巴尔干服务，所以沙俄政府对这些极为支持，伊格纳切夫（曾任外交部亚洲司司长、驻土耳其公使和大使）等一些政府高官也加入其中，还让俄国泛斯拉夫主义者组织"志愿军"1876 年到塞尔维亚"解放"斯拉夫人。俄国泛斯拉夫主义虽然宣称要把俄国以外的斯拉夫人"从外国的压迫下解放出来并把他们联合成伟大的自由联邦的强国"，但是其"目的无非是要把俄国的欧洲疆界向西面和南面推进"。① 巴尔干地区人民对此有所觉察，罗马尼亚、保加利亚出现了反抗沙俄压迫的斗争，此后俄国便"不那么强调泛斯拉夫主义"了。

当然，对于中亚和"东方"的"斯拉夫文化优越论"又是另一种表现，即沙俄扩张过程中总以"文明者"自居，认为自己在征服"野蛮人"和"半野蛮人"。沙俄从 16 世纪起就一直

---

① 马克思、恩格斯：《社会主义民主同盟和国际工人协会》，《马克思恩格斯全集》第 18 卷，人民出版社 1964 年版，第 492 页。

向西伯利亚、中亚和太平洋沿岸扩张，到 19 世纪末 20 世纪初许多人依然坚持这种观点，捷连季耶夫就是代表人物。他在 19 世纪中后期参与过侵略中亚的战争，1899 年完成《征服中亚史》（1906 年彼得堡俄文版），书中论述 18 世纪末沙俄对中亚吉尔吉斯人"征服"时，宣称沙俄在这些地区"设置一系列类似当时帝国内部已建立的机构，把半野蛮的臣民拴在共同的国家制度上，深入亚洲草原，开辟一条通向进步和文明的道路"。① 在他看来，俄军对中亚的烧杀抢掠和沙俄的殖民统治都是"文明"的，而这些被"征服"的国家和部族都是"野蛮"或"半野蛮"的，只有同"文明"的沙俄"拴在共同的国家制度上"，才能"开辟一条通向进步和文明的道路"，其大俄罗斯主义和"斯拉夫文化优越论"观点已形诸字句之中！

3. 武力征服下的所谓"自愿归附论"、"请求保护论"

武力征服本是沙俄扩张的主要手段，但为找到吞并其他国家、部族领土的借口，沙俄政府先以大军压境，或在多次武装入侵之后，强迫这些国家、部族的首领提出"自愿归附"、"自愿入籍"或"请求保护"，有时从该国、该部族的统治集团中的败类提出"自愿"归附或入籍的要求，沙俄则借此宣布愿意接受他们的请求，允许这些国家、部族"归附"、"入籍"，从而吞并这些国家，或者是将该部族从原来的国家分裂出去并入沙俄疆土。

在侵略中亚各国时，沙俄多次使用该国首领"自愿归附"、"自愿入籍"的"理论"。对中亚的浩罕、希瓦、布哈拉、哈萨克等国家、部族，沙俄政府进行了长期的侵略，还多次血腥镇压

---

① ［俄］M. A. 捷连季耶夫著，武汉大学外文系译：《征服中亚史》，第一卷，商务印书馆 1980 年版，第 86 页。

这些地区人民的抗俄斗争，直到 1873 年才征服希瓦，1876 年才将原浩罕国改为费尔干纳省，但是沙俄政府和御用文人却力图用"自愿归附论"进行辩护。捷连季耶夫在《征服中亚史》就宣传所谓的中亚各国"自愿归附"理论，专门罗列种种所谓"自愿归附"的"史实"，以强调这些国家、部族请求"加入俄国国籍"、"宣誓臣属俄国"等，一直就想"归附"沙俄，沙俄对它们的侵吞并非侵略，而是沙俄接纳它们的"自愿归附"。① 但是，墨写的谎言毕竟无法面对真实的历史，比如这种"自愿归附"在中亚最大的城市塔什干是这样进行的：在遭到塔什干军民的坚决抵抗后，沙俄侵略军经过激战后控制这座城市，而后企图从该城居民中弄到一份"自愿归附"的文件，又遭到了一些头面人物的拒绝，他们就把这些人逮捕，最后找到一个大哈吉（伊斯兰教法官），由他出面"拟出相应的声明，并让塔什干的谢赫们（长老们）盖印"，至此似乎最后完成"自愿归附"的程序。②

在强占唐努乌梁海、分裂外蒙古等中国边疆少数民族地区时，沙俄则主要以"请求保护"为借口。对于中国北部的外蒙古地区和西北的唐努乌梁海地区，沙俄早有侵吞之心，1912 年前后利用辛亥革命、中国对边疆控制薄弱之机，以这些地区"请求保护"的名义加以控制，以便把它们从中国分裂出去。沙俄对于外蒙古早有吞并之心，20 世纪初加紧活动，不仅派出各种"探险队"、"考察队"、"远征队"，广泛搜集情报，而且收买、笼络蒙古上层喇嘛和王公，挑拨蒙古族与满汉等各族人民关系。辛亥革命发生后，沙俄便策划了所谓的外蒙古"独立"，建

---

① ［俄］M. A. 捷连季耶夫著，武汉大学外文系译：《征服中亚史》，第一卷，第 29—31、60—61 页。

② 北京大学历史系《沙皇俄国侵略扩张史》编写组：《沙皇俄国侵略扩张史》（下），人民出版社 1980 年版，第 108 页。

立了以哲布尊丹巴为"皇帝"的"大蒙古国"。沙俄还在此前就煽动一小撮反动王公到沙俄请求"援助"和"保护",到1912年11月沙俄又与它签订所谓的《俄蒙条约》(又称《俄库条约》),宣布蒙古与中国脱离关系,由俄国"扶助"实行自治。俄国外交大臣则明确表示:"蒙人对实行自治一事,现在尚无此项能力",因此沙俄"对于蒙古势必从此担任保护之责","或者甚至非将外蒙加以合并不可"。列宁当时就此指出这是"强占蒙古"。①外蒙古地区就这样被沙俄强占了,十月革命后才重新回到中国管辖之下。

唐努乌梁海历史上就是中国的领土,唐代就曾在这里设置都督府加以管理,此后一直归中国中原王朝和边疆部族政权管辖。1727年,清政府与沙俄签订《布连斯奇条约》,就对唐努乌梁海北部的中俄国界作了明确的规定,随后还会勘边界,树立分界标志,通过条约确立唐努乌梁海作为中国领土一部分的法律地位。19世纪末,沙俄加紧侵略唐努乌梁海地区,辛亥革命发生后又把魔爪伸向唐努乌梁海。1912年2月俄国外交大臣就上奏沙皇,表示不少官员主张乘机侵吞唐努乌梁海,但又发现"证明乌梁海地区属于俄国之论据并不充分、全面"。沙皇尼古拉二世则批示,"中国已发生一些重大变化,我们必须积极地解决这一问题,否则我们在沿中国边界的任何地方均不可能为自己捞到好处",并请外交大臣回忆一下沙俄占领中国黑龙江流域的历史。于是,沙俄政府在1914年又派军直接强占这一地区,同时迫使该地区副都统衔总管贡布多尔济呈文沙皇,表示要将所辖各旗的"乌梁海人置于大俄国保护之下",接着又立即表示愿意接受这一"请求"、予以"保护"。① 在这一幕"请求保护"又接受"保护"的丑剧之后，沙俄把17万平方公里的唐努乌梁海变为殖民地，十月革命后中国一度恢复对这一地区的管辖。

（二）边疆政策

在不断扩张疆土的过程中，不管沙俄政府以何种"理论"为依据，总又以武力征服、强占强夺为手段，在新的边疆地区占领之初往往采取军事管制方式进行控制，并设立相应的行政机关，由总督、省长等加以管理，而实施政治压迫、经济剥夺、文化同化的政策。比如为侵吞中亚的布哈拉、浩罕、希瓦三个汗国和土库曼，18世纪沙俄军队就沿额尔齐斯河构筑堡垒，建成西起里海北岸、东至乌斯季卡缅诺哥尔斯克的弧形堡垒线；19世纪50年代又沿锡尔河构筑了"锡尔河堡垒线"，从斜米帕拉丁斯克到廓帕勒的"新西伯利亚堡垒线"，从而对哈萨克草原形成巨大的包围圈。沙俄政府还在已经占领的地区设立奥伦堡总督、西西伯利亚总督，进行军事管制。1864至1884年，沙俄侵略军征服布哈拉和希瓦，灭亡浩罕，吞并土库曼，不仅先后设置行政机构，建立了以塔什干为首府的土尔克斯坦总督管辖区，下设锡尔河省、七河省、费尔干纳省、撒马尔罕和外里海省5个省，不仅管辖着这些地区和从中国强占的部分领土，还控制着名存实亡的布哈拉汗国和希瓦汗国。此后，沙俄政府对这些地区加紧政治控制，残酷镇压各族人民的反抗；征收苛重的捐税，强制种植棉花向俄国输出，所需粮食则从俄国输入，把这里变成原料产地和粗劣工业品的市场；还从俄国向这里大批移民，把强占的所谓"剩余土地"分给他们，在剥夺各族人民土地的同时，强化了统

---

① 樊明方编：《唐努乌梁海历史资料汇编》，西北大学出版社1999年版，第177—185页。

治基础；歧视和压迫各族人民，把穆斯林更视为"异教徒"，摧残他们的民族文化，强制推行"俄罗斯化"政策。①

对于中亚地区的殖民统治政策，并非沙俄边疆政策的特例，又如在所控制的波兰地区，沙俄政府1885年颁布法律，规定除小学和天主教义课程使用波兰语外，其他一律强制用俄语；在芬兰，1903年废除了1809年以来芬兰就享有的立法权，又命令政府机关一律以俄语取代芬兰语和瑞典语。这是因为沙俄统治者有浓厚的"大俄罗斯主义"倾向，对于境内（含殖民地内）的非俄罗斯民族都实行歧视、压迫政策，对于乌克兰人等在语言、性格、历史等与俄罗斯族十分相近的民族，往往采用一切手段制造相互对抗、仇视情绪；对于芬兰人、波兰人等资本主义发展水平和文化水平较高的民族，则采取收买上层、压迫广大人民的手段加以控制；对于中亚各族等在经济、生活方式、语言、习俗等与俄罗斯人有很大差异的边疆地区"异族"，则采取宗法式的封建压迫、经济上的残酷剥削、文化的强制同化等手段，多管齐下，力图长期奴役、压榨。②

（三）"地理考察"：为边疆扩张服务

19世纪中后期，在沙俄侵略的过程中，往往有各种"学者"、"旅行家"组成的"探察队"、"考察队"，预先对一些尚未被强占的地区进行所谓的"地理考察"，或者称为"科学考察"，这些地区在他们的"考察"之后通常成为沙俄军队即将"征服"的目标，也成为沙俄以后即将或预定要扩张的未来的边疆地区。因此，这些所谓的"考察"事实是沙俄的一些学者为

---

① 郑绍钦：《沙皇俄国对中亚三汗国的吞并》，张宏儒、梅伟强主编《外国历史大事集》（近代部分第二分册），重庆出版社1985年版。

② 《沙皇俄国侵略扩张史》（下），第251—252、420—422页。

该国边疆扩张的重要部分，是"研究"服务于侵略的活动，尽管这些考察提供了大量的资料和数据，客观上有利于后世的科学研究。

这些"考察"活动在19世纪初就已经开始，起初是小规模的分散活动，以后逐渐发展成为大规模的、采用近代科学技术的、有计划有领导的活动，1845年帝俄地理学会成立后开始了新的阶段。该学会在19世纪中后期尤其关注中亚和中国西部、北部边疆地区，其目的也在于为沙俄的扩张服务，所以一些沙俄"学者"就承认该学会类似沙俄政府"在地理考察和地理发现方面的一个部"；1899年还宣称该学会成立至今，"一贯朝着亚洲活动，主要是朝着靠近大陆心脏、绵延成千上万俄里、同俄国交界的地区活动。俄国在亚洲的殖民政策和对这些地区的科学考察携手并进，而且俄国对被合并地区的考察，多半是或多或少地先于领土占领和边界的移动"。①

为了"考察"中国西部、北部边疆，该学会多次组织"考察队"进入天山南北、内外蒙古、西藏甚至宁夏、甘肃、青海、四川西部等地区。其中，总参谋部军官普尔热瓦尔斯基曾四次进行"中央亚细亚考察"，在内外蒙古、青海、新疆和西藏北部等地非法测绘地图，获取大量资料，第四次"考察"返回后受到沙俄政府重视，提升为陆军少将，而且参加高级军事会议，会上所作报告的题目竟是《关于对华战争的新设想》！② 他在"考察"后提出的对华扩张设想仅仅是沙俄侵华的前奏曲，以后不断变为沙俄的侵华行动，尤其是辛亥革命后乘机侵略中国新疆，

① 泽列宁：《普尔热瓦尔斯基旅行记》，彼得堡1899年版，转引自中国社会科学院近代史研究所《沙俄侵华史》（三），第338—339页。

② 中国社会科学院近代史研究所：《沙俄侵华史》（三），第339—381页。

策划外蒙古"独立"，妄图侵吞呼伦贝尔地区，强占唐努乌梁海地区。此时，陆军大臣库罗巴特金又提出，中俄之间"理想的"、"明确的"边界应是西起天山山脉的汉腾格里峰，东至海参崴东一条直线，中国新疆北部、蒙古和东北的大片领土都要纳入沙俄统治之下。[①] 但是，中国人民的抗争使这种"理想"难以变成现实，而1917年沙俄的崩溃也终结了这种"理想"。

二　苏俄、苏联时期的疆土变动与边疆理论、政策

十月革命爆发后，沙俄的统治崩溃，原沙俄时期的边疆地区出现了独立的政权，西部的部分地区一度被德国占领，1918年后远东、高加索、克里米亚、里海沿岸等部分地区又一度被协约国干涉军强占，特别是日本干涉军在1922年底才撤出远东的部分占领地区，1925年5月前仍占领着北库页岛。在这种形势下，新生的苏维埃俄国在列宁的领导下击退协约国的干涉，逐步稳固并在1922年建立了苏维埃社会主义共和国联盟。在这一过程中，列宁等俄共（布尔什维克）领导人继续1917年前对沙俄政府边疆民族理论、政策的批判，在批判的基础上强调"民族自决权"，公开承认原沙俄政府统治下的各民族都有"分离权"，其中就包含一系列的边疆理论、政策，承认了芬兰、波兰等国家的独立，又在平等、自愿原则基础上建立了苏联。

1924年1月以后，随着国内外形势的发展，以斯大林为首的苏联领导人逐步调整其内外政策，相关的边疆理论、政策也逐渐发生了变化，1936年前后又有所不同，特别是第二次世界大战期间在边疆地区采取的相关措施、政策，包括政治、军事、经

---

①　［俄］库罗巴特金：《俄中问题》，1913年彼得堡版，转引自《沙皇俄国侵略扩张史》（下），第352页。

济、文化等方面都与"斯大林体制"密切相关，其中某些方面已经违反了列宁的理论和观点。这些理论、政策对内、对外的作用和影响也与列宁时期明显不同。

鉴于列宁、斯大林两个时期的差异，下面就分两个时期，即列宁时期（1917—1924）、斯大林时期（1924—1945）进行论述。

（一）1917—1924 年：以"民族自决权"为核心的边疆理论、政策

十月革命后至列宁逝世期间，苏俄、苏联的边疆政策是列宁的理论指导下制定的，这一理论又与以"民族自决权"为核心的民族理论密切相连，因为当时边疆事务与民族事务密不可分，解决边疆问题实际上是要首先并主要地解决民族问题，边疆理论因而包含在了民族理论之中，二者密不可分。而且，就边疆民族事务而言，尽管 1923 年 7 月前是由民族事务委员部负责，该部委员斯大林在列宁病重期间大权在握，有时与列宁观点不一致，但总体上看边疆、民族事务仍在列宁指导下展开，相关理论也与列宁的理论相一致。

这一以"民族自决权"为核心的边疆理论、政策，首先建立在对沙俄时期边疆民族理论、政策批判的基础之上。十月革命前，列宁就对沙俄的边疆民族理论、政策多次进行批判，1914年在《论民族自决权》中就指出：占俄国人口 57% 的"异族人"恰恰住在边疆地区，"异族"边疆地区的资本主义发展水平和一般文化水平高于俄国中部地区，但是"这些异族人所受的压迫比在各邻国（并且不仅是在欧洲各国）所受的要厉害得多"[1]；在《论大俄罗斯人的民族自豪感》中，又把沙皇俄国称

---

[1]　［苏联］列宁：《论民族自决权》，《列宁全集》第 25 卷，人民出版社 1988 年版，第 236 页。

为"各族人民的监狱"。①

在批判的基础上，列宁逐步形成了以"民族自决权"为核心的民族理论。作为马克思主义的一项基本原则，被压迫民族有民族自决权是马克思早在资本主义上升时期就提出的，1896年第二国际又重申这一主张，明确提出"一切民族有完全的自决权"。1903年，列宁在《关于制定俄国社会民主党纲领的材料》中首次提出，俄国社会民主党民族纲领的基本要求——承认国内各民族的自决权。此后，他就民族自决权作为俄国党在民族问题上的纲领性要求，在党的历次重要会议上坚持并捍卫这一马克思主义纲领性要求。② 他还撰写多篇论著对此加以阐发，1914—1916年就发表了《论民族自决权》、《社会主义革命和民族自决权（提纲）》、《关于自决问题的争论总结》等，较为全面地阐明了自己的观点。

十月革命后，列宁和俄共又号召苏俄人民清算沙俄占有的一切赃物，继续批判沙俄政府对边疆地区的政策，如1921年3月俄共（布）第十次代表大会在决议案《论党在民族问题方面的当前任务》中就指出，俄国的"边疆地区（特别是土尔克斯坦）曾处于殖民地和半殖民地地位，被强制去充作各种原料的供给者，这些原料运到中央地区去加工制造"，使这些地区"长久落后"；沙皇政府还剥夺他们的良田，"尽量扶植俄罗斯农民和哥萨克当中的富农分子"，并力图"用一切手段"使境内流动的民

---

① 列宁：《论大俄罗斯人的民族自豪感》，《列宁全集》第26卷，人民出版社1988年版，第109页。

② 华辛芝、陈东恩著：《斯大林与民族问题》，中央民族大学出版社2002年版，第157页。

族集团、少数民族"归于灭亡"。① 在坚决批判沙俄对边疆民族的压迫、压榨政策的同时，列宁和苏俄政府又把以"民族自决权"的理论付诸实践，在政权建立之初确定为对民族地区、边疆地区的政策。十月革命后，苏俄政权就成立专门管理边疆、民族事务的民族事务部，起草、制定了许多关于民族问题的文件、法令，如《俄罗斯各族人民权利宣言》、《苏维埃政权对俄国民族问题的政策》等。《俄罗斯各族人民权利宣言》就明确批判沙皇专制时代"一方面是屠杀和蹂躏，另一方面是对各族人民的奴役"的"可耻的挑拨政策"，公开宣布新政府在民族问题上的基本原则，即俄罗斯各族人民"平等和独立自主"，有"自由自决乃至分立并组织独立国家的权利"；"废除任何民族的和民族宗教的一切特权和限制"，"居住在俄罗斯领土上的各少数民族与民族集团自由发展"。② 苏维埃政权和俄共（布）召开的历次重要会议，如全俄第三次苏维埃代表大会、俄共（布）第十次全国代表会议等也都通过相应的决议，逐步地把"民族自决"的理论政策化，并针对当时的种种问题形成了有针对性的系统化的政策。

如果说上述宣言、决议仅仅是原则性的，是粗线条的，那么此后的一些法令、决议把"民族自决"的理论政策化、具体化。首先，宣布放弃沙俄时期侵占的邻国领土，承认芬兰、波兰、爱沙尼亚、拉脱维亚、立陶宛等国的独立，并划定苏俄（联）与它们的边界。1917—1920 年间，除了苏俄管辖之下的区域外，原沙俄的其他地区（含边疆地区）建立了芬兰、波兰、爱沙尼

---

　　①　［苏联］斯大林著，张仲实译：《马克思主义与民族、殖民地问题》，人民出版社 1961 年版，第 335—346 页。
　　②　中国社会科学院苏联东欧研究所、国家民族事务委员会政策研究室编译：《苏联民族问题文献选编》，社会科学文献出版社 1987 年版，第 3—4 页。

亚、拉脱维亚、立陶宛、白俄罗斯、格鲁吉亚、亚美尼亚、阿塞拜疆等独立国家。列宁在 1917 年 5 月就明确表示要"毫无例外地解放一切被压迫民族或没有充分权利的民族","大俄罗斯人不再强制留住波兰、库尔兰、乌克兰、芬兰、亚美尼亚以及其他任何一个民族"。① 不久,他又郑重声明:"俄国的工人和农民决不扣留任何一块非大俄罗斯的土地或殖民地(如土耳其斯坦、蒙古、波斯)。打倒瓜分殖民地、瓜分兼并的土地(侵占的土地)和瓜分资本家赃物的战争!"②

十月革命胜利后,苏俄政府根据民族自决原则承认了芬兰是一个主权国家,使它在沙俄 108 年殖民统治之后实现独立,1920 年又签订苏芬《多尔帕特条约》划定边界,将贝柴摩省划归芬兰作为它在 1864 年把卡累利阿地峡一块地方割让给沙俄的补偿。1918 年波兰独立,1919 年发生了与苏俄的战争,1921 年 3 月在里加签订《波兰与俄罗斯和乌克兰和平条约》,双方承认乌克兰和白俄罗斯的独立,并把西乌克兰和西白俄罗斯划归波兰,并划定了边界。1920—1921 年,苏俄还与爱沙尼亚、拉脱维亚、立陶宛签订条约承认其独立,并与波斯、阿富汗签订友好条约,确定了苏俄与它们的边界。③

对于沙俄侵占的中国领土,苏俄在 1919、1920 年两次发表对华宣言,郑重宣布"废除与日本、中国和以前各协约国所缔结的一切秘密条约",放弃"以前夺取中国的一切领土和中国境

---

① 列宁:《给工厂和团队选出的工兵代表苏维埃代表的委托书》,《列宁全集》第 30 卷,人民出版社 1985 年版,第 38 页。

② 列宁:《有没有通向公正的和平的道路》,《列宁全集》第 30 卷,人民出版社 1985 年版,第 273 页。

③ 相关条约见《国际条约集》(1917—1923),世界知识出版社 1961 年 6 月第 1 版。

内的一切俄国租界，并将沙皇政府和俄国资产阶级从中国夺取的一切，都无偿地永久归还中国"。1923 年，苏联政府又发表第三次对华宣言，再次表示"彻底放弃"从中国人民"夺得的一切领土和其他利益"。经过谈判，1924 年 5 月中苏签订《中俄解决悬案大纲协定》，宣布"将中国政府与前俄帝国政府所订立的一切公约、条约、协定、议定书及合同等项概行废止"，并"将彼此疆界重行划定，在疆界未行划定以前，允维持现有疆界"，而且"苏联政府承认外蒙为完全中华民国之一部分，及尊重在该领土内中国之主权"。①

　　其次，强调"民族自决"的不同性质，把沙俄时期的大部分边疆地区引向了联邦制轨道。列宁曾主张建立单一制的民主集中制共和国，随着形势的变化逐渐转向主张建立联邦制国家。②1918 年 3 月，他就曾指出："在真正的民主制度下，尤其是在苏维埃国家制度下，联邦制往往只是达到真正的民主集中制的过渡性步骤"；"我们目前实行的和将要实行的联邦制，正是使俄国各民族最牢固地联合成一个统一的民主集中的苏维埃国家的最可靠的步骤"。③ 但是，如何建立联邦制国家呢？苏俄政府先在俄罗斯联邦共和国内建立了一些自治共和国，并力图解决把原沙俄统治的格鲁吉亚、乌克兰等，包括中亚等边疆地区加入联邦的问题。这又是当时形势和现实压力促成的，因为苏俄承认芬兰独立后，绝大部分边疆地区都建立了政权，这些新政府打出要求

----

① 参见复旦大学历史系编《沙俄侵华史》，第 571—574 页；王绳祖主编：《国际关系史》（四），世界知识出版社 1995 年 12 月第 1 版，第 330—340 页。

② 参见吴楚克、冬青著：《内蒙古民族区域自治与边防管理》，远方出版社 2003 年版，第 94—106 页；易清：《列宁的民族自治思想与苏联的联邦制实践》，《学术论坛》2004 年第 1 期。

③ ［苏联］列宁：《〈苏维埃政权的当前任务〉一文的初稿》，《列宁全集》第 34 卷，人民出版社 1985 年版，第 139 页。

"民族自治"、捍卫"民族独立"的旗号，乌克兰中央"拉达"
则公开反对苏俄政权。在协约国干涉、新生政权受到威胁的大背
景下，苏俄更感到了边疆民族问题的严重性，对"民族自决权"
也有了新的认识。1918 年 1 月，负责民族事务的斯大林就对
"民族自决"加以区分，强调民族自决权应解释为"该民族劳动
群众的自决权，而不是资产阶级的自决权"，并强调："自决原则
应当是争取社会主义的手段"。这一解释反映了俄共（布）在
"民族自决权"的新认识，揭穿了"资产阶级利用自决原则实现
其本阶级目的的真实面目"，鼓舞各民族工农群众为建立本民族
劳动群众的政权而斗争，俄国边疆地区的各族劳动群众先后建立
了苏维埃政权。[①] 1917 年底至 1921 年，不仅乌克兰、白俄罗斯
等建立了苏维埃社会主义共和国，而且苏俄政府还在俄罗斯联邦
内建立了鞑靼、山民、达吉斯坦等自治共和国，如在中亚地区则
建立了吉尔吉斯、突厥斯坦两个自治共和国和布哈拉、花剌子模
两个人民共和国。

　　国内战争结束后，苏俄在新的形势下开始强调俄国边疆与中
部的联盟，1920 年 10 月斯大林的言论就反映了这种变化。他在
《真理报》上撰文强调，"保证俄国中部和边疆地区之间的巩固
联盟具有很大的意义"，认为"如果没有富产原料、燃料和食物
的边疆地区的援助，俄国中部这个世界革命的策源地就不能维持
长久。同样地，如果没有比较发达的俄国中部在政治上、军事上
和组织上的援助，俄国边疆地区也必然遭受帝国主义的奴役"，
因此强调俄国边疆地区的民族和部落，如乌克兰、阿塞拜疆、土
尔克斯坦等"也和其他民族一样，有同俄国分离的不可剥夺的
权利"，如果"这些民族中的某一民族的大多数人民决定同俄国

[①] 华辛芝、陈东恩著：《斯大林与民族问题》，第 130—136 页。

分离"，苏俄就会像承认芬兰独立一样予以承认，但是"人民群众的利益告诉我们，在革命的现阶段要求边疆地区分离是极端反革命的"。斯大林还在另一篇文章中明确表示，"我们反对各边疆地区同俄国分离，因为这种分离意味着使各边疆地区受帝国主义奴役，意味着削弱俄国的革命实力而加强帝国主义阵地"。①

如何巩固这种联盟呢？联邦制就成为苏俄政府提出的合理道路，1920年下半年俄罗斯联邦就和阿塞拜疆建立军事与经济联盟，和乌克兰建立工农联盟，但1922年在建立联邦问题上列宁与一些领导人，特别是负责联盟草案的斯大林产生了明显分歧，主要是斯大林提出乌克兰、白俄罗斯、格鲁吉亚、亚美尼亚和阿塞拜疆5个苏维埃共和国根据自治共和国的权利加入俄罗斯联邦共和国，列宁则强调它们应与俄罗斯联邦共和国一起根据平等权利联合起来，建立新的联盟。在列宁的批评下，斯大林等修改了草案，促使格鲁吉亚、亚美尼亚和阿塞拜疆在1922年3月组成南高加索苏维埃联邦社会主义共和国，它和俄罗斯联邦、乌克兰、白俄罗斯3个苏维埃社会主义共和国在自愿与平等的原则上联合起来，建立了苏维埃社会主义共和国联盟，每个加盟共和国都有自由退出联盟的权利。1922年12月30日，全苏联第一次苏维埃代表大会正式开幕，通过了苏维埃社会主义共和国联盟成立宣言、条约，12月31日《真理报》发表了这一宣言、条约，至此新的联盟——苏联成立。②

其三，促进边疆地区经济、文化、教育发展，培养边疆地区的干部，消除事实上的不平等。十月革命后，苏俄境内各民族之

①　[苏联] 斯大林著，张仲实译：《马克思主义与民族、殖民地问题》，人民出版社1961年版，第101—113页。
②　华辛芝、陈东恩著：《斯大林与民族问题》，第139—141页；《苏联民族问题文献选编》，第72—79页。

间存在着事实上的不平等，各边疆地区、民族地区发展程度不同，当时共有22个边疆地区，这些边疆地区"有的工业非常发达，在工业方面和俄国中部很少有差别，有的还没有经过资本主义阶段，同俄国中部有根本的差别，另一种则是完全闭塞的"。①对此，列宁和苏维埃政权有深刻的认识，并提出了一些促进边疆地区和非俄罗斯民族地区发展的政策、计划。1921年3月，俄共（布）第十次代表大会通过《关于党在民族问题方面当前任务的决议》，指出沙俄时期的压迫、同化政策使非俄罗斯民族"不能充分发展并造成了它们政治上的落后"，确定了在这些地区的四项任务，包括发展和巩固适合当地条件的苏维埃国家制度，发展和巩固使用本民族语言、熟悉当地情况的本地人组成的政权机构，发展使用本族语言的文化教育事业，迅速培养本地的熟练工人和党务干部。该决议分析了边疆地区和非俄罗斯民族地区的不同状况，并提出了有针对性的方针、政策，还强调"消灭民族事实上的不平等是一个长期的过程"，这种不平等首先表现在"处于殖民地或半殖民地地位的边疆地区（特别是土耳其斯坦）"成为了原料的供应地，党在通过"消灭各种民族不平等而斗争"以"赢得东方边疆地区劳动群众的信任"。

苏联成立后，边疆的范围有所扩大，边疆、民族地区的发展问题更加突出，俄共（布）和苏联政府对此更为重视。1923年4月，俄共（布）第十二次代表大会通过《关于民族问题的决议》，明确指出各民族间存在着事实上的即"经济上和文化上的不平等"，"为消除各民族事实上的不平等而斗争，为提高各落后民族的文化和经济水平而斗争"是党的重要任务。这年6月，

①　[苏联]斯大林著，张仲实译：《马克思主义与民族、殖民地问题》，人民出版社961年版，第134页。

俄共（布）中央政治局又制定了贯彻这一决议的实际措施，主要是在边疆地区和非俄罗斯民族地区的劳动分子中培养干部，吸收他们参加党和苏维埃的建设；开办使用当地语言的学校、俱乐部和其他教育机构，组织扫盲协会和出版工作，将文化落后民族中的初级学校经费列入全国预算；通过一系列政策发展经济，包括调整移民，发展水利，把国有土地分配给当地劳动居民，发放低息农业贷款，工厂迁往盛产原料的地区，进行技术培训；组织党的教育工作，选拔民族干部参加中央机关工作，以"促进中央在边疆地区的党的日常工作"等。该决议还强调"在边疆地区必须常常采用不同的工作方法"，"应当根据当地的情况行动"，要向当地民族拥护苏维埃制度"忠实地工作的分子让步"。[①]

这些方针、政策在这一时期得到了较好的落实，俄共（布）和苏俄、苏联政权在政治上支持和帮助非俄罗斯民族的政权建设，经济上支援边疆地区和民族地区的经济建设，并致力于发展边疆地区和民族地区的文化教育。比如在经济方面，铲除了沙俄政府的殖民政策，把土地归还给本地居民，使非俄罗斯人同俄罗斯居民一样享受平等的土地权，其中乌克兰在1921年就把没收的地主土地大部分分配给农民；注意改进和提高农业生产技术，并通过无偿提供种子、农具、住房等促进了农业生产，比如哈萨克斯坦农户的播种面积从1920年到1925年增加30%；反对外国干涉和国内战争期间，俄罗斯联邦与其他苏维埃共和国在经济上相互援助，比如俄罗斯联邦1920年给白俄罗斯提供10亿卢布垫款和工业企业所需物资，给亚美尼亚送去粮食和石油；向边疆地区和民族地区转移工业企业，按地区重新分配资源，比如1922年从俄罗斯

① 《苏联民族问题文献选编》，第39—50、80—96页。

联邦中部向布哈拉送去纺织厂、造纸厂、制革厂等的设备，使中亚、外高加索等地区的工业生产大大超过了革命前的水平。①

其四，反对大俄罗斯沙文主义与地方民族主义。十月革命后，列宁和斯大林等领导人极力批判大俄罗斯沙文主义，同时又批判地方民族主义，以消除历史上遗留下来的民族隔阂，缓和各民族间的矛盾。这既是民族政策的重要内容，又是边疆政策的一部分，因为这些问题在边疆地区更加突出。在俄共（布）第十、十二次代表大会上，对这些问题进行了更为集中的讨论和批判，斯大林又是这种讨论和批判的倡导者。

在俄共十大上，斯大林在提交大会讨论的《论党在民族问题方面的当前任务》中就指出，一些在边疆工作的大俄罗斯共产党员"往往缩小民族特点在党的工作中的意义，或者完全不重视民族特点，在自己的工作中不考虑某一民族的阶级结构、文化、生活习惯和过去历史的特点"，因而庸俗化和歪曲了"党在民族问题方面的政策"，"就使他们脱离了共产主义而倾向于大国主义、殖民主义、大俄罗斯沙文主义"。同时，"当地土著居民中的共产党员经历过民族压迫的苦难时期"，他们"往往夸大民族特点在党的工作中的意义，抹杀劳动者的阶级利益，或者把某一民族劳动者的利益和这一民族'全民族的'利益简单地混淆起来"，"使他们脱离共产主义而倾向于资产阶级的民族主义"，有时"具有大伊斯兰主义、大突厥主义的形式（在东方）"。他以代表大会的名义斥责这两种倾向，强调"消除共产主义中的民族主义的、首先是殖民主义者的动摇，是党在边疆地区的最重要的任务之一"。在为此次大会所作的报告和结论《关于党在民族问题方面的当前任务》中，他再次强调要反对和批

① 参见华辛芝、陈东恩著：《斯大林与民族问题》，第177—184页。

判"俄罗斯大国沙文主义"和"地方民族主义"两种倾向，并且举例指出"柯尔克兹伊斯兰居民从来不养猪，而粮食人民委员部却按摊派方式要他们交猪"，以强调在边疆工作中一定要注意"所碰到的经济状况、阶级结构和过去历史方面的一切特点"。[1]

在俄共十二大上，他在提交代表大会讨论的《党和国家建设中的民族问题》中，重申"大国沙文主义是大俄罗斯人过去的特权地位的反映"，"同大俄罗斯沙文主义残余作坚决斗争是我们党当前的第一项任务"；由于过去所受民族压迫和民族耻辱感的作用，一些非俄罗斯民族出现了"防御性的民族主义"，"在某些有几个民族的共和国内"往往"变成进攻性的民族主义"，变成"在这些共和国内较强大的民族反对弱小民族的顽固的沙文主义"，这在格鲁吉亚、阿塞拜疆、布哈拉和花剌子模都非常突出。在为这次大会所作的报告和结论中，他再次强调反对和批判大俄罗斯沙文主义和"地方沙文主义"，还针对党内一些同志删去关于地方沙文主义危害性的内容的建议，进一步说明同时批判大俄罗斯沙文主义和地方沙文主义的必要性。[2]

对于这两种主义的批判为政策的实施扫除了障碍，在当时产生重大的影响，俄共十大、十二大制定的一系列民族政策和具体措施之所以能够得以贯彻实施，很大程度上又得益于这两次大会后较长时期内对这两种主义的批判。但是还应看到，即使是在列宁的领导下，苏俄（苏联）政府在边疆问题上也表现出某些大俄罗斯主义的倾向，首先是格鲁吉亚、阿塞拜疆、亚美尼亚三国

---

[1] ［苏联］斯大林著，张仲实译：《马克思主义与民族、殖民地问题》，第114—136页。

[2] 同上书，第166—200页。

加入联邦问题。当三国尤其是格鲁吉亚要求以加盟共和国的资格加入即将成立的联盟时，斯大林极力压制，先是主张这三国直接加入俄罗斯联邦，后又变为三国组建南高加索联邦再加入苏联。列宁得知此事后极为愤怒，指出斯大林应对"真正大俄罗斯民族主义的运动负政治上的责任"，而斯大林并未就此进行自我批评。① 其二是在对外政策方面为维护其狭隘的国家利益，也显露出大俄罗斯主义和大国沙文主义的倾向，比如对于中国的唐努乌梁海和外蒙古，十月革命后中国政府已经恢复行使主权，但苏俄（苏联）政府并未遵守有关对华承诺，而是将它们都作为政治实体对待，支持它们同中国的分离运动，1921 年不仅成立唐努图瓦共和国，为以后吞并该地区做了准备，而且支持蒙古人民革命党成立人民革命临时政府，1924 年又建立蒙古人民共和国。这些都成为 1924 年后斯大林和苏联政府偏离列宁理论、侵占别国领土以扩张疆土的先声。

（二）1924—1945 年：疆域的变动与边疆理论、政策

这 20 多年间，苏联建成世界上第一个社会主义国家，随后又进入卫国战争，国内形势、国际环境的发展和由此出现的边疆、民族问题及任务，无疑都对它的边疆理论、政策产生了很大影响，其边疆理论、政策往往体现在苏联政府的各种政策和活动之中，又与国际局势的变动相关连。从总体上看，根据形势的发展和苏联边疆的状况，大致可以分成 1924—1938、1939—1945 两个阶段。而且，苏联的边疆理论又与斯大林的民族理论密切相关，并对边疆地区的发展、苏联与周边国家的关系都产生很大影响。

1. 1924—1938 年：转变中的边疆理论、政策

这一阶段，苏联大力推进社会主义建设，提前完成第一、二

---

① 参见华辛芝、陈东恩著：《斯大林与民族问题》，第 170、63—79 页。

个五年计划，1936年宣布建成社会主义制度，形成以发展重工业为中心的工业体系、农业集体化和严格的指令性计划经济、高度集权的政治经济体制，确立了苏联社会主义模式。社会主义的建成提高苏联的国际地位，它在1934年被邀请加入国际联盟，面对德、意、日法西斯势力的抬头，苏联力图维护国家安全和边疆稳定，又多次向西方国家呼吁建立集体安全体系。因此，随着国内外形势的发展，苏联的边疆既面对着如何发展、促进民族团结的问题，也面临着如何稳固、维护国家安全的任务。斯大林和苏共为此不断从列宁时代的理论向前发展、转变，尤其是斯大林的民族理论①也直接影响了苏联的边疆理论，特点是对内扩大联盟的基础，发展边疆经济文化，强调民族团结，对外强调维护边疆稳定和国家安全。

在建设社会主义国家的过程中，为巩固边疆、发展经济，苏联在边疆采取了一系列的政策，首先是调整边疆民族地区的行政区划，设立了一批新的自治共和国、自治州、民族专区，并增加加盟共和国的数量，从而扩大了联盟的基础。1924年以前，俄罗斯联邦已经在民族地区设立了一些自治共和国、自治州，从1925年起在极北的多尔艾、曼西等少数民族地区又陆续设立了十几个民族专区，在濒临太平洋的哈巴罗夫斯克边疆区建立了乌尔奇、纳乃、阿留申等民族州，②使这些小民族第一次享受到了自治权。而且，1936年12月前，对于原属于俄罗斯联邦中亚地区也进行了大规模的调整，1924年俄共（布）中央通过了中亚民族国家划界的决议，随后在原来吉尔吉斯、突厥斯

---

① 斯大林的民族理论问题请参见华辛芝、陈东恩著《斯大林与民族问题》等相关论著。

② 刘庚岑：《关于前苏联、俄罗斯联邦扶持其北方小民族的问题》，《世界民族》1997年第1期。

坦、布哈拉、花剌子模等共和国基础上，成立了乌兹别克、土库曼、塔吉克、哈萨克、吉尔吉斯五个加盟共和国；又将南高加索联邦解散，格鲁吉亚、亚美尼亚、阿塞拜疆成立三个加盟共和国。

到 1936 年底，苏联边疆地区的格局出现了重大变化，苏联的国家构成也随之变化，1936 年的苏联宪法以根本大法的形式确认了上述变化，即苏联由 11 个加盟共和国在自愿联合的基础上组成，除了原来的俄罗斯联邦、白俄罗斯、乌克兰外，又增加了中亚五国和外高加索三国。这既是苏联边疆民族地区本身的社会发展、地位提高促成的，又反映了苏联对边疆地区非俄罗斯民族权利的重视，某种程度上又是对 1922 年失误的纠正，特别是在外高加索，使格鲁吉亚等三国在 14 年后成为加盟共和国，最终获得了与俄罗斯联邦平等的地位。

其二是发展边疆、民族地区的经济文化事业，促进边疆地区的社会进步，同时又把苏联中部的模式强加于边疆地区。1925—1937 年间，联共（布）先后提出社会主义工业化、农业集体化的任务，苏联政府大力推进工业化建设和农业集体化运动，1929—1937 年间第一、二个五年计划又都提前完成，从而使苏联在 1932 年即实现了农业集体化，工业产量 1937 年跃居世界第 2 位。在边疆地区，苏联政府采取了一些促进发展的措施，产生了一定的积极作用，比如在中亚地区，苏联政府实行财政倾斜政策，加大资金、设备的投入，加快能源、冶金等重工业基地和以棉花、谷物为特色的农业基地的建设，"一五"、"二五"期间实行明显的倾斜政策，各国的财政预算大部分来自中央，还享受信贷、免税等优惠政策；派大量的人才前往支援，1928 至 1936 年就有 170 万斯拉夫人来到中亚；大力发展文化、教育、科学事业，十月革命前中亚的识字率仅为 2.3%，经过 20 多年的发展，

1939 年已经达到 77.7%。① 同时，由于许多政策本身的缺陷和执行中的偏差，尤其是农业集体化中不顾实际情况、追求速度，又对边疆地区的发展产生消极影响。比如哈萨克共和国 1929 年秋开始大规模的集体农庄运动，1930 年 12 月已有 40.6% 的农户加入；牧区的集体化相对缓慢，到 1932 年游牧区和半游牧区时加入集体农庄或农场的分别为 35.1% 和 53.8%。这一过程中，该共和国领导人采取强制加入的方式，结果造成牲畜无人照料而死、人们因饥饿而亡，数十万人被饥饿夺去生命。②

其三是强调民族团结，继续批判大俄罗斯沙文主义和地方民族主义，但又把"阶级斗争尖锐化"的观点贯穿于对这两种倾向的批判之中，错误地"清洗"了边疆地区的干部、群众。1924 年 1 月列宁逝世以后，斯大林和联共（布）在民族问题上强调民族团结，一如既往地批判大俄罗斯沙文主义和地方民族主义。1930 年 6 月，他在联共（布）第十六次代表大会上就强调，这两种倾向不仅存在，而且还在发展，"必须揭穿和暴露这两种倾向的真面目"，大俄罗斯沙文主义是"党内在民族问题方面的主要危险"，"反映着从前占统治地位的大俄罗斯民族中的垂死阶级想恢复自己已经丧失的"，其实质是"企图抹杀语言、文化和生活习惯方面的民族差别；企图准备撤销民族共和国和民族区；企图破坏民族平等权利原则，破坏党关于机关民族化与报刊、学校及其他国家组织和社会组织民族化的政策"。对于地方民族主义，他认为这"反映了过去被压迫民族中垂死阶级对无产阶级专政制度的不满，反映了它们想单独建成自己的资产阶级

①　胡延新：《苏联开发中亚边疆少数民族地区的经验、教训和启示》，《东欧中亚研究》2000 年第 6 期。

②　马大正、冯锡时主编：《中亚五国史纲》，新疆人民出版社 2000 年 2 月第 1 版，第 222—224 页。

民族国家并在那里确立自己的阶级统治的企图",其实质是"力图独树一帜并在本民族的狭隘范围内闭关自守,力图抹杀本民族内部的阶级矛盾,力图用脱离社会主义建设主流的方法防御大俄罗斯沙文主义,力图漠视那些使苏联各民族劳动群众接近和联合的东西,而只看到那些使他们彼此疏远的东西"。①

　　与俄共(布)十大、十二大时的批判对比,上述论断很显然是把"阶级斗争日益尖锐化"的观点贯穿于民族问题的认识之中,这一观点恰恰是此时斯大林对苏联国内形势的主要判断。在这种判断的指导下,这次大会通过的决议案更明确地把这两种倾向与阶级斗争联系起来,指出"与国内阶级斗争的尖锐化相联系,党的队伍中大国沙文主义和地方沙文主义的民族偏向,日益活跃起来",强调"党应当加强反对民族问题上的这两种偏向及对这两种偏向的调和主义的斗争"。② 这次大会的论断对边疆的发展产生了极大的影响,尤其是对边疆地区的肃反运动起到了推动作用,从而使边疆地区与苏联其他地区一样,许多优秀干部、著名的知识分子、原反对派分子和无辜群众受到迫害,进行了一场完全错误的政治大清洗。为推进边疆地区的肃反运动,斯大林曾专门致信亚美尼亚、乌兹别克的共产党中央,指示他们不要让"人民的敌人逍遥法外",使这两个共和国的干部队伍受到严重摧残。③ 其他边疆地区,肃反同样在残酷地进行,比如哈萨克共和国的 18 位高级党政负责人和许多哈萨克族知识分子被清洗,有人认为这是"齐根砍掉了民族精华——土著民族的知识分子";又如吉尔吉斯的主要领导人和知识界的代表人物廷尼斯

---

　　① [苏联]斯大林著,张仲实译:《马克思主义与民族、殖民地问题》,第312—320 页。

　　② 同上书,第358 页。

　　③ 姜长斌等著:《斯大林政治评传》,中央党校出版社1997 年版,第566 页。

坦·乌鲁都受到迫害，塔吉克在 1933—1938 年的两次清洗后使共和国党政机关中的当地民族干部所剩无几。① 这种清洗无疑对边疆地区的发展和民族关系产生了极其消极的影响，尽管斯大林在 1935 年时还强调"苏联各族人民的友好是一个巨大而重要的成就"，认为十月革命 17 年来的民族政策终结了"苏联各族人民之间过去的那种互不信任"，使"各族人民的友爱正在发展和巩固着"，② 因为正是他的理论、政策破坏了"正在发展和巩固着"的"各族人民的友爱"，埋下了互不信任、仇恨乃至几十年后苏联裂变的种子。

对外，为维护边疆稳定和国家安全，苏联也制定相关的政策。1924 年前，苏联就与德国和周边的阿富汗、波兰等 10 个国家或政权建交，1924 年英国、意大利、挪威等国纷纷与苏联建交，1925 年初又与日本建交，至此已有 23 个国家承认了苏联，使苏联的国际环境大大改善，它与邻国的建交又有利于边疆的稳固。进入 20 世纪 30 年代以后，德、意、日法西斯势力抬头，尤其是德、意法西斯利用英、法的绥靖政策，在侵略埃塞俄比亚、干涉西班牙内战、兼并奥地利上不断得逞，日本在侵占中国东北、华北后又有"北进"之势，威胁着欧、亚各国的安全和世界的和平，苏联东、西两面的边疆地区都受到了威胁，更促使苏联积极开展外交活动以维护国家安全和边疆稳定。苏联在 1931 至 1933 年间先后与邻国阿富汗签订中立和互不侵犯条约，与芬兰、波兰签订互不侵犯条约和《和解专约》，而后与阿富汗、爱沙尼亚、拉脱维亚、伊朗、罗马尼亚、土耳其、立陶宛、南斯拉

---

① 马大正、冯锡时主编：《中亚五国史纲》，新疆人民出版社 2000 年版，第 229、292、328 页。

② ［苏联］斯大林著，张仲实译：《马克思主义与民族、殖民地问题》，第 323—324 页。

夫、捷克斯洛伐克等国签订《关于侵略定义的公约》；又向英、法等国呼吁建立集体安全体系，经过谈判到 1935 年与法国、捷克斯洛伐克签订互助条约。[①]

苏联的这些外交活动反映了它当时的国家安全观，即以防御性为主，以集体安全保卫本国利益和世界和平，其中的一些努力就直接涉及边疆的稳定、安全，特别是与邻国签订的互不侵犯条约、和解专约、关于侵略的定义等，应当说既有利于维护世界和平，也有利于苏联的安全和西部、南部边疆的安全。但是，在远东地区，苏联的政策与 1924 年前也大不相同。1927 年前，苏联给予中国的革命事业很大支持，中国的反动军阀因此执行了反苏政策，1927 年后南京国民政府也执行反苏政策，双方关系急剧恶化。1931 年后，日本军国主义侵占中国东北、华北，1937 年又发动全面侵华战争，同时还策划"北进"，1938 年发生了张鼓峰事件，由于苏联红军打击日军的气焰，日军暂时放弃"北进"计划。因此，1924 至 1938 年间苏联远东的边疆地区的确形势严峻，这种情况下苏联政府的防御性政策本属自卫行为，但是在自卫的同时苏联又表现出明显的民族利己主义和大国沙文主义倾向，这突出地体现在唐努乌梁海、外蒙古、中东路问题上。

1924 年以后的 10 多年间，苏联政府并未按照以往的承诺，将"以前夺取中国的一切领土和中国境内的一切俄国租界"无偿地"永久归还中国"和"承认外蒙为完全中华民国之一部分"并"将彼此疆界重行划定"，反而极力对华扩张。对于唐努乌梁海，1926 年将它改名为"图瓦人民共和国"，为 1944 年并入苏

[①] 内容详见《国际条约集》（1924—1933），世界知识出版社 1961 年版，第 488—513 页。

联逐步创造条件。① 对外蒙古，苏联支持建立蒙古人民共和国，1936年又签订互助议定书，表示当一方的"领土一旦受到第三国攻击的威胁时"双方要"进行协商"，并采取"为他们领土的保卫和安全所需一切必要措施"；如果"一方遭受军事攻击"，双方要相互援助，"包括军事援助在内"。② 这里的"第三国"显然是指日本，但中国也被视为"第三国"，这就违反了苏联政府在1924年所作的承诺。对于中东铁路，苏联力图长期维持中苏"共管"状况，日本侵占中国东北后苏联虽表示"中立"，但不顾中国抗议1935年低价卖给了伪"满洲国"，事实上承认了这一伪政权。

2. 1939—1945 年：战争影响下的边疆理论、政策

1939年3月，德国法西斯利用英、法的绥靖政策又侵占了捷克斯洛伐克，这年9月又大举入侵波兰，英、法对德宣战，第二次世界大战全面爆发，到1941年夏天纳粹德国已经占领了西欧、北欧和巴尔干地区的14个国家，使苏联受到了严重的威胁。1941年6月，纳粹德国突然向苏联发动大规模进攻，苏联卫国战争初期苏军连连失利，波罗的海沿岸、高加索地区、乌克兰等西部的大片国土受到德军铁蹄蹂躏。1942年1月，莫斯科保卫战取得胜利，苏联形势才有所好转，1943年2月斯大林格勒战役胜利后卫国战争发生了转折，从根本上扭转了战局。1943年8月，苏军展开战略反攻，相继收复了高加索、乌克兰等失地，1944年解放了本国的全部领土，并进入波兰、罗马尼亚、保加利亚、南斯拉夫等国作战。1945年5月8日，苏军与西方盟军

---

① 樊明方编：《唐努乌梁海历史资料汇编》，西北大学出版社1999年版，第234—287页。

② 《国际条约集》（1934—1944），世界知识出版社1961年版，第57—58页。

相配合，攻克柏林，9 日德国投降，欧洲战争结束。这年 8 月，苏军又在中国、朝鲜军民配合下，击溃并解除了中国东北和朝鲜北部的日本关东军的武装，还攻占了南库页岛和千岛群岛的各岛屿。9 月，日本无条件投降，第二次世界大战结束。在这场世界大战的进程中，苏联的疆土发生巨大的变化，边疆的形势也不断变化，斯大林和苏联政府在战争中也制定了相关的内外政策，对内主要是发展边疆地区的经济文化事业，1941 年后极力巩固和建设中亚边疆地区，把亚洲腹地变成了大后方，同时显现出强烈的大俄罗斯主义，错误地强制迁移少数民族；对外在防御、抗击外来侵略的同时，向周边邻国扩张领土，暴露出大国沙文主义和民族利己主义倾向。

首先，苏联从 1938 年 3 月起正实行第三个五年计划，采取了一些促进边疆地区经济文化发展措施，比如"三五"计划的前三年半，苏联向哈萨克共和国的工业、交通、通信方面的投资总额达到 30 亿卢布，使该共和国 1940 年的有色金属产量已居全苏第 2 位，铅产量占全苏总产量的 85%，紫铜产量占全苏总产量的 16%，而且同一时期的石油生产发展迅速，并在卡拉干达煤矿建成 22 个大型机械化矿井；制定了大力发展农业机械化的政策，加紧开垦荒地，在三年半的时间内新增耕地 100 万公顷，播种面积达 680 万公顷。[1]

1941 年 6 月，苏联卫国战争爆发后，苏联的欧洲部分大部分沦为战场，远东地区又受到日本军国主义的威胁，因此中亚地区便成为苏联边疆地区中最稳定的大后方，苏联中央政府从这里组建、征调部队参战，向这里疏散工矿企业和高校科研机构，指令

---

① 马大正、冯锡时主编：《中亚五国史纲》，新疆人民出版社 2000 年版，第 224—228 页。

在这里生产武器弹药和各种军用物资。各共和国人民不仅积极参战，而且在中央政府领导下进行工业改组，发展农牧业，为卫国战争的胜利进行作出了重要贡献。比如乌兹别克，1941 年 11 月至 1942 年 3 月间就迅速建立了 14 个民族军团，加入苏军主力部队开赴战场，而卫国战争期间约有 100 万人上了前线；从 1947 年 7 月起，该共和国的国民经济即转入了战时轨道，原有的 1346 个企业 1942 年 12 月前绝大多数已经转为生产军用物资，1941 年下半年疏散到该共和国的 104 座工厂也投入了军工生产；尽管人力不足、化肥农机减少，40% 的男性参加红军开赴前线，妇女成为农业生产的主力军，但该共和国 1941 至 1943 年粮食作物的播种面积仍逐年增加，年年超额完成粮食、生丝、畜牧产品的生产任务，把武器弹药和粮食、战马和其他各种军用物资源源不断地送往前线。卫国战争期间，苏联政府还把一些高校和苏联科学院的许多研究所迁到乌兹别克共和国，许多著名学者和科学院院士来到这里，一些高校和这里的原有院校合并，1943 年还成立了乌兹别克科学院，对该共和国科学文化教育事业的发展具有重要的意义。①

其二，在斯大林的错误理论指引下，苏共和苏联政府混淆了民族与阶级两个不同的概念，用阶级斗争的观点简单粗暴地对待民族问题，卫国战争爆发前就开始在边疆地区进行强制迁移少数民族，战争期间继续大规模进行，破坏了民族关系，影响了边疆稳定。1938 年时，斯大林就认为各民族之间的互不信任已经不存在，苏联的民族问题也已经解决，② 并继续以"阶级斗争日益尖锐化"的观点指导民族问题。在错误地清洗之后，斯大林和苏联政府从 1936 年

① 马大正、冯锡时主编：《中亚五国史纲》，第 266—270 页。
② 兰建英：《论苏联解体的民族因素》，《四川师范大学学报》（社会科学版）2003 年第 9 期。

起就把边疆地区的民族强行迁移，或者把一些少数民族整体地迁往边疆地区，包括 1936 年 4 月决定从乌克兰迁移"不可靠"的 35820 名波兰人到哈萨克，1937 年又把与伊朗、阿富汗、土耳其、朝鲜毗连的边境地区的各族居民迁往内地，1939 至 1941 年合并波罗的海三国和波兰领土后把各族居民数十万迁到苏联东部。卫国战争爆发后，苏联又把境内的德意人看作德国的内应，多次把他们迁往中亚等地区，还以"背叛行为"、"通敌"为由整个把卡尔梅克、车臣、印古什、克里米亚鞑靼等民族迁往中亚边疆或东部等地区。这种强行迁移一直持续到二战以后的 1952 年。

有学者根据苏联的档案作过统计，这种强制迁移仅较大规模的行动就有 24 次，涉及 20 多个民族的约 440 万人，其中整个民族被迁走的有 11 个，而发生在 1936 至 1944 年间的就有 18 次，涉及 300 多万和 20 多个民族。这些强制迁移主要有三种类型，一是边境地区的跨界民族，目的是防止被敌人利用，以保卫国家安全，但代价很大，极大地伤害了民族感情；二是新并入苏联的波罗的海地区和西乌克兰、西白俄罗斯等地区的资本家、旧官吏、民族主义者等反动分子，但又被严重地扩大化了，既株连了家属，又把仅有不满情绪的人当作了反动分子；三是以"通敌"为由强行迁走的整个民族，尽管其中确有少数人通敌，但这种粗暴地强制迁移并未真正铲除不安定的根源，反而使这些民族失去了对苏联政府的信任。因此，这种强制迁移是斯大林极左的阶级斗争理论的恶果，极大地伤害了被迁移民族的感情，加速了被迁移民族被同化的过程，破坏了民族地区经济，延缓了这些民族文化发展进程，又埋下了民族冲突的种子。[①]

---

① 初详：《苏联斯大林时期强制迁移少数民族及其后果》，《西伯利亚研究》1998 年第 2 期。

　　其三，二战期间以武力向周边邻国扩张领土，并与美、英等大国共同确定有利于本国的世界格局，根据本国利益确定周边邻国的疆土，严重损害了一些邻国的主权完整和边疆稳定。二战期间，苏联遭受了德国法西斯的侵略和日本军国主义的威胁，苏联人民和政府的确为世界反法西斯战争的胜利贡献了力量，为维护世界和平发挥了重要的作用。但是，二战期间苏联政府又执行了扩张领土的政策，并根据自身利益确定邻国的疆土，侵害了周边邻国的利益，表现出强烈的民族利己主义、大国沙文主义倾向。这表现在 1939 至 1945 年的整个战争过程中。1939 年，苏联与德国签订互不侵犯条约，在秘密附加议定书中划定了双方在波罗的海沿岸、波兰和东南欧的势力范围。[①] 尽管苏联对此极力否认，但在 1939 年 9 月德国入侵波兰侵吞其西部大片领土后，苏联即于 9 月 17 日出兵波兰，很快占领了其东部的西乌克兰和西白俄罗斯，而后把这 20 万平方公里的波兰领土并入苏联，而德国对此并未反对，足以说明双方的默契。

　　1939 年 11 月，苏联因要求租借芬兰部分领土被拒绝而发动战争，1940 年 3 月双方签订和平条约，与芬兰重新划定波罗的海沿岸的边界，又租借其汉科半岛及附近岛屿 30 年。1940 年 6 月，苏联又要求罗马尼亚把双方有争议的比萨拉比亚归还苏联，并把布科维那北部交给苏联作为占领比萨拉比亚 22 年的赔偿，8 月即出兵占领这些地区，迫使罗马尼亚同意了苏联的要求。[②] 在占领这些地区后，苏联在从芬兰夺取的地区建立了卡累利阿—芬兰加盟共和国，把从罗马尼亚夺取的布科维那北部划归乌克兰共

---

　　① 　王斯德主编：《世界现代史参考资料》，高等教育出版社 1988 年版，第 387—389 页；《国际条约集》（1934—1944），第 226—232 页。

　　② 　《国际条约集》（1934—1944），第 250—253、268—270 页。

和国，把比萨拉比亚并入摩尔达维亚（今译为摩尔多瓦）自治
共和国，升格为加盟共和国。这一年，苏联又乘德国迅速侵吞西
欧的时机，以武力胁迫波罗的海三国"加入"苏联，因此苏联
在1940年又向西扩张了约47万平方公里，边界向西推进了二三
百公里，并增加了拉脱维亚、立陶宛、爱沙尼亚、卡累利阿—芬
兰和摩尔达维亚五个加盟共和国。1941年6月以后，德军首先
侵占了苏联这些新扩张的地区，直到1944年才被苏军"收复"，
而在此前苏联更关心如何把1941年前的占领在战后合法化，所
以1943年12月在德黑兰会议上斯大林就同英、美两国首脑讨论
了波兰问题和芬兰问题，苏联与两国的边界又是讨论的主要议
题。① 三国首脑在波兰、芬兰代表未在场的情况下就达到默契和
妥协，基本认可了苏联方面的要求，为苏联战后合法地获得波
兰、芬兰领土创造了条件。1945年2月，在雅尔塔会议上，苏、
美、英三国又讨论了波兰的边界问题，雅尔塔协定根据苏联的要
求作了初步的规定；7月在波茨坦会议的议定书中，又根据苏联
的要求确认了波兰的西部边界，使苏联对所占波兰领土合
法化。②

在远东地区，苏联在防御日本军国主义过程中，同样表现出
了大国沙文主义和民族利己主义，这主要体现于1944年将中国
唐努乌梁海地区并入苏联，而且在外蒙古、中东路问题上也有此
种倾向。1945年前，日本军国主义威胁着苏联边疆的安全，
1939年发生诺门坎事件，遭到苏联与外蒙古军队迎头痛击，才

---

① 王绳祖主编：《国际关系史》（六），世界知识出版社1995年版，第283—292页。
② 《国际条约集》（1945—1947），世界知识出版社1959年版，第6、89页；吴伟：《苏联与第二次世界大战中的波兰边界问题》，《首都师范大学学报》（社会科学版）1995年第4期。

感到"北进"困难，调整对苏政策。1941 年 4 月，日本与苏联签订中立条约，双方保证维持和平友好关系，并相互尊重"领土完整和不可侵犯"；如果一方"成为第三者的一国或几国的战争对象"，另一方"在整个冲突过程中将保持中立"。而且，该条约还附有《声明》，苏联表示"保证尊重满洲国的领土完整和不可侵犯"，日本则"保证尊重蒙古人民共和国的领土完整和不可侵犯"。① 这样，两国相互承认了各自对中国的东北、外蒙的控制，以中国领土做交易，达成了"中立"。

1943 年在德黑兰会议上，斯大林还与英、美领导人达到妥协，即击溃德国后苏联参加对日作战，苏联则在战后从中国得到一个不冻港，这就在牺牲中国利益的基础上满足了苏联的要求。在这次会议上，斯大林还提出战后要日本归还库页岛和千岛群岛，库页岛本是中国领土，19 世纪中叶日、俄展开争夺，1875 年两国签订条约，规定日本将所占的库页岛南部转让给沙俄，沙俄则把所占的千岛群岛的北部岛屿交给日本作为补偿。日俄战争后，两国在 1905 年签订和平条约，规定沙俄把库页岛南部及附近岛屿割让给日本。② 1945 年 2 月，苏联在雅尔塔会议上向美、英提出了对日作战的条件，包括"外蒙古（蒙古人民共和国）的现状须予以维持"；苏联恢复日本在 1905 年获得了各项权利，即"库页岛南部及邻近一切岛屿交还苏联"，苏联在大连享有"优越权益"，得以租用旅顺港为海军基地，中东铁路、南满铁路由中、苏"共同经营"；"千岛群岛须交予苏联"。该协定表示，"有关外蒙古及上述港口铁路的协定"须"征得"中国方面

---

① 《国际条约集》（1934—1944），世界知识出版社 1961 年版，第 303—304 页。

② 《国际条约集》（1872—1916），世界知识出版社 1986 年版，第 9—14、254—259 页。

的"同意"，根据斯大林的提议，由美国方面"采取步骤以取得该项同意"。① 这就严重损害了中国的领土和主权完整，所谓"征得"中国"同意"无非是大国意志下迫使中国认可。对于涉及战后日本的内容，三国当然认为不必征得同意，所以二战后苏军即攻占库页岛与千岛群岛。

　　苏联在1939至1945年的上述政策，很显然背离了列宁时代的边疆政策，其根源在哪里呢？这首先与斯大林极左的阶级斗争理论有关，许多政策正是在这一理论指导下制定、实施的。其次就是大俄罗斯沙文主义在作怪，尽管斯大林本身是一个格鲁吉亚人，尽管他曾经多次严厉批判大俄罗斯沙文主义，但是他和许多同时代的俄罗斯人都残留着大俄罗斯沙文主义，而且随着苏联的强大和卫国战争的不断胜利而更加膨胀，并且体现于内外政策之中。对内，斯大林强调俄罗斯民族的贡献，贬低、否认非俄罗斯民族的作用，比如1945年5月招待红军将领时就宣称俄罗斯人"是苏联各民族中最杰出的民族"，在卫国战争中是"公认的苏联各民族的领导力量"。事实上，苏联各民族都为卫国战争的胜利做出了很大贡献，无论是俄罗斯民族还是非俄罗斯民族，无论是边疆地区还是在苏联内地。② 对外，斯大林又继承了沙俄的传统，一贯搞大国沙文主义的对外扩张，因而周边邻国成为了他扩展疆土的对象，并利用二战的有利形势达到了这一目的。

① 《国际条约集》(1945—1947)，世界知识出版社1959年版，第8—9页。
② 参见华辛芝、陈东恩著：《斯大林与民族问题》，第198—205页。

第六节　英国、日本：侵略扩张与
殖民地"边疆"的理论

这 80 多年间，作为岛国的英国、日本都在向外扩张，扩张状态上有很大的差异，又在某些方面又有相似之处。差异主要表现在：英国在 19 世纪末已经成为拥有广大殖民地的"日不落帝国"，日本此时仅仅在朝鲜和中国的台湾建立殖民地；20 世纪上半期英国在民族解放运动的冲击下不得不采取措施以维护殖民体系，日本仍处于继续扩张的上升阶段，二战时期才达到顶峰；二战结束时日本殖民统治体系已被摧毁，英国的殖民体系在二战后才逐步瓦解。相似之处在于：它们的扩张手段与殖民统治方式、作用有接近之处，即通过以武力为主的手段强占别国领土，占领后政治上压制、经济上压榨、文化教育上奴化和同化；其侵略扩张和殖民统治都遭到当地人民的反抗，不得不采取一定对策，包括与所属殖民地的邻国划定疆界以隔绝各国人民的联合斗争，拉拢上层、压迫人民等。因此，它们本土的边疆、边界问题并不突出，而是在向外扩张、建立和维护殖民统治的过程中，产生了自己的"疆界"理论，在边界、边疆问题上制定相关政策，本节拟对此作初步探讨。

一　英国：殖民统治与"疆界"理论

19 世纪末，英国已拥有广大的殖民地，号称"日不落帝国"，20 世纪上半期这种扩张仍在进行。据统计，1876 年时英国拥有 2 250 万平方公里的殖民地和 25 190 万人口，1914 年殖民地面积增加到 3 350 万平方公里，其人口达到 39 350 万，相当于英国本土面积的 137 倍和人口的 8 倍多。一战后，在"委任统治"的名义下，英国和它的自治领获得了德国绝大部分海外殖民地，又取得奥斯曼土耳其的伊拉克、巴勒斯坦（含后来划分出来的约旦）。二战期间，英国部分殖民地被德、意、日占领，战后其殖民体系才土崩瓦解。

英国的侵略扩张和殖民统治不断激起被压迫民族的反抗，19世纪末20世纪初民族解放运动更风起云涌，尤其是两次世界大战之间各国人民的斗争使英国的殖民帝国面临着崩溃的危险。为挽救殖民帝国崩溃的命运，英国在武力镇压、分化瓦解各国人民的同时，又出台了各种政策、措施，比如1931年11月通过《威斯敏斯特法》，承认加拿大、新西兰、南非等自治领独立解决对内对外政策的权利，扩大自治领的"自治"权力，以缓和自治领与英国的矛盾，集中精力应对殖民地的反英运动。[①] 而且，这些政策中又有一些与殖民地的边界、边疆有关，因为英属印度的重要性，许多问题在这里更加突出，所以下面仅以英属印度为中心，就边界划定、边疆理论进行简要论述。

1. 英属殖民地的划界问题：以英属印度为中心

19世纪70年代以后，随着瓜分世界的斗争日益激烈，列强在加紧争夺亚非各国的同时，又不时相互妥协。虽然英国在争夺殖民地过程处于领先地位，夺取大量的殖民地，但也不得不同法国、意大利、德国等为划定殖民地、势力范围等的界线进行协调。为所属殖民地之间、殖民地与其他邻国之间的范围、界线进行谈判，导致划界问题不断出现。比如在19世纪末，英国、法国加紧争夺东南亚，双方在西非尼日尔河流域也展开争夺，并在中国的西南边疆地区划分势力范围上有冲突，矛盾极为尖锐，尤其是英国在侵吞缅甸之时，法国侵占了越南、柬埔寨、老挝，此时他们还要

---

① 王斯德主编：《世界现代史参考资料》，第264页。

面对德国、俄国等在其他地区的争夺。在这种形势下，英、法在争夺中就逐步达成妥协，1896年签订《关于暹罗等地的宣言》，对它们之间需要解决的势力范围、殖民地边界等问题作了规定，在印度支那它们同意维持暹罗的"独立"，把该国作为双方殖民地之间的缓冲国，并划定了在暹罗的势力范围，任何一方不得把军队开入"波查武里河、湄克龙河、湄南河和邦巴公河（波查武河）及其各支流的流域，从塔潘到孟巴塞海岸及上述两地的河流的流域，在上述海岸入海的其他河流的流域，以及湄南河谷以北位于英暹边界、湄公河及湄因的东部分水岭之间的领土"；双方同意以湄公河的主航道作为两国"属地和势力范围的分界线"，以解决在印度支那半岛上的矛盾；规定两国派人"以相互协议的办法，确定下尼日尔以西英国和法国的属地之间的最公平的分界线"，把中国的云南、四川作为两国共同的势力范围。①

　　19世纪末20世纪初，以印度为基地向周边的扩张是英国这一时期殖民扩张的重要部分。为巩固扩张的成果，又不断强迫阿富汗、波斯、中国认可英国提出的边界，并与沙俄在争夺过程中不断妥协，力求扩大并稳固英国在南亚、中亚的殖民统治。因此，英国的这些扩张既是与亚洲人民反抗、沙俄争夺的过程，又是它不断地强制各国划界的过程。1876年，英国将印度命名为印度帝国，同年占领俾路支，1878—1879年将阿富汗沦为英国的附属国，1886年又将缅甸并入印度，1887年又将哲孟雄（锡金）、马尔代夫变为保护国。同时，它又对中国的云南、西藏、新疆虎视眈眈，1876年强迫中国开放云南，利用阿古柏伪政权企图把新疆从中国分裂出去，1888、1904年又再次侵略西藏，1911年前后还企图乘中国辛亥革命之机把西藏分裂出去，1913

---

① 《国际条约集》（1872—1916），世界知识出版社1986年版，第145—147页。

至 1914 年又在西姆拉会议上妄图支持西藏的分裂势力搞"西藏独立"。这些殖民扩张首先遭到了被侵略的亚洲各国人民的反抗,又与沙俄控制中亚、窥视南亚、侵略东亚的目标发生了冲突,引起了双方以中亚为中心的"大角逐"(great game)。面对亚洲各国人民的反抗,英帝国主义力图以武力镇压、分化瓦解等方式巩固统治,又力图用分而治之的办法割断各国人民的联系,所以一方面在印度等殖民地内调整行政区划,比如 1898—1905 年就在英属印度设置西北边境省,把孟加拉强行分为两个省,在殖民地内划出新的界限,就是为了隔绝印度各地区、各部族人民的联系;另一方面在力图划定英属殖民地与阿富汗、中国等邻国的边界,目的在于借划界侵占邻国的领土和分隔各国、防止各国人民联合。而且,为了在全球的整体利益,英国在与沙俄争夺的同时也相互妥协、让步,特别是为对抗德、奥、意的"三国同盟",建立英、俄、法"三国协约",英国与沙俄在有关问题上要相互协调,所以英国往往以自身的需要划定各自殖民地的缓冲区和界线,或者以调解为名干预所属殖民地的两个邻国之间的边界,英国干预波斯与阿富汗的划界就是例证。

就英属殖民地与邻国划界而言,杜兰线是英国强制阿富汗划定的,非法的"麦克马洪线"是英国妄图划定的英属印度与中国西藏的界线,都是在英、俄两国"大角逐"的大背景下产生的,在划定、提出时就反映了英国帝国主义的某些边界观念。杜兰线是 1893 年划定的英属印度西北地区(今属巴基斯坦)与阿富汗之间的边界线,因英印政府首席谈判代表杜兰(Henry Mortimer Durand)而得名。该线将位于阿富汗和英属印度之间的部落居住区分成两部分,北部由阿富汗控制,南部由英印政府控制,英属印度辖区包括开伯尔地区的阿夫里迪人(Afridis)、马赫苏德人(Mahsuds)、瓦兹利人(Waziris)、斯瓦特人(Swat)等部落和奇特拉尔（Chitral）、吉尔吉特（Giligit）酋长辖地。① 对于这条边界线，美国学者拉铁摩尔曾评述说，英国在印度划定了"印度帝国"的疆界，也企图把这条政治边界绝对化、永久化，西北边疆地区政治上很明确的界线却变成了边缘地带，"杜兰边界线"事实上成为"已治"与"不治"的两个部落区域的界限。② 这只看到问题的一个方面，英国学者马克斯韦尔在《印度对华战争》中则较为清楚的提出，杜兰线不是一条很好的边界，"从人种上、战略上、地理上来看，都是不合逻辑的"，但它适合英国的目的。③ 其目的就是对印、阿边界的部落居住区"分而治之"，既把这些部落、地区置于自己的控制之下，形成印阿之间的隔离带，又能用它们牵制阿富汗，达到控制阿富汗和这些部落的双重目的。

麦克马洪线是英帝国主义在1913—1914年西姆拉会议上提出的，是为侵略中国领土、把西藏从中国分裂出去的印度、西藏分界线，以英国的首席代表麦克马洪而得名。19世纪末20世纪初，英国两次侵略中国西藏，都未能把西藏从中国分裂出去，中国爆发辛亥革命后认为有机可乘，妄想把西藏从中国分裂出去，变成它控制下的"缓冲国"。1912年以后，英国以不承认中华民国相威胁，又采取种种手段迫使袁世凯政府多次妥协让步，最后同意在印度西姆拉召开所谓的三方代表会议。1913年10月至1914年7月，三方会议在西姆拉召开，英国代表就是英印政府外务大臣麦克马洪，整个会议期间他一边指使西藏地方代表向中

---

① 黄心川主编：《南亚大辞典》，四川人民出版社1998年版，第108—109页。

② Inner Asian Frontiers of China, by Owen Lattimore, *American Geographical Society*, New York, 1940, pp. 238—242；赵敏求译《中国的边疆》，正中书局1941年版，第158—160页。

③ ［澳大利亚］内维尔·马克斯韦尔著，陆仁译：《印度对华战争》，世界知识出版社1981年版，第13页。

国中央政府代表提出种种无理要求，一边又以中间人的身份进行所谓的"调解"，实际上压迫中国中央政府代表让步。会议一开始，夏札就在英国代表支持下提出了"西藏独立"等六项要求，遭到中国中央政府代表的拒绝和严厉驳斥。在这种情况下，麦克马洪就以"调停人"身份要求讨论所谓西藏与中国的"边界问题"，1914 年 2 月又抛出了所谓的"内藏"、"外藏"的划界线，这都遭到中国政府坚决反对。这年 7 月，英国方面和西藏地方政府的代表在《西姆拉条约》上签字，陈贻范奉命拒绝签字，同时代表中国政府郑重声明对此条约不能承认。中国驻英公使也向英国政府作出同样的声明。这就使英国利用三方会议引诱西藏"独立"、分裂中国领土的阴谋最后破产。这次会议期间，麦克马洪还与西藏地方代表以秘密换文的方式进行交易，即作为支持西藏"独立"和建立"大西藏国"的报酬，把门隅、珞瑜和下察隅的九万平方公里中国领土割让给英属印度，麦克马洪还划了一张所谓的"印藏边界线"，把达旺等地也划入了英属印度境内，这就是臭名昭著的"麦克马洪线"。这条线无视中印之间在东段边境地区已有的传统习惯线，仅仅根据英国的侵略扩张意图，用简单勾勒的方式划出了一条边界线。对于这条线，中国历届政府从未承认，英国政府在相当长的时间内既不敢公布这一换文，也不敢改变地图上关于这段边界的历来划法。1936 年，这条非法边界线开始出现在英国和印度的地图上，1938 年英印政府又伪造了《艾奇逊条约集》第 14 卷的 1929 年版本，把麦克马洪和西藏代表的秘密换文偷偷塞进这个伪造的版本中，1939至 1944 年英印军队又侵占了"麦克马洪线"以南中国的大片领土，1947 年又把所占中国领土交给了印度，但英国和印度的地图在 1954 年以前仍注明为未定标界。当年麦克马洪抛出这条所谓的"边界线"时，就希望通过划界侵占中国领土、扩大英国的殖民地，其次是制造英属印度与周边邻国的矛盾，又以调解为名加以干预，借以控制印度、侵略其他国家，虽然 1947 年英国被迫从南亚撤退了，但它制造的矛盾却留给了中印人民，并导致了 1962 年的中印战争。

就英国调解所属殖民地的两个邻国之间的划界而言，英国干预的波斯与阿富汗的划界和李奇维线就是典型例证。近代以前，波斯与阿富汗、波斯与印度之间未曾划定明确的边界线，因边界地区发生的冲突、战争多次发生。英国占领印度后，力图利用它们之间的边界问题加以挑拨，1856 年还向波斯发动了侵略战争。1857 年，英国与波斯签订《巴黎和约》，规定由英国"调解"波斯与阿富汗冲突、主持确定波斯与阿富汗、波斯与印度的边界线。1870 年，英国取得波斯同意后派代表团先到濒临阿拉伯海的莫克兰地区，确定了波斯和印度的边界，所划界线明显偏袒英属印度。1872 年，英国的代表团又到锡斯坦地区划界，这一地区面积 18 000 平方公里，赫尔曼德河、法腊河等多条河流汇入该地区的中心盆地，形成范围很广的沼泽地和湖泊。英国的代表团为此颇费心机，把这一地区一分为二，把赫尔曼德河口和大部分沼泽地及可开垦地划给波斯，又将赫尔曼德河的主干流划给阿富汗。这样划分的目的就是"分而治之"，其结果就是波斯有很多可垦地却缺少足够的灌溉用水，阿富汗获得了丰富的水资源却缺少可资开垦的土地，于是双方从此为赫尔曼德河的用水问题争吵不休，1977 年才达成一项河水分配的条约，英国划定波、阿边界时的潜在恶果才告终结。①

李奇维线是 1887 年划定的阿富汗西北地区与俄属中亚地区

---

① 王绳祖主编：《国际关系史》（三），世界知识出版社 1995 年版，第 137—138 页。

的边界线，因参与勘界谈判的英国首席外交代表李奇维而得名。1870 年以后，沙俄极力拉拢阿富汗，英国担心阿富汗成为沙俄侵吞中亚后的下一个目标，所以同俄国展开交涉，1875 年达成协议，表示阿富汗应是不包括在俄国势力范围内的独立国家，双方均应维持阿富汗的"领土完整"。但是，英、俄两国都未遵守这一协议，1878 年英国发动侵略阿富汗的战争，到 1881 年因阿富汗的抵抗才撤退。1884 年，沙俄侵吞土库曼斯坦的谋尔夫，逼近阿富汗，英国要求划定俄阿边界，但沙俄拖延划界，1885年还侵占了原属阿富汗的平狄（或译为彭狄）绿洲（今属土库曼斯坦）。双方的争夺达到了白热化的程度，大有战争一触即发之势，但并未为此兵戎相见，而是在牺牲阿富汗利益基础上进行谈判，1885 年签订划界议定书，把原属阿富汗的平狄绿洲及其以南的大片土地划归俄国，同年英、俄代表开始勘界，到 1887年 8 月《英俄勘分阿富汗西北边界协定》签字，勘界结束。① 这标志着英俄在阿富汗西北地区和俄属中亚之间建成了缓冲带，在一定程度上缓解了双方在中亚的对抗局面，而英国是以牺牲阿富汗领土主权的方式，确保了所属印度殖民地的和平。

2. 殖民地的"边疆"理论：以寇松（George Nathaniel Curzon）等为代表

19 世纪末至 20 世纪上半叶，由于英属殖民地民族解放运动的风起云涌，"殖民地边疆"问题引起英国一些人，特别是那些长期在印度等殖民地任职、考察过的官员、学者的关注，寇松就是其中的代表人物，赫勒德（Thomas Roldich，1843—1929）和

---

① 王绳祖主编：《国际关系史》（三），第 138—145 页；朱新光：《英俄角逐中亚与 1887 年阿富汗西北边界协定》，《贵州师范大学学报》（社会科学版）2000 年第 2 期。

麦克马洪（Arthur Henry Mcmahon，1842—1949）的有关论述也值得关注。

　　寇松（1859—1925）出身于英国贵族家庭，早年就读于英国著名的伊顿学院、牛津大学，这时即对英帝国的东方事务有浓厚兴趣。他在大学毕业后投奔保守党，1886年当选议员。此后，他以议员身份周游世界，先后考察俄国、波斯、阿富汗、中国、日本和东南亚，陆续出版了《波斯与波斯问题》（*Persia and Persia Question*，1892）、《远东问题》（*The Far East Problem*，1894）和《中亚细亚的俄国》（*Russia in Central Asia* in 1889，1889）。他在1891—1892年出任印度事务部次官，1895—1898年任外交部次官；1898—1905年出任英属印度总督，任内实行高压政策，设置西北边境省，把孟加拉强行分为两个省，还派军入侵中国西藏。1907年他出任牛津大学校长，1914年再度从政，参加战时内阁，1915年任掌玺大臣，1916年任保守党议会领袖和上院议长，1919—1924年任外交大臣。他在1911年被授予伯爵，1921年又被授予凯德勒斯顿（Kedleston）侯爵。①

　　寇松1898年前的三部著作是根据当时的国际形势和游历所得写成，在书中把沙俄视为英国的头号竞争对手，其次是德国，再次是法国，认为俄国在中亚的扩张对英属印度构成了威胁；强调印度对于英帝国的重要意义，认为应当以印度为基地与俄国展开对中亚的争夺。《远东问题》是其中值得关注的一本，此书共四编，前三编详细介绍了日本、朝鲜和中国的情况，最后一编进行了前景展望。他在展望远东未来时，首先分析了所谓"远东的命运"，认为正在崛起的日本将成为未来远东地区的"大英帝国"，

---

　　① 有关寇松的情况，可参见 George Nathaniel，*The Life of Lord Curzon*，Ernest Benn Ltd.，London，1928.

中国的未来正与日本相反，朝鲜的命运则取决于邻国的发展。基于这一认识，他在该书最后一章《大不列颠在远东》明确指出，世界经济的一体化必然导致政治的"融合"，这种"融合"就意味着西方列强对东方落后国家的兼并、分割，远东还有少数国家"处于政治动荡之中"，"政治边界（political boundaris）尚未确定"，一旦它们的"政治归属、政治边界确定下来，商业的开发就将启动"。在列强争夺远东的过程中，英国具有独特优势，即依托印度"打通远东门户的陆路和铁路"，通过海上力量保护、控制"海上通路"。因此，他以帝国主义者的口吻，充满自信地预言："大不列颠在远东的地位是如此的强大，我相信它将更加强大！"

为维护并巩固英国在远东的强大地位，他提出了自己的建议和看法，包括商业竞争、传教、外交政策等，其中至少有两点与边疆有关：一是强调英属印度的重要性，"正是帝国对印度的征服把我们推向了必然前进的潮流，这种潮流使我们敲开了中国的大门，使我们（的疆土）与暹罗的北部边疆复合"，而且它还是英国与列强争夺远东的基地。二是强调了解远东各国边疆、边界的迫切性，他在论及英国外交政策问题时指出，不少国家忽视保存、搜集邻国边界、边疆与政治等情况的图书资料，在伊朗的麦什德（Meshed）他未发现一本有关阿富汗边界问题的书，暹罗的曼谷他也未找到有关缅甸、暹罗与中国边界的书籍，似乎日本东京也有类似情况。他为此建议英国的外交部、印度事务部搜集有关的资料，为以后的外交决策服务。①

1898 年前的著作已表明了作为帝国主义者的寇松的立场，即认为印度是英国同俄国等争夺中亚、远东的基地，而远东那些

① Hon. George N. Curzon, *Problems of the Far East*, Longmans, Green, and Co., London, 1894, pp. 418—435.

在他看来"政治边界"尚未确定的国家，正是要去宰割、兼并的对象。他的这一思想在担任英印总督期间进行了充分的实践，他在英属印度通过高压政策和分而治之的办法强化统治，设立西北边境省和孟加拉分省就是明证；对外则派遣侵略军对中国西藏发动战争，企图把西藏地区从中国分裂出去，进而在中亚争夺取得对沙俄的优势。但是，他毕竟低估了中国与南亚人民的反抗力量，也忘了此时英国迫切需要与沙俄协调以对抗德国，所以就在他为侵略中国西藏的胜利欢呼时，也不得不在内、外双重压力之下辞职。

1905 年，寇松担任牛津大学校长，此后他似乎进入了学者行列，但是担任英印总督的经历为其新书——《边疆线》（*Frontiers*）在 1907 年的出版提供了材料。在这本新作中，他主要关注日益脆弱的英帝国边疆，特别是英属印度的疆域的持久安全，主张以更加有力的推进政策（forward policy）加以维护。在他看来，边疆线被视为一个帝国的成功和这个民族维护帝国意志的关键："沿着上千英里的遥远边境线，将出现我们 20 世纪的边防骑士"。① 当然，他在书中对"自然边界"和"人为边界"的问题也发表了意见，他认为："当较大的政治集合体（political aggregations）开始取代较小的集合体时，就会发现自然边界不能满足要求了。需要用人为边界补充或取代它们就变得十分必要，通过对种族、语言、商业、宗教和战争等复杂问题的处理找到其最初的依据。"②

---

① Lord Curzon of Kedleston, Frontiers, Oxford, 1908. *See Geoffrey Parker*, *Western Geopolitical Thought in the Twentieth Century*, Croom Helm ltd, Sydney, 1985, p. 33。

② Lord Curzon of Kedleston, Frontiers, Oxford, 1907. *see Andrew Gyorgy*, *Geopolitics: the New German Science*, University of California Press, Berkeley and Los Angeles, 1944, p. 229.

一战以后，再度从政的寇松对国际局势更感兴趣，特别是1919—1924年担任外交大臣期间，他对于边疆问题也时有涉及，著名的"寇松线"就是他在一战后的得意作品。俄国十月革命胜利后，如何防范革命之火蔓延成为英、法、美等帝国主义列强关心的问题，寇松又是英国扼制俄国政策的实际执行者，他不仅在1919—1920年任命麦金德为英国驻南俄罗斯高级专员，联络波兰和俄国的邓尼金集团，而且提出以划定波兰与邻国边界为目的的东欧边界方案，其中波兰、苏俄的边界是核心内容。由于苏俄没有出席巴黎和会，和会也没有划定苏波边界，1919年12月寇松提出一条临时边界线，把应属于波兰的一切地区都划归波兰，这就是著名的"寇松线"。波兰对于这条线并不满意，要求把历史上曾列入波兰版图的住有大量立陶宛人和乌克兰人的辽阔地区也划入波兰。1920年10月，波苏两国签订《里加条约》，"寇松线"以东的西白俄罗斯和西乌克兰也并入波兰。

立陶宛与波兰的边界也基本上按照"寇松线"划定，但是维尔纳却引起了两国争议，寇松便建议两国谈判解决归属和划界问题。1920年2月，苏俄与波兰发生战争，苏俄红军一度占领维尔纳，苏俄根据这年7月与立陶宛签订的《莫斯科条约》承认其独立，并把维尔纳划给立陶宛，波兰则拒绝承认这一条约划定的立陶宛边界，于是维尔纳问题引起波兰、立陶宛两国争端。国际联盟理事会介入争端，曾听取两国的主张，一度试图进行"公民投票"决定归属，但波兰派军强占这一地区。1923年，国联在立陶宛坚决反对的情况下，公然承认波兰对维尔纳的主权，协约国大使会议划定波兰与立陶宛边界时又把它划给波兰。立陶宛为此一再向国联控诉，要求收回维尔纳，20世纪20年代波立关系则一直处于紧张状态。

寇松提出的这条线，本来是为了强化波兰的地位，防止苏俄的影响，法国也对新兴的"大波兰"颇为支持，认为这是"防疫线"上的基本的一环。但是，波兰恰恰对这条线最不满意，力图在得到线内地区的同时扩大领土，于是产生了同苏俄、立陶宛的冲突，虽以苏俄满足其要求、立陶宛无力夺取维尔纳而结束，却使波兰同周边邻国的矛盾加剧。① 这条线非但没有起到"防疫"的作用，反而为以后波兰外交上的孤立埋下隐患。一位西方学者曾这样评价寇松及其"寇松线"：1917 年的俄国革命使陆权和海权的二分法加入了新的意识形态标准，寇松的外交政策反映了当时资本主义国家统治者的当务之急——防止共产主义扩散，"寇松线"就是在这种背景下提出的；虽然这条线符合威尔逊在凡尔赛提出的民族自决原则，也有利于加强东欧的缓冲地带，但是波兰人拒绝接受，还侵犯了俄国。②

　　除了寇松外，赫勒德（Thomas Roldich，1843—1929）对于边疆问题的研究和麦克马洪关于边疆、边界的论述也值得一提。詹奥吉（Andrew Gyorgy）称赫勒德是一位一流的实践型的地理学家，曾在印度和远东为英国政府服务多年，被授予"爵士"。他撰写最重要的著作是有关东亚边界问题的，而 1892 至 1898 年间在印度的考察对他撰写此书有很大帮助。1916 年，他出版了《政治边疆与边界的确定》（Political Frontier and Boundary Making）一书，对地理学家与政治学家在"初始问题"上的冲突，例如在人为的政治边界划定问题上进行了很好的论证。在他看来，划定边界是一个非常复杂的问题，要想成功划定边界，从根本上讲要依据各种事实，比如要全面地了解当地的地势地形状

---

　　① 王绳祖主编：《国际关系史》（四），世界知识出版社 1995 年版，第 82—83、407—410 页。

　　② Geoffrey Parker, *Western Geopolitical Thought in the Twentieth Century*, Croom Helm ltd, Sydney, 1985, pp. 48—49.

况，还要了解边界沿线的种族分布状况，这就意味着要研究沿线的种族、民族、少数民族问题，要了解当地的特点和要求。[1] 这表明，作为一个曾对印度殖民地进行过实际考察的地理学家，赫勒德认识到了划定边界或界线的复杂性，从学术的角度提出了一个学者的见解，即要慎重地划定"人为边界"，要考虑到划界地区复杂的自然地理条件和人文地理状况。

麦克马洪长期在英印政府任职，曾经参与英属印度与周边邻国的划界工作，既参加过俾路支与阿富汗的边界勘定，又仲裁过波斯与阿富汗的边界问题，还参加过杜兰线的标界工作，在西姆拉会议上又提出了非法的中印边界线，即臭名昭著的"麦克马洪线"。这位多次参与边界划定、勘定的英印官员，在实践中对边疆、边界问题有所认识，首先是他认为创造和标定边界是一种艺术，而不是科学，认为"可以得心应手地塑造出多少形态呀！"[2] 其次是他认为"边疆"、"边界"是两个不同的概念，他在 1935 年对皇家艺术学会发表的一次演说中就指出，边疆是指边境的一片广阔地方，也许由于它的地势崎岖或其他的困难，因而成为两个国家之间的缓冲地带；边界是一条明确的线，要么用文字叙述（"划定"）来表达，要么是在地面上树立一系列的实物标记来标明（"标定"）。按照他的意思，边疆是一个近似值，其答案可能是"大体上如此这般的一个地区"，边界则是一项对国家主权界限的肯定而确切的声明。[3] 这一论述可以说是他对多

---

① Andrew Gyorgy, *Geopolitics: the New German Science*, University of California Press, Berkeley and Los Angeles, 1944, p. 229.

② ［澳大利亚］内维尔·马克斯韦尔著，陆仁译：《印度对华战争》，世界知识出版社 1981 年版，第 42 页。

③ 《皇家艺术杂志》，转引自阿拉斯太尔·蓝姆著，民通译《中印边境》，世界知识出版社 1966 年版，第 16 页。

次参加边界工作的总结，又从一个角度对他提出的"麦克马洪线"作了说明，因为边疆是两个国家之间的缓冲地带，它的地势崎岖或其他的困难等特征颇为突出，所以他想把沿着喜马拉雅山脉作为中印两国的缓冲地带。在确定边界线时，他又强调边界是一条明确的线，需要以文字"划定"或在地面上"标定"，为了对英属殖民地的"国家主权界限"作一个"肯定而确切的声明"，他可以无视中印东段边界已有的传统习惯线，要人为地划出一条线，而且还解释划定两国边界是可以随意"塑造"形态的艺术！正因为他把划界当成了艺术，所以连1962年参加对华作战的一位印度军官都对"麦克马洪线"的荒谬感到不解。他在反思这次错误的对华战争时就指出，"麦克马洪线"是1914年由麦克马洪"在一张没有经过测量的地图上"，"只是凭他对地理的猜测"，画出的"一条不精确的喜马拉雅边界线"，但正是凭猜测画出的这条线造成中印冲突，"终于导致了战争"。①

二　日本：对外扩张与殖民地"疆界"理论

日本在明治维新后迅速崛起，力图实现"脱亚入欧"，19世纪末以邻国作为侵略扩张的目标，通过战争侵吞了琉球、朝鲜和中国台湾等地区，在东亚确立了霸权地位，成为世界强国之一。20世纪初，日本军国主义势力不断增加，通过日俄战争击败沙俄，强占中国东北地区的南部，而后不断扩军备战，乘一战之机扩大对华侵略，战后又在亚太地区同美国展开争夺。1931年，日本军国主义制造"九一八事变"，侵占中国东北，成为第二次世界大战的祸源地之一。1937年，日本又全面发动侵华战争，

---

① ［印度］尼兰詹·普拉沙德著，汇苓译：《一个印度侵华将军的自白》，世界知识出版社1984年版，第11—12页。

而后与德国、意大利法西斯形成"轴心国"集团，1941年发动太平洋战争，其侵略势力一度扩展到东南亚和南太平洋地区。但是，侵略者难逃灭亡的下场，日本军国主义在侵略扩张达到极致时也是它开始走向覆灭之时，在全世界反法西斯力量的共同抗击下，特别是中国军民和东南亚人民的艰苦抗战，1943年前后日本军国主义被迫由攻转守，1945年8月无条件投降。

从19世纪70年代至二战结束，这80多年既是日本军国主义势力从兴起到灭亡的时期，无疑又是中国、朝鲜、东南亚各国抗击侵略、争取民族独立的时期。这一时期，如果仅就日本而言，伴随着军国主义的兴起、发展和覆灭，日本国内——无论是官员、御用学者，还是民间人士——的研究自觉或不自觉地为军国主义的扩张服务，他们的相关研究主要是针对琉球（今日本冲绳）、朝鲜、中国等邻国，并提出了"征韩论"、"国权论"、"欲征服支那必先征服满洲"、"南进"或"北进"等对外侵略扩张理论。这些研究和理论往往集中在周边国家、国际形势方面，邻国及其边疆又是其关注的重心。

1. 失之于欧美，取之于邻国：侵略邻国，扩展"疆界"

明治维新前，在西方列强的压力下，德川幕府被迫与美、英、法、俄等国签订不平等条约，这使日本的民众和爱国人士极为不满。1868年，讨幕派在"王政复古"旗号下推翻幕府统治，建立以天皇为首的维新政权。此后，该政权对内实行废藩置县、殖产兴业、改革地税、兵制和文明开化等政策，以加强中央集权、发展近代产业和文化教育。对外，该政权在1868年就提出修改不平等条约的主张，1869年又派以岩仓具视为首的使团出访美、英等国，向列强提出修改条约的问题，但遭到各国拒绝，直到1894年才在日英新约中实现了收回法权和部分税权的愿望，大致摆脱了不平等条约的束缚。在同列强修改条约受挫的过程中，日本国内也出现了没落武士阶层因利益受损而不满的问题，在这种情况下，"失之于欧美，取之于邻国"的呼声不断高涨。

据研究，这种思想早在欧美侵略日本时就已产生，如吉田松阴在 1855 年就主张从朝鲜、中国夺取土地，以补偿与欧美贸易所受的损失；1857 年，桥本左内也讲："把美国视为东藩，西洋作为藩土，与俄国结成兄弟唇齿之邦，略取附近的国家，是第一要紧的事。"这种思想在明治维新后又"被继承下来，作为新兴日本的国策加以推行"。① 在德川势力尚未推翻、维新政权尚未稳固之时，伊藤博文就上书朝廷主张废藩，并把它与对外政策联系起来，强调若不废除"全国各藩之诸侯"，"则百年之后，欲求耀皇国武威于海外，难矣"。如果他所说的"耀皇国武威于海外"仅仅是对"百年之后"的设想，并未指明耀武扬威的具体对象，那么不久后木户孝允就把侵略矛头明确地指向西邻朝鲜。1869 年初，日本维新政权遣使朝鲜，通知不久后"王政复古"、要求修好等事宜，朝鲜未当即做出回复。这年 1 月 30 日，日本使团才抵达朝鲜，但是在 1 月 26 日木户孝允就指责朝鲜"无礼"，主张"鸣其罪，攻其罪"，使"天下之陋习忽焉一变，远定目标于海外"，提出"征韩论"。他还强调"征韩"的重大意义，即"立皇国之大方向，使亿万人之目光由对内一变而为对外"。3 月 12 日，他在日记中又表示"征韩之念勃勃在胸"，还解释说"虽曰征，非乱征之也，乃欲推广世界之道理也"。② 很显然，他自己也明白，"征韩"不是因为朝鲜的"无礼"，也不是因为朝鲜侵犯了日本，而是日本要转移视线，使国内不满现状

① 伊文成、马家骏主编：《明治维新史》，辽宁教育出版社 1987 年版，第 555 页。

② ［日］信夫清三郎著，周启乾等译：《日本政治史》，第二卷，上海译文出版社 1988 年版，第 209—210 页。

的阶层"由对内一变而为对外";要"推广世界",即通过对外扩张,"远定目标于海外"。

在维新政权内,参议西乡隆盛、板垣退助等人也持"征韩论",因此1872年前后这种论调一时颇有市场,维新政权一度决定侵犯朝鲜。但是,岩仓具视等人认为时机不成熟,强调"内治优先",反对"征韩",1873年10月把西乡隆盛等人逐出政府。这并不表明岩仓等人真正反对侵略,恰恰相反,他们一方面与中国谈判,企图援照英、美等国的先例从中国取得特权,遭到中国反对后才在1871年签订了平等的《中日修好条规》,另一方面做好了利用各种借口向邻国侵略,进行试探性的扩张。1974年,日本借口琉球船民在中国台湾遇害一事,出兵台湾,企图强占中国的宝岛。而后,因中国增兵被迫撤军,但又利用英美调停进行外交讹诈,结果因清政府的让步获得了50万两的军费赔偿,还得到出兵系"保民义举"的口实,为进一步侵吞琉球做好了准备。1875年,日本又利用朝鲜统治集团内讧派军舰示威,竟逼近其首都汉城,江华岛朝鲜守军进行自卫,炮击日舰,日军又击毁朝鲜的炮台,制造了"江华岛事件"。第二年,日军又以武力相威胁,迫使朝鲜签订所谓《日朝修好条规》(又称江华条约),不仅获得了通商、领事裁判权等特权,把西方列强对日本的压迫模式照搬到朝鲜,而且否定朝鲜与中国传统的宗藩关系,为以后侵略朝鲜做好铺垫。日本接连得手后,又利用中、法在越南问题冲突的有利时机,1875年强迫琉球断绝与中国的宗藩关系,1879年又把琉球划为冲绳县,侵吞了这个历史悠久的东亚国家。

通过上述扩张活动,日本从遭受西方欺凌开始转向侵略亚洲邻国,变成了一个既受西方压迫又压迫东亚弱国的国家,其方针就是"失之于欧美,取之于邻国"。无论是以朝鲜为对象的"征韩论",还是向琉球、中国台湾的扩张,都是这一方针指导下的产物。在扩张过程中，日本军国主义开始抬头，它自觉不自觉地把自己的疆界与扩张联系起来，外务卿副岛种臣的言论就是明证。1872 年 3 月，他受命赴华交换《中日修好条规》，他入华前上书朝廷，主张利用换约之机，以琉球船民在中国台湾遇害为借口大做文章，向清政府宣告"讨伐生蕃之由，正我疆界而开拓半岛"。换言之，他主张以"讨伐"所谓的台湾"生蕃"为理由，侵占中国领土台湾，扩大日本的"疆界"、"开拓"其疆土。而且，当时日本军政界对此计划积极响应，"海陆军士知之，皆踊跃而来，请随副岛入清"。① 这表明，明治维新后的日本已经出现了一种军国主义思潮，即模仿西方列强侵略日本的办法，依托军事力量，侵略东亚邻国，扩大日本"疆界"，以补偿列强侵略本国的损失。

作为对这种思潮的反应，日本政府为做好侵略扩张的准备，有计划地组织了对中国等邻国的研究，这些国家的边疆地区及其与周边的关系也成为研究内容之一。如在 1879 年前后，日本参谋本部就设立了管东、管西两局，管东局负责调查从东京到北海道之间日本与库页岛、堪察加、西伯利亚和中国东北的地理、政法；管西局的任务是"周密地搞清楚从东京到冲绳之间日本与朝鲜以至中国沿海的地理、政法"。为侦察中国的情报，管西局局长桂太郎派出 10 多名侦探"潜入中国内部，一阵子他自己也出去打探中国的情况，于 1880 年著《邻邦兵备略》"。在书中，他指出西欧各国奉行的旨在瓜分亚洲的"东方论"迟早"要破裂"，声称"如今万国各守其国疆，各自维持独立"，还把中国视为假想敌，认为"邻邦（指中国——引者）军备愈坚固"，日本越要扩军备战。②

---

① ［日］信夫清三郎著，周启乾等译：《日本政治史》，第二卷，第 344—349 页。

② ［日］信夫清三郎著，吕万和等译：《日本政治史》，第三卷，上海译文出版社 1988 年版，第 93 页。

这就在指称"万国各守其国疆，各自维持独立"的同时，把矛头指向中国，以其研究为日本军国主义提供理论依据。

应当指出的是，日本官方扶植下的这种研究成果丰富，比如中、法与越南关系及其变动是19世纪80年代亚太地区的重大事件，日本一直对此很关注，特别是军政各界都想从中找到对华作战可借鉴的东西，所以中法战争结束不久就有相关著作问世。如1886年11月日本报行社出版了《法越交兵记》就是代表作之一，作者正七位勋五位的曾根啸云（俊虎）。此书共五卷，广集有关的报道、资料，以文为主，辅以一定的地图，介绍了越南国情和1885年中法停战签约前战争的进程。此书一出版即受到日本国内的重视，陆军大将、一品大勋位的炽仁亲王为它题字"彰往察来"，曾我祐准等四人为之写序，其意味可谓深长。1888年，日本陆军文库又出版了《佛安关系始末》，作者引田利章在1880年著有《安南史》一书，1887年又奉参谋本部之命撰成此书。根据参谋本部的指令，他在写此书时要把法越两国"中古以来史事"、中国"近代史事"、中法战争中各战区交战及胜败和中、法、越三国政府列入其中，因而明显地带有中法战争情报汇编的性质。此书共四卷，包括《绪论》和30篇，既介绍了从18世纪起的法越关系，又详细论述了中法战争的进程，并附有专门地图。它与《法越交兵记》一样，既具有研究的性质，更具有情报汇编的特点，反映了撰写者或指令者为本国扩张服务的强烈意识。

2. "脱亚论"与大陆政策："国权论"与"主权线"、"利益线"

19世纪末，随着列强瓜分世界的斗争日趋激烈，英、美、法、德等国都把魔爪伸向中国、朝鲜和东南亚地区，中国的日益衰落也加剧了这种形势。此时，日本军国主义不甘落后，不仅

"国权论"在民间不断抬头，还出现了"脱亚论"、"东亚合邦论"等理论，而且统治集团提出了"主权线"、"利益线"概念，明确制定了亚洲大陆扩张的"大陆政策"，并通过中日甲午战争、日俄战争实现了这一政策的部分目标。

从19世纪70年代末起，日本民间就提出了如何处理与邻国关系的理论。"自由民权论"者早就呼吁建立国会，其根据是"开国会"才能一致对外，如1879年8月东京的《广益问答新闻》载文论及日中之间的紧张局势，声称"我邦与支那（对中国的蔑称——引者）开战虽紧迫，然不患我军进而与彼决一雌雄时之有无胜算，唯患缺乏一致对外之策耳"，强调"开设国会即其良策也"。1880年，民权派的重要报纸《朝野新闻》也载文强调，"国会开则民权始能伸张。民权伸张，则何忧国权不扩张，何患外人之毁我栋梁也"。日本学者信夫清三郎就此评论说，民权论者所说的扩张"国权"就是修改条约，是与万国对峙，即与西欧各国的"东方论"以及与清朝"决一雌雄"的对峙。① 换言之，这既强调与西欧列强修约、争取平等地位，又把中国置于"假想敌"地位，"开设国会"则被视为打败中国、实现修约、扩张"国权"的"良策"。

1885年，中国因中法战争暴露出自身弱点，中日也因朝鲜问题两度紧张，日本著名思想家福泽谕吉在此背景下提出"脱亚论"。他在论文《脱亚论》中首先指明，"我日本国土虽位于亚细亚之东，其国民之精神则已脱出亚细亚之固陋而转向西洋文明"。接着，他指出近邻的中国、朝鲜"遇今文明东渐之风潮，绝无可以维持其独立之道"，如果不实行像明治维新似的变革，

---

① ［日］信夫清三郎著，吕万和等译：《日本政治史》，第三卷，上海译文出版社1988年版，第93—94页。

"自今不出数年，将至亡国，其国土将归世界文明各国分割"，因此明确地提出："为今日计，我国不应犹豫等待邻国之开明而共同振兴亚细亚，不如脱离其行列而与西方文明之国共进退"；对于中国、朝鲜，也"不能因其为邻国而给予特别关照，唯有按西洋人对待彼等之方式处理之"。

与"脱亚论"相反，樽井藤吉1893年提出"大东合邦论"。他在1882年以"互相平等主义"组织了东洋社会党，以后又选择了"国家社会主义"，1893年出版了《大东合邦论》。在此书中，他认为在各种政体中"立宪合邦制为最善最美"，英、美、德三国都是联邦制的强国；日本是"君民共治的立宪政体"，但国力不强，而国力衰弱的朝鲜又是君主专制，因此主张"日韩两国合为一邦"，合并之后"各用旧称"，又给合邦冠以"大东"的国名。对于中国，他认为清朝所辖"汉土、鞑靼、蒙古、西藏诸邦"尚未各自恢复自主，"没有取得互相均等的权力"，因为"合邦"要各邦"必须保全自主，其人民均必须得以与闻统一国家之大政"，所以不能与清朝治下的中国"合邦"，只能与它"合纵"，以"抵御异种人之外侮"。他还视"亚洲黄种人国家之一大联邦"为理想，以"自主"为基础，以"互相均等之权利"为标准，设想了实现"合邦"的步骤。①

福泽谕吉的"脱亚论"鲜明地表明了立场，不仅要"脱亚入欧"，还要以西欧列强压迫、瓜分弱小国家的方式对待中国、朝鲜两个邻国，反映了"适者生存、弱肉强食"的观念。与之相比，樽井藤吉的"大东合邦论"强调在"立宪"、"自主"基础上实现日、韩"合邦"，显然带有一些平等、民主的色彩，但

---

① [日]信夫清三郎著，吕万和等译：《日本政治史》，第三卷，第158、261—262页。

是它不仅对于被日本吞并的琉球没有给予"自主"地联合的资格，而且把中国边疆的西藏、蒙古等地区视为应得"自主"地位的"邦"，都暗含着某些民族歧视意识。

此时，日本统治集团对国际形势已有洞察，1890 年 7 月第一次众议院大选后，首相山县有朋就在演说中提出了保卫"主权线"和防护"利益线"的问题。1890 年 3 月，山县有朋把所起草的《外交政策论》和 1888 年所草拟的《军事意见书》交给内阁传阅，接着外相青木又在此基础上写成《东亚列国之权衡》。这些文件都强调，1886 年加拿大太平洋铁路的通车、1891 年将动工的西伯利亚大铁路和即将开通的巴拿马运河，都有利于欧美列强侵略亚洲，英、俄在东亚不久必将对立，西伯利亚铁路竣工之日即为"朝鲜多事之时"；东亚的中国也正扩充军备，所以"将来东洋之事，纵横交错"，数年内日本就会"痛感和平地位之困难"。为此，山县提出日本的本国疆域为"主权线"，"其势与邻国接触并与我国主权线之安危紧密相关之地区"为"利益线"，既要"保卫主权线，不容他人侵害"，又要"防护利益线，以不失自己之形势"；朝鲜是"利益线的焦点"，必须"充实军备"，"保卫"朝鲜，以"免除欧洲强国侵略朝鲜之忧"。青木在《东亚列国之权衡》中则主张，近期要抢先占领朝鲜、中国东北和俄国滨海地区，甚至要把朝鲜、中国东北并入日本。①

山县、青木的意见书提出的方针就是日本当时对外政策的总思路，被称为"大陆政策"。在这一政策指导下，参谋本部又派人进行对邻国的"研究"，参谋次长川上操六在 1893 年亲自

---

① ［日］信夫清三郎著，吕万和等译：《日本政治史》，第三卷，第 235 页；伊文成、马家骏主编：《明治维新史》，第 564—565 页。

"视察朝鲜和清国（按：即中国）"，还派人前往暹罗（今泰国）、印度支那、菲律宾等地"考察"。但是，就在这一年10月山县有朋起草的《军备意见书》中，又把视野放大了，他认为中国在不出十年内有被列强分割的危险，随之爆发"东洋之祸"，那时日本的敌人"不是中国、不是朝鲜，而是英法俄各国"。① 1894年，日本借朝鲜内乱之机出兵朝鲜，又同中国开战，次年击败中国，把朝鲜和中国台湾变为殖民地，成为东方的殖民帝国。此后，日本因法、俄、德干涉交还辽东半岛耿耿于怀，统治集团号召国民"卧薪尝胆"，将英法俄各国视为对手，不仅在列强瓜分中国时把福建作为势力范围，而且派出间谍到中国边疆、沙俄的西伯利亚和东南亚等地搜集情报，进行"研究"，成田安辉就是其中之一。他被外务省、参谋本部派往中国川西、西藏地区，对于日本政府的意图他深有体察，他在写给外务大臣加藤高明的信中就强调：日本不仅要"在亚洲大陆上自由活动，从事各种经营"，而且在列强都在地球这个"大的围棋盘"上下棋时，日本也要在"西藏这块空地上"下棋，"如果放弃将被白棋（指欧美国家）所占领"。②

20世纪初，日本加紧同欧美列强争夺"利益线"，1904年发动对俄战争，强占中国东北南部，同时又注意与它们协调关系，1905年7月与美国互换《备忘录》，8月与英国修订《日英条约》，以承认美国对菲律宾、英国对印度的统治为条件，换取了它们对日本在朝鲜独占地位的承认。1907年，日本与法国缔结日法协约，相互承认日本在中国台湾、法国在印度支那的统

① ［日］信夫清三郎著，吕万和等译：《日本政治史》，第三卷，第259—260页。

② 日本外务省档案《成田安辉西藏探险关系一件》，转引自秦永章著《日本涉藏史》，中国藏学出版社2005年版，第65—66页。

治。至此，日本实现了"大陆政策"的部分目标，"脱亚入欧"成为现实。

3. 从"征服支那论"到瓜分世界

日俄战争后，日本成为与英、美、法等国分庭抗礼的世界强国，在为进入"一等国"行列而欢呼的同时，日本有不少人颇为"清醒"，如作家德富芦花认真研究了胜利的消极影响，1906年发表演说时就强调，日本因战胜俄国而引起"白种人之嫉妒、猜疑至少是不安"，警告说"若走错一步，尔之战胜即将成亡国之始"。那么，怎样做才不会"走错"呢？作家石川啄木1907年提出战胜俄国不等于日本真正"文明"、"自由"，主张在"大声疾呼真正自由"的地方才有"真正文明"，木下尚江、北一辉则对天皇进行批判，都试图通过民主、自由为日本指出方向。但是，田中义一的答案不同，1911年时已经是步兵旅团长的少将，他就在乡军人制度问题发表演讲时强调，中日甲午战争后"卧薪尝胆"之说流行于日本，意思是"必须拼命地干"；日俄战争后日本出现"一等国"之说，"含有似在逞威风的那种满足的意味"，这表明"人们的气质整个地松弛下来了"。他希望日本人"绝对不要产生一等国的想法，一定要以卧薪尝胆的精神行事"，并希望把这一精神"普及于一般国民"。

田中提倡"以卧薪尝胆的精神行事"，并以之"普及于一般国民"，从一个侧面反映了日本军方的整体思路。1907年4月，日本陆军、海军共同制定了《帝国国防方针》，明确规定"帝国之国防，依俄、美、法之顺序作为假想敌国，主要对此加以防备"，并确定了扩充陆军、海军的计划。这时，日本统治集团中还有人提出"新旧大陆对峙论"，强调"新大陆美国对欧亚大陆的威胁"，认为"东洋问题的核心即中国的将来"，既是"欧洲的问题，同时也是对美国的问题"，主张日本必须与"欧洲各国特别是俄、德、英、法合作"牵制美国。① 尽管日本政府不同意以美国为敌，1907 年 6 月根据形势需要与法国缔结日法协约，但是"卧薪尝胆"与列强争霸世界无疑是军政界共同愿望，只是对象、策略有所不同。中国则是双方看好的争夺目标，辛亥革命时日本军方就支持中国的分裂势力搞"满蒙独立运动"，企图把中国东北、北部边疆分裂出去，并与沙俄操纵下的"外蒙独立"抗衡，在瓜分中国时抢占先机。由于形势的变化和日本政府的摇摆不定，这一阴谋破产。

　　第一次世界大战爆发后，日本国内不仅军政上层欣喜若狂，如明治维新时期的元老井上馨把它视为"日本国运发展之天助"，而且舆论普遍呼吁借此良机向外扩张，如《中央公论》在 1914 年 7 月的社论指出，"往年帝国乘百战百胜之威将势力范围扩大至满洲，欧美诸邦颇有钦羡之色"，但"贫困的日本"在"资本之战争中"输给了列强，"不能在中国大大扩大权利"，希望日本不要在一战中错过良机。日本军国主义当然不会错失良机，1914 年对德宣战，借机强行接收了德国在中国山东的殖民权益；1915 年向袁世凯政府提出二十一条，企图趁欧美列强无暇东顾时，把整个中国置其独占之下。1917 年，俄国十月革命爆发，1918 年日本与英、美等国出兵干涉，日军侵入西伯利亚。一些军国主义分子还主张长期占领这一地区，如在 1917 年 11 月西原龟三在《东洋永远之和平策》中提出"东洋永久和平之要谛"，即"首先以巩固日本之国基、确实保全中国领土为前提，进而考察维持东亚安全稳定之障碍，即英属印度、澳洲和介于其间最重要之连锁、或将成为东洋祸根潜伏之美属菲律宾诸岛

---

　　① 〔日〕信夫清三郎著，周启乾译：《日本政治史》，第四卷，上海译文出版社 1988 年版，第 16—25、34—35、43—45 页。

及荷兰东印度诸岛之将来，并虑及西伯利亚与俄国本国将来之关系，以确立万全之策"。对于西伯利亚，他主张日本应在俄国的"滨海边疆区、黑龙江和堪察加扶植帝国势力，或进而采取断然措施，占有黑龙江流域"的金矿和"无尽之海产"，以"增进帝国之富源与扩大国民经济活动之范围"，1918 年初又要求"使西伯利亚成为领土"。①

　　西原的上述主张部分地反映日本统治集团占领西伯利亚的强烈欲望，而"东洋永久和平之要谛"是把西伯利亚、中国、东南亚、南亚等纳入日本未来的势力范围，20 年后的"大东亚共荣圈"与此有惊人的相似，所以日本学者信夫清三郎称之为"大东亚共荣圈"设想的先驱。当然，日本军国主义的迷梦很快被打碎，二十一条等侵略要求遭到中国人民强烈反对，巴黎和会上虽然得到了原德属的太平洋部分岛屿，但山东问题终因中国代表拒绝在和约上签字未能如愿；华盛顿会议又以《九国公约》和中日有关协定等否定了日本对中国的独霸，并终结了日本一战期间在山东获得的特权。在西伯利亚，1920 年后英国等先后撤军，日军仍然不肯撤回，但至 1922 年也不得不撤出，长期占领的计划无法实现。这些当然引起军国主义者的不满，于是一方面以美国为争夺亚太的对手，扩军备战；另一方面加紧制定新的侵华计划，以"征服支那论"为中心的田中奏折随之产生。

　　1927 年，当年主张"卧薪尝胆"的田中义一已成为日本首相，他组阁后在 5 月即出兵中国山东干涉中国革命运动，6 月召开驻外代表的联络会议——东方会议，研究国际局势并策划对中国的侵略。会后，田中将会议内容拟成奏章上呈天皇，这就是

---

　　①　[日] 信夫清三郎著，周启乾译：《日本政治史》，第四卷，第 100—116 页。

"田中奏折"。这份奏折简要回顾日本侵略中国满蒙地区（东北、北部）的过程，分析了华盛顿会议以后的国际局势，提出："惟欲征服支那，必先征服满、蒙，如欲征服世界，必先征服支那。"他还解释说："倘支那完全可被我国征服，其他如小亚细亚及印度、南洋等异服之民族，必畏我敬我而降于我"；"我对满、蒙之权利如可真实的到手，则以满、蒙为根据，以贸易之假面具而风靡支那四百余州；再以满、蒙之权利为司令塔，而攫取全支那之利源。以支那之富源而作征服印度及南洋各岛以及中、小亚细亚及欧罗巴之用"。① 这充分表明了日本政府步步推进的战略，即先占领中国东北、北部，以此为基地控制整个中国，再以中国为基地向印度、南洋扩张，得手后再进军"中、小亚细亚及欧罗巴"。日本军方对这一战略极为欢迎，1928 年就开始实施，5 月制造"济南惨案"，妄图阻止南京国民政府军队北进；6 月制造"皇姑屯事件"炸死张作霖，企图乘乱占领东北。但是，张学良的"东北易帜"使中国形式上获得统一，日本军方的阴谋暂时无法实现。日本军国主义并不甘心，1931 至 1935 年间，先后制造"九一八事变"、"一二八事变"等事件，利用蒋介石集团"攘外必先安内"的反动政策，侵占中国东北和北方大片领土，扶植伪"满洲国"等汉奸政权，不仅得以"征服满蒙"，而且"征服支那"的战略得到了部分实现。

当日本在中国不断得手时，意大利和德国法西斯先后崛起于欧洲，在侵吞埃塞俄比亚、武装干涉西班牙内战中得势，1936 年 10 月双方还签订协定，形成柏林—罗马轴心。如何利用这一形势实施征服中国进而征服世界的战略呢？于是，日本统治集团

① 王斯德主编：《世界现代史参考资料》，高等教育出版社 1988 年版，第 267—270 页。

内部出现了"南进"、"北进"的争论，最后决定与德、意打着"反共"旗号建立"轴心国"体系，确定了瓜分世界的阴谋。20世纪30年代，日本统治集团在侵略中国、向亚太扩张已达成共识，但在如何处理与英国、美国、苏联关系方面，政府与军方有很大争议，军方内部也存在着严重分歧。特别是陆军与海军之间，尽管双方在1935年6月达成妥协，决定在《帝国国防方针》、《帝国军之用兵纲领》中把英国列入假想敌之列，认为日本应"以拥有军备之美国、俄国为目标，并要防备中国、英国"，但是在先北进攻击苏联、还是先南下扩张方面矛盾尖锐，出现了"北进南守"与"北守南进"的争论。①

1936年8月，广田弘毅内阁制定《帝国外交方针》，提出"目前把外交重点置于粉碎苏联侵犯东亚的企图，特别要消除军备上的威胁……并应以充实国防互相配合，决心采用外交方法来达到目的"；强调既要以"和平手段"与苏联划定"从兴凯湖到图们江"的所谓"国界"，并设立"处理国界纠纷委员会"，所谓的"满苏国界"、"满蒙国界"也设置此类机构，又要在适当时期"提议划定非武装地带"，与苏联签订互不侵犯条约，采取措施"防止苏联对日、满、华的思想侵略"。作为这一重点的辅助工作，该《方针》提出"增进日、美的亲善关系"，以"牵制英、苏"；增进与德国的"友好关系"，并暂时"主动积极地增进和英国的亲善关系"，以牵制苏联；避免"刺激"南洋地区，"消除它们对帝国的恐惧心理，致力于和平而又渐进的扩张与发展"。② 上述方针显然以防苏为中心，把划定和稳固苏联和日本

---

①　〔日〕信夫清三郎著，周启乾译：《日本政治史》，第四卷，第350—351页。
②　复旦大学历史系编译：《1931—1945：日本帝国主义对外侵略史料选编》，上海人民出版社1983年版，第199—203页。

殖民统治下的朝鲜、中国东北的所谓"国界"视为首要任务，力图借助于英、法等推行绥靖政策、支持德国"东进"的国际形势，实现"北进"。

在这一方针指导下，11月日、德签订《关于共产国际的协定》，打着"反共"的旗号建立了同盟。这一协定的《秘密附属协定》声称，苏联已对日、德两国和"整个世界和平"构成"最严重的威胁"，两国约定任何一方"非因挑衅"受到苏联攻击或"攻击的威胁时"，另一方"不得采取在效果上足以减轻"苏联"负担的一切措施"，而且"未经相互同意"任何一方不得与苏联缔结"和本协定的精神不能并存的一切政治性条约"。[①]一年后，意大利加入协定，三国建立了"反共同盟"。日本军国主义以为有了三国同盟，气焰更为嚣张，不仅为"北进"加紧准备，而且在1937年发动了全面侵华战争。由于中国军民的全面抗战，到1938年10月日军虽然攻陷广州、武汉，占领大片中国领土，但"三个月内灭亡中国"的迷梦破灭，被迫转入相持阶段和长期战争之中。同一时期，日本又妄图"北进"，1938年7月至1939年8月发生了张鼓峰事件、诺门坎事件，向苏联军队挑衅的日军遭到迎头痛击，伤亡惨重。而且，正当日军对苏军事受挫时，德国却在1939年8月同苏联缔结互不侵犯条约，这更使日本军国主义感到"北进"困难，调整对苏政策，"南进"的倾向越来越强烈。

1939年9月，纳粹德国大举进攻波兰，英、法对德宣战，但到1940年5月中欧、西欧、北欧的大片地区已置于法西斯统治之下，6月意大利又对英、法宣战，在非洲同英军开战。在这

---

① 复旦大学历史系编译：《1931—1945：日本帝国主义对外侵略史料选编》，第224—227页。

种形势下，日本军国主义加紧策划"南进"，近卫文麿内阁在1940年9月召集军方与政府的"联络会议"，19日通过《关于加强日德意轴心的问题》，提出与德、意两国共同瓜分世界的具体办法，即同德、意两国交涉，希望它们"在欧洲建设新秩序"，建立它们"在欧洲及非洲的生存空间"，日本则要求"在大东亚建设新秩序"，建立"包括南洋在内的生存空间"。具体而言，日本军国主义所要的是建设"大东亚新秩序"，其"生存空间"是"以日、满、华为根本，并包括旧德属委任统治诸岛、法属印度和太平洋岛屿、英属马来和英属婆罗洲、荷属东印度、缅甸、澳洲、新西兰与印度等"。鉴于苏联的强大，近卫等人还强调，在"加强同德意的政治团结"的同时，还要"飞速调整对苏联邦交"，并预见"战后世界的新形势"将分为"东亚、苏联、欧洲及美洲四大部分"，又决定"承认印度位于苏联之生存空间内"，用已列入其"生存空间"的印度引诱苏联。① 正是在这年9月，日本即已侵占法属印度支那北部，并迫使法国维希政府同意日本驻军越南和使用滇越铁路的权利，这即作为在东南亚建立"生存空间"的第一步，也为进攻中国西南做好了准备。

　　1940年9月27日，日本与德、意签订同盟条约，规定日本"承认并尊重"德国、意大利"在欧洲建立新秩序的领导权"，它们则"承认并尊重"日本"在大东亚建立新秩序"的领导权。② 这就正式形成了法西斯军事同盟，日本军国主义"在大东亚建立新秩序"的领导地位得到了德、意"承认"，以后德、意控制下的匈牙利、保加利亚等5国加入该条约，这一领导权似乎得到更大范围的承认。1941年初，当纳粹德国秘密策划侵苏战

---

① ［日］信夫清三郎著，周启乾译：《日本政治史》，第四卷，第370—371页。
② 王斯德主编：《世界现代史参考资料》，第401—402页。

争时，日本则忙于调整与苏联关系，以解除"南进"的后顾之忧。这年2月，日本军方与政府"联络会议"再次就瓜分世界提出设想，即"帝国主张将世界划分为大东亚圈、欧洲圈（包括非洲）、美洲圈、苏联圈（包括印度、伊朗）这四大圈（将澳洲及新西兰留给英国，大体如荷兰之待遇）"，这就明确地曾计划把印度"让"给苏联，又把澳大利亚、新西兰"让"给英国。[1] 4月，日本与苏联签订中立条约，规定双方保证维持和平友好关系，并相互尊重"领土完整和不可侵犯"；如果一方"成为第三者的一国或几国的战争对象"，另一方"在整个冲突过程中将保持中立"。而且，该条约还附有《声明》，苏联表示"保证尊重满洲国的领土完整和不可侵犯"，日本则"保证尊重蒙古人民共和国的领土完整和不可侵犯"。[2] 这样，两国相互承认了各自对中国的东北、外蒙的控制，以中国领土做交易，达成了"中立"。

1941年6月，纳粹德国以"闪电战"对苏联发动了侵略战争，9月即迅速进逼到莫斯科附近。这使日本军国主义感到时机难得，出现了撕毁日苏中立条约进攻苏联的主张，外相松冈洋右和陆军就积极主张立即进攻苏联，在两面夹攻中获利；近卫首相和海军则看到苏联正坚决抵抗德军进攻，苏德战线呈胶着状态，主张待德国确有胜利把握时，再进攻苏联取"渔翁之利"。经过争论，7月初日本决定延缓对苏进攻，以"南进"为重心，但又秘密完成侵苏准备，待德苏战争对日本有利时再进攻苏联。而后，苏联军民奋力作战、阻滞德军的攻势，日本军国主义则不得

---

① ［日］信夫清三郎著，周启乾译：《日本政治史》，第四卷，第373页。
② 《国际条约集》（1934—1944），世界知识出版社1961年版，第303—304页。

不转向"南进",1941 年 7 月日军就控制了整个印度支那,12 月又突袭珍珠港美军基地,太平洋战争爆发。到 1942 年 5 月,日军已侵占英属缅甸、马来亚、新加坡和荷属东印度及菲律宾大部,还占领了关岛、威克岛等中部太平洋岛屿,向西直逼英属印度,向南逼近英属澳大利亚、新西兰,侵略势力迅速达到了极点,也在 1940 年所设想的范围内建立了所谓"生存空间"。

当德、意、日法西斯疯狂扩张时,1942 年 1 月 1 日中、美、英、苏等 26 国签订《联合国家宣言》,宣布为"保卫生命、自由、独立和宗教自由"和保全各国的"人权和正义",各国政府保证将"使用其全部资源"同法西斯"及其附从者"作战,并"不与敌人缔结单独停战协定或和约",从而建立了世界反法西斯统一战线。[①] 对此,德、意、日法西斯立即做出反应,同月 18 日签署《德意日军事协定》,为建立、巩固其世界"新秩序"划分作战区域。根据这一协定,日本的作战地区大致为"东经 70 度以东的亚洲大陆"和"东经 70 度以东到美洲西海岸的海面及在这一海面的大陆和岛屿(澳洲、荷印、新西兰)等地区";德、意的作战地区大致为"东经 70 度以西的近东、中东及欧洲地区"和"东经 70 度以西到美洲东海岸的海面及在这一海面的大陆和岛屿(非洲、冰岛)等地区";"在印度洋方面",各方可以"视作战情况"越过该"协定所规定的境界线进行作战"。该协定还规定,日本为策应"德、意对美作战",在南方及太平洋地区作战;德、意为策应"日本在南方及太平洋地区作战",在近东、中东及大西洋地区对英、美作战。[②]

---

① 《国际条约集》(1934—1944),世界知识出版社 1961 年版,第 342—344 页。

② 复旦大学历史系编译:《1931—1945:日本帝国主义对外侵略史料选编》,第 387—389 页。

《德意日军事协定》划定的三国作战区域,实际上就是它们未来瓜分的蓝图,日本军国主义从1917年西原龟三在《东洋永远之和平策》中提出"东洋永久和平之要谛"开始就妄想统治亚太地区,1940年9月又通过《关于加强日德意轴心的问题》把亚太地区视为"生存空间"的范围,至此这一范围终于得到德、意的认可。于是,日本军国主义的铁蹄蹂躏亚太各国时,打出建立"大东亚新秩序"、"大东亚共荣圈"的旗号,但是这除了得到中国的汪精卫、菲律宾的克拉罗·艾曼·来克特等卖国贼响应外,各国人民的回答是:坚决抗击日寇、争取民族独立!对于日本所宣称的"大东亚共荣圈",各国政府和人民更不承认,相反中、美、英三国在1943年12月的《开罗宣言》中明确宣布:中、美、英三国对日作战的宗旨在于"制止及惩罚日本之侵略","剥夺日本自1914年第一次世界大战开始以后在太平洋所夺得的或占领之一切岛屿,在使日本所窃取于中国之领土,例如满洲、台湾、澎湖列岛等,归还中华民国";日本还"将被逐出于其以暴力或贪欲所攫取之所有土地",中、美、英三大盟国"决定在相当期间,使朝鲜自由独立"。① 1945年7月,中、美、英三国又发表《促令日本投降之波茨坦公告》,重申"开罗宣言之条件必将实施,而日本的主权必将限于本州、北海道、九州、四国及吾人所决定其他小岛之内"。②

在中国和亚太各国人民的英勇抗击下,日本军国主义受到沉重打击,1945年8月被迫宣布无条件投降,而日本国土的范围又恢复到了侵略扩张前的状态,即美国在战后占领日本时宣布的日本范围:"日本的主权必须限定于本州、北海道、九州、四国

---

① 《国际条约集》(1934—1944),世界知识出版社1961年版,第407页。
② 《国际条约集》(1945—1947),世界知识出版社1959年版,第77—78页。

及由《开罗宣言》和美国已加入或将加入的其他协定所决定其他小岛之内"。[①] 从 19 世纪中期以来，日本官员、学者等所提出的种种理论，从"失之于欧美，取之于邻国"、"征韩论"、"国权论"、"脱亚论"、"主权线"、"利益线"再到"征服支那论"、"生存空间"等，以及"大陆政策"、"南进"、"北进"等决策，都或多或少地与未来日本"帝国"的"疆界"有关。其中，除了"大东合邦论"还含有部分"自主"、"均等"观念及"亚洲黄种人"联合"抵御异种人"理想外，绝大多数理论为以扩张日本"疆土"为目的，为侵略扩张提供理论支持，使日本军国主义在发展中不断得到理论滋润。"多行不义必自毙"，日本军国主义在 80 多年扩张之后，仍被迫回到原来的日本固有国土范围内，但是给中国、朝鲜和亚太各国以及日本本国人民带来的痛苦已成为历史事实，不容任何人否认和抹杀，也永远警示着现实和昭示着未来！

小　结

综上所述，这一时期西方的边疆、边界理论呈现出三个特点：

一、与 19 世纪 70 年代以前的几百年间相比，以主权国家为基石的疆界理论得到前所未有的发展，进入相对成熟的时期。这些理论既有对以前有关理论的继承，又根据新情况或新实践不断发展，甚至是完全推翻已有的理论。比如在国际法方面的边疆理论就是以深化原有认识、不断系统化为特征。而美国的边疆学派

---

① 王斯德、钱洪主编：《世界当代史参考资料》，高等教育出版社 1989 年版，第 129 页。

就推翻了前人忽视边疆的看法，强调边疆对美国的重要意义，这种理论一度在美国史学界占统治地位，20世纪30年代的经济危机又使一些学者对这种理论提出强烈的反对；苏俄时期列宁提出"民族自决权"为核心的边疆理论、政策，就是在否认沙俄侵略扩张的理论前提下提出的，而20世纪30年代以后苏联的某些政策则不断背离这些理论和政策，甚至是事实否定列宁的理论、政策。而且，就研究的对象而言也比过去有所扩大，主要是从以往对陆地、海洋疆界的关注扩大到了陆地、海洋和空中三个方面，因为空中疆界的划分仍以陆地、海上疆界为基础，又反过来增强对陆地、海上疆界的研究，这在国际法、地缘政治学以及各国的相关理论中都有所体现。

二、内容广泛，又各有不同，有的涉及边疆、边界两个方面，有的专门强调边疆，有的侧重边界。从研究的地域范围看，有的宏观地论述全球性的边疆、边界问题，国际法、地缘政治的相关理论多如此；有的阐释本国边疆、边界问题，如美国的边疆学派；有的论述本土之外的殖民地，这在英国、日本颇为明显。从涉及的事项看，有的从政治、法律等角度论述扩张疆土的合理性、划分边界的原则，以及巩固边疆的政策等，比如柏林会议上对国际法中"有效占领"原则的完善，地缘政治学说中"自然边疆"、"人为边疆"、"有机的边疆"等观点，英国的寇松等人关于边界的论述，沙俄强占邻国领土的理论都是如此；有的从经济、文化等角度对边疆开发的论证，提出、制定开发边疆的政策、措施，特纳和美国的边疆学派对于美国和别国边疆开发类型、开发模式等的研究，苏俄、苏联时期发展边疆经济、文化的政策等都较为突出，法国的地缘政治学说中也有对比英国殖民地开发的论述。

三、这些边疆、边界理论、认识具有鲜明的时代性。这一时期，西方的边疆、边界理论中固然出现了某些根据现状对未来情况设想的内容，如杜黑等人的"空权论"就带有假说、假想的特点，但绝大多数与实践密切相关，是对实践的总结和反思，又反过来作用于实践，在各国处理边疆、边界时产生不同程度的影响。国际法方面、美国边疆学派的理论，沙俄和苏俄、苏联的理论、政策，和英国、日本扩张疆土的政策都是如此。因此，这些理论、观点留下了明显的时代烙印，大多数理论带有"强权即公理"和大国主宰世界的特点，或者为帝国主义瓜分世界的种种现象进行解释，或者公然地为大国主宰世界、扩张疆土服务。

这种鲜明的时代性特点在许多理论中都可发现。尽管有一些理论、观点及其研究者带有研究学术的主观倾向，如拉泽尔提出国家"空间有机体"说时就以学术为目的，但是更多的理论是间接或直接地为帝国主义服务的，如国际法中有关领土、边界的内容，马汉的"海权论"等，都是间接反映帝国主义、强权政治观点的学术性理论、观点。更有甚者，有些边疆理论、观点公开、直接地为列强扩张服务，这些理论、观点的特点是主张边疆是"活动"的、边界是可以变动的，而且是为了本国利益可以无视历史上的传统疆界线，可以牺牲弱小国家和民族的利益，这在美国、德国、日本学者中尤为突出，比如特纳和"边疆学派"就以"活动的边疆"理论为美国向亚太地区扩张服务，日本的许多理论公然鼓吹侵略邻国、扩张疆土。英国的学者和官员也不逊色，他们不仅根据自身需要划分英属殖民地与邻国以及邻国之间的边界，而且出于帝国主义利益考虑提出"寇松线"。沙俄时期也同样如此，它在侵吞别国领土时一再提出种种"理由"和"理论"；十月革命后的几年间，列宁和苏俄政府把以"民族自决权"的理论付诸实践，但同时也在对内、对外政策显露出某些大国沙文主义的倾向，1924 至 1945 年间斯大林领导的苏联政府逐步背离列宁时期的边疆民族政策，对外更表现出明显的大国沙文主义，多次侵占中国、波兰等邻国领土以扩张疆土，并提出种种"理论"。

正因为西方主流的边疆、边界理论有上述特点，所以这些理论与各国的扩张政策结合并付诸行动后，改变了亚非拉地区各国之间的传统边界，并为今天留下了问题。当然，面对帝国主义侵略扩张以及为此服务的各种理论，这一时期边疆理论方面也有反对的声音，首先是马克思、列宁等人以"民族自决权"为核心的边疆理论；其次是西方爱好和平人士和亚非拉提出了反映殖民地半殖民地人民利益的观点，如巴黎和会前美国总统威尔逊把"民族自决"和有关国家的疆土问题列入十四点建议，一战后世界各国人民的反战呼吁等。这些反抗和斗争在当时取得初步成效，比如《国际联盟盟约》和《非战公约》都明确地否定了战争的合法性，成为以后宣告废弃战争、各国互不侵犯的先声。

第三章　冷战期间的西方边疆理论

第二次世界大战之后，国家主权原则最终得以在全世界范围内确立，成为公认的国际法和国际关系基本原则。领土成为区分国家的基本要素之一，领土的边界、边疆问题不仅是理论问题，而且是实践问题。无论哪一种边疆，都和国家的基本利益紧密联系在一起。边疆的性质是由国家领土主权决定的。边疆是制定国家战略和维护国家主权的重要基点。边疆问题背后隐藏的是各种各样的利益追求。

国家的边疆视野会伴随着政治空间的重新划分而发生新的变化。二战之后的情况正是如此。冷战时期的边疆理论所反映的是这一历史阶段国家对自身利益的边界的理解和认识。地缘政治和国际法分别从各自领域为我们考察冷战期间边疆理论的发展提供了丰富的素材。

第一节　冷战中的边疆

地球上本来没有所谓边界、边疆的存在，只有在人类出现并建立了不同的国家之后，人类才用界线把地球表面人为地划分成不同的区域，以此来标示各国所占据的地理范围。从这个意义上看，边界或边疆问题从一开始就具有政治性。研究国家的边界疆域，可以积极地促进对国家的综合性认识的形成。

冷战期间，从国际格局来看，政治力量的属性往往成为划界的标准。这种性质的边界不仅存在于不同的国家之间，而且还存在于不同的政治集团之间；不仅可以是有形的，而且也可以是无形的。① 德意志民主共和国和德意志联邦共和国的出现及其边界的形成就是国家之间人为边界最典型的例子。二战后，德国成为东西方政治力量发生激烈争夺和较量的场所，其结果是形成了虽然具有相同民族构成但意识形态、政治体制和经济体制截然不同的两个国家。两国的边界完全是由政治意义上的自然物来充当。东欧和西欧的划分则是不同集团之间边界最典型的例子。东西欧的划分并不是纯粹的自然地理意义上的划分，而是政治地理意义上的概念。东欧包括自然地理意义上的东欧、中欧和南欧部分国家。西欧包括自然地理意义上的西欧、中欧和南欧部分国家。划分东欧和西欧的主要依据是政治力量的属性，这种无形的分界线虽然与国家之间的有形边界不同，但它确确实实是客观存在的。东西方阵营的东西之分，南北矛盾的南北之分，以及三个世界的划分，都是类似的无形的国际分界线。

一 冷战时期的政治地图

二战缔造了新的世界政治地图。世界政治地图是各国特别是大国力量对比关系的反映。拥有强大军事力量的国家，往往会在世界地缘政治利益的划分上拥有较多的份额。世界大国按照雅尔塔等国际会议确立的基本原则，重新划分世界版图和势力范围，建立新的国际关系格局。这就是雅尔塔体系。它与战后一系列国

———————

① 参见王恩涌等著：《政治地理学：时空中的政治格局》，高等教育出版社1998年版。

际争端都有着直接或间接的关系，美苏双方都力图在这个体系内保持和扩展有利于自身的势力范围。这种情况使得二战后的雅尔塔体系带有浓厚的大国强权政治色彩。

二战后世界的基本特征是"两极化"（bipolarization）。① 美苏两国由战时同盟关系转向相互对峙，战后几十年中，美苏两国都认为对方对自己的重大利益和基本信仰怀有敌意并构成威胁。两个国家都认为对方不仅是对世界和平而且是对其自身国家安全构成危险的主要根源。美苏之间的分歧超过了以往历史上任何对手间的分歧，这使得冲突几乎不可避免。② 1947 年，美国开始实施全面的冷战政策。1949、1955 年北大西洋公约组织、华沙条约组织先后成立，这标志着以美苏为首的两大军事政治集团对峙局面的形成。

二战后，美苏冲突具有深刻的地缘政治基础。冷战期间，地缘政治理论为美苏两极对峙提供了理论和政策依据，这一时期的地缘政治理论研究也大多以美苏的全球争霸为主题。传统地缘政治理论考察世界格局的突出特点就是着重关注空间和权力的关系，认为国家为了保障自身的生存、安全和发展，必须扩大其所控制的空间如陆地、海洋和天空，进而获得更大的权力，同时应当注意限制其他国家的扩展空间，从而避免对本国构成威胁。关于海权国家与陆权国家对抗的思想在西方国家尤其是美国根深蒂固。19 世纪旧世界政治的一个基本格局就是海上通道周围的英国海上力量与企图冲破其周围包围圈的俄国陆上力量的对抗。③

---

①　刘德斌主编：《国际关系史》，高等教育出版社 2003 年版，第 352 页。

②　［美］兹比格涅夫·布热津斯基著，刘晓明等译：《竞赛方案——进行美苏竞争的地缘战略纲领》，中国对外翻译出版公司 1988 年版，第 6、228 页。

③　N. J. Spykman, *The America's Strategy in World Politics*, New York, 1942, pp. 182—183.

冷战期间，以往英、俄的对抗转变为美、苏联对抗。美国地缘战略学家科恩（Saul Cohen）指出，冷战期间美国实行的遏制（Containment）政策，"在欧亚大陆外围建立海外盟国，就是企图阻止苏联控制'心脏区'，进而控制'世界岛'。由于共产主义传入东亚打开了一个大缺口，美国遏制中国的目的就在于把'世界岛'东亚近海区域的其余部分封锁起来。"① 遏制思想的创始人乔治·凯南（George F. Kennan）指出："就象过去对英国来说那样，今天对我们来讲，重要的是切不可让任何一个欧洲大陆国家得以独自主宰整个欧亚大陆"。② 斯皮克曼认为，美国对苏联的遏制战略，实质就是在欧亚大陆边缘地带保持美国的军事优势，以压制苏联向边缘地带突破进而向西方海上力量挑战的企图。③ 实际上，冷战期间美国从北大西洋经西欧、地中海、中东、东南亚到西太平洋和东北亚的漫长地带上，组建了庞大的军事体系，结果正是把苏联遏制在 1945 年苏联红军达到的边界线以内。

　　第二次世界大战在根本上改变了世界范围内的力量对比，其中也包括殖民主义与反殖民主义的力量对比。20 世纪初，世界上的落后地区和国家，几乎都变成了几个资本主义大国的殖民地。这些殖民地半殖民地的面积约占地球土地面积的 70%。④ 第二次世界大战是资本主义体系重构的转折点。殖民地半殖民地国家的力量在二战中得到加强。伴随着资本主义体系中心向美国的

---

　　① 美国陆军军事学院编，中国军事科学院外国军事研究部译：《军事战略》，军事科学出版社 1986 年版，第 150 页。

　　② 转引自［美］约瑟夫·奈：《美国定能领导世界吗?》，军事译文出版社 1992 年版，第 192 页。

　　③ Spykman, *The America's Strategy in World Politics*, New York, 1942, pp. 3—18.

　　④ 李棕：《第三世界论》，世界知识出版社 1993 年版，第 2 页。

转移和结构的重组，民族解放运动在原殖民地半殖民地蓬勃兴起。第三次全球革命浪潮对殖民主义形成巨大的冲击。持续四十多年的革命浪潮导致了全球范围内的殖民主义大撤退和一百多个新国家的独立。殖民主义国家失去了直接支配的大约 3600 多万平方公里的殖民领土。随着殖民体系的土崩瓦解，世界政治地图被改写。

　　亚非拉大批新独立的国家登上了世界政治舞台，以它们为主体形成的"第三世界"成为国际政治中不可忽视的重要力量。第三世界，在世界经济范畴中是对处于世界经济体系的"边缘"、现代化进程中相对落后的"发展中国家"的泛称，而在国际政治范畴中则是指介于美苏为首的两大国家集团之间的"中间地带"。由于中间地带国家大多是"发展中国家"，所以无论从哪个范畴着眼，第三世界所指称的对象基本上是同一类国家，即大部分位于亚洲、非洲和拉丁美洲，历史上曾沦为殖民地或半殖民地、多数在二战后才获得独立的新兴国家。[①] 1955 年 4 月 18 日在印度尼西亚万隆召开的亚非会议，是第三世界在国际舞台上崛起的标志。

二　冷战时期的边界问题

　　二战后，随着新独立国家的不断涌现，边界纠纷问题变得更加复杂，直接涉及国家领土主权的归属，与自然资源及战略利益等问题紧密联系在一起，是否能够成功解决就直接关系到国际和平与安全。因此，二战后的边界问题，往往被研究者从不同的视角加以探讨和研究。例如，从现代以来世界史发展的角度来审

---

　　① 　余伟民、郑寅达著：《现代文明的发展与选择——20 世纪的世界史》，华东师范大学出版社 2001 年版，第 267 页。

视，很多边界问题都是历史遗留的领土争端；从国际法的角度来审视，边界问题涉及的是领土主权的归属问题；从国家发展的角度来审视，很多划界争端涉及的是石油及各种资源的开采获利问题。在具体研究过程中，历史学和法学成为两种基本的方法论，并经常被研究者们结合起来加以运用，进而努力得出对本国立场有利的结论。

（一）原殖民地半殖民地的边界问题

殖民体系的崩溃在亚非拉地区并不意味着永久的和平与安宁。由边界问题引起的地区冲突以各种形式在亚洲、非洲和拉丁美洲都有程度不同的表现，其中尤以非洲地区最为频繁。

原殖民地半殖民地的边界问题具有复杂的社会历史背景和现实因素。欧洲殖民国家在强占殖民地和划分势力范围的时候，从本国需要和各自实力出发，强行划定殖民地边界，而这些边界与当地自然形成的传统社会共同体并不重合，这往往造成了不同民族的杂居或同一民族被分割。当各殖民地获得民族独立、成为独立国家时，殖民主义遗留的民族纠纷往往引发不同民族或部落间在国家认同上的矛盾和争夺主体民族地位的利益冲突，而这些冲突往往又和宗教、文化矛盾纠缠在一起，成为地区冲突的深层因素。[1] 另外，战后原殖民地半殖民地地区和新独立的国家往往成为美苏对外扩张和划分势力范围的争夺对象。美苏两国的争夺在中东、波斯湾地区，东南亚地区，南部非洲地区（南部非洲特别是好望角在西方国家的战略视野中是仅次于中东地区的经济生命线）和加勒比等地区都有明显表现。因此这些地区内的矛盾冲突往往被美苏两国加以利用和干预。

---

[1] 余伟民、郑寅达著：《现代文明的发展与选择——20 世纪的世界史》，华东师范大学出版社 2001 年版，第 245 页。

1. 亚洲的边界领土争端

亚洲国家边界纷争频仍，有很多直到冷战终结后依然是世界热点问题。

在东南亚地区，中国南沙群岛的大部分岛礁及其周围海域自 20 世纪 70 年代以来被越南、菲律宾、马来西亚等国非法占据分割。① 法国在占领印支期间为了便于行政管理，随意划定了越南、老挝和柬埔寨三个地区的边界线。印支三国独立后，越柬边界争端日益凸现，结果造成边界流血冲突。

南亚地区深受殖民主义统治造成的边界纷争之苦。1947 年，英国撤离前蓄意抛出了导致印巴分治的蒙巴顿方案，该方案造成的克什米尔问题，导致了三次印巴战争，至今仍然是印度和巴基斯坦两国冲突频发的根源。在中印边界问题上，印度早在 1958 年以前就不断蚕食侵占中国西藏地区的很多领土，甚至不惜发动侵华战争，最终导致了 1962 年的中印边界战争。印度的侵略行径失败之后，中印边界没有再发生大的冲突。领土争端成为两国关系发展的障碍。1981 年，印度和孟加拉之间为南塔尔帕蒂岛的主权归属问题关系紧张。

在东北亚地区，也存在很多历史遗留的边界或领土争端问题。苏联与日本之间关于北方四岛的归属问题一直存在争议。韩国与日本之间存在独岛问题的争议。朝鲜战争之后，朝鲜南北分裂。朝鲜半岛南部的大韩民国面积 9.9 万平方公里；北部的朝鲜民主主义人民共和国面积 12.28 万平方公里。两国在海域划界上也存在着很大争议。

中东国家边界的划分和非洲的情况有很多相似之处，这就是

---

① 参见肖星编著：《政治地理学概论》，测绘出版社 1995 年版，第 105、120—126 页。

很少根据自然地理条件或人口自然聚居地来划分。很多中东国家的边界都呈现几何形状，如叙利亚和约旦、伊拉克之间，沙特阿拉伯和约旦、伊拉克、也门、阿曼、阿联酋等周边国家之间，都是这种情况。

中东地区是亚洲、欧洲和非洲的交汇处，地理位置十分重要，而且石油储量丰富。二战后，中东地区变成美苏等大国的利益角逐场。从二战结束之后到 20 世纪 90 年代初，中东地区发生过 60 多次战争，每年平均发生 1.4 次。其中因为领土和边界问题而引起的战争接近 30 次，尤以中东的核心地区，也就是地中海东岸的亚洲部分，矛盾程度最为激烈。例如，阿以冲突虽然包含了宗教、民族等多种因素，但其核心问题还是领土争端。耶路撒冷、加沙地带、约旦河西岸和戈兰高地一直是阿拉伯国家和以色列争夺的焦点，先后引发了四次中东战争。尤其是围绕基督教、伊斯兰教、犹太教三大宗教的圣城耶路撒冷①的归属问题，至今仍然发生惨烈冲突。伊拉克和伊朗两国的矛盾从 20 世纪 30 年代阿拉伯河下游的边界纠纷开始，到 80 年代演变成一场持续八年的两伊战争。伊拉克与科威特的边界领土争端导致 1990 年伊拉克入侵科威特。这场战争成为 1991 年海湾战争的直接导火线。

2. 非洲的边界领土争端②

非洲习惯上分为北非、东非、西非、中非和南非五个地区。非洲人虽然大多属于黑种人，但是民族成分极其复杂，大多信奉

---

①　1947 年 11 月，联大第 181 号决议规定耶路撒冷国际化，由联合国进行管理。1980 年 7 月，以色列宣布耶路撒冷为其永久、不可分割的首都。1988 年 11 月，新成立的巴勒斯坦国宣布耶路撒冷为其首都。

②　［埃及］布特罗斯·加利著，仓友衡译：《非洲边界争端》，商务印书馆1979 年版。

原始宗教和伊斯兰教。非洲地广人稀，人民也主要是游牧民族，部落经常迁徙，加之非洲的地理地形复杂、技术手段的落后和资料的缺乏，使得非洲国家之间往往由一些模棱两可的地带或疆界来划分界限。换言之，在殖民主义者入侵之前，非洲没有产生出严格的边界概念。

非洲的边界问题主要是近代西方殖民主义统治遗留的祸根。殖民主义入侵非洲之后，把这块大陆强行分割成 50 多块殖民地，非洲变得支离破碎。殖民主义列强经常通过经纬线、几何线或曲尺在地图上画线来划分非洲国家的边界。非洲国家的边界有 44% 是按经线或纬线来划定的，如南纬 22 度线构成了纳米比亚和博茨瓦纳之间长达 700 公里的边界线，而埃及和利比亚基本以东经 25° 作为边界；30% 的国界是用几何方法来划定的，如阿尔及利亚与邻国的大部分陆地边界；只有 26% 是由山脉、河流或湖泊构成的自然边界线。① 这种人为划界的方法在地图上容易标出，但却人为地拆散了当地相同的种族和部族，使其不得不分居在各个国家实体之间。另外，还有一些彼此之间存在矛盾的种族和部族被划分在同一国家实体内，这就为日后的种族冲突和部族冲突埋下了隐患，造成了大量的政治纠纷。殖民主义造成的边界与非洲现实的格格不入，对非洲的发展造成了严重的恶果。

二战后，非洲掀起了广泛的反对殖民主义、争取民族独立的运动。当时有一种意见认为，边界是帝国主义为了分裂非洲、损害非洲人民利益而划定的人为壁垒，应当废除或改变。后来，当非洲各国在政治上获得独立，取得反对殖民主义统治的初步胜利后，发现这种废除现有边界的想法不切实际，因为调整现有边界

---

① 邵津主编：《国际法》，北京大学出版社 2000 年版，第 107—108 页；肖星编著：《政治地理学概论》，测绘出版社 1995 年版，第 100—101 页。

必然引起无休止的种族和部族冲突。1963年，新独立的非洲国家召开亚的斯亚贝巴会议，制定非洲统一组织宪章，宣布拒绝边界修正主义者的论点，赞成领土完整和非洲现有边界不可改变的原则。这一原则被广大的非洲国家所承认，有利于减少非洲发生边界冲突的数量和程度。

但是，殖民主义统治遗留的问题并不是能够简单消除的，非洲约有三十个国家与邻国存在着领土纠纷。[①] 比如索马里民族的领土曾被划分为英属索马里、法属索马里、意属索马里、埃塞俄比亚的欧加登地区和肯尼亚的东北省五个部分。1966年英属索马里和意属索马里宣布合并成立索马里共和国，并提出五部分统一的要求，但遭到埃塞俄比亚和肯尼亚的拒绝，因此发生了边界冲突。又如，北纬22度线基本上是埃及和苏丹的边界，英国殖民者这种做法的结果是把当地两个分别横跨22度线的民族各分切成了两半。为了争夺殖民时期遗留的红海地区的海拉伊卜地区近一万多平方公里的土地，埃及与苏丹发生争端。总之，殖民统治时期遗留下来的"国界"是一种人为的疆界，既不存在地理上的依据，也不符合当地种族与部族的分布。独立后的非洲国家面临着艰巨的任务，这就是如何才能建立真正意义上的现代国家以保障现代化的起步。在这个重要问题上，非洲国家遭遇重大障碍。从20世纪60年代开始，非洲历经深重战乱，其根本原因也就在此。

3. 美洲的边界领土争端

在白人殖民者到来之前，美洲不存在边界的概念。17世纪末18世纪初，拉丁美洲国家的独立革命运动相继取得胜利后，继承下来的也是白人殖民者蓄意制造的模糊不清的边界线，这就

---

① 肖星编著：《政治地理学概论》，测绘出版社1995年版，第106页。

导致几乎每个拉美国家都与其邻国存在领土或领水的争议。正如豪斯德特（Richard Hofstadter）所说，如果美国的历史在更多的意义上是由空间（space）而不是时间（time）来支配的话，那么拉美的历史就是由空间和时间两方面复杂的混合来支配的。[①]拉美地区不断发生边界争端。如玻利维亚与智利的领土纠纷持续了一百多年。秘鲁与智利、厄瓜多尔，委内瑞拉与哥伦比亚、圭亚那也都存在着这种历史遗留的边界领土争端。

拉美国家与原殖民国家之间也发生了尖锐的矛盾。如阿根廷与英国关于马尔维纳斯群岛归属的争端直接导致了1982年两国之间的马岛战争。马岛战争中双方都志在夺取以马尔维纳斯群岛为核心，包括南乔治亚岛、南桑威奇群岛及周围海域的主权（包括上述地区的石油、天然气等自然资源和战略利益）。结果阿根廷战败，英国占领了整个群岛，但阿根廷仍然坚持对马岛的主权要求。

美国独立后把拉丁美洲看作是自己的"天然领土"，不仅在拉美强占和强租战略要地，而且还拼凑了"美洲国家组织"，以达到控制拉美各国的目的。古巴革命和巴拿马收复运河主权的斗争掀起了反对美国控制和争取独立运动的浪潮。古巴从美国实际控制下的半殖民地成为独立共和国。巴拿马运河区从被美国控制的国中之国状态解脱出来，1974年美国被迫同意结束它对巴拿马运河的管辖权。美国和拉美国家还长期存在领海宽度的争议，它始终不承认拉美国家1947年以来200海里海洋权的主张。

总体来看，美洲与其他大陆有一个明显的不同，那就是美洲国家组织为其成员国和平解决领土和边界争端建立了对话机制，

---

① Alistair Hennessy, *The Frontier in Latin American History*, Edward Arnold, 1978, Preface 3.

形成了依仲裁解决边界争端的良好传统。例如，智利和阿根廷两国关于南安第斯山边界的争议，就是由英国国王仲裁解决的。

（二）欧洲的边界问题

二战结束后，欧洲疆界就发生重大变动。针对意大利、保加利亚、罗马尼亚、匈牙利、芬兰等五个战败国的处理问题，1946年11月，盟国第三届外长会议最后敲定了上述五国和约的文本，并于1947年9月15日正式生效。五国和约中，对意和约规定意大利对法国、南斯拉夫和希腊做出领土赔偿，承认阿尔巴尼亚和埃塞俄比亚的独立和主权。对芬和约规定芬兰把贝柴摩地区割让给苏联；将波卡拉—乌德地区租借给苏联建立海军基地，租期为50年；苏联放弃根据1940年苏芬条约所取得的汉科半岛的租借权。对罗、保、匈和约规定，保加利亚恢复1941年1月1日的边界，与希腊的边界不变；罗马尼亚则把南多布罗加划归保加利亚；罗马尼亚把比萨拉比亚和北布科维纳割让给苏联，并从匈牙利收回特兰西尼亚，恢复战前的罗匈边界；匈牙利与罗马尼亚、奥地利和南斯拉夫三国的边界恢复为1938年1月1日的原有边界，另外，匈牙利把外喀尔巴阡乌克兰归还捷克斯洛伐克，并承认捷克斯洛伐克把该领土割让给苏联。对罗、保、匈和约还涉及多瑙河管制的问题。伴随着东欧地区领土的变化，苏联变成了多瑙河的沿岸国家，并在该地区与英法美发生利益之争。[①]

在波兰的疆界问题上，西方国家在不能控制波兰政府组成的情况下，极力限制其疆界西移的幅度，同意以奥得河为波兰的西部边界。苏联则坚持要以奥得—西尼斯河一线为界。最终，苏联的主张得以实现，其实质是波兰西部的边界向西推进约240公

---

① 王绳祖主编：《国际关系史》（1945—1949），世界知识出版社1995年版；刘德斌主编：《国际关系史》，高等教育出版社2003年版。

里，从德国获得约 10.26 万平方公里土地，作为对波兰东部 17.9 万多平方公里土地划归苏联的补偿。[①] 德国领土上的变动是东普鲁士北部划归苏联，南部和奥得—尼斯河以东地区划归波兰。

德国分裂为东西两半。在如何处置战后德国的问题上，苏联同美英发生严重分歧。双方关于德国问题的分歧和冲突，不仅是苏、美、英战时同盟发生裂痕的导火线，同时也是战后美苏冷战的导火线。柏林危机成为美苏冷战的第一次高潮。美苏在德国问题上对抗的结果是美国扶植成立了德意志联邦共和国，苏联则支持成立了德意志民主共和国。1961 年 8 月柏林墙的筑立，将德国划分成东西两半。柏林墙成为冷战的欧洲分界线。

美国与西欧结盟，苏联与东欧结盟，欧洲被两大阵营看成是生死攸关的战略枢纽地带。西欧是美国最大的投资市场和商品销售市场。苏联本身就是个地跨欧亚两洲的庞大国家，它的欧洲部分面积虽然只占全国领土的 1/4，但人口和工农业产量占全国的 3/4 以上。苏联的 15 个加盟共和国中有九个全部在欧洲，还有两个部分在欧洲。另外，苏联的对外贸易近一半都在东欧。北约和华约两大组织在欧洲重兵对峙。美苏两国以各自控制的军事集团为依托，竭力向对方控制的欧洲部分进行渗透。双方配置在欧洲的军队和武器，比世界上任何其他大陆都多。欧洲完全被一分为二，并且被置于冷战的最前沿。

20 世纪 50 年代中期起，苏联提出召开欧洲安全与合作会议，不过没有被西方国家接受。70 年代初，东西方关系有所缓和，1973 年 7 月欧安会第一阶段会议在赫尔辛基召开，除阿尔巴尼亚以外的所有欧洲国家和美国、加拿大共 35 个国家参加会

---

① 肖星编著：《政治地理学概论》，测绘出版社 1995 年版，第 102 页。

议。1975 年，与会各国在第三阶段会议上签署《欧洲安全与合作会议最后文件》，确认了在欧洲范围内不诉诸武力和以和平方式解决争端的原则。苏联在会议上希望使战后欧洲的边界变化能够持久合法化，美国等西方国家则在保证不使用武力的同时，保留以和平手段改变现有边境状况的权利。双方各持己见，最后把这两种观点都写进了《欧洲安全与合作会议最后文件》的《指导与会国间关系的宣言》。欧安会的召开和《最后文件》的签署，确认了二战后欧洲国家的边界现状，推动了欧洲国家之间的交流与合作。

　　战后在欧洲，还发生了一个突出的现象，这就是欧洲经济一体化的发展产生的影响。作为殖民宗主国的英国、法国、荷兰和比利时，都加入了欧洲经济共同体。欧洲经济共同体的发展使各成员国获益良多，在这种情况下，殖民地对这些宗主国的重要性自然相形下降。这也是欧洲殖民主义国家从殖民地撤退的一个重要原因。以英法为首的西方国家对殖民地国家采取了非殖民化的政策。非殖民化强调的是殖民国家在殖民帝国瓦解过程中，采取的旨在尽可能地维护自身利益的各种行动，包括各种撤退战略、策略与手法。[①]

　　（三）边界纠纷的解决方法

　　二战后，边界纠纷的解决方法有所发展，包括政治意义上的谈判与协商、斡旋与调停以及调解（和解），法律意义上的仲裁与国际法院裁判。[②] 当代国际法要求坚持和平原则来解决国际争端。

---

　　① 张顺洪：《论英国的非殖民化》，《世界历史》1996 年第 6 期。
　　② 王恩涌等著：《政治地理学：时空中的政治格局》，高等教育出版社 1998 年版。

　　以谈判为和平解决国际争端的方法古已有之，1907 年的《海牙和平解决国际争端公约》第 38 条就有所规定。战后，1948 年的《美洲国家组织宪章》第 21 条、《非洲统一组织宪章》第 3 条和《联合国宪章》第 33 条明确地把谈判作为和平解决争端的方法。

　　协商作为解决国际争端的方法则开始于 20 世纪 50 年代以后。协商的特点是参加协商的成员不只限于当事国，中立国也可以参加而且不受谈判国的限制。二战后采取谈判和协商方法解决边界纠纷的例子有 1960 年的《中国缅甸边界条约》、1961 年的《中国尼泊尔边界条约》、1962 年的《中国蒙古边界条约》等。从实践来看，通过谈判或协商来制定边界条约是和平解决边界领土争端的有效方法。

　　巴勒斯坦问题是使用斡旋和调停方法来解决边界纠纷最典型的例子。1947 年联合国通过了《关于巴勒斯坦将来治理（分治计划）问题的决议》，把巴勒斯坦地区分成三个部分：阿拉伯国、犹太国和耶路撒冷市，并对其边界做了详尽的划分。不过，分治决议仍然不能阻止阿以冲突。阿拉伯各国及巴勒斯坦的阿拉伯人都反对分治。联合国介入调停，但效果甚微。巴以冲突至今仍然没能根本解决。

　　二战后，仲裁法庭和国际法院都成功解决过一些边界纠纷，如英法大陆架划界纠纷。就英吉利海峡及其以西一带的大陆架划界问题，英法两国政府于 1975 年签订仲裁协定，成立了仲裁法庭对划界问题进行裁决，最终划定了两国在争端地区的边界。又如 1982 年国际法院受理的美国诉加拿大案（美国和加拿大关于缅因湾海上划界的争端），两国争端得到和平解决。通过仲裁和国际法院裁判解决边界争端有利于实现边界解决的"首要目的之一"，即"实现稳定性和确定性"①。

当然，引起边界纠纷的原因有很多，冲突出于对民族统一的要求（如东北非的索马里问题），有些是因为边界划分模糊（如阿尔及利亚与摩洛哥、突尼斯关于撒哈拉地区的争端），有些是出于历史边界的恢复（如西撒哈拉争端），有些则纯粹出于占有资源的目的（如伊朗和伊拉克、伊拉克和科威特的边界争端），因此边界纠纷的解决仍然是一个复杂的问题。②

三 冷战时期边疆观念的发展

边疆是一种发展的概念。边疆观念及相关理论具有鲜明的时代性。在某种意义上，边疆观念反映了一定时期内人类控制和利用自然条件的能力，或者说边疆反映了在特定的科技条件下人类行为的某种边界。由于人类支配自然的技术和能力不断发展并始终有一定的限度，所以国家边疆的观念能够不断地为自己找到新的表达方式。冷战期间的边疆观念被时代赋予了新的内容，其发展是人类社会生产力提高和世界形势变化的结果。在某种意义上，边疆观念反映了一定时期内人类控制和利用自然条件的能力，或者说边疆反映了在特定的科技条件下人类行为的某种边界。由于人类支配自然的技术和能力不断发展并始终有一定的限度，所以国家边疆的观念能够不断地为自己找到新的表达方式。冷战期间的边疆观念被时代赋予了新的内容，其发展是人类社会生产力提高和世界形势变化的结果。

二战结束前，边疆主要是指地理的边疆，即在一个相对稳定

---

① ［英］詹宁斯、瓦茨修订，王铁崖等译：《奥本海国际法》第1卷第2分册，中国大百科全书出版社1998年版，第63页。

② 王恩涌等著：《政治地理学：时空中的政治格局》，高等教育出版社1998年版。

的空间内，不同的人类族群长期活动和发生交往的广义边界。二战以来，国家领土的概念和理论已经发展起来。领土是一个由若干界面组成的立体空间。国家之间都存在着明确的边界（state boundary）即领土分野，并以确定的国界为标志。国家之间的边界是一种精确的界限。边界决定着国家存在的地理空间，限定其行使国家领土主权的范围，是划定国家领陆（territorial land）、领海（territorial sea）、领空（territorial airspace）和领底土（territorial subsoil）的基础。对边界的任何侵犯，都是对国家主权的侵犯。边界包括了陆地边界、海上边界、空中边界和地下边界，甚至是一些对国家利益来说十分重要的无形边界。边疆就成为由这些真实的或无形的线所组成的面。边疆的性质是由国家领土主权决定的。边疆是制定国家战略和维护国家主权的重要基点。边疆问题背后隐藏的是各种各样的利益追求。

（一）影响边疆观念的要素

冷战的几十年间，人类社会生产力迅速发展，世界日益地成为一个有机整体，第三次民族独立浪潮蓬勃发展，西方殖民主义体系瓦解，大批新独立的发展中国家登上历史舞台，主权国家遍布全世界。冷战初期，东西方对抗表现尖锐，20世纪70年代末两极格局出现松动，东西对抗有所缓和，经济发展不平衡而导致的南北矛盾凸现出来。这种世界大格局的变化自然会为边疆观念的发展注入新的要素。边疆理论也相应的发生了新的变化。科学技术的巨大发展推动了国家边疆视野的扩展。经济发展引发对国家无形边疆的重视。西欧地区一体化的发展推动人们关注发生在特定领域的主权让渡和边界弱化现象。

冷战期间，科学技术的巨大发展推动了国家边疆视野的扩展。第三次科技革命起源于二战对军事技术的需要，兴起于二战之后，到20世纪七八十年代已经在全世界范围内迅速发展。新技术的发展改变了传统的国际关系，开创了国力竞争的新时代。例如，随着航海和空间技术的发展，人类活动领域不断拓展，海上边界和空间边界的问题开始日益突出。又如核技术（原子弹）的发展，其实质是一国核力量的发展就能改变国际间力量对比，而无须经过战争或领土变更的方式来达到这种目的。敌对国家之间的地理距离远近及相对地理位置等指标在一定程度上失去了原有的意义。再如航空技术的突飞猛进，使得北极地区这一空中连接欧亚大陆和北美大陆的最短通道的重要性迅速显现。各国纷纷争取在南北极地区的主权或实际控制权。在此背景下，边疆不再单纯地被视为一种非此即彼的机械的分界线，而是多层次的自然空间内容的叠加。

经济发展引发对国家无形边疆的重视。无形边疆是领土边疆在概念上的转化或某种放大。在国际经济旧秩序和跨国公司迅速发展的推动下，发达国家对发展中国家的经济控制程度已经远远超过了殖民时期宗主国对殖民地的控制程度。跨国公司是发达国家对外经济扩张的有效形式，它可以实现获取利润最大化的功能。跨国公司对外扩张的主要形式之一就是吞并其他公司。它的活动范围要比传统殖民帝国的疆域广阔得多。跨国公司成为战后资本主义国家垄断资本、掠夺资源和控制发展中国家的新形式。美国第一花旗银行董事长斯宾塞曾经说过："民族国家的政治疆界对于现代企业的活动驰骋，已经过于狭小了。跨国公司要把全球当作一个市场。"① 世界银行 1992 年的报告指出：世界上 350 家最大的跨国公司之间的业务，在 20 世纪 80 年代，就已经占到

---

① 转引自高岱、郑家馨：《殖民主义史》总论卷，北京大学出版社 2003 年版，第 91 页。

全球贸易的 40%。① 由于一国内部往往会有其他国家的利益存在，这就使得通过武力扩展有形边界的可能性和必要性都比二战之前要大大降低。而像经济安全或文化安全这样的无形边界如何操控，成为政治家们殚精竭虑的问题和任务。冷战期间虽然还没有明确提出"文化边疆"的概念②，但西方帝国主义国家在全球范围内的经济侵略和文化侵略却都是不争的事实。如何保卫自己的无形边疆成为广大发展中国家面临的重要问题。

　　这一时期，地区一体化的发展推动了对边界弱化现象的思考。冷战期间，基于地缘因素而进行的国家合作呈现出不断加强的趋势。在美苏两大国都各自控制并极力扩张自己的势力范围时，一些地区的国家特别是较小的国家出于自身长远发展的考虑，开始采取组建集团的形式来谋求共同发展。"区域的合作不仅有利于技术上的互补和建立集团优势，而且有利于各国政治上的共存共处。"③ 在这样的背景下，一些地区性的力量④如非洲统一组织、欧洲共同体、东南亚国家联盟开始出现。其中西欧国家联合的成果最为突出。随着欧洲共同体的逐渐发展，西欧国家的边界弱化现象日益显现。这种发生在特定领域的主权让渡和边界开放现象，开始引起世人的深入思考。

　　（二）陆疆和海疆

　　陆地是人类社会产生和发展的起源地。在边疆观念发展的早

---

　　①　World Bank：*Global Economic Prospects and the Developing Counties*，Washington，D. C.，1992，p. 33.

　　②　纳粹德国的地缘政治学理论曾提出过"人为边疆"，豪斯霍弗等人把"人为边疆"又称为经济的、军事的、防御的、文化的、司法的边疆。

　　③　刘从德：《地缘政治学：历史、方法与世界格局》，华中师范大学出版社1998 年版，第 248 页。

　　④　非洲统一组织诞生于 1963 年，欧洲共同体诞生于 1965 年，东南亚国家联盟诞生于 1967 年。

期，陆疆和陆权受到人们的高度重视，事实上，它们至今仍然受到足够的重视。人们普遍的看法是，谁控制了欧亚大陆，谁就掌握了世界。英国地理学家麦金德提出的"大陆心脏说"曾经对边疆问题产生过重要影响。"大陆心脏说"是间接反映帝国主义和强权政治观点的学术性理论。麦金德理论的核心，是把大陆作为探讨世界格局变化的中心，竭力用简单化的段落式语句来说明复杂的世界历史事态进程。不过，他的学说在不同时期和不同国家引起的反响并不相同。二战之前，英法美等国对此并不重视，纳粹德国的地缘政治学者却吸收了他的一些思想。二战之后，英美等国的学者开始重视他的学说。

　　海洋约占地球表面积的四分之三，总计 13.7 万立方公里，它容纳了 9/10 的水资源，是地球 97% 以上的生物的寄居地。海水中含有丰富的资源。例如，核聚变的燃料重水可从海水中提取，海水中含氘有 2 万亿吨。海域划界是主权之争，海洋主权意味着海洋资源的划分，直接涉及各国的国家利益。早在2500 年前，古希腊先哲就曾经指出控制海洋的重要性。20 世纪 60 年代中期以后，随着航海、捕鱼和海洋勘探等方面技术的突破，海洋利益点的增长引发人们对海洋边疆的更多重视，对海洋资源的争夺在各种资源竞争中所占的比例越来越大。在新的时代背景下，各国日益认识到没有强大的海上军事力量就不能有效地维护国家的海洋权益，更加重视维护国家的海上安全，重视对海上战略通道的控制；一些国家对"海洋国土"及其资源的权利主张相互矛盾，造成国家间关系的紧张，相关争端与日俱增。

　　（三）空疆和天疆

　　二战后，在向海洋探索的同时，人类的边疆视野也投向广阔的天空。二战期间，大量空中作战实践经验日益凸显出空中优势是赢得陆、海、空作战胜利的先决条件，因此二战后世界各国普遍加强了空中军事力量的建设。1950 年，美国的德塞维尔斯基（Alexander de Seversky）在《空军：生存的关键》一书中进一步发展了杜黑的制空权理论。德塞维尔斯基更加重视制空权在航空新时代对国家安全和全球战略的重要作用。他指出，随着航空时代的来临，制空权将取代制海权成为一个国家综合实力的主要体现，"要不就控制整个地球上的空中大洋，要不就一无所获"。①谁控制了空间，谁就控制了世界，这一观点几乎成为当时军事家们的共识。

冷战期间，在陆疆、海疆、空疆之后，第四种疆域——"天疆"的观念，也就是太空边疆的观念开始出现。这标志着人们的边疆观念已经有了极大的扩展。20 世纪中期以后，人类开始探索太空。随着科学技术的发展，人们日益认识到太空是一个具有特定性能的新领域，世界大国开始抢占太空商业市场。如美国先后发射了 1000 多颗卫星，承揽了许多国家的太空代理业务，这为美国带来巨大的收益。

是否拥有空间制高点，开始成为衡量一国国力强弱的重要标志。20 世纪 60 年代，美国总统肯尼迪（John Kennedy，1917—1963）曾经说过，哪个国家能控制宇宙，哪个国家就能控制地球。这句话反映了当时美苏两国太空竞赛的白热化。20 世纪 80 年代，美国提出了著名的"星球大战"计划和"高边疆"战略。"高边疆"（High Frontier）指的就是太空领域。在《高边疆——新的国家战略》一书中，原美国陆军中将丹尼尔·奥·格雷厄姆（Daniel Graham）指出，美国具有开拓边疆的历史传统；在

---

① Alexander de Seversky, *America*: *Too Young to Die*, New York, McGraw - Hill, 1961, pp. 36—37.

人类历史上，一个国家若能从人类活动的一个领域最有效地迈向另一个新的领域，就能取得巨大的战略优势；在太空领域，美国决不能让别国掌握主动权。高边疆战略的实质是，美国要开拓和利用空间领域发展经济和加强军事实力，在美苏的全面竞争中占据战略优势。[1] 继美国的"高边疆"战略之后，日本提出了所谓的"日光—月光"计划，西欧提出"尤里卡"计划和赫尔梅斯空间计划，其目的都是从军事和经济两方面来开拓和利用宇宙空间。这标志着人类的经济活动将摆脱地球环境的限制，向更广阔的经济空间扩展。人类迈入太空时代之后，衡量一个国家的实力在很大程度上要以其开发利用宇宙空间的能力为标志。发生在太空工商业市场的高科技竞争将成为世界各国竞争的重要领域。

　　一般认为，控制了外层空间，就能更加容易地控制地球大气层内的空气空间、陆地和海洋。西方很多学者认为，正如 16 世纪以来对海洋的控制即制海权决定着国家的地位一样，对太空的开拓将是国家地位重新排列的决定因素之一。把本国的疆域从陆疆、海疆、空疆拓展到太空，发展这第四种疆域的想法，日益发展。制天权将对未来国家安全具有决定性的作用。冷战期间，美苏等航天大国围绕着天疆问题，展开了激烈的争夺和较量，如积极推动太空航行、星球探测，以及进行太空防御战略系统的构想等。在这种背景下，对太空边疆的开拓日益受到各国的重视。20世纪后半期，国际社会制定了一系列与航空、航天相关的国际条约，也出现了多种关于空气空间和外层空间管辖范围及高度的学说，这些都使空中疆土的问题日益复杂。

　　陆疆、海疆、空疆和天疆的观念，无论哪一种，它们自出现

---

　　① ［美］丹尼尔·奥·格雷厄姆著，张健志等译：《高边疆——新的国家战略》，军事科学出版社 1988 年版，第 1 页。

以来就与国家的利益密不可分，并对国家生活发生重要的影响。冷战期间，一种无形的边疆——利益边疆，或者说战略边疆的提法，开始进入人们的视野。所谓利益边疆，实际上阐述的是国家的利益范围，它反映出国家利益的战略要求。不过，这一时期利益边疆的概念及理论尚处在发展的初期阶段，冷战终结后随着全球化的进展它将受到更多的关注，故本文暂不赘述。

第二节　国际法关于边疆问题的进展

冷战期间，国家主权原则最终得以在全世界范围内确立，成为公认的国际法和国际关系基本原则。随着国际格局和世界形势的变化，各国的地缘视野也发生了相应的变化，出现了很多与边疆、边界紧密联系的新问题。针对这些变化和问题，各国的相关认识和国际社会的实践开始不断地发展和演变。从全球性的角度来看，国际法上与边疆、边界相关的理论和实践有了很大的进展。

总体来看，这一时期国际法上的发展有三个明显特征：一是随着战后世界的发展和国际社会认识的提高，领土概念、领土主权原则最终确立，领土变更方式发生重大变化，海域划界立法、空间立法取得重大进展；二是一些带有殖民扩张时代色彩的成分，如领土取得方式中的"先占"（占领）、"征服"、"割让"（部分为被迫割让）、"时效"等原则，开始退出历史舞台；三是二战后第三世界国家积极参与国际法的制定，投入相关实践，国际法的相关成果又成为它们维护自身独立和国家安全的依据和武器。这些都与二战前主要由西方国家主导国际法制定、又以国际法为其强权政治服务的状况形成鲜明对比，这些也都使国际法中关于边疆、边界的理论逐步超出了"西方边疆理论"的范畴。

一　国际法上的领土主权原则

（一）领土构成要件的变化

二战结束以前的领土概念与冷战期间国际法认定的领土概念，有所区别。二战结束之前，1944 年 12 月 7 日签订的《国际民用航空公约》的第一、二条明确规定，"本公约所指一国的领土，应认为是在该国主权、宗主权、保护或委任统治下的陆地区域及其邻接的领水"，缔约国又承认"每一国家对其领土上空具有完全的和排他的主权"。① 这表明，当时世界各国对领土已经形成某些共识，即包括一国"主权、宗主权、保护或委任统治下的"领陆、领水，并对其上空享有"完全的和排他的主权"。这与当代国际法中的相关概念相比，在组成部分上只少了"领底土"，而在领土构成要件上则强调"宗主权、保护或委任统治"与主权的同样重要，这可以视作对二战结束以前或者说新航路开辟以来国家领土的取得、变更实践的总结。二战之后，国际法明确规定，国家领土是指完全隶属于国家主权下的地球空间部分，也就是指主权国管辖之下的全部国家疆域，由领陆、领海、领空和领底土（底层领土）组成，这明显地反映出新时代的进步性。

国家领土是个立体概念。领陆是指国界范围内的国家陆地部分，包括大陆和岛屿。领陆是确定领海、领空和领底土的根基。领海是指沿海国陆地领土及其内水以外邻接的一带海域，在群岛国的情形下则及于群岛水域以外邻接的一带海域。领空是指处于国家主权管辖下的领陆和领海上空的空气空间。领底土是指领陆和领海的底土，包括地下水和资源等。在通常情况下，以领陆和

---

① 王铁崖、田如萱编：《国际法资料选编》，法律出版社 1982 年版，第 496—497 页。

领海的边界为基准，向上向下做垂直线，构成一国领空与底土的界限。一国对另一国领陆、领海、领空或领底土的侵犯，都是对该国领土的侵犯，该国完全有权根据国际法进行自卫。

领土是国家的物质基础。领土是国家主权得以行使的地理空间，国家人民赖以生存、活动和发展的基础和环境。国家对其领土拥有完全的排他的主权，即领土主权（territorial sovereignty）。国家对领土的主权，是国家主权的重要内容和表现。领土主权和领土完整是国家独立的重要标志。领土主权不可侵犯原则是指一国领土主权的完整不受破坏。领土完整不可侵犯是当代国际法的基本原则，国际法的重要文件均予以承认。1945 年《联合国宪章》第 2 条第 4 款明确规定：各会员国主权平等；各会员国在其国际关系上不得使用武力或武力威胁，或以与联合国宗旨不符之任何其他方法，侵害任何会员国或国家之领土完整或政治独立。[①] 1970 年联合国大会通过的《国际法原则宣言》，具体规定不得以武力威胁或使用武力破坏一国的领土完整；国家边界不容侵犯；一国领土不得成为军事占领的对象；使用威胁或武力取得领土的行为为非法，对以此种方式取得的领土不予承认。

（二）领土变更方式的变化

边疆、边界问题与领土的取得、变更方式关系密切。国家领土的变更是指由于某种自然或人为的原因取得或丧失领土，从而使国家领土发生变化。根据当代国际法，建立在遵守国家主权原则基础上的领土变更才被视为合法。以往国际法中领土取得的方式包括先占、时效、添附、征服和割让。通过先占来取得领土的事实广泛存在，这种变更方式在殖民主义时代占有重要地位。二战后，某些传统方式如"先占"已经成为历史概念、"强制性割

---

① 　王铁崖、田如萱编：《国际法资料选编》，法律出版社 1982 年版，第 819 页。

让"已经不再合法，在当代国际法中产生了一些新的领土变更方式。一种情况是原殖民地、委任统治地、托管领土实现民族自决成为新独立国家。民族自决原则被当代国际法确立为基本原则，因此，被压迫民族有权摆脱殖民统治，建立独立的主权国家。当代国际关系中最常见的领土取得方式就是国际联盟委任统治下的领土独立和联合国托管下的领土及非自治领土的独立。另一种情况是全民公决。全民公决是指国际法承认在特定条件下，由某一领土上的居民来投票决定该领土的归属。这里又可以区分为两种情况。一是原殖民地争取独立的民族或地区根据民族自决原则可以通过全民投票取得独立；二是原战败国被占领土的全民公决，如德国萨尔地区根据《凡尔赛和约》被国际联盟管理 15 年后，1935 年 1 月经过全民投票与德国合并。[①] 还有一种情况是恢复权利和收复失地。恢复权利和收复失地是指原领土国收回被他国非法侵占的领土而恢复其对该领土的历史性权利。非法侵占的事实大都起因于历史上的征服或强制性割让等情况。如根据1943 年《开罗宣言》和 1945 年《波茨坦公告》，中国在二战后收回被日本强行侵占的台湾和澎湖列岛；又如在 1961 年，印度以武力收回被葡萄牙占领的果阿地区。

传统国际法承认的"征服"在二战之后已经被《联合国宪章》所禁止。不过，一国以武力公然占有他国领土或强行将他国置于自己的控制下等践踏国际法的行为在冷战期间仍然是存在的，如 1975 年印度强行吞并其邻国锡金，国际社会对印度这种非法行径不予承认。

（三）边界不可侵犯原则

边界决定着国家存在的地理空间。边界是一个国家领土主权

---

① 邵津主编：《国际法》，北京大学出版社 2000 年版，第 105 页。

的象征。1970 年联合国大会通过的《国际法原则宣言》明确规定国家边界不容侵犯。对边界的任何侵犯，都是对国家主权的侵犯。

国家边界简称国界或边界。边界是划分国家领土范围的地理界线，也是国家行使领土主权的界限。由于国家领土包括领陆、领海、领空和领底土，边界就是指分隔一国领土与他国领土、一国领海和公海或专属经济区、一国领空和外层空间的界线。[①]

陆地边界是划定国家边界的基础。相邻国家间的陆地边界，一般是由相邻国家之间协商，签订条约或者达成协议来划定，以自然地形特征、地理经纬线、界碑界桩等人造标志、两固定点之间相连直线，或者当事国协商选定的某种方法来标定。国家之间的领海界限，由有关国家按照《联合国海洋法公约》的规定，协商确定。空间边界如何划界，则涉及空气空间法和外层空间法两部分。领空是处于国家主权管辖下的领陆和领海上空的空气空间，这一点已经被世界公认。外层空间独立于空气空间之外和不受地面国主权支配的观念也被当代国际法的理论和实践所公认。领空范围的上限高度问题存在着很大争议，至今没有解决。

国家边界还可以分为自然边界线和人为边界线。自然边界线主要是依河流、山脉、湖泊、沙漠、海洋等天然屏障来加以划分。由于自然边界要经过相关国家协商确定，所以自然边界也是人为确定的。人为边界线一般是按照经纬线或用曲尺在地图上勾画出来的。由于只有通过人的行为才能选择和确定具体的边界线，因此没有纯粹的自然边界，任何政治边界都是人为的。[②]

有些国家边界经过国家间条约或国际条约确定，具有法律依

---

①　邵津主编：《国际法》，北京大学出版社 2000 年版，第 106 页。

②　肖星编著：《政治地理学概论》，测绘出版社 1995 年版，第 100 页。

据，一般情况下比较稳定；而有些边界没有得到国家之间的相互承认，更没有在国际上被承认。由于边界划分涉及各种各样的利益追求，因此边界问题经常引发边界争端，甚至演变成双方或多方的冲突和战争。

二 国际海洋法的发展与海洋边疆

（一）战后国际海洋法的革命性变革

二战后，随着大批发展中国家登上国际舞台，国际海洋法开始发生革命性的变革，取得极大的进展。沿海国的管辖权不再限于领海之内，而是广泛扩展到原先实行公海制度的广大海域。

在国际海洋法的发展历史上，国家管辖权的扩展与经济利益上的考虑往往有着极其密切的关系。20世纪中期以后，人口的急剧增长和陆地资源的日益减少引发了人们对海洋资源的更多需求。科技的飞速发展为人类利用海洋提供了更多的实际可能性。联合国粮农组织的数据表明，1983年世界渔获总量为7647万吨，而海洋渔获量高达6761万吨，占总量的88%。[1] 地球上1/3以上的石油和天然气资源贮藏在海底。几乎所有沿海国家都在近海勘探、开发海洋石油和天然气资源。至于蕴藏在深海洋底的万亿吨富含锰、铜、钴等多种金属的锰结核资源，其开采和加工技术也在不断发展之中。世界经济迅速发展，各国对海洋资源的需求也与日俱增。国家对海洋资源的开发要求有明确的区域，这就推动世界各国确定各自的海洋边界。海洋主权意味着海洋资源的划分，直接涉及各国的国家利益。

海域划界是主权之争，海洋与各国的主权完整和国家安全密切相关。世界上有一百多个濒临海洋的沿海国家，有20万海里

---

① FAO: Yearbook of Fishery Statistics (1984), Vol. 56. p. 69.

的海岸线。① 二战后，美苏两国对海洋霸权的争夺和发达国家对海洋资源的掠夺，严重损害了亚非拉第三世界国家的主权和国家利益。随着第三世界国家的兴起和发展，它们日益重视维护海洋主权的斗争。沿海国家尤其是广大发展中国家，从经济利益和国家安全的角度出发，要求建立新的海洋法律秩序，相应地自然要求制定一部全面的海洋法公约。此外，伴随着海洋的开发，人类活动对海洋生态环境的威胁也是空前的，人们日益认识到保护海洋资源的重要性，这也是推动国际海洋法发生变革的因素之一。

1. 联合国第一、二次海洋法会议

联合国第一次海洋法会议于 1958 年 2 月至 4 月在日内瓦召开，86 个国家和地区的代表团出席了会议。会议通过了《领海与毗连区公约》、《公海公约》、《大陆架公约》和《公海渔业和生物资源养护公约》等日内瓦海洋法四公约。关于领海和毗连区问题，争论的中心是如何规定领海的宽度。国际法委员会建议的 3 海里宽度，遭到很多国家的反对。最后通过的《领海与毗连区公约》没有规定领海的宽度，也没有规定渔区的范围。但它规定了毗连区自测算领海宽度的基线量起不得超过 12 海里，沿海国在毗连区内就关税、财政、移民和卫生事项行使管辖权。1960 年 3 月至 4 月，联合国第二次海洋法会议在日内瓦召开，87 个国家和地区参加了会议，会议的主要内容是讨论领海宽度和渔区范围问题，不过没有取得任何成果。

第一、二次海洋法会议召开时，大多数发展中国家尚未独立，无法参加会议。日内瓦海洋法四公约主要反映一些海洋大国的利益。20 世纪 60 年代以来，广大发展中国家在联合国历届大会上，要求召开第三次海洋法会议，在公平合理的基础上制定新

---

① David L. Larson: Major Issues of the Law of The Sea, p. 3.

的海洋法公约。

2. 联合国第三次海洋法会议

1973—1982 年的联合国第三次海洋法会议是联合国成立以来最重要的一次国际立法实践。由于国际海底区域的范围涉及国家管辖海域的范围，大多数国家特别是发展中国家要求召开一次新的海洋法会议，审议和制定新的国际海洋公约，第 25 届联大决定从 1973 年开始召开联合国第三次海洋法会议。

这次会议的主要潮流是广大发展中国家反对海洋霸权主义、维护本国的海洋资源权益、制定新的海洋法公约；对原来视为公海并实行公海自由制度的国际海底区域，要求制定一项勘探管理制度并建立相应的国际机构进行管制。会议历时十年[1]，先后召开 11 期会议，最后通过了《联合国海洋法公约》和《第三次联合国海洋法会议最后文件》。会议成员的广泛性是前所未有的，来自世界各地的 168 个国家和组织参加了会议，其中包括了联合国的全部成员国。在 1982 年 12 月 10 日会议结束当天，公约在牙买加蒙特哥湾开放供各国签署，共有 119 个国家和组织签署了《联合国海洋法公约》。根据公约第 308 条规定，在 60 个国家批准或加入公约以后 12 个月，公约将进入生效。美国、英国、日本、联邦德国等 23 个国家没有在公约上签字，很多发展中国家对西方发达国家因对有关国际海底开发内容不满而拒绝签署公约的做法进行了谴责。截至 1986 年 4 月 30 日，公约签署国共计 155 个，批准国 26 个。[2] 1994 年 11 月 16 日，《联合国海洋法公约》正式生效。

---

① 如果加上之前海底委员会的工作会议，共历时 15 年。

② Status of the United Nations Convention on the Law of the Sea, Table of Signatures and Ratifications as to 30 April 1986, *Law of the Sea Bulletin* No. 7, pp. 1—6, April, 1986.

3."海洋宪章"

1982 年的《联合国海洋法公约》，通常也被称做是"海洋宪章"。这项公约是国际条约法中的创新。它承认各海洋区域的种种问题都是彼此密切相关的，有必要作为一个整体来加以考虑。公约要求强制解决争端，确立了在海洋上或海洋中从事一切活动的总体法律框架，规定了关于海洋的所有用途的详细规则并界定了各国的权利与义务。

该公约共计 320 条，九个附件，包括了领海、毗连区（Contiguous Zone）、专属经济区（200 – mile Exclusive Economic Zone）、大陆架（Continental Shelf）、国际海底区域和资源勘探开发制度等各方面的问题，是国际法历史上一部最全面、最广泛的海洋法公约。虽然该公约是各国长期谈判、利益调和的产物，但与日内瓦海洋法四公约相比，仍表现出明显的进步。它是广大发展中国家坚持长期斗争的结果，如公约规定了 12 海里领海制度，制定了 200 海里专属经济区制度，制定了国际海底区域及其资源的勘探开发制度并决定建立一个国际机构进行管理等内容。《联合国海洋法公约》可能是 20 世纪最为重要的国际法律文件。①

公约最重要的成就之一是就国家和国际水域的分界线达成了一致的意见。在国际水域，所有国家都可以行使自由航行权，而在 12 海里领海的范围内，各国可以自由实施任何法律，对海洋的利用加以管制，以及利用和开采任何资源。公约维护"无害通过"领海的权利并保证船舶和飞机穿过用于国际航行的海峡的过境通行权。确保过境通行权这一点对海军强国来说极其重要，如果没有这个权利，12 海里领海界限就会使得世界上用于

---

① *The Third United Nations Conference on the Law of the Sea*, *Official Records*, Vol. XVII, pp. 134—135.

国际航行的 100 个海峡被关闭。

《联合国海洋法公约》明确指出，国际社会认识到有需要通过本公约，在妥为顾及所有国家主权的情形下，为海洋建立一种法律秩序，以便利国际交通和促进海洋的和平用途，海洋资源的公平而有效的利用，海洋生物资源的养护以及研究、保护和保全海洋环境。考虑到达成这些目标将有助于实现公正公平的国际经济秩序，这种秩序将照顾到全人类的利益和需要，特别是发展中国家的特殊利益和需要，不论其为沿海国或内陆国。

4. 美国对国际海洋法的负面影响

《联合国海洋法公约》自签署以来得到了国际社会的广泛支持，但是其中仍然存在一些不尽如人意的情况。以美国为首的极少数海洋大国拒不接受公约是一个主要的问题。

第三次海洋法会议期间，作为主要的谈判国家，美国曾经积极地参与了《联合国海洋法公约》条文的全部起草过程，卡特政府认为公约的大部分条文和规定符合美国的利益，并准备接受包括国际海底制度在内的整个《联合国海洋法公约》。海洋法会议结束前夕，美国新上任的里根政府突然宣布对即将通过和签署的公约持有重大的保留意见。美国主要的反对意见是针对有关深海采矿的条文，认为公约第 11 部分及其附件三所规定的"生产限制政策"和"强制性技术转让"等规定，违反了美国一贯倡导的自由竞争原则及其经济利益。因此，美国主张这部分规定基本上不能接受，并为此提出了修改意见，而且还拉拢英国、法国、联邦德国等发达国家，企图在《联合国海洋法公约》之外另搞一套制度，以便与《联合国海洋法公约》抗衡。1982 年《联合国海洋法公约》开放签字之后，美国拒绝行使海洋法会议最后文件签字国的权利，也不派代表参见海底管理局筹委会的工作。

1994 年 7 月，联合国大会通过了"关于执行 1982 年 12 月 10 日《联合国海洋法公约》第 11 部分的协定"，简称"执行协定"。1996 年 7 月 28 日，"执行协定"生效。截至 2000 年 11 月 3 日，世界上已经有 100 个国家批准了该项协定。"执行协定"对海底管理局的决策程序和审查会议、技术转让、生产政策等一系列重大海底制度规定都做出了修正和调整。这些变化基本上排除了少数发达工业国开始不能接受公约的障碍，为它们加入公约铺平了道路。但是，美国始终认为 1982 年《联合国海洋法公约》没有满足它的全部利益和要求。美国在《联合国海洋法公约》生效和实施问题上的做法，对维护公约的普遍性和有效性，对建立公正、合理的国际海洋法新秩序产生了严重的负面影响。

（二）领海宽度问题

20 世纪以来，关于领海宽度的限度，各国在理论与实践上均有不同的主张和做法。美国、英国、日本、联邦德国等海洋大国主张 3 海里宽度是国际习惯法承认的领海宽度，不容国家自由扩大。另外一种观点则认为各国有权自行规定领海宽度。如果把各国在 20 世纪 70 年代的领海要求反映到世界政治地图上，则公海将缩小 1/3，而且各国所宣布的领海范围也多有相互重叠。主张 3 海里领海宽度的国家，主要是拥有先进航海技术的国家，它们希望尽可能扩大公海的范围，以利其船只在世界海洋上自由航行。广大发展中国家为了更有效地维护国家主权和海洋权益，确保沿海资源免受外国掠夺，促进本国经济发展，因此普遍要求比较宽阔的领海。[①] 20 世纪 40 年代以来，很多发展中国家在国际上抨击"3 海里宽度是国际法规则"的海洋霸权主义观点。

1930 年海牙国际法编纂会议、1958 年联合国第一次海洋法

---

① 肖星编著：《政治地理学概论》，测绘出版社 1995 年版，第 84—85 页。

会议通过的《领海与毗连区公约》和 1982 年联合国第三次海洋法会议通过的《联合国海洋法公约》对领海的定义均有明确规定，其原则基本相同。海牙会议把领海定义为"一国的领土包括在公约中作为领海的海洋地带"。这表明领海是国家领土的一部分，是国家主权的对象。《领海与毗连区公约》规定，"国家主权扩及于其陆地领土及其内水以外邻接其海岸的一带海水，称为领海。此项主权依本公约各条款的规定和国际法的其他规则行使"，"沿海国的主权扩及于领海上空及其海床和底土"。这个公约没有规定领海宽度，它规定的是领海宽度的测量方法，"计算领海宽度的正常基线应为沿海国官方承认的大比例尺地图所标明的低潮线"。

1958 年，在联合国第一次海洋法会议上，围绕领海宽度问题展开激烈争论。英国坚持 3 海里领海宽度。法国表示只能接受 6 海里宽度。美国主张沿海国建立 6 海里领海和领海以外 6 海里专属渔区。苏联提出领海宽度可从 3 海里到 12 海里，由沿海国自己确定。加拿大建议规定沿海国从领海基线量起可有 12 海里宽的渔区。哥伦比亚、缅甸等八国主张领海以 12 海里为限，如果不到 12 海里，可以有从领海基线量起不超过 12 海里的渔区。拉美国家坚持 200 海里海洋权的主张。至于领海范围内的海峡通过问题，美苏主张"一切船舶自由通过"。上述提案经表决均未获通过。会议没能就领海宽度达成一致的意见，最后通过了有利于发达国家的《领海与毗连区公约》等四个海洋公约。

直到 1973 年联合国第三次海洋法会议召开之前，领海宽度问题一直悬而未决。不过各国在国家海洋实践方面均有重要发展。联合国第三次海洋法会议期间，12 海里领海和 200 海里专属经济区的概念，为参加会议的大多数国家所赞成。美国、苏联、英国、日本等海洋强国要求在规定 12 海里领海范围时，以保证处于领海范围内用于国际航行的海峡自由通航为条件。至此 12 海里领海宽度被多数国家接受。

1982 年《联合国海洋法公约》第二条"领海及其上空、海床和底土的法律地位"规定：（1）沿海国的主权及于其陆地领土及其内水以外邻接的一带海域，在群岛国的情形下则及于群岛水域以外邻接的一带海域，称为领海。（2）此项主权及于领海的上空及其海床和底土。（3）对于领海的主权的行使受本公约和其他国际法规则的限制。《联合国海洋法公约》第三条规定：每一国家有权确定其领海的宽度，直至从按照本公约确定的基线量起不超过 12 海里的界限为止。

《联合国海洋法公约》第三条解决了领海宽度数百年悬而未决的问题。它适应了发展中国家在安全防卫和经济发展等方面的需要。截止到 1990 年 4 月 1 日，各国宣布的领海宽度以 12 海里的国家最多，有中国、苏联、法国、印度、日本等 109 国；宣布 200 海里的国家有巴西、阿根廷等 13 国；宣布 3 海里的有丹麦、澳大利亚等 10 国，另外还有 5 个国家介于 3—12 海里之间，6 个国家介于 15—50 海里之间，菲律宾则按照经纬度划定领海范围。这样，世界上总共有 124 个国家主张的领海宽度在《联合国海洋法公约》规定的范围之内，另外有 19 个国家的主张超过了 12 海里的范围。[①]

（三）毗连区问题

毗连区与领海不同，它是处于领海以外的一个海洋区域。毗连区的功能是作为一种缓冲区或检查区，借此确保在沿海国的领海或领土上不发生违法的和不利于其安全的事件。沿海国在毗连

---

① 肖星编著：《政治地理学概论》，测绘出版社 1995 年版，第 85 页。

区可以为了保护本国某项利益而行使某些权力，如可以行使海关监管、卫生防疫、打击走私及非法入境等权力，但是不能行使完全主权。有些国家宣布建立各种管辖区，如海关区、司法管辖区、卫生检疫区、渔业保护区等。[①]

毗连区的国家实践很早就已经出现，甚至可以追溯到远古。现代意义上的毗连区最早出现在18世纪初的英国。[②] 20世纪以来，毗连区的制度更广泛地被国家实践所承认。1930年海牙国际法编纂会议期间，很多拉美国家建立了毗连本国领海的管辖区域。这一时期毗连区的概念已经被国际法接受。一般的国家实践是，沿海国通过国内立法，确保本国财政、海关等方面的利益在相应区域内得到保护。各国向公海扩展的区域宽度不尽相同。

1958年，联合国第一次海洋法会议通过了《领海与毗连区公约》，这就使毗连区制度明确地成为国际法的一部分。该公约规定，沿海国在毗连其领海的公海地区内，得行使以下必要的管制，以便防止在它的领土或领海内违反海关、财政、移民或卫生规则；防止在它的领土或领海内违反上述规则的行为。另外，《领海与毗连区公约》规定毗连区不得伸延到从测量领海宽度的基线起12海里以外。

在联合国第三次海洋法会议上，虽然有些国家如墨西哥、肯尼亚等认为如果建立经济区就没有必要保留毗连区，但是仍然有一些国家如西班牙、印度尼西亚、埃及等认为毗连区与专属经济区的性质有区别，认为这个制度应当保留。1982年《联合国海

---

① C. Columbos: *The International Law of the Sea*, 6th ed, 1967, pp. 123—133.

② 18世纪初英国制定《徘徊法令》，其目的是为了检查走私和防止违反海关条例并进行管制。英国建立3海里领海后，此法令即被撤销。

洋法公约》第 33 条对毗连区做了如下两条规定：1. 沿海国可在毗连其领海称为毗连区的区域内，行使为下列事项所必要的管制：（1）防止在其领土或领海内违反其海关、财政、移民或卫生的法律和规章；（2）惩治在其领土或领海内违反上述法律和规章的行为。2. 毗连区从测算领海宽度的基线量起，不得超过 24 海里。

（四）专属经济区问题

1. 200 海里海洋权

专属经济区的问题是二战后沿海的发展中国家为保护本国的沿海资源而首先提出的。专属经济区这一制度突破了"领海以外即公海"的传统国际法观念，对战后国际海洋法的发展有很大影响。

专属经济区的渊源可以追溯到 20 世纪 40 年代拉丁美洲国家提出的 200 海里海洋权。1947 年 6 月 23 日，智利率先提出对 200 海里的海域实行"保护和控制"。智利政府的"总统声明"主张"对所有包括在海岸和伸入海洋而距离智利大陆海岸为 200 海里的一条数字平行线之间的海域，实行保护和控制"。这就首先掀起了维护本国海洋主权、反对发达国家海洋霸权的斗争，并被认为是首次包含了专属经济区的含义。8 月 1 日，秘鲁宣布对 200 海里的海域实行"控制和保护"。智利和秘鲁两国沿岸只有很窄的大陆架，它们决定对 200 海里区域实行保护和控制是因为其沿岸 200 海里范围是丰富的渔业区，秘鲁的情况尤为突出。此后拉美国家纷纷颁布法律或法令，主张 200 海里的海洋权，并通过国内立法宣布建立 200 海里领海或主权管辖权区域，但并不影响有关公海自由航行的权利。有的国家甚至采取了 200 海里领海的形式。哥斯达黎加、萨尔瓦多、洪都拉斯、厄瓜多尔等国在 1948—1951 年间，先后宣布 200 海里的海域为"领海"，"保护和监督"，"国家捕鱼区"等。1952 年 8 月 18 日，智利、厄瓜多尔和秘鲁三国共同发表《关于海洋区的圣地亚哥宣言》，宣布对 200 海里的海洋区"享有专属主权和管辖权"，允许外国船舶"无害通过"该海域。

1970 年 3 月，几乎所有南美洲的沿海国，除哥伦比亚、委内瑞拉和圭亚那以外，都把其管辖范围扩展到 200 海里，以控制和管辖海洋资源。同年 5 月 8 日，智利等九个拉美国家共同发表《蒙得维的亚海洋法宣言》，重申各签字国对其 200 海里的海域享有"主权或专属管辖权"，但不妨碍外国船舶在该海域的"自由航行"。拉美国家建立 200 海里国家管辖区的主张，日益得到了亚洲、非洲的第三世界发展中国家的响应和支持，形成一股世界性的潮流。维护 200 海里海洋权的斗争最终发展成为第三世界国家反对发达国家海洋霸权的浪潮。

2. 专属经济区制度的确立

到 1974 年 4 月，全世界 110 多个沿海国中，已有 80 多个国家主张或正式宣布以 200 海里为领海、专属经济区或捕鱼区等不同形式的国家管理范围，其中大部分是第三世界国家。加拿大、澳大利亚、新西兰和法国等部分发达国家也开始表示支持 200 海里经济区。

在联合国第三次海洋法会议上，沿海的发展中国家与美苏等国围绕 200 海里经济区的问题展开了激烈的斗争。第三世界国家坚持主张 200 海里海洋权。美国开始持反对态度，1976 年 4 月之后，出于本国渔业利益的考虑，主张建立 200 海里捕鱼区。西欧国家和苏联等也先后宣布建立 200 海里捕鱼区。美苏两国仍然坚持主张捕鱼区是公海的一部分而不是各国的领海。最后，200 海里的资源区被命名为"专属经济区"。"专属经济区"的法律概念正式被确认。专属经济区制度是各国实践的结果，它已经成为国际习惯法的一部分。这是广大发展中国家长期斗争的产物。

1982 年《联合国海洋法公约》第五部分规定，专属经济区是领海以外并邻接领海的一个区域，该区域的宽度从测算领海宽度的基线量起，不应超过 200 海里。专属经济区制度规定的是沿海国对这些水域内资源专属的、优先的经济利益，而所有国家在这些水域中应当享有的重要利益仍然受到保护。所以，专属经济区不是国家的领土。

3. 专属经济区的法律地位

关于专属经济区的法律地位，在海洋法会议上是一个很有争议的问题。发展中国家（包括部分第二世界国家）主张专属经济区是国家管辖区，沿海国对本国所属区域内的海洋资源享有主权权利，对该区域行使专属管辖权；有些国家还提出，其他国家在区域内除享有航行、飞越、铺设海底电缆和管道自由外，其他权利都应归属沿海国。鉴于 200 海里经济区的主张已经获得广泛支持，美苏等海洋大国也不得不接受经济区的概念，不过它们主张经济区只是一种资源区，是沿海国为勘探区域内海洋资源而行使的一种优惠权，而且也只能以该区域内资源的管辖和管理为对象，所以这种权利不能称之为专属管辖权，只能视作"管辖权"；它们还一再强调经济区仍然是公海的一部分，在主要方面仍然要保持公海的性质，有关公海的法律制度还要适用于经济区。针对这种主张，发展中国家和部分第二世界国家则主张专属经济区既不是领海也不是公海，它应当是自成一类的。这种主张成为 1982 年《联合国海洋法公约》有关专属经济区地位规定的基础。

1982 年《联合国海洋法公约》第 56 条规定，沿海国享有的"主权权利"有：以勘探和开发、养护、管理海床上覆水域和海床及其底土的自然资源（不论为生物或非生物资源）为目的的活动，以及在该区内从事经济性开发和勘探，如利用海水、海流和风力生产能等其他活动。沿海国享有的"管辖权"有：人工岛屿、设施和结构的建造和使用；海洋科学研究；海洋环境的保护和保全。《联合国海洋法公约》与1958年《大陆架公约》相比，在沿海国对其沿海200海里区域内资源权利方面，增加了上覆水域资源部分的内容。这是对各国在国家实践中"专属渔区"等概念的发展和完善，在国际海洋法的历史上是一个显著的进步。

由于在专属经济区内除了沿海国以外，所有国家都拥有重要权利，所以《联合国海洋法公约》第56条还规定：沿海国在专属经济区内根据本公约行使其权利和履行其义务时，应适当顾及其他国家的权利和义务，并应以符合本公约规定的方式行事。

《联合国海洋法公约》第58条规定，所有国家应享有第87条所指的航行和飞越的自由、铺设海底电缆和管道的自由，以及与这些自由有关的海洋其他国际合法用途，如和船舶、飞机的操作及海底电缆、管道的使用有关的并符合本公约其他规定的用途。"所有国家"在专属经济区内并不享有捕鱼自由、建造人工岛屿或设施的自由、或科学研究的自由，因为这些自由与沿海国的主权资源权利是不相容的。

截止到1990年4月1日，世界上已经有80个国家和地区宣布设立200海里专属经济区。专属经济区制度的出现，使传统的公海面积逐步缩小，国家管辖下的海域大大增加。这从根本上改变了世界海洋政治地理的格局。[①]

---

① 肖星编著：《政治地理学概论》，测绘出版社1995年版，第310—311页。

（五）大陆架问题

1. 《大陆架公约》

国家主张对大陆架行使主权权利，是二战后国际法的新发展。地理学上的大陆架，通常是指从海岸起在海水下向外延伸的一个地势平缓的海底地区的海床及底土，在大陆架范围内，海水深度一般不超过 200 米，海床的坡度很小，一般不超过 1/10 度。① 大陆架的宽度因地而异，新英格兰沿海大陆架的宽度一般达到 250 海里、白令海峡大陆架的宽度达到 800 海里，而有些地方，如南美西岸，只有很狭窄的大陆架甚至缺失大陆架地貌。大陆架概念②的形成和发展是国际海洋法发展的一个重要阶段。

对大陆架的权利主张是在美国总统杜鲁门的《大陆架公告》中提出来的。发布于 1945 年 9 月 28 日的《美国关于大陆架底土和海床自然资源政策宣言》宣称："处于公海之下但毗连美国海岸的大陆架的底土和海床的自然资源属于美国，受美国的管辖和控制。"③ 由于这一主张在客观上符合很多国家（特别是中小国家）保护和控制本国沿海自然资源的要求，所以它成为很多国家效法的榜样。美国关于大陆架的公告发布之后，许多沿海国家也采取了类似的行动。如 1945 年 10 月 29 日，墨西哥宣布开发沿海至水深 200 米大陆架的权利。《杜鲁门公告》规定的"通过相互协议划界和按照公平原则划界"，被国际法院认为是"构成

---

① 《中国大百科全书》"法学卷"，中国大百科全书出版社 1984 年版，第 50 页。

② 1910 年 11 月 9 日，葡萄牙政府发布宣言，宣告禁止在 100 英寻（相当于 183 米）水深以内的大陆架拖网捕鱼。这是第一个出现大陆架名词的法律文件。该文件不仅规定了领海以外邻接大陆架的渔业管辖，而且它以 100 英寻等深线划定区域边界，后来被扩展为大陆架的边界。

③ 北京大学法律系国际法教研室编：《海洋法资料汇编》，人民出版社 1974 年版，第 387 页。

后来有关大陆架划界问题的全部历史的基础"。① 《杜鲁门公告》虽然没有对大陆架做出定义，但它是大陆架问题国际法化的起点。截至1958年第一次联合国海洋法会议召开时，大约有35个国家宣布了本国的大陆架。② 不过这些国家宣布的大陆架范围不尽相同。各国对大陆架法律制度的类型也有不同规定，其类型包括国家主权、管辖、控制、国家领土、主权权利、未作具体规定，等等。大陆架作为一项习惯国际法不断地被国家实践所采用。③

1958年联合国第一次海洋法会议通过了日内瓦《大陆架公约》。该公约第一条规定，"大陆架"一词是指：1.邻接海岸但在领海范围以外，深度达200公尺，或超过此限度而上覆水域的深度允许开采其自然资源的海底区域的海床和底土；2.邻近岛屿的类似的海底区域的海床和底土。第二条规定，沿海国为探测和开采自然资源，有权对大陆架行使主权权利；这种权利是专属性的，如果沿海国不探测大陆架或开采其自然资源，任何人未经沿海国明示同意，不得进行该种活动或对大陆架提出权利主张；沿海国对大陆架的权利不以实际或象征性占领或明文公告为条件；这里所称的自然资源包括海床和底土的矿物与其他非生物资源，以及属于不迁徙种的生物，即在可收获阶段在海床或海床下不移动的生物，或只是在与海床或底土经常实际接触后方能移动的生物。第三条规定，沿海国对大陆架的权利不影响其上覆水域为公海的法律地位，也不影响此项海水上空的法律地位。1964年6月10日，《大陆架公约》正式生效，截至1976年，该公约

---

① 《北海大陆架案判决书》，第47段。
② 刘楠来、王可菊等：《国际海洋法》，海洋出版社1986年版，第223页。
③ 陈德恭：《现代国际海洋法》，中国社会科学出版社1988年版，第163页。

的缔约国已经达到 54 个。《大陆架公约》规定，大陆架边界应当由当事国依协议解决，在无协议的情况下，除根据特殊情况另定边界线外，适用距离相等的原则。

联合国第三次海洋法会议召开以前，一些沿海国家通过地区性联合宣言，宣布对大陆架行使权利。1952 年 8 月，智利、秘鲁、厄瓜多尔三国发布《关于海洋区的圣地亚哥宣言》，宣布对邻近本国海岸并从沿岸延伸不少于 200 海里的水域享有专属的主权和管辖权。这种专属的主权和管辖权也适用于海床和底土以及各宣言国所属岛屿的周围海床及底土（也即相当于大陆架）。1968 年 10 月，苏联、民主德国和波兰发布《关于波罗的海大陆架宣言》，确认三国对探测和开发大陆架资源的主权权利。1970年 5 月，拉美九国发布《蒙得维的亚海洋法宣言》，宣布沿海国的权利中包括有探测、养护、开发大陆架资源直到水深允许开发的程度为止的权利。1970 年 8 月，拉美国家发布《利马宣言》，发布拉美国家在海洋法方面的共同原则：沿岸国对开发沿岸海底资源以及大陆架和大陆架底土的资源具有固有的权利，并有权根据合理标准规定自己的沿海主权范围或管辖范围。

2.《联合国海洋法公约》对大陆架的规定

1982 年《联合国海洋法公约》第 76 条对大陆架做出了更加确切的定义。第 76 条第一款规定，沿海国的大陆架包括其领海以外依其陆地领土的全部自然延伸，扩展到大陆边外缘的海底区域的海床和底土，如果从测算领海宽度的基线量起到大陆边的外缘的距离不到 200 海里，则扩展到 200 海里的距离。第三款规定，大陆边包括沿海国陆块没入水中的延伸部分，由陆架、陆坡和陆基的海床和底土构成，它不包括深洋洋底及其洋脊，也不包括其底土。

《联合国海洋法公约》第 77 条规定了沿海国对大陆架的权

利。其中第一款规定，沿海国为勘探大陆架和开发其自然资源的目的，对大陆架行使主权权利。第二款规定，第一款所指的权利是专属性的，即：如果沿海国不勘探大陆架或开发其自然资源，任何人未经沿海国明示同意，均不得从事这种活动。第三款规定，沿海国对大陆架的权利并不取决于有效或象征的占领或任何明文公告。

沿海国的主权权利明确限于勘探和开发大陆架的资源，《联合国海洋法公约》第77条第四款指出，本部分所指的自然资源包括海床和底土的矿物和其他非生物资源，以及属于定居种的生物，即在可捕捞阶段在海床上或海床下不能移动或其躯体须与海床或底土保持接触才能移动的生物。

实际上，专属经济区的海床和底土就是200海里范围内的大陆架。根据自然延伸的法则，大陆架可以超出200海里（特殊情况下延伸到350海里），这样就出现了专属经济区和大陆架两种制度的重叠问题。《联合国海洋法公约》的做法是两种法律制度并存。专属经济区的法律制度规定了区域内海床和底土资源的权利，以保证该区制度的完整性，不过海床和底土这一部分实际上也适用于大陆架法律制度的规定。这就是《联合国海洋法公约》第56条第三款规定的"本条（专属经济区部分）所载的关于海床和底土的权利，应按照第六部分（大陆架部分）的规定行使"。

《联合国海洋法公约》第78条还规定了大陆架上覆水域和上空的法律地位以及其他国家的权利和自由。这就是：1.沿海国对大陆架的权利不影响上覆水域或水域上空的法律地位；2.沿海国对大陆架权利的行使，绝不得对航行和本公约规定的其他国家的其他权利和自由有所侵害，或造成不当的干扰。

（六）海域划界问题①

根据 1982 年《联合国海洋法公约》，属于国家管辖范围内的海洋区域有五个部分。它们分别是：紧邻海岸为直基线所环绕的内水；从基线量起向海伸展不超过 12 海里的领海；从测算领海基线量起向外不超过 24 海里的毗连区；200 海里的专属经济区；按照自然延伸原则，陆地领土延伸到大陆外边缘并可以超过 200 海里的大陆架。在这五个国家管辖范围内海洋区域之外的海床和洋底，则属于国际海底管理局管辖。

当不同国家确定各自的管辖海域时，海域划界（delimitation of maritime boundary）的问题便凸现出来。当有关国家的海岸线相互连接时（称之为海岸相邻接国家），它们建立各自管辖权就必须解决与邻国海域边界划界的问题。如法国和比利时，智利和秘鲁，印度和巴基斯坦。当有关国家的海岸相向时（称之为海岸相向国家），如果它们之间测定领海基线的距离不足 24 海里，那么相向两国之间就存在划分领海界线的问题；如果距离不足 48 海里，就存在划分毗连区界线的问题；如果距离不足 400 海里，就存在专属经济区划界的问题；另外还有大陆架划界的问题。

世界上一百多个沿海国都存在海域划界问题，而 200 海里专属经济区制度则使每个沿海国都面临着至少与一个邻国存在重叠区域的问题。由于海域划界问题十分复杂而且敏感，各国历来把它作为一个重要问题反复协商。

世界上大部分划界的双边或多边协定是 1945 年以后签订的。

---

① 参见陈德恭：《现代国际海洋法》，中国社会科学出版社 1988 年版；肖星编著：《政治地理学概论》，测绘出版社 1995 年版；袁古洁：《国际海洋划界的理论与实践》，法律出版社 2001 年版；詹宁斯、瓦茨修订，王铁崖等译：《奥本海国际法》第 1 卷第 2 分册，中国大百科全书出版社 1998 年版。

这其中除了一些领海协定外，大部分是大陆架划界协定。1958年联合国第一次海洋法会议经各国表决通过的大陆架划界条款，即 1958 年《大陆架公约》规定：

同一大陆架邻近两个或两个以上海岸相向的国家时，其分属各国的大陆架的界线，由它们之间协议商定。如果没有协议，除根据特殊情况可以另定界线外，此项界线为每一点均与划定各国领海宽度的基线最近点距离相等的中间线；

同一大陆架邻近两个相邻国家的领土时，其界线由两国之间协议商定。如果没有协议，除根据特殊情况可以另定界线外，其界线应采用与划定两国中各国领海宽度的基线最近点相等的等距离线原则来决定；

划定大陆架界线时，根据上述两款原则划定的任何线都应当根据当时存在的海图和地形图，以及在陆地上永久固定的标定点确定。

另外，司法判例也可以成为海洋区域划界的依据。1969 年，国际法院判决北海大陆架案时，明确大陆架划界应当适用公平原则，其主要内容为：有关各国有义务通过协商达成协议；有关各国还有义务考虑到所有相关的情况，适用公平的原则，如果符合公平原则，可以采用等距离方法，但是如果有其他方法存在，可以被采用。这些方法可以单独采用，也可以混合使用；任何国家的大陆架必定是该国陆地领土的自然延伸，并且不应当侵占另一国陆地领土的自然延伸部分。

1969 年国际法院的判决与 1958 年《大陆架公约》的规定相比，更加突出地强调通过协议来划界，并规定划界采用公平原则，等距离线在符合公平原则的前提下，可以作为一种划界的方法。同时，1969 年国际法院的判决还清楚地规定，大陆架是陆地领土的自然延伸部分。这些有意义的内容成为联合国第三次海洋法会议关于大陆架及其划界问题的协商基础。

有关海域划界的国家实践，一般通过国家间划界条约、安排或司法判决、仲裁裁决来实现，其中也有悬而未决的问题存在。

联合国成立后有关海域划界的司法判决或仲裁裁决

时　间	争　端　国	事　项
1969 年 2 月 20 日	德意志联邦共和国—丹麦—荷兰	国际法院对三国北海大陆架案的判决
1977 年 5 月 2 日	智利—阿根廷	仲裁法庭对两国比格尔海峡案的裁决
1977 年 6 月 30 日	英国—法国	仲裁法庭对两国英吉利大陆架案的裁决
1982 年 2 月 24 日	突尼斯—利比亚	国际法院对两国大陆架划界案的判决
1981 年 6 月	冰岛—挪威	调解委员会对扬马延岛相关海域划界案的调解
1984 年 10 月 12 日	美国—加拿大	国际法院对两国缅因湾海域划界案的判决
1985 年 2 月 14 日	几内亚—几内亚比绍	仲裁法庭对两国海域划界案的裁决
1985 年 6 月 3 日	利比亚—马耳他	国际法院对两国大陆架划界案的判决
1976 年 8 月 10 日	希腊—土耳其	爱琴海大陆架划界案，成为国际法院的一项悬案

1982 年《联合国海洋法公约》对海域划界的规定内容如下。

关于海岸相向或相邻国家之间领海界限的划定问题，第 15 条规定，如果两国海岸彼此相向或相邻，两国中任何一国在彼此没有相反协议的情况下，均无权将其领海延伸至一条其每一点都同测算两国中每一国领海宽度的基线上最近各点距离相等的中间线以外。但如果因历史性所有权或其他特殊情况而有必要按照与上述规定不同的方法划定两国领海的界限，则不适用上述规定。

关于海岸相向或相邻国家之间专属经济区和大陆架的划界问题，第 74 条和第 83 条分别对这两种区域进行了规定，不过其规定均有相似。其主要内容为：海岸相向或相邻国家之间的专属经济区（或大陆架）的界限，应当在国际法院规约第 38 条所指国际法的基础上以协议划定，以便得到公平解决；有关国家如果在合理期间内未能达成任何协议，有关国家应基于谅解与合作精神，尽一切力量做出实际性的临时安排。

总之，在战后海域划界的国际实践中，根据公平原则、通过协议划界的情况大量存在。特别是很多相邻或相向国家之间大陆架划界的双边条约及协定，都是根据公平原则通过协议来划定边界，而不是采用单一的中间线或等距离线的原则或方法。

《联合国海洋法公约》还规定了岛屿在海域划界中的作用。岛屿在海域划界中的重大意义开始凸显出来。岛屿是四面环水并在高潮时高于水面的自然形成的陆地区域。《联合国海洋法公约》第 121 条规定，岛屿的领海、毗连区、专属经济区和大陆架应按照本公约适用于其他陆地领土的规定加以确定（不能维持人类居住或其本身的经济生活的岩礁，不应有专属经济区或大陆架）。这就是说，有些岛屿本身面积可能很小，但却能获得面积可观的领海或专属经济区和大陆架。

海域划界中岛屿与国家利益的紧密联系，已经引起了世界各国的广泛重视，在岛国日本尤其如此。例如，日本对所谓的"冲之岛"投入了大量的维护资金，就是希望通过该"岛"为日本带来面积可观的专属经济区。而所谓的"冲之岛"只不过是海洋中一块涨潮时只能停留几只海鸟的礁石，根据《联合国海洋法公约》第 121 条的规定，所谓的"冲之岛"因为不能维持人类居住和生存，只能认定为"礁石"，根本就不具备拥有专属经济区的资格。日本与邻国的争议领土也都是四面环海的岛屿，这些岛屿不仅在地缘战略上具有重要意义，而且往往还能带来具有丰富渔业资源和矿产资源的专属经济区和大陆架，其归属直接涉及日本同邻国之间专属经济区和大陆架的划分。广阔的海洋空间和经济利益引发日本对岛屿及海域划界问题的高度重视。不过，在岛屿争端问题上，日本学者实际上往往选择近代国际法的原则，也就是所谓"先占"、"有效控制"、"时效"等殖民列强侵略亚非拉殖民地的国际法原则，来论证日本对相关岛屿的领有权。

三　国际空间法的发展：领空主权与外层空间法的基本原则

领空是国家领土的组成部分，是主权国家领陆和领海上空的空气空间。领空的概念是随着航空活动的发展而逐渐形成，两次世界大战的发生使世人的认识日益深刻。1919 年在巴黎签订的《空中航行管理公约》（《巴黎航空公约》）首次确立了领空主权原则，确认各国对其领空具有无可非议的全部主权，但提出"无害通过"概念。1944 年在芝加哥签订的《国际民用航空公约》又抛弃"无害通过"概念，确立完全的和排他的领空主权原则，迄今已有 150 个国家批准或加入了该公约。

作为一个法律术语，外层空间（outer space）最早出现在 20世纪 50 年代。1957 年 1 月 20 日，美国总统艾森豪威尔在国情咨文中表示，美国愿与他国"缔结相互控制'外层空间'的导弹和卫星的研制的任何可靠的协定"，这是国家官方文件中使用外层空间一词的第一例。① 随着人类探索空间技术的迅速发展，有关外层空间的法律日益受到国际社会和各国政府及专家学者的重

---

① 邵津主编：《国际法》，北京大学出版社 2000 年版，第 174 页。

视，而且很多法律问题都需要国际社会来共同研究和解决。当代国际法确认的是外层空间的法律地位。

国家领空主权限于其领土上空的空气空间的原则，已为国际上所公认。在任何高度上侵犯领空都是不允许的，但是，领空高度的上限还没有具体的规定。自从 1957 年 10 月 4 日苏联把人类第一颗人造卫星发射进入地球空气空间以外的轨道后，法律上的传统空间观念被打破。外层空间独立于空气空间之外和不受地面国主权支配的观念被当代国际法的理论和实践所公认。领空的上限划界问题因此突出，国家主权只能及于领土之上的空气空间，不能达到外层空间。虽然空气空间和外层空间具有完全不同的法律地位，但是，两者的界限问题至今还没有得到最后的确定。①

由于没有任何国家提出抗议人造卫星轨道侵犯其主权，领空主权并不意味着对外层空间的无限延伸这一观念很快就得以确立。1961 年第一颗载人卫星发射成功。1968 年第一颗通讯卫星发射成功。1969 年人类第一次登上月球。随着外空活动的迅速发展，外层空间的法律制度也相应发展起来。

1961 年 12 月 10 日联合国大会第 1721 号决议规定：国际法，包括联合国宪章，适用于外层空间和天体；外层空间和天体供所有国家自由探索和利用。1963 年 12 月 13 日联合国大会第 1962 号决议，即《各国探索和利用外层空间活动的法律原则宣言》则进一步指出：探索和利用外层空间，必须为全人类谋福利和利益；各国都可在平等的基础上，根据国际法自由探索和利用外层空间及天体；外层空间和天体决不能通过主权要求、使用或占领、或其他任何方法，据为一国所有；各国探索和利用外层空间的活动，必须遵守国际法（包括联合国宪章）的规定以保持国

---

① 端木正主编：《国际法》，北京大学出版社 1997 年版，第 252 页。

际和平与安全，增进国际合作与了解。第 1962 号决议阐述的共同利益原则、自然探索和利用原则、不得据为己有原则，是外层空间法最基本的原则，成为外层空间法律体系的基石。

外层空间法的基础性条约是 1967 年的《外层空间条约》，它奠定了外层空间法的基本原则。它与 1968 年的《宇宙航行员协定》、1972 年的《空间实体造成损失的国际责任公约》、1975 年的《关于登记射入外层空间实体的公约》以及 1979 年的《月球条约》一起构成了外层空间法律体系。

1967 年《外层空间条约》的全称为《关于各国探索和利用包括月球和其他天体在内外层空间活动的原则条约》，共有 17 项条款，其中实质性条款有 13 项。条约的第一、二、三条基本上重申了 1963 年联大第 1962 号决议的一般基本原则。第四条则增加了一项重要规定，即按照这项规定，各缔约国保证不在环绕地球轨道放置任何携带核武器或任何其他类型大规模毁灭性武器的实体，不在天体配置这种武器，也不以任何其他方式在外层空间部署此种武器。另外，月球和其他天体应供所有缔约国绝对用于和平目的，禁止在此种天体上建立军事基地、设施和工事，或在其上进行任何种类武器实验、进行军事演习。不过，第四条在规定外层空间的使用限于和平目的时，又规定不禁止使用军事人员进行科学研究或把军事人员用于任何其他的和平目的。

二战后，外层空间法是发达国家与发展中国家共同制定的。发展中国家积极参与了所有五项外层空间条约和其他空间法律文书的制定，为外层空间法的建立和发展做出了巨大的贡献。外层空间法的很多基本原则都体现了发展中国家的一贯立场，如人类共同利益、和平利用、不得据为己有、共同继承财产、保护空间环境和考虑发展中国家利益及要求等原则，从而大大增强了外层空间法的进步性。①

四　南北极地区的特殊情况

南北极地区不隶属于任何国家。但是，不论南极还是北极，都有国家对其提出领土要求，这些要求都被通过公约冻结或没有得到承认。

（一）　南极：冻结领土要求

南极洲被视为地球上人类最后的边疆。这块大陆蕴藏着包括铀在内的 220 多种矿产资源。据统计，金属矿物地层的范围达 3.3 万多平方公里，厚度达 6500 米，主要分布在东南极洲；西部大陆架的石油储量达 64.3 亿吨；南极洲附近的海洋中出产大量磷虾，因此南极洲又有世界蛋白质仓库的美称；南极 2700 万立方公里的冰雪是潜在的巨大淡水资源，占地球可用淡水的 70%。② 南极洲是联系南美洲、大洋洲和非洲的最短海空航线的必经之地，在地理上具有巨大的战略意义。

地处南纬 60 度以南的南极地区，目前实行的是 1959 年 12 月 1 日在华盛顿签署的《南极条约》。《南极条约》于 1961 年 6 月 23 日正式生效，其原始缔约国有阿根廷、澳大利亚、比利时、智利、法国、日本、新西兰、挪威、南非、苏联、英国和美国。截至 1990 年底，加入该公约的国家还有奥地利、保加利亚、巴西、加拿大、中国、哥伦比亚、丹麦、古巴、捷克斯洛伐克、厄瓜多尔、芬兰、联邦德国、民主德国、希腊、印度、匈牙利、意大利、韩国、朝鲜、荷兰、秘鲁、波兰、罗马尼亚、西班牙、瑞

---

① 参见邵津主编：《国际法》，北京大学出版社 2000 年版，第 179 页。
② 肖星编著：《政治地理学概论》，测绘出版社 1995 年版，第 291—292 页。

典、瑞士、乌拉圭和巴布亚新几内亚（通过继承）。① 《南极条约》在存续期间，暂时冻结各国对南极的现有主权要求，不过缔约各方都没有放弃此前所主张的权利。如英国主张它对西经20度和西经80度之间并在南纬60度以南的所有岛屿和领土拥有主权；挪威主张它对西起福克兰（马尔维纳斯）群岛属地的外限东至澳大利亚南极属地的外限之间的南极大陆海岸拥有主权；法国主张东经136度至东经142度；澳大利亚主张东经45度至东经160度（减去法国主张的区域）；新西兰主张东经160度至西经150度；智利主张西经90度至西经53度；阿根廷主张西经74度至西经25度。上述七个国家主张的领土范围占南极地域的83%。在西经150度至西经90度之间的扇形区域没有被提出权利主张。②

　　《南极条约》第一条规定，南极应只用于和平目的，禁止建立军事基地和防御工事、具有军事性质的措施或任何类型武器的实验。第四条规定，不得扩大或损害现有的主权要求，也不得提出任何新的要求，不承认对南极主权要求的那些国家的立场同样受到保护。第五条规定，禁止在南极进行任何核爆炸和处置放射性尘埃。第九条规定，《南极条约》建立的制度通过定期召开的协商会议进行管理，各参加国（协商国）在会议上向本国政府提出旨在促进条约宗旨的措施的建议。《南极条约》无限期有效，但在1991年6月23日之后须进行审查。

---

　　① 其中中国、巴西、芬兰、厄瓜多尔、意大利、印度、民主德国、联邦德国、荷兰、韩国、波兰、秘鲁、西班牙、瑞典和乌拉圭，与12个原始缔约国一起，是《南极条约》第九条规定的协商国。德国统一后，条约缔约国的数目减少了一个。

　　② 参见肖星编著：《政治地理学概论》，测绘出版社1995年版；詹宁斯、瓦茨修订，王铁崖等译：《奥本海国际法》第1卷第2分册，中国大百科全书出版社1998年版。

南极条约制度的一个漏洞就是没有对该地区的资源问题做出规定。1991 年 10 月，由澳大利亚和法国发起，在马德里召开了《南极条约》成员国会议。各成员国达成了协定，即《关于保护环境的南极条约议定书》，规定在 50 年内，除了科学研究活动之外，禁止任何与矿物资源有关的活动。

以《南极条约》为主体形成的南极条约体系，虽然对确保南极地区非军事化、促进科学考察的国际合作、保护南极环境具有积极作用，但是它不能从根本上解决南极的法律地位问题。世界上多数国家，特别是广大发展中国家都认为南极洲是无主权大陆，其资源应属于全人类共有，主张将其划为国际共管地，一切国家应享有平等合理的开发权。①

（二）北极：缺乏法律规定

北极地区是指北极圈以北的地区，包括北冰洋海域、北冰洋沿岸亚、欧、北美三大洲北部以及北冰洋中的许多岛屿。北极地区的大陆架蕴藏着丰富的石油和天然气资源。北极沿岸地区和沿海岛屿含有磷酸盐、泥炭、煤、铁、有色金属等资源。另外，北极地区的海洋生物资源也非常丰富。航空技术的发展使北极地区受重视的程度明显上升，因为北极地区是在空中连接欧亚和北美大陆的最短通道。

北极地区周围的陆地（包括岛屿），已经被北冰洋的沿岸国家美国、加拿大、冰岛、挪威、芬兰、苏联和丹麦分占。但是，关于北极地区的领土主权的扇形原则存在着争议。扇形原则是1907 年加拿大最早提出的，它声称位于两条国界线之间直到北极点的一切土地应当属于邻接这些土地的国家。加拿大以此作为它对北极地区岛屿主张领土主权的根据。不过该主张没有被其他

___

① 肖星编著：《政治地理学概论》，测绘出版社 1995 年版，第 295、297 页。

国家接受。

北冰洋的国家美国和苏联都宣布过 200 海里的专属经济区。根据《联合国海洋法公约》，北冰洋国家可以依据各自分占的陆地（也包括岛屿）划出它们的专属经济区和大陆架。不过由于北冰洋国家分占的陆地本身就有争议，在其基础上主张的海域管辖权也存在疑问。北极地区没有像南极地区那样形成法律条约体系。

五　人类共同继承原则

二战后，国际法和国际条约明文规定，外层空间和国际海底这两个区域禁止作为领土取得的对象，因此外层空间和国际海底成为全人类共同继承的财产。人类共同继承原则是战后国际社会在边疆观念上的巨大进步。

冷战期间，由于技术条件限制，国际法还不能对外层空间做出更加具体的规定。当代国际法确认了外层空间的法律地位和基本原则，如外层空间根据外层空间法实行自由探索，不受任何国家主权管辖，也不得被任何国家占有；外空资源的开发和利用应当保证充分用于人类的进步事业，外空环境应得到有效的保护；外空活动也应进行广泛的国际交流与合作等。

国际海底成为全人类共同继承财产经历了一个历史过程。20 世纪 60 年代以后，国际海底锰结核资源被广泛发现，一些发达国家利用本国具有的技术和资金优势开发国际海底资源。1967 年，在联合国第 22 届大会上，马耳他代表提出议案，要求审议"国家管辖范围以外海床、洋底及其底土的和平利用及其资源用于人类福利的宣言和条约问题"。其建议的内容包括：国家管辖范围以外的海床、洋底不应为任何国家所占有；海床、洋底的勘探应当按照联合国宪章的原则和目的进行；海床、洋底的开发所得收益应当主要地用于促进贫困国家的发展；国家管辖范围以外的海床、洋底应当专门为和平目的而利用。12 月 18 日，联大一致同意建立"国家管辖范围以外海床、洋底和平利用特设委员会"。根据海底特设委员会对第 23 届联大的报告，联大决定把特设委员会改为常设委员会，建立"和平利用国家管辖范围以外海床洋底委员会"，[①] 即海底委员会。[②] 1970 年，第 25 届联大通过了两项决议，这就是《管理国家管辖范围以外海床洋底及其底土原则宣言》（简称《原则宣言》）和《保留现行国家管辖范围以外，处于公海之下海床洋底及其底土专为和平目的，及其资源用于人类福利，以及召开海洋法会议》的决议。《原则宣言》在国际海洋法的历史上具有划时代的意义，它所做的 15 点宣告成为海底委员会和第三次联合国海洋法会议制定国际海底勘探开发制度、建立国际机构所遵循的指导原则。《原则宣言》以联合国决议的形式，第一次宣告了占世界海洋 65% 以上的深海洋底即国际海底区域及其资源，是"全人类共同继承财产"，"任何国家与个人，不论自然人或法人均不得以任何方式将该地域据为己有"，对国际海底区域及其资源的勘探开发应当由即将建立的国际制度和根据该制度建立的国际机构管制。《原则宣言》从根本上限制了海洋大国掠夺国际海底区域资源的企图，成为广大发展中国家反对发达国家单方面开发国际海底资源的重要武器。

　　1982 年《联合国海洋法公约》也对国际海底做出了规定。

---

　　① 　海底特设委员会共有 35 个会员国，它在 1968 年召开了三期会议，研究国际海底及其资源勘探开发相关的技术、经济、法律方面的问题。

　　② 　海底委员会最初由亚洲 7 国、非洲 11 国、拉美 7 国、东欧 6 国、西欧和其他地区 11 国总计 42 国组成。1971 年，海底委员会成员国增加到 91 国。海底委员会的工作到 1973 年正式结束，它提交给联大的工作报告是联合国第三次海洋法会议的工作基础。

《公约》在序言中明确指出，国家管辖范围以外的海床和洋底区域及其底土以及该区域的资源为人类的共同继承财产，其勘探与开发应为全人类的利益而进行，不论各国的地理位置如何。《联合国海洋法公约》第 136 条、第 137 条和第 140 条具体规定："区域"及其资源是人类的共同继承财产，任何国家不应对"区域"的任何部分或其资源主张或行使主权或主权权利，任何国家或自然人或法人，也不应将"区域"或其资源的任何部分据为己有。"区域"内活动应依本部分的明确规定为全人类的利益而进行，不论各国的地理位置如何，也不论是沿海国或内陆国，并特别考虑到发展中国家和尚未取得完全独立或联合国按照其大会第1514 号决议和其他有关大会决议所承认的其他自治地位的人民的利益和需要。《联合国海洋法公约》建立了国际海底管理局，以确定应属人类"共同继承财产"的资源。

第三节　西方主要国家的边疆理论与实践

　　冷战时期，美国、苏联和西欧国家的国家实践所体现出来的边疆观念及理论与二战之前的情况相比都发生了相应的变化。美国怀着称霸世界的目标，其所谓战略边疆开始向全球（甚至宇宙空间）扩张。苏联尽可能地在全世界扩张势力，至少要求社会主义国家和各国革命运动服从苏联国家利益的需要，其扩张的后果是严重削弱了自身的力量。西欧国家的情况则表现出一种独特性，这就是建立在一体化实践基础上的边界在西欧的弱化。

一　美国：称霸世界的理论与全球扩张

（一）战后美国的边疆学派及其影响

自特纳开创边疆学派以后，由于西部拓殖运动在美国历史上具有无可估量的作用，边疆学派盛极一时和边疆问题在美国史研究中长盛不衰。受特纳的边疆假设影响，美国的历史学家开始更多地关注把边疆作为美国发展历史上一个重要的因素加以研究，还把注意力转向了其他边疆的研究和特纳假设在世界其他地方的应用，那些比特纳所观察到的更加广泛的边疆的影响正在被研究。①

在"广义的边疆"研究中，边疆假设已经被应用到世界其他地方，也被认为应用于以欧洲为中心的西方文明的边疆。② 欧洲文明向美洲的扩展被认为是欧洲边疆在美洲的开辟。新边疆的开辟是欧洲国家先前扩张运动的结果，并且成为欧洲发展的新能量，带来了对国外土地的征服，沿着不断出现的新边疆在欧洲、亚洲和非洲推进欧洲人的统治。③ 欧洲这种性质的新边疆也被西方研究者称为"世界边疆"（World Frontier）。④ 1952 年，韦伯（Walter Prescott Webb）出版了《大边疆》（*The Great Frontier*）一书，在世界范围内对边疆主题进行研究。他在书中讨论了世界边疆对欧洲的影响，他提醒人们注意欧洲民主和殖民扩张、欧洲国家世界贸易的相伴增长。他暗示欧洲边疆的结束可能带来西方文明中一个时代的终结，并把个人主义的兴起归结为边疆对欧洲文明的影响。⑤ 韦伯还认为世界边疆产生了一些文化影响，如欧洲国家之间的海上竞争推动了国际法的发展。⑥

在运用边疆学派理论的研究者中，美国历史学家欧文·拉铁

---

① Nelson Klose, *A Concise Study Guide to the American Frontier*, University of Nebraska Press, p. 13.

② Ibid, p. 9.

③ Ibid, pp. 13—14.

④ Ibid, p. 13.

⑤ Ibid, p. 14.

⑥ Ibid, p. 15.

摩尔是比较突出的一位。他曾在中国侨居多年，在美国被认为是"对中国和这一区域其他国家过去历史和现存问题的专家"。[①] 他著有《中国的亚洲腹地边疆》（*Inner Asian Frontiers of China*，1940）、《美国与亚洲》（*America and Asia*，1943）、《现代中国的发展》（*The Making of Modern China*，1944）、《亚洲的决策》（*Solution in Asia*，1945）、《亚洲的情形》（*The Situation in Asia*，1949）、《边疆史研究》（*Studies in Frontier History*，1962）、《中国的历史与革命》（*History and Revolution in China*，1970）、《亚洲的枢纽》（*Pivot of Asia：Sinkiang and The Inner Asian*，*Frontiers of China and Russia*，1975）等。拉铁摩尔从美国的国家利益出发，运用边疆扩张的理论来研究中国历史和"远东问题"，为美国政府的对外政策张目，其具体内容中不乏歪曲历史事实和荒谬之处。

　　边疆学派自出现以来，不仅对美国史学界发生巨大影响，而且对美国政治产生了重大影响。但是，二战后的边疆学派在美国的地位和影响都已经大不如前。客观来看，史学的演变是与社会及历史的发展紧密联系在一起的。特纳边疆假说的背景是美国的大陆扩张时代。二战结束后，国际形势和西方资本主义社会内部的形势都发生了很大变化。世界开始了漫长的冷战岁月，随着东西方两大阵营的形成，双方之间的意识形态冲突日益加剧。西方国家受二战之前新自由主义思潮、社会民主主义思潮及罗斯福"新政"的影响，逐渐加强了政府对经济发展的干预，逐步开始福利国家的建设。二战后的美国成为超级大国，在世界范围内推行冷战政策和全球扩张，战前风行的进步史学派已经不再适应这种形势。边疆学派也在其列，特纳本人就是"进步派"的著名

―――――――

①　Owen Lattimore, *America and Asia*, Claremont, 1943, foreword, p. 6.

人物，边疆学派的影响已经衰落。

在边疆学派中有两位著名的学者，一位是特纳的助手兼弟子弗雷德里克·默克（Frederick Merk，1887—1977），代表作为1978年出版的《西进运动史》；另一位是默克的弟子雷·A.比林顿（Ray A. Billington，1903—1972），代表作为1949年出版的《向西部扩张：美国边疆史》。边疆学派中特纳、默克、比林顿这三位主要学者是一脉相承的。雷·A.比林顿是二战之后新特纳学派的代表人物。

在历史编纂学上，战后的新特纳学派已经无法恢复边疆学派在美国史坛的支配地位。由于史学观点和研究方法所限，特纳对关于美国西部对美国经济和政治发展产生的巨大影响论述还不够充分，不能真正揭示西部在美国历史上的重要性。这一点是特纳假说在战后黯然失色的根本原因。新特纳学派在对西部历史进行研究时，着重微观历史上的实例研究。这样一来，虽然研究的问题有所集中，但研究的范围也相应缩小了，总体趋势就是越来越就事论事，只见树木不见森林。新特纳学派在史观上出现了严重倒退。究其原因，一是战后的新特纳学派受到了相对主义的影响。相对主义强调主观意识，否认客观存在的真实性，特别是否认客观事物的矛盾性。在特纳那里都不曾回避的矛盾论，到新特纳学派那里却没有得到应有的重视。二是当新特纳学派从新社会史的角度进行边疆史研究时，虽然也使用阶级的名词，但是极力回避阶级斗争的概念。这就等于是抹杀了社会矛盾和阶级冲突。三是新特纳学派采用的计量史学方法得出的结论难以反映客观社会。单纯从数量进行研究，很容易使研究成果脱离社会实际。[①]

---

① 杨生茂编：《美国历史学家特纳及其学派》"前言"，商务印书馆1984年版，第16—17页。

　　作为特纳的再传弟子，比林顿对边疆史的所有重大主题都十分重视。1960 年特纳的手稿有限制地向学者们开放，比林顿利用这些资料写出了 1966 年出版的《美国的边疆遗产》一书，试图对边疆论题及对该论题的各种批评进行重新审查。不过，这部著作"基本上是对一个既定立场的辩护。关于一场许多联系松弛的命题的复杂的争论，比林顿只作了粗略的评论，他自己不肯深入地探索任何一个观点"。①

　　关于边疆假说在现代社会中的作用问题，1971 年比林顿在美国历史协会第 101 号专刊上发表的《美国边疆论题：攻击与辩护》一文中有所阐述。他认为，由于 20 世纪美国所面临的各种问题，边疆假说被抬上了政治舞台。正如政治家们用边疆假说去证明他们行动的正确性一样，外交家们则利用那些使人联想起特纳学派的术语，合理地说明美国开展的对外政策。扩张主义者回到特纳的原题，即为了保持民主精神富有生气，就需要社会持续不断地更新。他们在整个 20 世纪为美国势力和领土的扩张进行争辩。理想主义者和实利主义者的一种共识就是，不管是通过领土占取还是通过经济帝国主义，美国在海外扩展权力对商业和民主都是有好处的。例如，杜鲁门就把他的杜鲁门主义视为全球扩大和防御民主边疆的一种手段。② 他进而指出，"如果美国要在这个缩小着的 20 世纪世界中继续存在下去，它就必须承认：它的制度是通过一种独特的经历形成的，并且它的理想是由那些新成立的国家的人民根本不知道的传统形成的。只有承认美国与其邻国的不同之处和它的民主制度的长处，这个国家才能扩大一

---

　　①　约翰·海厄姆：《美国史的写作》，王玮译，杨生茂编：《美国历史学家特纳及其学派》，第 201 页。

　　②　［美］雷·A. 比林顿：《美国边疆论题：攻击与辩护》，阎广耀译，杨生茂编：《美国历史学家特纳及其学派》，第 278 页。

百多年前安德鲁·杰克逊富有感情地谈到过的'自由的范围'。在20世纪五六十年代里，学者们愈来愈注意对边疆假说进行检验而不是对其谴责。这表明他们正在认识现实；教师在遵循他们的榜样中可以得到益处，并在课程表中给予美国扩张史的地位，高于它在20世纪三四十年代反特纳那一段时间所得的。"比林顿这里所谓的扩大自由范围，说明了二战后边疆学派在美国之所以还能有一定的影响，正是因为特纳假说中的边疆扩张论能够为美国政府的对外扩张政策提供理论依据。[①] 其实，扩张主义政策和活动本来可以解释美国国内政治和经济的许多重要现象，但是边疆学派从特纳开始就漠视海外扩张对内政的影响，因此在解释垄断资本发展方面就捉襟见肘，漏洞百出。战后的新特纳学派也不愿改弦更张，只是力图在复原特纳假说主旨的基础上进行补充和引申，结果自然无法挽回边疆学派的颓势。[②]

冷战期间，特纳理论中的边疆扩张成分与现实政治具有紧密的联系。从美国的国家战略来看，不仅杜鲁门政府的杜鲁门主义，而且在肯尼迪政府的"新边疆"政策和里根政府的"高边疆"战略上，都能看到边疆扩张论的痕迹。"新边疆"政策宣扬的拓荒者精神，"高边疆"战略蕴涵的探索与创新精神，都有美国"边疆精神"的闪现。

（二）美国国家战略中的地缘政治传统

美国历来有地缘政治研究的传统。地缘政治学理论在美国的发展极为引人注目。与各个历史时期美国对外扩张的实际需要相适应，在美国出现了很多著名的地缘政治学家及理论。第一次世

---

① 杨生茂编：《美国历史学家特纳及其学派》，第279页，"前言"第12—13页。

② 杨生茂编：《美国历史学家特纳及其学派》"前言"，第13页。

界大战以来，美国涌现了一批著名的地缘政治学者，如魏格纳、斯皮克曼（Nicholas Spykman，1895—1943）、斯蒂芬森、拉铁摩尔、惠特莱西等人。二战前后，随着国际政治力量的演变，有些学者从美国国家利益的现实出发，从地缘政治的角度考察美国国家战略与对外政策制定的理论根据。马汉的"海权论"和斯皮克曼的"边缘地带"理论融合在一起，对二战后美国国家战略的影响最为显著。

当然，随着国际局势的变化和美苏力量对比态势的变化，冷战期间，美国国家战略在不同时期也会表现出相应的地缘政治内容。如尼克松（Richard Nixon，1913—1994）时期以"地区权力结构"（regional power structures）和"地区霸权"（regional hegemonies）来代替"点"和"线"以说明美国与欧亚大陆之间的战略态势关系。里根（Ronald Reagan，1911—2004）时期使用的"点"则不仅是指欧亚大陆边缘地带，而且是包括世界上的所有战略利益"点"。布什（George Bush，1924—）执政期间，出台"超越遏制战略"，以和平演变的方式促使苏东国家发生变化，试图"开创一个超越遏制的新时代"。[①]　"超越遏制战略"虽然包含某些向冷战后时代过渡的色彩，但仍然没有跳出冷战的窠臼，是一种经过修改的冷战战略。冷战期间美国政府的战略虽然几经变化和调整，但都没有从根本上偏离上述两种地缘政治理论。

诞生于1890年的马汉"海权论"主张大力发展海军，通过控制海洋来实现对外扩张的战略目的。"海权论"适应了20世纪以来美国企图重新瓜分世界的政治需要，其基本思想一直为美国所奉行。1986年美国军方宣布必须控制世界16条海上战略通

---

① The White Home, A National Security Strategy of the United States, March 1990.

道，就可以体现马汉海权理论对美国国家战略的影响。在全球16条海上战略要道中，有七条分布在大西洋，分别是加勒比海和北美的航道、佛罗里达海峡、斯卡格拉克海峡、卡特加特海峡、好望角航线、巴拿马运河、格陵兰—冰岛—联合王国海峡；有两条分布在地中海，分别是苏伊士运河和直布罗陀海峡；有两条分布在印度洋，分别是曼德海峡和霍尔木兹海峡；还有五条分布在亚洲（其中东北亚一条，东南亚三条，太平洋东北海域一条），分别是马六甲海峡、巽他海峡、望加锡海峡、朝鲜海峡和太平洋上通过阿拉斯加湾的北航线。美国的目的是战时通过控制世界16条海上要道来获取对各大洋的战略控制权。马汉的海权思想不仅对美国最高决策层，而且对英国、日本、德国、印度等国家都产生了深刻影响。

美国地缘政治学家尼古拉斯·斯皮克曼一生作品很多，他的代表作是1942年出版的《世界政治中的美国战略》（*America's Strategy in World Politics*）和1944年出版的《和平地理学》（*The Geography of the Peace*）。斯皮克曼积极宣扬地缘政治学的重大理论价值。地缘政治学在斯皮克曼看来就是一门研究如何在各种地理要素的基础上制定国家战略的学科。他指出，"有些学者歪曲了地缘政治学这个名词的含义，但不能以此作为否定地缘政治学方法和实质的正当理由。实际上地缘政治学是一种分析方法和一些论据的适当名称，这种分析方法和这些论据在外交政策某些方面进行明智决策的过程是不可缺少的。"[①] 斯皮克曼强调地理学与政治权力之间关系的重要性（他本人因此被称为"美国的豪

---

① ［美］斯皮克曼著，刘愈之译：《和平地理学》，商务印书馆1965年版，第17页。

斯霍弗"①），强调要根据地理要素来制定一个国家的安全政策，
"要决定维护国家安全的政策，那就必须考虑国家的领土在世界
上的位置、领土的大小和资源以及其他国家的领土和实力分布等
情况"。②

斯皮克曼对麦金德的"大陆心脏说"进行了相应的修正和
发展，在其《和平地理学》一书中提出"边缘地带"的理论。
"边缘地带"理论认为，如果以海陆分布和气候带等客观条件为
划分标准，世界上大致包括内陆、岛屿和边缘三种地理区域，如
果根据邻国间的相对关系和实力地位来划分区域性位置，可以区
分为较强、较弱和相当三种，其中最受重视的是那些位于边缘地
带的国家。斯皮克曼指出，欧亚大陆的边缘地带是世界战略的要
害地区，"欧亚大陆的边缘地区位于大陆心脏地带和边缘海之
间，必须看作是一个中间区域，在海上势力和陆上势力的冲突
中，起着一个广大缓冲地带的作用"。如果在欧亚大陆的周围形
成新的工业力量中心，那么欧亚大陆的边缘地带在战略上比大陆
心脏地带更为重要。并非欧亚大陆的心脏地带对海权国家造成威
胁，而是位于心脏地带和西方势力控制的沿海地带之间的广大缓
冲地带构成了这种威胁。由于边缘地带构成了对海上力量的主要
威胁，因此，欧亚大陆的边缘地带应是各强国控制的核心地区。
在上述分析的基础上，他提出了段落式口号是："谁支配着边缘
地区，谁就控制欧亚大陆；谁支配着欧亚大陆，谁就掌握着世界

---

① G. R. Sloan, *Geopolitics in United States Strategy Policy*, 1890—1987, Wheatsheaf Books, 1988, p. 64.

② ［美］斯皮克曼著，刘愈之译：《和平地理学》，第14—15页。

的命运。"① 斯皮克曼强调美国必须防止上述边缘地带落入苏联的手中。这种观点在美国非常有代表性。

斯皮克曼认为，世界上有三个力量中心，都分布在中纬度地区，这就是北美洲的大西洋沿岸地区、欧洲沿海地区和东亚沿海地区，其中欧洲沿海地区和东亚沿海地区也是"内新月地带"。斯皮克曼扩大了的内新月地带，也就是他所谓的边缘地带，在范围上包括波罗的海—黑海西侧的整个欧洲大陆、亚洲的山地中心和整个中国。他指出，北美洲虽然也是世界的力量中心之一，但是被欧亚大陆、亚洲和澳洲所包围，欧洲和亚洲的两个力量中心的联合（暗指德国和日本结盟的可能性及影响），将置美国于一种危险境地。换言之，争夺世界主导权的斗争表现为包括南北美洲大陆在内的西半球和包括心脏与边缘地带在内的欧亚大陆的战略性对抗。② 这种政治地理局面决定了美国只能与英国结盟，建立欧亚大陆上的力量均势，从而防止欧亚大陆上的力量联合控制欧亚大陆。上述观点对美国的外交政策产生了重要影响，美国长期与英国结盟就是这种地缘政治思想在美国外交上的反映。③

斯皮克曼强调在美国外交政策方面推行"均势"政策的重要性，认为美国要在均势体系中充当"平衡者"（balancer）的角色。为了实现这种目的，美国必须保持在欧亚大陆边缘地带（这一地带拥有苏联希望获得的通向沿海地带的地理屏障和通道）的优势地位。他还积极鼓吹美国采取"全球战"战略的必

---

① ［美］斯皮克曼著，刘愈之译：《和平地理学》，第76—78页。N. J. Spykman:
The Geography of the Peace, Harcourt & Brace Co. NY, 1944. 也可参阅陈力：《战略地理论》，解放军出版社1990年版。

② 叶自成主编：《地缘政治与中国外交》，北京出版社1998年版，第53页。

③ 王恩涌：《政治地理学——时空中的政治格局》，高等教育出版社1998年版，第12页。

要性，鼓吹美国对外扩张以征服世界。他指出，"与全球和平一样，全球战略意味着所有的战线和所有的地区都是相互联系的。不论它们彼此之间相距多么遥远，一个战线和地区的胜利或失败，对其他的战线或地区都有直接的和决定性的影响。"他主张美国要从"全球战"的要求出发，通过占领世界各主要海上和空中的战略基点来控制全世界。①

　　美国地缘政治学家斯劳恩（G. R. Sloan）曾经指出，斯皮克曼的地缘政治观念排斥了对边缘地带的国家的社会、政治和经济关系的考虑，以及它们对于美国的安全的真正的地缘政治含义。②不过，斯皮克曼的理论确实对美国全球战略的制定产生了深远的影响。美国对外政策的执行者如基辛格（Henry Alfred Kissinger, 1923—　）、布热津斯基（Zbigniew Brzezinski, 1928—　）等人都对地缘政治理论烂熟于心。他们把地缘政治理论的多种成分综合起来贯彻到美国国家战略的制定和实践中去。历届美国政府的国家安全战略报告中，都表现出浓厚的地缘政治色彩。冷战期间历届美国政府所奉行的遏制战略和先后出台的政策、组织策划的条约如1947年的杜鲁门主义、1948年的马歇尔计划、1949年的《北大西洋公约》、1949年的第四点计划、③ 1951年的《美日安全条约》和1954年的《东南亚防务条约》等，都体现出斯皮克

---

　　① ［美］斯皮克曼著，刘愈之译：《和平地理学》，商务印书馆1965年版，第75页；张文奎等编著：《政治地理学》，江苏教育出版社1991年版，第75页。

　　② G. R. Sloan, *Geopolitics in United States Strategy Policy*, 1890—1987, Wheatsheaf Books, 1988, p. 154.

　　③ 1949年杜鲁门在就职演说中提出美国外交行动的第四点即所谓技术援助落后地区计划，又称为第四点计划。1950年9月美国国会通过了《国际开展援助法案》，正式实行第四点计划。该计划的目的是通过有条件的技术援助，进行经济扩张，保证美国军事原料的供应，建立美国控制下的冷战联盟体系。第四点计划为美国建立亚太军事体系提供了有利条件。参见刘德斌主编：《国际关系史》，高等教育出版社2003年版，第371—372页。

曼"边缘地带"理论的烙印。从国际关系的现实来看，冷战期间的局部战争大都发生在"边缘地带"特别是在亚洲的"边缘地带"上，如朝鲜战争、印度支那战争、三次印巴战争、四次中东战争、两伊战争、苏联侵略阿富汗战争、越南侵略柬埔寨战争和海湾战争等。"边缘地带"（集中了世界总人口的 2/3，原油储量及产量均居世界首位）对大国而言具有十分重要的战略意义。①

（三）战后美国扩张的"边疆"考察

美国地缘战略的不断演变反映出美国不断对外扩张的历史轨迹。美国的历史就是一部扩张史，就是一部边疆不断发生变化的历史。美国独立后不久就开始推行扩张政策，疆域不断扩大，不断变动的边疆实际上意味着美国新的发展契机。"边疆"一词在美国历史上具有十分重要的意义。"边疆精神"是美国精神的重要组成部分。美国的思想界渲染着浓厚的扩张主义色彩。"在美国，边疆是一个被赋予有力的魔咒意义的触发词（trigger word）。这种力量来源于一系列的映像，来源于深深植入美国人意识层面的期望和抱负的混合，没有新边疆可供征服，美国人看起来是不安的。"②

美国的扩张经历了从本土扩张（建国初期）向海外扩张（19 世纪末 20 世纪初以来）再到全球扩张（二战之后）的发展过程。美国用坚船利炮、圣经、商品和先进的科学技术去开拓新的边疆和占领新的世界市场。美国人不断摧毁其他国家的势力范围，同时积极建立自己的势力范围，极力把自己的社会模式和价

①　肖星编著：《政治地理学概论》，测绘出版社 1995 年版，第 33 页。
②　Alistair Hennessy, *The Frontier in Latin American History*, Edward Arnold, 1978, p. 6.

值观念强加于他国。美国的这种扩张态度和观念，虽然不同历史时期在策略和手法上会有所差异，但直到二战之后也没有发生根本改变。战后美国总统杜鲁门、肯尼迪、约翰逊（Lyndon John-son）等人，都是边疆扩张论的倡导者。[①]边疆对于美国来说，已经成为一种标榜或者旗帜，政治家们根据美国利益的需要，敢于鼓吹向世界上任何地方推进美国的所谓战略边疆。

　　战后美国的全球扩张与美苏冷战的步伐是一致的，强大的国力则为美国全球扩张提供了物质保障。1945 年以后，美国的全球战略已经正式形成。美国凭借自身的强大实力，成为资本主义世界的霸主和国际关系体系的力量中心。由于在意识形态和国家利益等方面都存在着对立和矛盾，美国和苏联之间的对抗逐渐加剧。美国认为，苏联企图控制斯德丁到的里雅斯特一线以东的欧洲，并把其政治影响扩大到战后形成的地理疆界之外，沿着它的中部和东部边界建立一个政治上臣服于苏联，无力对苏联采取敌对行动的保护地区。因此，美国必须拥有强大的军事力量以抑制苏联，利用各种手段阻止苏联权力的进一步扩张，在全球范围内对苏联进行包括军事、经济、政治、心理手段在内的全面遏制，[②]使苏联的势力范围限于目前它（所控制）的地区，并对那些反抗苏联的国家给予慷慨的经济援助和政治支持。[③] 1947 年 3

---

　　①　杨生茂编：《美国历史学家特纳及其学派》"前言"，第 13 页。

　　②　1950 年 4 月 14 日的《美国国家安全的目标和计划》（即《NSC68 号文件》）的报告，强调要继续对苏联推行"遏制战略"，培育苏维埃制度中的破坏性种子。NSC68: *United States Objectives and Programs for National Security*, April 14, 1950, *Naval War College Review*, Vol. XXVII（May – June, 1975）, pp. 51—108. Also in U. S. Department of State, Foreign Relations of the United States, 1950, Volume I. 《NSC68 号文件》是杜鲁门政府对凯南遏制思想的发展。

　　③　《战后世界历史长编》第一编第三分册，上海人民出版社 1977 年版，第 22—23 页。

月12日杜鲁门主义出笼，杜鲁门宣称："不论什么地方，不论直接或间接威胁了和平，都与美国的安全有关。"这等于是说美国要在全球范围内对苏联的扩张进行遏制。遏制战略的直接后果是促使美国将其所谓战略边疆大大扩展。美国已经认为世界上没有一个地区是与美国的利益无关的，苏联或者任何一个敌对国家对任何地区的控制或影响都会对美国的安全构成威胁。杜鲁门主义同时也标志着美国开始由以往的局部扩张转变为向全球扩张。美国以强大的实力为依托，开始走上全球扩张的道路。美国对外扩张的步伐，在中国、朝鲜、越南、希腊、伊朗、伊拉克、危地马拉、黎巴嫩、古巴、智利、多米尼加、格林纳达、利比亚、巴拿马、海地、前南斯拉夫等国，都有所体现。

格雷厄姆曾经指出，美国具有开拓边疆的历史传统，在人类历史上，一个国家若能从人类活动的一个领域最有效地迈向另一个新的领域，就能取得巨大的战略优势。战后美国的国家战略鲜明地体现出了这种所谓不断开拓边疆的意识和特色。美国不仅向全球扩展所谓的战略边疆，而且还在一些新领域如宇宙空间积极拓展美国的利益。本文以肯尼迪政府的"新边疆"政策和里根政府的"高边疆"战略为例简要加以说明。两者都是各自历史时代的产物。

1960年肯尼迪在民主党全国代表大会的提名演说中第一次提出了"新边疆"（new frontier）的概念，他指出，"新边疆"是"未知的科学与空间领域，未解决的和平与战争问题，尚未征服的无知与偏见的孤立地带，尚无答案的贫困与过剩的课题"。1961年，肯尼迪总统上任，他试图以开拓美国的"新边疆"来解决美国在60年代面临的问题。"新边疆"政策的历史背景是50年代以来美国经济增长缓慢，苏联的军事实力与美国日益接近（1957年苏联卫星率先升空，1961年苏联载人卫星发射成功），西欧国家的独立倾向增强，第三世界的民族独立和不结盟运动正在高涨。因此，"新边疆"不仅仅是单纯的地理学概念，用来向美国公众解释发生在欧亚大陆边缘地带的政治事件及其对美国安全的直接影响。根据"新边疆"政策，肯尼迪政府不惜代价也要防止欧亚大陆边缘地带上的任何国家落入共产党手里，越南战争就是一个明显的例子，而且包括新的领域和新的挑战。开拓"新边疆"就是要利用美国先进的技术和强大的经济实力去开拓新的领域，迎接新的挑战，在空间技术上追赶苏联，并在其他领域保持美国的领先地位。肯尼迪政府对亚洲、非洲、拉丁美洲的不发达国家提供了大量援助，试图用这种软方法来笼络发展中国家，阻止它们向苏联靠拢。肯尼迪政府在国内采取了反经济衰退等措施。其中，增加对科研和开发的政府投入保证了1969 年阿波罗登月计划的成功。"新边疆"政策的施行确实振奋了一代美国人的热情，但是它在国内改革方面的成效并不明显。"新边疆"的基本思想，为 60 年代中期以后大规模社会经济改革奠定了基础，并对美国社会的经济和科学技术发展产生了重大影响。[①]

　　20 世纪 70 年代，美苏两国核力量的发展形成了势均力敌的局面，任何一方首先发起核攻击的结果都将是双方同归于尽，为了能够在核战争的前提下确保美国的安全，美国开始考虑从新的角度确立自己的优势。80 年代，里根政府首次提出了"高边疆"的概念，并逐步形成"高边疆"战略。"高边疆"战略被认为是未来美国开发和利用宇宙空间的总战略，是具有里程碑意义的国家战略。"高边疆"战略有军事方面和经济方面两个具体的目

---

　　① 刘绪贻、杨生茂主编：《战后美国史（1945—1986）》，人民出版社 1989 年版，第 205 页。

标。其军事目标就是美国的战略防御计划，即改变核均势的局面，抢占太空的战略控制权，使苏联的核武库失去作用，确保美国及其西方盟国单方面的生存。其经济目标是开发和平利用太空的商业能力，也就是把太空工业化的设想。"高边疆"战略系统阐述了未来美国在军事、经济、科学等方面综合开发和利用宇宙空间的总体战略。1984 年，里根在年度《国情咨文》中正式把开拓"高边疆"列入国家战略目标，这标志着美国开始全面贯彻"高边疆"战略，不仅在太空展开军事争夺，同时也在太空进行经济开发。从 1985 年开始，美国每年为"星球大战"计划投入的资金高达 20 亿美元以上。其后，随着东欧剧变、苏联解体等国际局势的变化，以及受制于美国经济等方面的原因，"高边疆"战略中的"星球大战"计划的必要性和可行性受到普遍质疑，但"高边疆"战略的思想并没有被完全否定，其基本构想尤其是开发、利用和控制太空的"制天权"思想，继续深刻地影响着美国国家战略的发展，这在冷战之后将有鲜明的反映。

二　苏联：对外扩张的理论与实践

（一）苏联的边界理论

二战结束之后，鉴于边界问题同战争与和平问题密切相关，苏联政府继续采取措施以确定和巩固苏联边界。苏联在西部、南部和东部都确定和实地划定了新国界，新国界反映了战前的领土变更和在苏联及其武装力量的决定作用下击溃希特勒德国和军国主义日本之后的领土变更。① 苏联对边界问题十分重视，缔结了一系列关于国界制度和边境事件处理办法的条约，发布了《苏

_____

① ［苏联］A. 普罗霍罗夫：《关于苏中边界问题》，商务印书馆 1977 年版，第 6 页。

维埃社会主义共和国联盟国界保卫条例》和其他相关法令。1963 年 12 月 31 日，苏联部长会议主席致函各国政府首脑，建议签订关于各国不以武力解决领土争端和边界问题的国际协定。① 1969 年 7 月，苏联最高苏维埃会议在研究国际形势和苏联对外政策问题时，关于国界问题着重指出，国界不应当是敌对与不和的界线，不应当通过边界相互威胁，更不应当以战火相见，而应当以经济的、文化的珍品，以能增进邻国人民友谊的一切进行交流，苏联正是以这种态度对待它同所有邻国的边界的。② 10 月 27 日，勃列日涅夫发表讲话时声称，苏联主张"在牢固和公正的基础上，本着平等、相互尊重和考虑两国利益的精神"解决边界问题及其他问题。③

苏联政府虽然公开标榜所有边界问题应本着善意的相互尊重的精神通过协商加以研究，使边界上呈现出睦邻气氛，避免使用武力，但是在其国家实践中表现出的却往往截然相反，如在与邻国的边界上布列重兵，发生武装冲突，在别国驻军、追求战略边疆的不断扩张等。

苏联的一些学者纷纷著书立说为本国政府的对外政策服务。如 A. 普罗霍罗夫在《关于苏中边界问题》一书中从所谓"法律分析"的角度强调：苏维埃国家是原俄国全部领土的合法继承者，俄国的领土是以前同外国缔结的条约确定的，现有的苏联边界有着牢固的法律基础，这就是苏联建国以来所缔结的许多双边和多边条约。④ 又如由奥·鲍·鲍里索夫和鲍·特·科洛斯科夫

---

① ［苏联］A. 普罗霍罗夫：《关于苏中边界问题》，商务印书馆 1977 年版，第 15 页。

② 同上书，第 220 页。

③ 同上书，第 222 页。

④ 同上书，第 11 页。

合著的《苏中关系：1945—1980》，这是一部苏联官方和学术界的权威性反华著作，在国际上也有很大的影响。其作者奥·鲍·鲍里索夫实际上就是所谓的苏中关系专家、时任苏共中央联络部第一副部长的奥·鲍·拉赫马宁。这本著作从大国霸权主义和沙文主义的角度出发，在中苏边界的问题上竭力美化苏联政府的做法，捏造事实攻击中国政府，肆意篡改历史。例如，作者在第六章里写道："苏中现存的边界是在许多世纪以前，沿着划分苏联与中国领土的自然界线形成的。这条边界由一系列条约在法律上加以固定，而这些条约至今仍然有效，这是众所周知的事。"①作者声称，"苏联政府一贯主张，苏中之间不存在任何领土问题，苏中边界具有牢固的条约基础，绝不容许对边界作任何修改。"②

总之，这些著作的突出特点是歪曲甚至篡改俄国与邻国边界形成的历史，否定俄罗斯历史上强加为其他国家的一系列条约的不平等性质，竭力混淆俄罗斯与相关国家的侵略与被侵略的界限，美化苏联政府的对外扩张政策。

（二）苏联政府的扩张理论

苏联为取得二战的胜利付出了巨大的民族牺牲，同时也获得了前所未有的国际威望和地位。在苏联影响下，社会主义阵营越出一国的界限，影响不断扩大。在尽快着手进行经济重建的前提下，战后苏联外交的重点是有效防御外部侵略威胁，保障国家的安全。因此战后初期苏联一度避免与西方发生对抗，并采取一些妥协甚至让步来争取和平的发展环境。但是，苏联自彼得大帝时

---

① ［苏联］奥·鲍·鲍里索夫和鲍·特·科洛斯科夫合著，肖东川、谭实译：《苏中关系：1945—1980》，生活·读书·新知三联书店 1982 年版，第 221 页。

② 同上书，第 248 页。

期开始树立起来的陆地蚕食加水域开拓传统，从根本上影响着苏联的外交实践。苏联在一些问题的处理上仍然采取了极端民族利己主义和大国沙文主义的做法。苏联在"无产阶级国际主义"的口号下，根据"苏联利益代表全人类"的逻辑，尽可能地在全世界扩张自己的势力，至少要求社会主义国家和各国革命运动服从苏联国家利益的需要。①

从地缘角度来看，冷战期间苏联的对外扩张理论在总体上可以分为三个层次，一是在苏联外围建立一系列的缓冲地带以保障自身安全；二是尽可能地冲出西方的包围圈，在欧亚大陆边缘得到新的突破口；三是通过在世界各地建立苏联的军事基地，扶植亲苏政权和进行经济、军事援助等方式在全球扩展苏联的影响，并与美国争霸。② 上述理论是苏联在战后的实践中逐渐形成的。

二战期间及战后，苏联不仅收复了全部失地，而且与战前相比，扩展了70多万平方公里的版图。苏联吸取了历史上屡遭外国入侵的教训，不再囿于地理边界的限制，利用二战的有利形势将其影响扩展至欧洲。斯大林的地缘政治观念与沙俄时代的统治者有很多相似之处。1945年斯大林曾经指出："不管谁都是将其自身的制度强加于他们所占领的土地之上的，任何人都是将其自身的制度强加于他的军队所能推进到的地方，绝无例外。"③

斯大林这种思想在东欧地区表现得十分明显。东欧地区对于苏联来说，具有极其重要的地位。东欧国家总面积约为100万平方公里，被苏联视作抵抗西方威胁的外部防线和军事上的战略缓冲地带。东欧是苏联的西部屏障和西进的桥头堡，同时也是它由

---

① 刘德斌主编：《国际关系史》，高等教育出版社2003年版，第353—354页。
② 叶自成主编：《地缘政治与中国外交》，北京出版社1998年版，第124页。
③ ［美］艾夫里尔·哈里曼、伊利·艾贝尔：《特使——与丘吉尔、斯大林周旋记》，生活·读书·新知三联书店1978年版，第374页。

地中海和北非南下扩张的桥梁。苏联为了对抗来自西方资本主义世界的威胁和挑战，力图把东欧这条历史上外国入侵俄罗斯的危险走廊变成保卫本国安全的缓冲地带。因此苏联利用了欧洲战后百废待兴、共产党在人民群众中具有广泛影响的有利时机，帮助和支持东欧国家建立人民民主政权。战后初期，东欧先后建立了八个人民民主国家，分别是南斯拉夫、阿尔巴尼亚、匈牙利、捷克斯洛伐克、保加利亚、波兰、罗马尼亚和德意志民主共和国。

　　冷战爆发后，苏联加强了与东欧国家的联系，推动社会主义阵营的形成。1947 年 9 月，九国共产党和工人党情报局成立。1949 年 1 月，苏、匈、保、罗、波、捷等六国代表在莫斯科举行会议，决定建立经济互助委员会。1955 年 5 月 11 日—14 日，苏东八国在华沙召开欧洲国家保障欧洲和平与安全第二次会议，签署了《友好合作互助条约》，即《华沙条约》。华沙条约组织的建立标志着社会主义阵营在东欧形成。《华沙条约》加强了苏联与北约对抗的实力，同时也加强了苏联对东欧各国的控制。苏联通过华沙条约组织和经互会等工具，把东欧国家变成它的卫星国和势力范围。

　　1953 年斯大林逝世后，赫鲁晓夫（Nikitas Khrushchev，1894—1971）逐渐掌握了苏联的最高领导权。赫鲁晓夫认为在国际力量对比发生变化的情况下（社会主义阵营的出现，资本主义国家内部拥护和平的力量），世界战争是可以避免的。在此基础上赫鲁晓夫提出社会主义和资本主义可以和平共处。这一时期苏联开始实行"和平共处"、"和平竞赛"、"和平过渡"的"三和路线"。苏联在对西方关系上采取了一系列的缓和行动。但是在社会主义阵营内部，苏联又一次采取了大国沙文主义做法。赫鲁晓夫把苏美之间的"和平共处"作为所有社会主义国家外交政策的总路线，要求其他社会主义国家的对外政策服从于苏联的国家利益。赫鲁晓夫鼓吹的所谓"社会主义国际分工"要求东欧国家把本国经济纳入苏联的统一轨道,为苏联的经济发展服务。"三和路线"是造成社会主义阵营分化的思想渊源。[①]

苏共中央标榜其全部活动遵循的原则包括在同所有社会主义国家,不论大国或小国的相互关系中坚持真正的平等,[②] 但是实际情况并非如此。20 世纪 60 年代末,勃列日涅夫(Leonid Brezhnev,1906—1982)执政时期,发表了一系列宣扬苏联扩张主义的声明和宣言,这就是所谓的勃列日涅夫主义,它完全是贴着社会主义标签的霸权主义理论。它包括"有限主权论"、"国际专政论"、"社会主义大家庭论"、"大国特殊责任论"等内容。苏联把这种理论适用于对其他国家的控制和侵略。

"有限主权论"是勃列日涅夫主义的一个重要组成部分。它歪曲和篡改了无产阶级国际主义的概念,认为社会主义国家的共同利益,高于各国的个别利益,保卫社会主义共同利益是最高主权。因此苏联可以决定其他社会主义国家的命运,包括其主权命运在内,其他国家的主权是"有限"的,应该由苏联摆布和控制。"国际专政论"则要求东欧国家接受苏联的指挥。"社会主义大家庭论"声称东欧国家的主权和命运要由"社会主义大家庭"来加以决定。"大国特殊责任论"是苏联领导人宣扬苏联世界大国地位的工具,主张苏联不能漠视任何地区。

1968 年,捷克斯洛伐克掀起反对苏联控制的斗争,遭到苏联几十万军队的镇压。从此,苏联开始把勃列日涅夫的"有限主权论"强加给东欧国家,自己则以大家庭的家长自居。勃列

---

① 刘德斌主编:《国际关系史》,高等教育出版社 2003 年版,第 373—374 页。

② [苏联] 奥·鲍·鲍里索夫和鲍·特·科洛斯科夫合著,肖东川、谭实译:《苏中关系:1945—1980》,生活·读书·新知三联书店 1982 年版,第 264 页。

日涅夫曾经说过，"现在组成的社会主义大家庭"，同当年苏维埃共和国联合成统一的苏联，在"原则上是一致的"，公然把东欧国家看成是苏联的加盟共和国。[①]

苏联不断加紧对东欧国家的控制，粗暴干涉东欧国家内政。它的民族利己主义和大国沙文主义做法使得双方积怨日深，苏东关系不断恶化。1947—1949 年间，苏联与南斯拉夫的关系不断恶化并最终破裂。1956 年 2 月苏共 20 大开始批判斯大林和 4 月苏联宣布解散共产党情报局之后，东欧国家争取摆脱斯大林模式和苏联控制的进程加快。1956 年发生了波兰和匈牙利事件。1961 年 12 月苏联与阿尔巴尼亚断绝了外交关系。1968 年苏联入侵捷克斯洛伐克是苏东关系恶化的顶点。苏联对东欧国家的控制和占领，严重损害了这些国家的利益，东欧国家反对苏联控制的斗争一直没有间断。苏联虽然以高压手段暂时镇压了东欧国家的改革潮流，但苏东矛盾一直没能消除。

（三）苏联的海洋扩张

在俄罗斯历史上，对海权和海军的重视是一贯的。彼得一世时代，俄罗斯不惜巨资打造一支海军以确保对波罗的海的控制权，其理论前提就是"只有陆军的君主是只有一只手的人，而同时也有海军才能成为两手俱全的人"。[②] 马克思指出："对于一种地域性蚕食体制来说，陆地是足够的；对于一种世界性侵略体制来说，水域就成为不可缺少的了。"[③] 争夺海洋是苏联对外扩张的重要组成部分。

20 世纪 50 年代初期斯大林领导期间，苏联海洋战略的指导

---

① 解放军报编辑部编：《苏联全球战略初探》，长征出版社 1981 年版，第 125 页。

② 《沙皇俄国的侵略扩张》，人民出版社 1978 年版，第 51 页。

③ ［德］马克思：《18 世纪外交史内幕》，人民出版社 1979 年版，第 80 页。

思想是防御性的，只限于近海防御。50 年代中期赫鲁晓夫上台后，苏联在扩张主义政策指导下，改近海防御为"远洋进攻"。苏联开始重视争夺海洋霸权，大肆向海洋扩张。60 年代中期，勃列日涅夫上台后，苏联远洋进攻的海洋战略最终形成。苏联学者指出，在帝国主义发动侵略的威胁日益增长的情况下，摆在苏联面前的任务就是继续加强包括海军在内的苏联武装力量。① 冷战期间，苏联通过大规模发展海军，形成了以黑海舰队、北方舰队、波罗的海舰队、太平洋舰队为主体（另外还有地中海分舰队和常驻印度洋舰只）的全球性的海上军事力量。勃列日涅夫在苏共第 24 次代表大会上强调，"我们拥有所必需的一切""以保证我们的边界不受任何侵犯，并捍卫社会主义成果"。②

苏联虽然是地跨欧亚两大洲的庞大国家，海岸线长达 43000 公里，拥有不少港口，但是大部分港口冬季都会结冰，船舰的活动受到影响。苏联几乎所有进入暖洋的出海口都位于他国海峡，一旦发生异常情况，很容易受到封锁。苏联加紧南下，目标就是向暖水域扩张以寻求暖水港，从而改变其不利的战略地位。和在陆地上一样，苏联在海洋战略上也存在着东西两线的问题。在东线，苏联的太平洋舰队以海参崴为基地，经日本海、太平洋，从马六甲海峡进入印度洋；西线的黑海舰队则从地中海、红海进入印度洋。另外，波罗的海舰队进入大西洋与黑海舰队呼应，钳制西欧。这就在黑海、地中海、印度洋、太平洋到日本海的漫长海域上，建立了一条贯穿欧亚非三大洲的海上弧形通道。

苏联海军的活动范围，从近海向世界各大洋扩张，甚至闯进

---

① ［苏联］K. 斯皮琴科主编，何希泉译：《政治和军事地理学》，解放军出版社 1984 年版，第 56 页。

② ［苏联］勃列日涅夫：《勃列日涅夫言论》第 7 集，上海人民出版社 1971 年版，第 35 页。

了传统的包括加勒比海和夏威夷海区在内的美国海军势力范围。苏联还在世界各地攫取了很多海军基地、港口和机场设施的使用权，以夺取制海权并控制海上交通要道。苏联的海军舰队在世界各地保卫苏联的"边界"。苏联海军总司令戈尔什科夫在他的《国家的海上威力》一书中，声称苏联的武装力量拥有一支完全现代化的远洋海军，"在辽阔的世界大洋上胜利地完成赋予它保障国家安全和保卫国家海上利益的任务"。①

尽管苏联在北欧海域、地中海和大西洋、印度洋、太平洋都留下了扩张的足迹，但是，苏联基本上仍然是一个大陆国家。它虽然拥有世界上最长的海岸线，不过大部分都位于北冰洋，不能当成有效的海上交通线，而南部的黑海也无法与地中海直接连接。苏联的四大舰队，除了北方舰队的出海口相对开阔之外，其他的舰队都要经过一些海峡才能进入各大洋。战时如果这些海峡被封锁，那么苏联的波罗的海舰队和黑海舰队就无法出海，而太平洋舰队的机动能力也将受到很大的限制。四大舰队分布在距离很远的四个海区，在补给等方面都存在着很大的问题。另外，虽然苏联竭力在海外攫取军事基地，但是其数量和地理分布都不能满足苏联的战略需要。这些海外基地的使用权还受到苏联与相应国家双边关系的限制，并不稳定。

（四）苏联的全球扩张

20世纪70年代以后，美苏实力对比发生显著变化。美国开始战略收缩，苏联则开始实行全球攻势战略，加紧向所谓权力真空地带渗透，争夺世界霸权。70年代苏联扩张战略的基本特点是：以军事实力为依托，在冷战的正面战场欧洲搞缓和，在侧翼

① 蒋建东：《苏联的海洋扩张》，上海人民出版社1981年版，第30页。

的亚非地区进行扩张，采用迂回手段谋求世界霸权。① 70 年代中后期，苏联在亚非地区进行了大规模的扩张。

从西线来看，在作为战略重点的欧洲地区，苏联不断加强和完善进攻性的战略部署，构成闪击西欧的态势。苏联 3/4 的地面部队和 1/3 的海军都部署在西线，并且配备了最先进的常规武器与核武器。不过，苏联在欧洲与美国和北约迎头对峙，双方都不敢发生正面的直接对抗。东线也就是马六甲海峡以东的亚洲太平洋地区，是苏联全球战略中的一个重要环节。在东线的远东方向，苏联不断增加在中苏边境和北方四岛的驻军，扩充太平洋舰队的实力。同时，苏联利用越南侵略柬埔寨、拼凑印支联邦、进犯泰国。鉴于在东线受到的来自美国的障碍难以逾越，苏联选择了作为东西两线侧翼的南线作为突破口，这就形成了在东西两线屯兵、在南线加速进攻以迂回包抄欧亚大陆的战略态势。

南线地区作为欧亚大陆的下腹部，地理位置十分重要。其西端的东北非、中东、波斯湾是衔接欧洲的战略侧翼，同时又因为石油等丰富的战略资源而成为西方国家赖以生存和发展的资源供应地。其东端的南亚次大陆和东南亚地区也具有极大的战略价值，不仅可以进逼东盟国家、澳大利亚和新西兰，还可以对日本施加压力。苏联南下印度洋的目的，正是要卡断欧美的海上运输线和交通线，并夺取从太平洋、印度洋到大西洋的制海权，打通苏联四个舰队的联系（苏联部署在远东的太平洋舰队与部署在欧洲海域的另外三个舰队被各个海洋分割开来，不能形成协同作战的有机整体），进而从海洋包围欧亚大陆。同时，南线地区也是西方国家防御体系中的薄弱环节。20 世纪 70 年代，美国因为越南战争的失败而在这一地区采取了收缩政策。因美国撤退而出

---

① 刘德斌主编：《国际关系史》，高等教育出版社 2003 年版，第 454 页。

现的所谓力量真空，为苏联在这一地区的扩张提供了方便条件。苏联从地中海、东北非，经过中东、波斯湾、西南亚、南亚次大陆到东南亚，以及印度洋和西太平洋地区，不断采取攻势。

苏联利用亚非新兴国家发展本国经济的愿望，以提供经济援助和军事援助为诱饵实行渗透扩张。中东地区的很多国家都与苏联接壤。苏联利用阿拉伯国家在反以色列问题上的不同意见，制造矛盾以保持它对一些国家的控制。早在 20 世纪 50 年代末，苏联就利用中东动乱向东北非扩张。它通过军事援助的手段进入埃及，然后向阿尔及利亚、苏丹和索马里等国渗透。1975 年底，苏联从万里之外把古巴雇佣军运到非洲，对新独立的安哥拉进行军事干涉。1979 年，苏联通过与埃塞俄比亚和南也门两国签约，在红海口建立了相互支援的立足点。

1979 年，苏联出兵入侵阿富汗是其全球扩张的顶峰。这一事件直接威胁西方国家在波斯湾地区的资源利益，美国立即发表强硬声明以表示保卫波斯湾地区的决心。美苏第二次缓和终结。在中亚地区经过阿富汗和印度进入印度洋，虽然从地理位置来看不尽如人意，但在俄罗斯历史上从彼得一世开始就没有放弃这种尝试。19 世纪中叶以后，"在 50 年之内，俄国在中亚把它的边界向南推进了约 1300 公里，一直推进到阿富汗的东北部"。① 俄国势力扩张到阿富汗边界的事实引起了英国的恐慌。1907 年，俄国和英国在伊朗和阿富汗划分势力范围。俄国控制了伊朗的北部，英国变成了阿富汗的所谓保护国。阿富汗国内民族解放运动产生的新政权上台之后，阿富汗依靠苏俄来反对英国的控制，结果迫使英国在 1919 年承认阿富汗的独立。1926 年，苏联和阿富汗签订了中立和互不侵犯条约。直到二战期间，两国关系都堪称

---

① 刘竞等：《苏联中东关系史》，中国社会科学出版社 1987 年版，第 37 页。

稳定。冷战前期，阿富汗实行中立睦邻的外交政策，拒绝参加任何军事联盟，实际上还是亲苏联而远美国。这种做法使美国利用阿富汗在中亚地区遏制苏联的战略意图无法实现。在冷战缓和期间，苏联加紧对阿富汗进行军事控制，苏阿两国长期积累的矛盾开始爆发。1978 年，阿富汗国内发生政权更迭，反苏的民族主义政权上台。1979 年 12 月，苏联开始军事入侵阿富汗。对主权国家进行公然侵略这种践踏国际法的做法使苏联在国际社会陷入了孤立局面。而且，苏联在阿富汗这个山地国家陷入了军事困境，结果是苏联在阿富汗遭受了二战以后最大的军事失败。

苏联推行的扩张主义政策虽然攻势逼人，但是也暴露出不少弱点。苏联的扩张战线拉得过长。在西线，它要控制东欧国家，要与西欧国家对峙；在东线要集中兵力与美国在太平洋地区对峙，还要威胁中国和钳制日本；在南线，苏联渗透和控制的地区从南非的安哥拉到东非的埃塞俄比亚、中东的南也门、西亚的阿富汗，并且一直延伸到东南亚；在拉丁美洲，它还要支持在美国家门口的反美基地古巴。战线如此漫长，以致苏联每向前推进一步，都要付出沉重的代价。

苏联在全球范围内与美国争霸，其扩张所谓战略边疆的举措其实效果并不理想。究其原因，在处理与各地区相应国家（如中东地区的伊朗、中亚地区的阿富汗、黑海地区的土耳其等国）的关系时，苏联过分强调维护本国的利益，漠视甚至践踏其他国家的领土主权和主权完整，"最终导致在其边界出现了一条坚固的反内陆地带"。① 另外，争霸局面还导致了美苏两国新一轮的军备竞赛，苏联因此大伤元气。

---

① 刘从德：《地缘政治学：历史、方法与世界格局》，华中师范大学出版社1998 年版，第 192 页。

从战后世界整体发展来看，20 世纪 70 年代是第三次科技革命迅猛发展的时期，苏联没有抓住这个历史契机大力发展本国经济。在西方国家致力于以新技术拉动经济发展的时候，苏联却忙于对外进行战略扩张。扩张战略严重消耗了苏联自身的经济实力，阻碍了新技术转化为国家的先进生产力。苏联垮台的部分原因就是其"过度扩张"①。

在本国的政治、经济、民族等危机的影响下，苏联综合国力急剧衰落，国际影响日渐跌落。继东欧国家的政治剧变之后，1991 年 12 月，苏联解体。冷战终结了。尽管西方遏制战略对苏东剧变产生了一定的作用，但从根本上说西方的影响是次要的和辅助性的，西方的政策只是加速了苏东剧变的过程。② 苏联解体在根本上还是源于其内因的演变。

三　西欧：一体化实践与边界弱化

（一）法国的"维达尔传统"

法国地缘政治学的先驱是维达尔（Paul Vidal de la Blanche）。所谓的"维达尔传统"是法国地缘政治学的核心思想。"维达尔传统"包括两方面的内容，第一是在研究对象的问题上强调地理研究的整体性，坚持地缘政治学的考察对象应当是地理区域而非国家；第二是在地缘政治学研究中的人文主义精神。从"维达尔传统"出发，法国的地缘政治学家对法国的安全和整个世界的和平提出了有法国特色的、带有强烈人文主义色彩的设想，其核心就是欧洲联合的想法。法国的地缘政治学家提倡一

---

① ［美］基辛格著，顾淑馨等译：《大外交》，海南出版社 1998 年版，第 706 页。

② 张小明：《冷战及其遗产》，上海人民出版社 1998 年版，第 366 页。

种以国际合作为基础的边界的互透性，认为只有开放的而不是隐藏在高墙后面的社会才能产生高度的文明。这种传统对战后法国的政治家和外交家如让·莫内（Jean Monnet）等人产生深远的影响。战后欧洲联合的进展可以说是这种传统的一种成功实践。[①]

作为欧洲联盟的奠基人，莫内对欧洲一体化运动做出了巨大的贡献。一体化运动的核心问题在于国家主权。莫内在国家主权问题上提出了自己的见解，他认为：只有在欧洲实现主权让渡，把各国的主权逐步转移到共同权力机构手中，才能实现欧洲的统一。他还认为在当时的条件下保持真正的民族独立和主权的转移是相互促进的。莫内并非刻板的联邦主义倡导者，他认识到西欧国家所面临的共同问题只有依靠集体而非个别国家的行动才能得到解决，因此必须依靠建立共同的机构来加以扶持。这些共同机构的任务在于统一并代表共同利益，这与传统的政府间合作形成了鲜明的对照，因为后者并不存在国家主权的代表者或联合体，而只存在着相互冲突的国家短期利益之间低层次的讨价还价。莫内还主张横向思维，在僵局中，他往往抓住实际存在的枝节问题，尝试在争议双方之间达成有限的一致，而后在新的局面下扩大战果。煤钢联营正是这种思路的产物，并且成为西欧国家走向政治统一的关键。[②]

法国放弃肢解德国的要求是欧洲联合的第一步，也是关键性的一步。虽然美英两国出于遏制苏联的需要都反对过分削弱德国，但是真正能实现法德和解的主动权仍然掌握在法国的手里。

---

① 叶自成主编：《地缘政治与中国外交》，北京出版社1998年版，第78—80页。

② ［英］戴维·米勒、韦农·波格丹诺编：《布莱克维尔政治学百科全书》，中国政法大学出版社1992年版，第482页。

战后法国面临的道路是明确的，如果不能通过肢解德国来消灭德国的战争能力，那么只能在一个联合起来的欧洲中通过实现法国的领导地位来对德国进行约束。法国开始采取一系列主动的措施，其精神实质就是超越西方传统的地缘政治观念，与德国一道共同推动欧洲联合的发展。[①]

1950 年 5 月 9 日，法国提出了旨在实现煤钢联营的舒曼计划，主张成立一个有法国和德国参加的国际机构来共同管理鲁尔地区的煤炭和钢铁的生产。这为法德和解和欧洲一体化提供了一个具有可操作性的方案。这一计划立即得到德国的积极响应。根据舒曼计划，1951 年欧洲煤钢共同体成立，法德和解和欧洲一体化出现实质性进展，也在很大程度上改善了欧洲国家的地缘政治环境。欧洲煤钢共同体既体现了战后法国外交政策的重大变化，同时也标志着欧洲国际关系新范例的发端。它表明，放弃基于民族的传统解决方法，而使民族的自身利益在国际框架内得以实现。[②]

事实上，法国和德国等欧洲国家代表的是欧洲一体化的新观念和新主张。它包括通过经济、政治融合来避免战争，实现和平和维护稳定；通过谈判、磋商和对话解决分歧和矛盾，避免对抗与冲突；通过多边机构，实现多赢和共赢。当然，最根本的是通过自愿让渡部分国家主权或分享部分国家主权，在更大程度上获得靠一国实力无法达到的影响和利益。

（二）西欧的一体化实践

西欧在政治概念上泛指除苏联、东欧以外的所有欧洲资本主

[①]　Jacques Lévy ed., *From Geopolitics to Global Politics: A French Connection*, London; Portland, 2001, p. 4.

[②]　［英］杰弗里·帕克著，刘从德译：《地缘政治学：过去、现在和未来》，新华出版社 2003 年版，第 73 页。

义国家，实际在地域上包括西欧、中欧、南欧和北欧。欧洲联合的设想虽然由来已久，但直到二战之后，西欧在一体化方面才能有所进展，这既有历史地理方面的便利条件，也有现实政治中的客观要求。从前者来看，西欧很早就是资本主义发展的心脏地带，各国经济发展水平比较接近，互补性和依赖性较强，尤其是二战后随着科技的发展，生产与资本都进一步国际化，西欧国家在经济上的相互依赖性明显增强。西欧国家的社会结构、政治制度和文化信仰也相去不远，各国在地理上相互接壤，往来联系密切，具有进行一体化的客观条件和物质基础。从后者来看，20世纪初期，欧洲统一的思想已经具体化为欧洲的联合。二战之后，面对战争造成的空前灾难，欧洲政治家们认识到，要避免战争、消除国家间敌视、实现真正和平，最好的方法就是实现欧洲联合。这一时期关于欧洲联合的主张在欧洲各国获得广泛传播并且日益深入人心。

二战的深刻打击及引起的反思，各国的普遍衰落，与美苏两极的巨大反差，受制于人、充当美苏冷战最前线的尴尬与不满，加之欧洲联合思想的日益成熟和传播，消除欧洲国家间的仇视、避免战争、寻求发展的迫切愿望，种种因素都使西欧国家再次思考联合图强的可行性。建立在上述因素基础上的战后欧洲联合，具有比较坚实的基础。从20世纪50年代开始，随着西欧各国经济逐渐恢复发展，各国谋求一体化的进程加快。1952年《欧洲煤钢联营条约》生效后，在互相受益的基础上，西欧六国加大了一体化措施的力度。1957年六国在罗马签订《建立欧洲经济共同体条约》和《建立欧洲原子能共同体条约》，这就是《罗马条约》，标志着西欧六国结成紧密的经济联盟，欧洲一体化进入了实质性的阶段。1965年六国又签订《布鲁塞尔条约》，把煤钢共同体、原子能共同体和经济共同体合并为一，称"欧洲共同体"。欧共体成为一个超国家性质的区域组织。内部边界的取消，极大地方便了人员、货物、资金和服务在欧共体内部的自由流动，为欧共体的发展创造了良好条件。欧共体成立之后，其外部边界数次扩大。1992 年，欧共体 12 个成员国在荷兰马斯特里赫特签订了《欧洲联盟条约》，建立"更为紧密的国家联盟"。这样，欧洲一体化运动从欧共体进入了欧盟阶段。[①] 从经济领域的主权转移入手逐步推进欧洲联合，半个世纪以来，欧洲一体化路线被证明卓有成效。

（三）一体化实践对国家观念和主权理论的挑战

近代欧洲作为国际关系体系和现代化的发源地，为世界提供了国际关系中国家的基本行为模式和主权理论。二战之后的欧洲则率先开始探索建立区域国家共同体的模式。它以自身的发展向世界展示了一种着眼于长远稳定发展、多国合作趋同的制度和政策构想，为区域化的发展提供了一种选择参照。[②]

国际关系的现实是以主权国家的存在为前提的。主权国家是国际体系的基本组成单元。国家主权的原则是现代国际关系的根本原则，是国际秩序运作的基础。随着战后全球化进程的迅速推进，主权这一国际关系中最敏感的问题开始被摆到了国际政治的最前台，国家观念和主权理论面临着挑战。欧洲一体化是起步最早也是最成功的区域一体化实践，国家主权的部分

① 2004 年 5 月 1 日，欧盟第五次东扩。它正式接纳波兰、匈牙利、捷克、斯洛伐克、斯洛文尼亚、爱沙尼亚、拉脱维亚、立陶宛、塞浦路斯和马耳他 10 个中东欧国家成为欧盟的成员国，这就形成了一个地跨东西欧 25 国、拥有 450 万平方公里领土和 4.5 亿人口的新联盟。这一轮的欧盟东扩深远地改变了欧洲的政治地图。欧盟吸收了大批原华沙条约组织的成员国加入，结束了冷战以来欧洲长期分裂的局面。欧盟的边界已经向东扩展到了乌克兰和俄罗斯的边界，这就等于在和平情况下实现了 450 万平方公里的疆界统一。

② 《中国对欧盟政策研究报告》，《现代国际关系》2001 年第 8 期，第 1—9 页。

让渡在欧盟国家体现得最为明显。欧盟国家经济主权的让渡发生较早，建立关税同盟、海关监管职能公共化、制定共同农业政策、建立统一货币体系，特别是欧元的发行与流通，推动了成员国经济主权向超国家性质的联盟机构的让渡。欧盟成员国外交与政治方面的主权也发生了让渡，《马斯特里赫特条约》生效之后，成员国原来外交事务上的一般合作被提升到共同外交与安全政策的高度，争取在国际上"用一个声音说话"。各成员国司法与民政事务方面也发生了类似的部分主权转移。一体化的程度越高，就意味着各国的国家主权向外让渡的成分越多。正如西方学者指出，在欧洲的一体化实践中，主权国家政府的最高管辖权和主权国家间的平等、互不干涉内政原则都受到了挑战。①

可以确定的是，20 世纪以来欧洲一体化的发展实际上已经不可逆转。一体化的欧洲促使世人思考一系列的重大理论问题。如一体化实践所反映出的民族国家主权及其让渡问题、一体化是向国家主权的原则挑战还是向国家具体的职能职权挑战、欧盟是否具有超国家的权力来制约作为独立个体的各成员国、欧盟国家内部相互让渡部分主权现象对世界其他地区发展区域一体化而言是否具有普遍意义等无法回避的问题，已经切实摆在了人们的面前。需要指出的是，在全球化深入发展、各种矛盾与弊端丛生的当今世界，欧洲的一体化实践体现出来的区域国家共同治理无疑为实现全球治理提供了重要的借鉴。②

① William Wallace, "The Sharing of Sovereignty: the European Paradox", *Political Studies* (1999), XLVII, pp. 503—521.

② 关于国家的区域共同治理，参见陈玉刚：《国家与超国家——欧洲一体化理论比较研究》，上海人民出版社 2001 年版，第 367—372 页。

（四）西欧国家边界的弱化

边界表达出国家以自我为中心的观念。① 不过，在经过两次世界大战的打击和战后一体化的发展之后，西欧国家对军事入侵导致领土丧失的警惕性已经下降，转而更加看重各国在地域上的互利因素。西欧国家多为中小规模的国家，虽然在经济上比较发达，但是地域狭小、空间有限，这实际上对各国进一步的发展造成了障碍。欧洲的一体化实践打破了各国国家边界的地理界线，为资本的流通和市场的扩大铺平了道路。欧洲联盟的宗旨就是通过建立无内部边界的空间，加强经济、社会的协调发展和建立最终实行统一货币的经济货币联盟，促进成员国经济和社会的均衡发展。因此，虽然地缘政治和领土范畴在西欧国家关系中仍然发挥作用，但是这些因素在国家政治和经济发展中的地位已经有下降的趋势。

边界弱化在西欧国家体现得最为明显。从边界的法律功能来看，西欧的边界在维护国家主权和防止外敌入侵等方面的作用已经显著减弱。从税收功能和管制功能来看，西欧国家通过相互开放边界以消除贸易壁垒，实现经济一体化，相应地这两种功能也在逐步消亡。西欧国家的边界情况一般比较稳定，甚至可以说是世界上国家间领土争议最少的地区。1975 年，西欧国家在边界问题上达成了不改变现状的原则共识。随着一体化进程的不断深入，1985 年 6 月 4 日，七个欧共体国家签署了《申根公约》，该公约于 1995 年 7 月正式全面生效，申根公约的成员国亦称"申根国家"或者"申根公约国"，成员国的整体又称"申根区"。公约签订以后，不断有新的国家加入。《申根公约》的目的是取

---

① Daniel Nordman, Frontieres de France. De l'espace au territoire XVIe – XIXe siecle, Gallimard, Bibliotheque des histoires.

消成员国相互之间的边境检查点，并协调对申根区之外的边境控制。也就是说，持有任何成员国的有效身份证或者签证的人可以在所有成员国境内自由流动。1991年，西欧12国在《马斯特里赫特条约》的基础上实现了边界开放，实现人员和资本的自由流动，创造了一种新形态的国家边界。随着欧盟的发展，各成员国之间的边界线已经模糊不清。例如在欧洲的高速公路上行驶，一不小心就会连跨几国国界。能够提醒人们进入另一国的标志只有现已作废的边检站和立在路旁的界碑。即使是在瑞士这样的非申根国家，边界关卡往往形同虚设。有些地方甚至只有关卡而没有驻守的边防警察。

半个世纪以来，欧洲联合的历史实际上就是一部欧洲民族国家寻求利益最佳结合点的历史。尽管发生在西欧地区的边界开放现象对世界其他地区发展区域一体化而言，是否具有普遍意义，目前还没有确切的答案，但是这个问题已经切实摆在了人们的面前。

小　结

国家边疆的观念和理论随着国家安全利益和经济利益的扩展而演变。冷战期间，世界上大多数国家的存在和发展都基本局限于本国本土的疆域之内。维护国家边疆安全的目的是为了更有效地维护国家的利益和保卫国家主权。

冷战期间国际关系的现实说明，单纯追求领土兼并以扩张国家利益已经没有多少实质上的意义了。我们在对冷战期间的边疆问题进行考察时，可以发现人们日益从多角度的视野来思考边疆问题，地理环境决定论的色彩有所消退。旧有的边疆内外对立与冲突的逻辑开始减弱，相互合作谋求利益的成分增多。而且，国际实践体现出来的保护人类共同继承财产、维护人类共同利益、考虑发展中国家利益及要求等原则，彰显了人类历史的进步性。总之，冷战期间的边疆观念和理论被时代赋予新的内容，其发展是人类社会生产力提高和世界形势变化的结果。

在过去几个世纪，直到冷战终结之前，领土、主权和国家的统一性，已经逐渐被国际社会所接受。冷战终结之后，全球化的不断发展，不可避免地对现代主权国家在国际体系中的地位和作用提出挑战，同时也使建立在现代领土和国家主权基础上的边疆观念和理论面临新的冲击。

第四章 冷战后边疆学理论
面临的冲击和挑战

第一节 从地理边疆到"利益边疆"

一 美国单边霸权主义

当代国际政治生活的一个重要现象，是美国的世界霸权。冷战结束后，这个问题日渐突现出来。美国成为世界上唯一的超级大国，它凭借着雄厚的经济实力极力谋求世界霸权，两极格局的终结成为美国世界政治霸权的起点。但是，这并不是说美国争霸世界只是在这里才开始，而只是说这是在新的历史条件下，可清楚地看到美国世界霸权的新的崛起。

美国所奉行的"单边霸权主义"不是指单干，而是指在国际事务中，不与任何国家进行多边协商，而由美国自己独断专行来解决问题。1992 年，《纽约时报》发表了美国国防部《防务计划制导》的内容摘要。这份文件提出，美国防务战略的主要任务，就是防止重新出现一个像苏联那样，能够向美国全球战略提出挑战的竞争对手。为了防止任何一个敌对的大国，将一个地区置于自己的控制之下，美国应该摒弃联合国之类的集体主义，而是在必要时利用选择好的联盟采取行动，同时准备好单独采取行动。在面临"大规模杀伤性武器扩散"的时候，美国可以采取先发制人的打击。当然，"单边主义"并不是美国对外政策的唯一选择。90年代中期以来美国的《国家安全战略报告》曾说：当美国直接的国家利益面临最大危险时，美国将愿意采取单方面的行动，当我们的利益与别人共有时，我们可以建立联盟或伙伴关系；当我们的利益更加普遍，其问题得到国际社会最大关注时，则采取多边行动。但是，这并不是说美国放弃了"单边行动"。美国的"多边行动"仅仅是一种形式，正如一些美国学者所认为的那样，美国式的"多边主义"，只不过是在单边主义的铁拳外，套上一幅多边主义的丝绒手套而已。

东欧剧变、苏联解体之后，美国极力要把对它们的优势扩展到全世界即是这样。在20世纪90年代以来的海湾战争、干涉索马里、干涉克罗地亚和波斯尼亚、轰炸塞尔维亚，以及科索沃战争，退出《反弹道导弹条约》、《京都议定书》、《全面禁止核试验条约》、《国际犯罪法庭公约》；任意违背国际贸易规范，提高钢铁进口税，扩大其本国农业补贴政策和出口补贴；在全球军事扩张，驻军中亚，再度在菲律宾修建基地，对以巴问题表现强过以往的殖民主义，提出"邪恶轴心"概念，发动伊拉克战争等，就是"单边主义"的具体表现。"9·11"事件后不久，2001年9月20日，布什总统在美国国会参众两院联席会议上发表讲演时说："世界各个地区的每个国家，你们现在处在一个抉择的时刻，你们要么和我们站在一起，要么和恐怖分子同流合污。从今天开始，美国将把任何继续庇护和支持恐怖主义的国家看作是敌对国家。"这既是美国在全球范围内向恐怖主义宣战，也是对独立主权国家的威胁。

近代以来的世界历史表明，每当国际战略格局出现大的动荡、分化、改组之际，一些国家的边疆视野则会同时发生新的变化。冷战结束后，各国人民都希望建立一个多极化的世界，反对一国主导和霸权。而此时的美国自视是无所匹敌的世界单极，极大地刺激了它的扩张欲望。在全球化的背景下，美国为实现其国家利益，凭借自身强大的经济、军事实力，建立并不断拓展争霸世界的"战略边疆"。雅尔塔体系瓦解为国际政治走向多极化开辟了现实的道路，这是第二次世界大战结束后，国际政治体系合乎逻辑的发展结果。但是，美国却极力要充当"世界领袖"，建立自己一统天下的单极世界。美国继续以冷战思维构建21世纪"世界新秩序"的蓝图，推行世界霸权主义和强权政策。1996年，克林顿在《希望与历史之间——迎接21世纪对美国的挑战》中强调美国是"国家社区的领导者"，"作为一个国家、一个民族，我们的福祉、我们的力量都依赖于保持我们在国际上的领导地位"，而且不允许任何国家和国家集团对美国的"领导作用"提出挑战。①

美国认为，延续近半个世纪的冷战是以美国作为"胜利者"结束的，因此冷战后的国际政治秩序如何安排，应由"胜利者"美国说了算，那就是确立美国在全世界的领导地位。第一次世界大战、第二次世界大战结束时，在进行新的国际政治秩序的安排时，确实体现了胜利者的意志和愿望，那是由当时具体的社会历史条件决定的，于是有了"凡尔赛体系"和"雅尔塔体系"，美国援引旧例企图使历史重演，显然是在变动中的世界犯了愚蠢的错误，且不说东欧剧变、苏联解体导致冷战结束与人类历史上的两次世界大战不可类比，仅就冷战结束后的国际形势来看，也非昔日可以相比。在全球化的背景下，多极化的世界格局反映了世界权利的民主化，是时代的产物，是历史发展的必然趋势。与之相适应，国际关系民主化的呼声也不断高涨，所有这一切都表

---

① ［美］克林顿著，金灿荣等译：《希望与历史之间——迎接21世纪对美国的挑战》，海南出版社1997年版，第102页。

明，由少数国家决定国际政治格局的时代已经一去不返。一个平等、民主的新的国际秩序，应该通过世界各国的共同努力来建立，美国逆历史潮流而动，企图建立单极性的国际新秩序是注定要失败的，因为这种"新秩序"比冷战结束前的"旧秩序"会给世界各国人民带来更大的危害，必将被世界各国人民所摒弃。

冷战结束后，如何在全球化的背景下建立新的国际体系，成为世纪之交世界各国所关注的热点。由于现实国际政治发展所提出的问题是空前的复杂和深刻，所以这方面涉及的问题很多，但究其实质，无非是在对世界政治秩序的模式进行新的定位时，"单极"和"多极"之分。美国所谓"世界领袖"、"领导地位"的实质，是建立以其为主导的单极霸权体制，谋求全球霸权。福山的《历史的终结》、布热津斯基的《大棋局》，以及亨廷顿《文明的冲突与世界秩序的重建》等著作中，都为美国建立单极的国际政治秩序进行了理论论述。

日裔美国学者福山在《历史的终结》提出，东欧剧变和苏联瓦解表明历史已经终结了。在他看来，近一百年来，人类的历史是在资本主义和共产主义之间的斗争之中发展的，现在资本主义终于战胜了共产主义，资本主义已经没有了对手，所以历史就终结了。新的历史自然是资本主义全面胜利的历史，新的世纪则是美国的世纪。布热津斯基曾任美国总统安全顾问，《大棋局》一书的副标题是"美国的首要地位及其地缘战略"，他认为美国是世界上唯一的超级大国，不仅表现在军事上、经济上、科学技术上，而且美国文化在全世界也具有"吸引力"。美国的霸权是一种"新型的霸权"，它是"通向全球至高无上的地位的捷径"。为了永远保持这种霸权，美国必须建立符合它自身利益的国际秩序。欧亚大陆是"争夺全球首要地位"的大棋盘，美国不允许在这个地区出现"全球性的大国"，正如布热津斯基着重强调的那样，美国在建立"全球大家庭"时,"在欧亚大陆上不出现能够统治欧亚大陆从而也能够对美国进行挑战的挑战者,也是绝对必要的"。① 《大棋局》明确地表述了冷战后美国称霸世界的愿望,该书1997年问世后立即风靡美国和西方,哈德森学院国家安全研究室主任、退休中将奥登认为,《大棋局》对认为美国应起领导作用但不知如何领导的人,该书的观点既实用又令人信服;对执掌美国决策大权的人,该书是必读的参考书。哈佛大学教授亨廷顿说,这是一本我们盼望已久的好书,他以锐利的目光和坚实的思维,权威地阐述了美国在冷战后的世界上的战略利益……是具有俾斯麦伟大的战略传统思想的体现。亨廷顿与布热津斯基的思想一脉相承。早在1993年,他即在《国际首要地位为什么重要》(《国际安全》1993年春季号)一文中写道:比起一个美国在决定全球事务方面继续拥有比其他任何国家更大的影响的世界来,一个美国不占首要地位的世界将是一个更加充满暴力、更为混乱、更少民主和经济增长更困难的世界。维持美国在国际上的首要地位是保障美国人的繁荣和安全的关键,也是保障自由、民主、开放经济和国际秩序在这个世界上继续存在下去的关键。

1999年,曾任美国国家安全计划主任的理查德·哈斯在《规制主义——冷战后的美国全球新战略》中写道:冷战后在不均衡状态的世界中,美国不仅在军事上,而且在政治和经济上都享有第一的地位。美国对外政策的目的就是保持相对优势,寻求延长单极时期并使其成为一个时代。他还援引美国国防部《五角大楼公报》的内容来说明这一点。该文件提出,我们的首要目的是防止在前苏联的领土或别的地方上出现新的对手,并防止

---

① [美]布热津斯基著,中国国际问题研究所译:《大棋局——美国的首要地位及其地缘战略》,上海人民出版社1998年版,第3—4页。

它们以盛气凌人的姿态构成威胁……现在我们的战略必须主要阻止未来任何潜在的全球性竞争者的出现。①

全球化与某些西方资产阶级学者所说的"一体化"并不是一个概念，前者是经济发展的客观规律，是一种过程和趋势，而后者是以美国为首的某些西方发达国家的一种霸权主义表露。所谓"全球一体化"不过是"全球美国化"，或"可口可乐化"，美国企图以武力威慑或攻击，以掌控的WTO、世界银行和国际货币基金组织为诱饵，以民主、人权和各种制裁相威胁，迫使各国服从美国的指挥棒。美国凭借其军事、技术优势，极力建立以其为中心的"全球体系"，即建立美国主导国际政治秩序的单极世界。美国为了推行其建立单极世界的全球战略，把它2000年度的军费增加到比英、法、德、日、俄、中六国军费总和还多1.5倍。2002年，美国的军事预算是3290亿美元，比上一年增加10%，后又追加了480亿美元，这个数字远远超过排名后面的9个国家军事预算的总和。

美国强化北约军事集团，加速北约东扩，披着"自由、和平、民主"的外衣，提出荒谬的"新干涉主义"理论，随意对其他国家和地区事务指手画脚，甚至以兵相见。1999年，美国无视国际法准则，撇开联合国，率领北约盟国悍然发动科索沃战争，在所谓"人权高于主权"的旗号下，在巴尔干实验"北约新概念"，悍然轰炸南联盟长达78天，肆意屠杀无辜平民，在当代国际关系史上，开创了以武力干涉他国内政的恶劣先例。美国还把亚太当作未来的战场，美军战略重点正在从欧洲向亚太地区转移。2001年3月，新上任的美国国防部长拉姆斯菲尔德向

---

① ［美］理查德·哈斯著，陈遥遥、荣凌译：《规制主义——冷战后的美国全球新战略》，新华出版社1999年版，第46—47页。

布什总统递交的一份报告中明确地表示了这一点。他同时还认为，"中国将取代俄罗斯成为未来美国最主要潜在的敌人"，未来"来自中国的威胁可能会进一步的加强"。美国对亚太地区的工作重点是强化冷战时期在该地区成立起来的，但冷战结束后，美国并未因此而降低在该地区的军事存在。相反，美国有计划地增强其在亚太地区的军力。2000 年 8 月，美国在关岛部署了 64 枚 AGM—86 空射巡航导弹。美国防部长科恩 9 月 19 日访问韩国时表示，"削减亚太美军的因素完全不存在"，"美国在 2005 年以前将继续在亚太地区维持 10 万兵力规模"。10 月底，美国海军高级官员称，美国正考虑将 3 艘"洛杉矶"级核动力潜艇从珍珠港部署到离东亚更近的关岛。11 月 9 日，美国陆军宣布将一批 CH—60 重型运输直升机部署到关岛；11 月 27 日，美海军宣布将在关岛和印度洋的迪戈加西亚岛建立 4 个战略轰炸机海外中继站，供 B—52、B—2 等战略轰炸机起降。

　　关岛位于西太平洋马里亚纳群岛的最南端，是距离中国最近的美国海外军事基地。美国在关岛布重兵，把中国当成"头号敌人"，是美国反华势力鼓吹"中国威胁论"的恶性膨胀。1997 年美国《时代》周刊前驻北京记者理查德·伯恩斯坦等人著《即将到来的美中冲突》，在政治、经济、军事、外交等领域极尽丑化、妖魔化中国之能事，诬蔑"中国是一个未得到满足的、雄心勃勃的大国"，"正在崛起的亚洲霸主"，正在"取代美国在亚洲占统治的地位"，中国不可能成为美国的战略朋友，而是"长期的对手"，因此可以断言，"同中国的激烈冲突是不可避免的"。① 类似上述"中国威胁论"的著述在美国连篇累牍，这完

① ［美］理查德·伯恩斯坦等著，隋丽君等译：《即将到来的美中冲突》，新华出版社 1997 年版，第 2、14 页。

全是一个不存在的问题，一个毫无根据的命题。但是人们从中不难看出美国继续冷战思维，企图称霸世界的外交战略的本质。在美国看来，"中国龙"应该永远沉睡，中国应该永远落后，将中国的发展纳入世界"美国化"的框架之内，中国龙一旦觉醒，中国一旦崛起就会对美国和世界造成威胁。实际上，一个稳定、强大、繁荣、开放的中国是对人类文明的重大贡献，是与美国正当的国家利益并行不悖的。即使将来中国发展壮大了，中国的军事力量也永远是防御性的，中国的社会性质和基本国家利益，以及中国的文化传统和民族特性都不允许中国走对外军事扩张的道路。

美国还加速发展高科技武器，加紧研制和部署国家导弹防御系统和战区导弹防御系统，企图修改 1972 年美苏签署的《反弹道导弹条约》，严重威胁着世界战略稳定的基础。2001 年 5 月 1 日，美国总统布什在国防大学发表讲话，宣布美国将突破美苏签订的《反弹道导弹条约》，建立国家导弹防御系统和全球导弹防御系统，被一些人认为是新的"星球大战"计划开始实施。5 月 8 日，美国国防部长拉姆斯菲尔德宣布太空武器研制项目正式启动。布什的"新星球大战"计划与 1983 年里根提出的"星球大战"计划相比，规模更加庞大，远远超出了里根当年的设想。完成这个计划大约要用 10 年的时间，每年至少要投入 80 亿到 100 亿美元。这个计划加快了美国在全球称霸的步伐，是对现存的国际安全体系公开的挑战和破坏，在国内外招致一片反对。法国国民议会国防委员会主席保罗·吉乐斯认为这个计划是美国人对绝对安全的幻想。美国这是在拉大美俄之间军事力量的差距，打乱业已存在的世界战略格局，使美国"世界超级强国"地位进一步加强，从而削弱欧洲的地位。布什声称这个计划是为了对付"流氓国家"的导弹袭击，但美国国内一些舆论认为它首先是针对中国的。美国政府认为，正在崛起的中国是对美国在世界的领导地位的主要威胁。俄罗斯则采取了组建隶属于总参谋部的导弹航空兵等积极的应对措施。俄国表示，如果需要，俄国完全可以重新启动当年对付里根"星球大战"的 3 套计划，俄军有能力在美国的眼皮底下发射导弹。俄国决不会将自己在太空的位置让给美国。针对美国在维护世界和平的旗号下推行霸权主义强权政治，俄总统普京 2001 年 5 月 9 日在纪念反法西斯胜利日时指出：没有人可以独自建一个更加安全的世界，更不可能建立破坏他人利益的世界。

1997 年，美国政府发表了《2010 年设想》的文件，就美国近年如何在军事技术、军事装备、军事战略战术、后勤供给等方面进一步实现现代化，进行了周密的部署。为了实现美国的全球战略目标，美军费开支始终居高不下，美总统克林顿在 1999 年初宣布，在 2000 年到 2005 年期间，美国的防务预算将计划增加 1000 亿美元。2001 年 1 月，美国国防部长代表政府向总统和美国国会提交《国防报告》时表示，为保护美国全球利益，显示决心和确保发挥其全球领导者的作用，美军必须继续拥有超过地区性国家军事力量的能力。这表明，美国一意孤行，要继续扮演"全球领导者"的角色，今后还要在推行强权政治、霸权主义的道路上走下去。但是，美国想要建立单极世界的企图遭到世界上大多数国家的抵制。中国、俄罗斯明确反对建立单极世界，并积极地通过实际的努力，推动世界格局朝多极化的方向发展，即使是美国的一些西方盟国也以不同的方式表示，反对美国独霸的单极世界，主张世界多极化。近年，世界政治力量多元化的形成和多元力量的不断增强，制约了美国称霸世界的企图，避免了美国作为一个超级大国全面支配世界的局面。世界格局的多极化进程符合各国人民的利益，是不可逆转的历史趋势。

二　新美利坚帝国

2001 年 "9·11" 事件后，美国政界一种有影响的观点认为，"9·11" 事件不会削弱美国的实力，因为美国可借此机会在全球 "反恐"，实现 "美国霸权治下的和平"，甚至建立 "新美利坚帝国"。他们宣扬美国在世界的霸主地位是 "世界和平的基石"。美国只有通过追求和巩固超强实力，才能实现国家安全和世界稳定。冷战后极力鼓吹美国单极世界霸权的查尔斯·克劳瑟默和威廉·沃尔弗斯等撰文宣扬，美国已经由 "单极时刻" 进入 "单极时代"。"9·11" 事件还表明，美国现实和未来，面临着多方面的安全问题和潜在冲突，美国应强化强权政策，即通过 "新帝国主义" 的政策来应对这些问题，似乎只有新帝国主义才能拯救世界，保证美国的国家利益不受侵犯。这样，在 "9·11" 后的美国，"霸权" 或 "帝国" 不再是贬义词。有人甚至说，一种 "新帝国主义" 正在形成之中。"布什领导下的新帝国" 正在形成，"新帝国主义" 正逐渐成为美国战略思想和外交政策的主流。

新帝国主义，是传统帝国主义在新的历史时期的新发展，即全球化背景下或全球化时代的帝国主义。新帝国主义和经济全球化、金融全球化和传媒全球化等联系在一起。西方发达资本主义国家通过宣扬全球化意识形态，完全无视国家主权的客观存在，凭借其强大的经济实力，极力将其生活方式、政治理念和价值观念等推向发展中国家。新帝国主义的重要特征之一，就是以全球化时代的 "国家主权已经过时" 为名，通过发动 "反恐战争"，公开谋求世界霸权。

2002 年 4 月 7 日，英国首相的外交政策顾问罗伯特·库珀在英国《观察家报》发表《我们为什么仍然需要帝国主义》，较早明确提出"新帝国"和"新帝国主义"理论。在库珀看来，当今世界由三类国家群体组成：第一类是由索马里和阿富汗等前殖民地国家组成的"前现代国家"；第二类是前殖民地宗主国，即欧美发达资本主义国家组成的"后帝国和后现代国家"；第三类是由中国、印度和巴基斯坦等国组成的"传统的现代国家"。库珀认为，由前殖民地构成的"前现代国家"是导致当今世界动乱和威胁的重要根源。他主张后帝国和后现代国家集团为维护切身利益，应采取类似19世纪帝国主义的政策，包括新殖民化等手段，对外输出民主、稳定和自由。库珀认为"新帝国主义"可有多种形式，如将欧洲的联合归结为"自愿帝国主义"；把国际货币基金组织和世界银行称之为"自愿的全球经济帝国主义"，还把北约对巴尔干地区的武装干涉称为"邻国帝国主义"等。除罗伯特·库珀外，美国总统国家安全事务助理康多利扎·赖斯2002年4月15日在霍普金斯大学国际关系学院发表讲话时，把世界上的国家分为4种，提出对第三类的"流氓国家"要进行打击，对第四类的"失败国家"要实行国际治理。此后不久，美国总统乔治·W·布什2002年6月1日在西点军校讲话，明确提出在国际政治生活中"先发制人"的观点。他说：反恐战争要取得胜利，"不能靠防卫赢得。我们必须对敌人发起进攻，破坏他们的计划并防患于未然地消灭最严重的威胁。在我们所处的这个世界里，只有通过行动才能获得安全。而美国将采取行动……准备在必要时采取先发制人的行动，保卫我们的自由和生命"。3个月后，《美国国家安全报告》发表，不仅是美国总统，而是由美国政府正式提出"先发制人"的观点。《报告》中说："我们眼下的重点将使那些具有全球影响的恐怖组织，以及任何试图获得或利用大规模杀伤性武器及其初级形式的恐怖分子，或支持恐怖主义的国家赶在威胁到达我们边界之前将其查明和摧毁，保护美国、美国人民以及我们国内外的利益。尽管美国将不懈地争取国际社会的支持，必要时我们仍会毫不犹豫地单独行动，通过先发制人打击这样的恐怖分子，防止他们伤害我们的人民和国家。"

这一切都被视作是"新帝国主义"理论的重要组成部分。总之，美国理论家的一种主流观点认为，对恐怖主义的回答是殖民主义；对"恐怖国家"进行军事征服和军事占领，是美国理所当然的"政治责任"。这些鼓吹"新帝国主义"的理论，已经并继续导致国际局势的紧张，以至一些西方的理论家都认为，"自从20世纪30年代以来，西方走向荒谬的野蛮主义的威胁，从来没有像今天这么大"。[1]

2001年"9·11"事件发生后，在美国出现"新帝国论"的思潮并非偶然。一方面，冷战结束后，美国作为唯一的超级大国，拥有的雄厚的经济实力，这是"帝国"所不可缺少的坚实的物质基础，一些后现代派学者强调，美国经济、科技、军事实力超群，已经是一个与众不同的后现代国家，"自从罗马帝国以来，还没有一个国家像美国这样拥有远远超过其他国家的实力"；[2] 另一方面，美国欲充当"世界领袖"的帝国潜意识在特定的历史条件下急剧膨胀，如1991年的波斯湾战争、1999年对南联盟的轰炸、2002年的阿富汗战争，以及2003年的伊拉克战争等，就是这种急剧膨胀的具体表现。"9·11"事件的发生，使现存的世界政治和经济秩序发生重大变化，对人们的生活方式、思维方式、宗教信仰、意识形态和社会心理等方面，产生了

---

[1]　Martin Jacques, "The New Barbarism", *The Guardian*, May 9, 2002.

[2]　[美] 约瑟夫·奈著，郑志国等译：《美国霸权的困惑——为什么美国不能独断专行》，世界知识出版社2002年版，第1页。

深刻的影响。正是在世界历史进程发生重大转折之际，"新帝国论"者强调：强大无比的美国已是历史上曾经出现过的"罗马帝国"、大英帝国或法兰西帝国，通过非领土占有建立一个新式的美利坚帝国是完全可行的。所谓"新式"，指它不像"旧帝国"那样靠武力建立海外殖民地，在该地区直接实行殖民统治。美国海外所采取的武装行动，不仅仅是为了维护美国的国家利益，而且还是为世界各个国家的人民"谋求幸福"；在"维持世界和平"的同时，促进世界各国家和民族的"自由、民主、人权和繁荣"。

需要指出的是，美国盛行的"新帝国论"是指美国新保守派所宣扬的"新帝国论"，它虽然与库珀的"新帝国论"存有共同之处，都主张对"前现代国家"和"传统现代国家"实行毫不留情的斗争，包括实行暴力打击，但两者之间还是有区别的，不可混为一谈。美国的"新帝国论"完全从维护美国的国家利益出发，主张美国要凭借冷战后经济、政治、军事、科技、文化和教育诸方面的实力优势，用美国的价值观来改造世界，建立一种全新的、体现美国垄断资产阶级意志的世界秩序，使21世纪成为又一个"美国世纪"。一些"新帝国论"的支持者表示："目前国际体系中的一大特征是美国同时在所有领域都占据着统治地位。在主权国家体系中从来没有一个国家拥有如此程度的统治地位。"[1] 所以美国应实施单边主义的、先发制人的全球战略，建立美国的"单极世界霸权"，"发挥帝国的作用，担负其帝国的重任"。[2] 不难看出，美国与多边协调解决国际安全问题的历

---

① Stephen G. Brooks and William C. Wohlfoith, "American Primacy in Perspective", *Foreign Affairs*, July/August 2002.

② Martin Walker, "America's Virtual Empire", *World Policy Journal*, Summer 2002.

史潮流背道而驰，极力按照自己单边主义的设想建立"新美利坚帝国"。

　　克林顿时期的美国国务卿奥尔布赖特宣称：对付"无赖国家"是我们时代的巨大挑战之一，因为正如我常常描述的那样，它们在国际体系中的唯一目标就是摧毁这个体系。奥尔布赖特把世界上的国家分成4类：即"国际体系内的国家"、"过渡国家"、"失败国家"和"无赖国家"。朝鲜、伊朗、伊拉克、南斯拉夫、利比亚等国，均被列入美国的"无赖国家"名单之中。美国保守派"新帝国论"中所谓的"失败国家"就是奥尔布赖特所说的"无赖国家"，"新帝国论"认为它们是威胁美国国家安全的主要敌人，而不再是来自大国的挑战。继"无赖国家"、"被取缔的国家"、"叛逆国家"、"令人憎恶的国家"、"邪恶轴心"之后，美国又提出"失败国家理论"，这都是为推行美国霸权主义的强权政治提供理论依据，为日后的某一天对这些国家实施打击奠定了基础。"失败国家理论"作为新帝国主义的侵略工具，遭到广大发展中国家的反对，它们认为这一理论是对基本人权观念的公然挑衅，和德国法西斯的种族优劣论如出一辙。国家是民族和文化的集合体，"失败国家论"实质上也隐含着"失败民族论"和"失败文化论"。如果这一观念进一步泛滥，推而广之，发达国家内的一些贫困群体和弱势族群也会被归入"失败"一类，从而"没有存在的权利"。这显然是对基本人权观念和对"人生而平等"之原则的公然践踏。

　　美国政府的《美国国家安全战略》报告认为，美国现实面临的最严重的危险"在于极端主义和技术的结合"，"来自衰败的国家"。① 在"新帝国论"理论家看来，"失败国家"（或"失

---

　　① 《美国国家安全战略》报告，参见美国白宫网站 http//www. whitehouse. gov/nsc/nss. html。

败民族"、"失败国家群体") 主要指亚洲、非洲、南美一些民族国家。在这些国家中，人口急剧增长、艾滋病的迅速而广泛地传播、国家政治、经济和文化生活诸领域全面崩溃和失控。这些国家存在着广泛的、无从治理的腐败；因法制不健全，军阀势力膨胀和日益加重的贫穷和混乱，已经无法继续实现国家的职能，成为贩毒、走私、非法移民的孳生地以及极端恐怖主义的庇护所，从而形成了对美国安全日益增长的威胁。因此，这些国家已经失去了继续存在的权利。国际社会或某个国家应该对它们进行干预，直至推翻这个政府。在那些"失败国家的威胁"面前，美国政府认为传统的手段已经无效，例如通过多种形式的外交努力"维持和平"；及时提供经济援助，解决贫穷国家的燃眉之急；甚至动用武力威慑等。在这种情况下，美国必须采用新的手段，即以"先发制人"理论为核心内容的"新帝国主义"的手段来解决问题。而这一切的前提，是利用美国的优势地位建立起美国占据绝对主导地位的单极霸权世界，抑制其他国家试图谋求霸权的挑战倾向。[①]

2003 年 8 月，即"9·11"事件一周年前夕，美国乔治敦大学教授约翰·伊肯伯里在《美国的帝国野心》中，对美国盛行的"新帝国论"进行了剖析和总结。伊肯伯里指出，"新帝国论"并非是一种空洞的理论，或仅仅是学者的空论，而是在美国"正在形成的一种新的大战略"，"推行这一新战略不仅是对恐怖主义的直接反应，而且它还提出了美国应该如何行使权力来组织世界秩序的各种观点"。[②] 伊肯伯里从 7 个方面总结了作为

---

①　Stephen G. Brooks and William C. Wohlfoith, "*American Primacy in Perspective*", Foreign Affairs, July/August 2002.

②　G. John Ikenberry, "*America's Imperial Ambition*", Foreign Affairs, September/October 2002.

一种战略的"新帝国"的特点：第一，致力于维持美国的单极霸权世界，在这个单极世界中美国没有任何竞争对手；第二，对全球性的威胁以及如何应对这些威胁做出全新的分析；第三，冷战时期的威慑思想已经过时，先发制人去进攻是唯一有效的消灭威胁的办法；第四，重新确定"主权"的含义，因为恐怖分子没有主权的约束，因此，美国也不能受主权的约束，因此可以在任何地方先发制人；第五，无视现存的国际准则、条约和安全合作关系，认为各种多边合作机制是对恐怖分子做出迅速反应和打击的制约因素；第六，在反对恐怖威胁方面，由于其他国家和联盟无力做出反应，所以美国在这方面需要发挥直接和不受任何约束的作用；第七，无视国际稳定的价值，认为美国传统的现实主义和自由主义战略已无法解决美国当前面临的安全问题。[1]伊肯伯里较全面地概述了"新帝国论"的基本内容。

三　利益边疆

边疆是历史的产物，属于一定的历史范畴。在不同的历史时代有不同的边疆观，边疆理念与国家经济发展的现实需求相适应，也表现出不同的特点。在自然经济条件下，国家对于自身利益的认识建立在地理概念基础之上。农业社会中的国家发展，大都以自然边疆为基础；而在工业社会，人类大范围频繁交往逐渐形成一种制度和潮流，自工业革命以来，人类社会在物质生产方式、生活方式、思维方式和行为方式和交往方式，和农业社会相比都发生了质的变化，国家利益迅速向更大的地缘"势力范围"延伸，在其直接影响下，国家的战略控制线往往会超越边界，例

---

[1]　G. John Ikenberry, "*America's Imperial Ambition*", Foreign Affairs, September/October 2002.

如 19 世纪下半叶西方列强在全球范围内抢占"势力范围";冷战期间,美苏争夺地缘政治优势等。但是,直至 20 世纪 80 年代末,大多数国家的生存与发展利益仍基本局限于本土疆域之内,军事战略普遍奠基于地理边疆之上。如果说"利益边疆"产生的根本原因,在于使国家的利益已不仅仅在自己所属的国家范围内存在,那么经济全球化则进一步强化了这一点,导致以国家利益拓展线划界的"利益边疆"概念出现。它对人类社会生活已经产生和继续产生深刻的影响。

全球化使国家利益开始突破本土地理疆界向全球拓展,各个国家的利益,首先是经济利益,日趋在更深刻、更广阔的层面上融入世界,国内和国外的经济利益更加紧密地联系在一起。这样,边疆观必须依据国家安全利益和经济利益的扩展而演进。利益边疆和战略边疆相对于传统意义的领土边疆而言。领土边疆是国际法公认的主权国家行使对内最高管辖权的地域界限。这条地域界限往往以边界线的形式表现出来。边界线内外有着绝对的、原则的区别。而利益边疆则没有明确的地域指向性,它突出的表现形态之一是地域的不确定性,有时利益边疆和领土边疆的内容相同;但有时也不同,经常表现出某种非地域性特征,因为利益边疆既包括国内利益,也包括该国的国际利益,更多地表现出无形性特点,它是领土边疆概念的放大和转化。它远远大于领土边疆。西方军事理论家一种有代表性的理论认为,要保证国家的安全,必须使自身的"利益边疆"远远大于"地理边疆"。冷战时期,美苏对中东欧国家及一大批"中间地带国家"进行争夺,以及冷战后,美国加强对欧亚大陆的控制,北约不断东扩,极力把俄罗斯挤出传统势力范围,都是从这一理论出发的。

20 世纪 80 年代中期,美苏等大国从维护自身利益的需要出发确定战略控制范围,首先使用了"利益边疆"概念,全球化则进一步催生了利益边疆，使国家主权的内涵已经发生、并继续发生深刻的变化，虽然我们强调的国家主权是国家所具有的对内最高的、对外独立的权力这一基本原则没有改变。全球化时代国家的边疆是多义的、弹性的，或者说全球化时代是多边疆的时代，总之，"利益边疆"的存在已是事实，并成为全球化时代维护国家主权和制定国家战略的重要基点，因而有时也被称为"战略边疆"。国家利益与利益边疆、战略边疆是对同一内容从不同角度进行的认识和概括。如果说利益边疆回答的是国家利益的范围，战略边疆则是回答国家利益的战略要求。国家利益是主权国家制定内外发展战略的基本依据。在全球化时代，国家利益日益呈现全球化趋势，这样，维护国家主权有两方面的意义，一是维护领土边疆；另一是维护国家的利益边疆或战略边疆，只有清醒地认识到这一点，才能主动地应对西方大国利益边疆或战略边疆的拓展，积极反对各种形式的霸权主义，真正地做到维护国家的主权利益。

经济全球化是利益边疆产生和发展的不可或缺的基本条件。

马克思曾经指出："资产阶级除非对生产工具，从而对生产关系，从而对全部社会关系不断地进行革命，否则就不能生存下去。反之，原封不动地保持旧的生产方式，却是过去的一切工业阶级生存的首要条件。生产的不断变革，一切社会状况不停的动荡，永远的不安定和变动，这就是资产阶级时代不同于过去一切时代的地方。"这样，"资产阶级在它的不到一百年的阶级统治中所创造的生产力，比过去一切时代创造的全部生产力还要多、还要大。"① 资产阶级为了不断追求新的市场、原料和廉价劳动力，需要不断地开拓新的空间，其结果是跨越国家边界的全球性

---

① 《马克思恩格斯选集》第 1 卷，人民出版社 1995 年版，第 275、277 页。

市场经济形成。"资产阶级，由于开拓了世界市场，使一切国家的生产和消费都成为世界性的了。……旧的、靠国产品来满足的需要，被新的、要靠极其遥远的国家和地带的产品来满足的需要所代替了。过去那种地方的和民族的自给自足和闭关自守的状态，被各民族的各方面的互相往来和各方面的互相依赖所代替了。"① 马克思主义经典作家在一个半世纪以前所预见的资本主义生产力的迅速发展，以及世界性社会关系的建立，今天都已经成为现实。第二次世界大战后，特别是 20 世纪 80 年代中期以来，新技术革命推动人类社会飞速发展，使全球化成为我们这个时代最重要的特征之一。在全球化时代，人类以往在空间方面的障碍、制度的障碍、宗教的障碍、种族的障碍，以及文化的障碍等，得到进一步的克服。人们在全球范围内更充分地实现物质与信息的沟通。在这个过程中，人们享受到全球化的恩惠，同时也在国家利益、国家安全等方面，提出了严峻的挑战。"利益边疆"日益成为人们普遍关注的问题。

经济全球化冲破了国界，不可逆转地渗透到社会生活各个领域，改变着人们的生活方式和生产方式。当代国际资本的高度流动性、跨国公司的全球扩展，使得国际间共同利益的相互扩展和延伸。跨国公司的出现，是资本主义发展合乎逻辑的结果。正如西方理论家所指出的那样，资本从诞生的那一天起，就是以全球为着眼点的。② 资本的内在扩展倾向，决定了它一定要跨出国界，向海外扩张，以往按照民族、领土划分的经济实体原则受到严重冲击。这样，在一国疆域内，必然也会有他国利益的客观存

---

① 《马克思恩格斯选集》第 1 卷，人民出版社 1995 年版，第 276 页。

② Robert Cox："A Perspective On Globalization"，in *Globalization：Critical Reflections*，edited by James Mittelman，Lynne Rienner Publisher，1996.

在。在 20 世纪 90 年代，全球跨国母公司的数目已经达到 3.7 万家，控制了分布在世界各地的 20.6 万家的分公司。世界银行 1992 年的报告指出：世界上 350 家最大的跨国公司之间的业务，在 20 世纪 80 年代，就已经占到全球贸易的 40%。[①] 不难看出，国家领土、边疆和国界线，对跨国公司来说已经失去了意义。

1993 年，三好将夫在《没有边界的世界？从殖民主义到跨国主义及民族国家的衰落》中，分析了跨国公司的"兴起"与民族国家的"衰落"之间的关系。"在他看来，跨国公司是殖民主义的当代延续，但旧殖民主义需要借助国家、族群和种族的名义，而跨国公司则倾向于非国家性（nationlessness），其表现形态不仅是使各个不同的地区日益陷于同质化的命运，而且还唤起特殊的族群主义用以掩盖背后的经济关系。如果殖民主义者是在民族国家的观念中找到了制定政策的道德基础，那么全球结构的变化不仅会改变民族国家之间的关系，也必然威胁民族国家内部的自我设计及其道德基础。"[②] 在全球资本主义的历史进程中，多国公司向"跨国公司"的转化，反映了一种历史的结构性变化，直接后果是国家主权的丧失，和对国家认同的弱化。为了自身的利益，跨国公司对任何国家都可以进行剥削，包括自己的"母国"，当然，所谓"母国"仅是一种历史的描述，对跨国公司来说，早已经不存在"国家"或"祖国"这样的概念。

在全球化的背景下，全球公共问题日益凸显。人们普遍认为，目前全球公共问题主要是恐怖主义、环境污染、跨国犯罪和

---

① World Bank: *Global Economic Prospects and the Developing Counties*, Washington. D. C. , 1992, p. 33.

② 汪晖等主编：《文化与公共性》，三联书店 2005 年版，第 7 页。

贩毒，大规模杀伤武器扩散，人口和难民问题等。① 全球公共问题具有的全球性、客观性和危害性的特征使得传统的国家领土安全概念受到冲击。例如，恐怖主义在世界的蔓延导致国家安全利益的变化，传统的安全观念只能应付传统领域的领土安全问题，而且传统的疆域观对于新的国家安全利益的维护则是不利的，非传统安全问题，包括各种形式的"利益边疆"问题，使人们不能不给予高度重视。"利益边疆"不仅是理论问题，而且还是实践问题，在现实生活中，"利益边疆"首先涉及的是经济边疆和政治边疆。

关于国家的经济边疆，这是在经济全球化背景下，人们面临最复杂的问题之一。其复杂性主要表现为，本国的经济问题往往受到国界以外的诸多因素的影响，这是因国际贸易的规模急剧扩大，并呈不可逆转的上升趋势所决定的。这既表现在经济自身发展中的问题，如市场经济、市场体制等；同时也表现在似乎是市场经济之外的环境和资源等方面。在这诸多方面，跨国公司导致的资本流动国际化和生产的全球化，使各个国家的经济开始联成一个整体。跨国公司的争夺是经济边疆的典型代表之一。它打破了国家边境，传统的国家边界变得越来越加模糊不清，使一个国家在某一经济领域里不可能获得全部经营利润。当前，200 个最大的跨国公司在世界 GDP 总值中的比重高达 1/3 以上，占据全世界 70% 的国际直接投资，2/3 的世界贸易总量，70% 以上的专利和技术转让。② 在这种情况下，国界的作用显得日趋衰微，国家疆域的概念变得模糊了。

---

①　Jagdish Bhagwati，"*Borders Beyond Control*"，Foreign Affairs. January/February. 2003.

②　马维野主编：《全球化时代的国家安全》，湖北教育出版社 2003 年版，第 171 页。

如果说在战后初期，"存在着超越民族国家疆界以及在世界市场上重新安排生产地的内在需要"，那么，现在"通过生产全球化，通过实施进口替代型工业化战略，第三世界被进一步整合进国际资本主义体系中。……战后第三世界的变革意味着，现代的全球经济已经在质上超过了殖民世界体系时期，在后者中，'中心'对边缘的政治军事统治是全球关系存在的绝对必要条件，而在现代全球体系中，经济关系的影响取而代之，居于主导地位"。① 不言而喻，国家的经济利益必然要突破现存的国家地理界限，向外发展；同时本国领土疆域内的某些经济领域也不可避免地会有他国经济利益的融入。在这种情况下，在"经济边疆"问题上守土有责，首先就是要正确认识经济全球化的本质，冷静应对经济全球化提出的挑战，既不盲目地赞扬它，也不盲目地反对它，而是在主动参与的过程中扬长避短、趋利避害，通过不断发展壮大自己的实力，不断扩大自己直接的、潜在的影响，以维护国家的经济安全。

关于国家的政治边疆，是和国家的政治安全联系在一起，同时又与经济边疆有密切的联系。稳定的、不受侵犯的经济边疆是政治边疆的基础。同样，可靠的政治边疆则是经济边疆的保障。在经济全球化的背景下，政治边疆所面临的主要问题，是如何维护国家疆域领土完整，保证国家领土、领空和领海的统一；如何维护国家主权独立，使社会进步、经济发展、人民幸福；如何维护意识形态的稳定，旗帜鲜明地坚持有中国特色的社会主义道路，坚持马克思主义的理论指导；如何维护民族尊严，不断提升国家的威信和声誉；如何抵御外来敌对势力侵袭，粉碎种种分裂

---

① 塞拉斯·比纳等：《战后的全球积累和资本的跨国化》，见王列等编译《全球化与世界》，中央编译出版社 1998 年版，第 29 页。

祖国的图谋等。一个国家失去了经济边疆无法生存，同样，一个国家失去了政治边疆即丧失了国家主权，同样也无法生存。

在全球化时代，有经济全球化、金融全球化和传媒的全球化等，而不存在"文化的全球化"，或"文化的趋同化"。相反，文化作为人类社会生存的方式，是一种创造性的活动，是组织和发展人类生命活动的一种特殊方法，却因各民族相异这一特征所决定，在全球化的背景下将进一步形成各民族文化的多样性。漫长的世界历史告诉人们，人类文化的发生和发展都是多元的，从来不存在单一的"全球"文化模式，所谓"文化全球化"，是国际垄断资产阶级关于全球化意识形态的理论表现之一。其实质是通过建立以美国文化为主导的所谓文化的"全球化"，从文化上进而从整体上肢解独立的民族国家，这是典型的"文化帝国主义"。因此，我们必须清醒地认识到，政治边疆问题在全球化中并没有被淡化，相反却处于一个非常重要的地位。无论是经济边疆，还是政治边疆，都是和国家的基本利益联系在一起。这就是我们所致力的国家的安全边疆。国家的安全边疆不同于边疆安全。在全球化时代，任何一个国家所追求的安全边疆普遍大于国家的领土边疆。这是我们认识"利益边疆"的一个重要的出发点。

第二节 经济全球化和"软边疆"

一 全球化和国家主权

"全球化"已经成为我们所生活的这个时代的重要特征之一。它主要表现为，人类现实生活中的各种障碍，例如文化的障碍、种族的障碍、空间的障碍、制度的障碍，以及宗教的障碍等，正在以前所未有的速度被跨越。尽管这些现象很容易被看到，尽管"全球化"成为国际政治生活中使用频率最高的词汇之一，但很难有一个普遍的、能为大家所接受的定义。这其中的重要原因之一，就是人们从不同的视角去认识和分析它，都可以得出不同的答案。

西方一些学者认为，它既可以理解是经济上的深刻革命，在全球经济创造的过程中，资本、技术、通讯、管理及世界上各地区劳动力之间有了新的自由组合；它还可以理解是社会关系的重新定位或重建。民族国家和全球的关系的密切联系，使世界变成了一个整体。总之，全球化是全方位的全球化。全球化并非仅仅局限在经济活动中。除经济领域外，社会、政治、文化、传媒等领域，都不可避免地受到影响。对全球化的研究几乎要涉及所有的学科。[①] 中国学者的主流观点认为："经济全球化是当今世界发展的客观进程，是在现代高科技的条件下经济社会化和国际化的历史新阶段……今天，经济全球化已成为强劲的时代潮流"。但是，"经济全球化并不是宁静的伊甸园，有时会带来风暴和灾难。……经济无国界化使主权国家的经济安全受到空前巨大的压力，其中对发展中国家的负面影响更应引起注意。"[②] 总之，经济全球化是一个多维度的概念，有着十分复杂、十分深刻的内容，需要我们从中国的实际，从对世界一系列复杂问题的分析中，去认识它。

虽然从长远、从整体上看，经济全球化有利于世界经济的发展，但是在世界范围内，却存在着对全球化的抵抗，反对全球化的运动始终没有停止。例如，2001 年和 2002 年 7 月，在意大利

　　[①]　See Roland Robertson: *Globalization*: *Social Theory and Global Culture*, Sage, 1992, p. 9.
　　[②]　汪道涵：《全球化与中国经济》，见［德］乌·贝克等著、王学东等译：《全球化与政治·序言》，中央编译出版社 2000 年版。

热那亚先后发生大规模的反对全球化的抗议活动；2002年9月，美国华盛顿有2000余人举行反对全球化的集会，600余人被捕。与此同时，西方学者还有不少批判全球化理论的著作问世。例如德国汉斯—彼得·马丁等著的《全球化的陷阱：对民主和福利的进攻》（1996年）；格拉德·博克斯贝格等著的《全球化的十大谎言》（1998年）；英国贾斯廷·罗森伯格著《质疑全球化》（2000年）等。

世纪之交，法国学者布迪厄的《遏止野火》问世，这是迄今为止对"全球化"进行最为严厉批判的著作之一。在作者看来，"全球化"是西方新自由主义宣传的产物，正像"野火"一样在世界蔓延，势不可挡地成为西方的"主流"意识形态。这部作品的主要内容是："全球化"口号本是西方新自由主义的人为宣传，而新自由主义是跨国公司的意识形态。"全球化"是跨国公司摧毁各民族国家经济主权乃至政治主权，在经济上控制全球的战略口号。作者反复强调："全球化"不是一个"自然的过程"，而是一种有预谋、有组织实施的"政治行为"，是一场"旷日持久"的"思想灌输工作"在人们心目中强加的信仰。①布迪厄在书中提出的各种观点虽然有待于进一步讨论，但一些西方大国在"全球化神话"下，大肆宣扬"全球化意识形态"，强行推行"美国的模式"，以剥夺、削弱民族国家的主权，却是不争的事实。

"国家是社会在一定发展阶段上的产物；国家是表示：这个社会陷入了不可解决的自我矛盾，分裂为不可调和的对立面而又无力摆脱这些对立面。而为了使这些对立面，这些经济利益互相

---

① 参见河清：《全球化与国家意识的衰微》，中国人民大学出版社2003年版，第3页。

冲突的阶级，不至于在无谓的斗争中把自己和社会消灭，就需要有一种表面上驾于社会之上的力量，这种力量应当缓和冲突，把冲突保持在'秩序'的范围之内；这种从社会中产生但又自居于社会之上并且日益同社会脱离的力量，就是国家。"① 传统上，国家的组成有四大要素：领土、人口、政府和主权。从国际法的基本原则出发，主权是国家对外独立自主和进行自卫，以及对内行使最高权力的能力，是国家的基本权利即独立权、平等权、管辖权和自卫权的基础。国家和国家主权不可分割，没有国家也就没有主权，同样，当一个国家失去主权时，这个国家就失去了独立性，也就失去了存在的基础。

在过去几个世纪，领土、主权和国家的统一，已为国际社会所接受，这被认为是"不言而喻的"、"自然而然的"和"不可抗拒的"。因此，领土原则——国家拥有确定的边界，这些边界划定并确立国家的统治范围。在边界以内，国家可以制定并行使法律；主权原则——国家及其代表拥有采取行动和实行统治的主权。国家不承认任何凌驾于它之上的权威。在一块特定的领土上，不能同时由两个权威来控制；合法性原则——主权国家之间的关系可以成为国际协议与国际法的对象，但是，国际协议与国际法要产生效力，则必须得到各个国家的同意等，也为国际社会所接受。然而，随着全球化时代的到来，这些"不言而喻的"原则，在西方理论家提出所谓"非领土化的国家"、"非民族国家化"和"主权的困境"后，也面临着新的挑战。在这方面影响较大的，首先是"领土国家原则的全球化"理论。该理论强调："领土国家的世界秩序的建立和稳定也依赖于全球化的一种形式：只有在相互承认的前提下，各个民族国家及这种全球的国

---

① 《马克思恩格斯选集》第4卷，人民出版社1995年版，第166页。

家制度才是可能的。因此，任何个别国家恰好不是产生于自己的主权，而是产生于所有其他国家对领土国家的世界秩序的确认以及在此范围内对该国家的承认，也就是说，在政治、财政和军事方面支持该国——反对例如某些种族群体和其他国家的竞争性要求。领土国家原则的全球化是该原则产生效力的前提。"① 我们并不是一般性地否认全球化进程对国家主权观念所产生的影响，而在于反对全球化导致国家主权"丧失"，反对全球化时代国家的主权要掌握在他人手中的霸权主义理论。

主权被认为是近代国家构成的基本要素之一。生活在16世纪末期的法国学者让·博丹曾经对"主权"从六个方面进行了概括：主权是国家的最高权力；主权具有不受限制性；主权的永久性；主权具有普遍性；主权的不可分割性；主权的不可让与性。他在《论共和国》中提出"绝对主权"理论，认为"主权是在一国中进行指挥的绝对的和永久的权力"。这些论述为近代以来国际法中的主权问题奠定了坚实的基础。17世纪国际法产生后，国家即成为国际法的主体。包括领土主权在内的国家主权原则，是国际法不可替代的基石，重申在同一领土上，只能存在一个完全主权的国家。

经济全球化，跨越民族国家的边界，把整个世界更紧密地从经济结构的层次上联系起来。在这个进程中，美国极力要体现出自己的意志和利益，实现所谓以美国利益为主导的全球化时代，这种"意志"，不仅表现在经济上，而且还将进一步表现在政治制度、思想文化、意识形态等方面。正如美国学者威廉·德罗兹

---

① ［德］乌·贝克等著，王学东等译：《全球化与政治》，中央编译出版社2000年版，第14页。

迪克所指出的那样，"全球化打上了'美国制造'的印记"。①
全球化的不断发展，对现代主权国家在国际体系中的地位和作用
会不可避免地提出挑战；使建立在传统领土概念上的主权观念面
临新的冲击，如跨国公司的出现，打破了国家边境的界限，使以
往基本静止的领土边疆开始出现某种动态的变化。由于当今世界
的经济活动，从生产、流通到科研等，主要是由跨国公司进行
的。据不完全的统计，在 20 世纪末，跨国公司已经控制了全球
生产的40%，国际贸易的60%，以及国际直接投资的90%。由
于跨国公司已经成为全球经济活动的主体，使人们似乎看到一种
非稳态的所谓"软边疆"现象。但是，并不会像某些西方理论
家所宣扬的那样，在全球化的背景下，国家将不再是一个传统意
义上的国土概念，国家主权会被削弱或终结，甚至还将使国家开
始消失等。② 恰恰相反，国家主权原则不但不会削弱或消亡，相
反在全球化的背景下建立新的国际政治新秩序、经济新秩序时，
这些原则在新的历史条件下，在整体上还会得到加强。这种加强
是和冷战后国际政治的发展趋势不是单极化，而是多极化完全一

---

① *Washington Post*, November 3, 1997.

② 例如，美国《纽约时报》1999 年4月24 日发表署名文章说：全球化使"国
家主权无可避免地——并且心甘情愿地——受到全球经济力量的削弱"。美籍日本学
者大前研一认为，全球化已经开始导致"民族国家的终结"，长期形成的民族国家这
一基本政治单位很少再会有什么贡献。"国家利益"不过是某些落在后面的人为维护
自己利益找借口。他还提出，将弱小国家的自主权让与列强国家，将民族国家的自
主权转让给那些创造财富的区域国家。（参见 Kenichi Ohmae, *The End of Nation State*:
The Rise of Regional Economies, New York: The Free Press, 1995, pp. 11—16）1999 年
6月6日，美国《芝加哥论坛报》文章中说："过去10年里，有关主权的概念已经发
生了彻底的变化。一个国家的边境不可侵犯以及一国政府可以在自己境内做任何事
情的想法，已随着冷战的结束而消亡。美国作为世界上唯一超级大国，不管其愿意
不愿意，都承担着领导责任。这意味着美国现时要以这种或那种方式参与世界范围
的每一次干预行动。"

致的。

2002 年"9·11"事件后，"新帝国主义"的理论盛行一时，至今仍有不断强化之势，与其相联系，体现这一理论的"全球化意识形态"——"美国式的全球化模式"日渐走上前台。这一意识形态的核心内容是推行强权政治和世界霸权主义，其表现多种多样，和国家领土主权相关的主要内容是：在全球化时代，人类利益高于国家和民族利益；并在此基础上提出"国家主权已经过时"，"有限主权"、"人权高于主权"，以及"新干涉主义"、"人道主义干预"等荒谬绝伦的"理论"。近年，一些西方学者还提出了"虚体国家"（Virtual State）这样的概念。所谓"虚体国家"，是指经济依赖于流动性的生产要素而不重视以领土大小来确定生产能力的国家。他们还预言，在 21 世纪，虚体国家将主导世界经济的发展，以至取代现在幅员辽阔的国家实体。我们并不否认全球化对国家主权观念所产生的影响，只是说这种影响并非如西方理论家所宣扬的是"国土概念开始消失"。

现在的世界是开放的世界，任何一个国家要生存、要发展，不能将自己孤立起来。闭关自守不仅不能维护国家利益，而且适得其反。在这方面，我们有深刻的教训。全球化对国家主权观念产生的影响，首先表现为国际交往和国际联系空前加强，全面地对外开放，而不是闭关自守。这种开放不仅在经济方面，而且也在精神文化方面。但是这种"开放"，一方面在国际交往和联系中，吸收和借鉴人类社会创造的一切文明成果，另一方面坚决抵制外来腐朽思想的侵蚀。在坚持自己的意识形态和价值观的同时，继承、发扬悠久的历史传统和民族精神。只有这样，才能维护国家的基本利益。

正确认识全球化时代的国家主权，不仅表现为维护本国的独立自主权力，还意味着对他国国家主权的尊重，以及在国际事务中维护自己主权的同时，积极参与全球性问题的解决。全球化时代，全球性问题急剧增加，例如人口问题、生态环境问题、恐怖主义问题、毒品问题、跨国犯罪问题，以及宗教极端主义等。这些问题，是人类所面临的共同威胁。在日益加剧的危险面前，不同国家人民相互依存程度不断加深，致使越来越多国家的人民，开始用世界眼光和全球思维来思考既维护国家主权，又保证国际社会的协调，以及如何建立有效的国际合作机制的问题。各个国家在处理自己内部的事务时，包括如何维护国家主权问题时，必然会涉及如何解决威胁整个人类的全球性的问题。这表明，独立的主权国家，在解决自己国内的问题时，会不可避免地、愈来愈多地受到外部因素的影响。但是，这并不是西方理论家所认为的那样："全球化不仅意味着（经济的）国际化、集约化、跨国交融和网络化，它也在更大的程度上开辟了一种社会空间的所谓'三维的'社会图景，这种社会图景不以地区、民族国家和领土来界定"。① 从这一认识出发，他们强调民族国家现代性的主权权利已经失去了"内核"，民族国家传统的思维方式和行为模式，已经"过时"，无法应对"全球化的挑战"，因此他们要担负起"全球的责任"，要进行"超越民族国家的治理"，以及"没有政府的治理"，等等。显然，发展中国家主权被"侵蚀"，已经不仅是理论问题，而且是一个现实的问题。

从20世纪90年代以来，愈演愈烈的经济全球化作为一种影响世界历史的客观进程，已经对民族国家及国家主权产生了极大的冲击，国家主权面临着前所未有的挑战。2004年6月在北京

---

① ［德］乌·贝克等著，王学东等译：《全球化与政治》，中央编译出版社2000年版，第14页。

举行"和平共处五项原则国际研讨会"时，美国政府前财政部长、前国务卿，现为美国斯坦福大学胡佛研究所研究员的乔治·舒尔茨在演讲时，分析了在全球化背景下，国家主权受到诸多因素侵蚀的情况，他认为主要表现在以下三个方面：国家主权不再处于有效的主权控制之下，如金融市场不再受点的限制，通讯网络不受阻挡地传播，人们进行大流量的跨国界流动，总之，国界的含义在减弱；作为一项国际协议的一部分，一个国家在其内政和安全事务上的主权自愿地被削弱，这是历史上前所未有的，如关贸总协定创立了一个令人瞩目的开放的世界市场；主权国家的国际体系面临宣战。恐怖主义是一个外向性的具有国际联系的意识形态运动，致力于摧毁我们追求合作和进步的国际体系。因此，他对"国家体系"应该如何给予支持，以维护当今世界的和平稳定，提出自己的意见，那就是努力使主权国家恢复国家体系的生命力。但是，人们看到更多的是主权受到诸多因素的侵蚀。

在全球化的过程中，国家主权的某些内容会削弱或分散。这主要表现为超国家组织对国内政治生活的影响不断扩大；跨国公司不仅操纵着经济全球化进程，也在一定程度上开始左右着民族国家的国内政治，这一切导致国家在权力体系中的核心地位被动摇，出现程度不同的国家权力多元化和国家主权的弱化。这样，国家的传统职能受到了限制和削弱，民族国家的国内政治进程在很大程度上开始受到外部因素的直接影响，特别是民族国家的认同，即国民对本国的语言、文化、传统、制度、价值等的自觉的认可和接受，遭到了危机。但是，民族国家及国家主权在国内和国际政治生活中仍起核心作用，国家及其主权的基本功能并未消失。国家主权仍将是民族国家的基础；领土仍然是划分国家的基本标识。在区分民族国家的所有标识中，领土仍然是最重要的标识，捍卫国家领土统一，仍然是国家最重要的政治职能。

20 世纪 90 年代以来，联合国向世界各地区、主要是向发展中国家派去多批维和部队、多种名目的调查小组、军事观察团、考察团、特使，提供人道主义救助人员；批准设立"禁飞区"、"安全区"；批准对一些国家实施经济制裁、军事打击等。1992年，联合国秘书长加利在美国《外交》季刊第 1 期撰文说：时代的迅速变化，"行用几个世纪的绝对的和排他式的主权学说已经不再成立……我们时代的一个重大而明智的要求，是重新思索主权问题——并非要削弱它的本质，它对国际关系与国际合作仍至关重要，而是承认它或许可以、采取不止一种形态和发挥不止一种功能"。他还认为，"无论如何，绝对的和排他性主权的时代已经过去了"。在今天现实的国际生活中经常可以看到，一些联合国驻外机构、实力雄厚的跨国公司，以及国际间的某些非政府组织等，都凭借其经济或科技方面的强大实力，在驻在国发挥重要的、不可替代的影响，以至在某种条件下，可以决定这些主权国家内外政策的走向。虽然这些国家的主权并没有丧失，也没有失去边界。例如，非政府组织不仅数量急剧增加，而且影响日益扩大。如世界经济论坛、罗马俱乐部、世界透明国际、绿色和平组织、国际红十字会等的活动，在不少方面已经涉及国家主权范畴的事务。而西方大国的某些人权组织的活动，更起到了政府间国际组织所不能发挥的作用，它们与本国政府相互配合，肆意践踏发展中国家主权。

维护国家领土主权的起点和归宿，都是为了更加有效地维护国家利益。在全球化时代，依然是这样，而且要在保卫自己国家主权的前提下，切实地把维护国家利益凸显出来，使其成为决定内外政策的出发点。在这个问题上，人们应该清醒地认识到西方理论家所宣扬的"全球的共同利益"的本质。无论在怎样漂亮的辞藻下，用所谓"全球的共同利益"代替"民族国家的利益"，其实质是大国霸权主义。西方理论家心中的"全球的共同利益"，就是西方大国的利益。因为在他们看来，"全球"就是西方，同样"西方"足以代表全球。"冷战"结束后，他们已经可以宣布"历史的终结"，资本主义已经取得了最后的"胜利"，他们即是全球的主人。西方大国扼杀、剥夺发展中国家国家利益的种种行径，往往就是在这种所谓"全球的共同利益"的招牌下进行的。

二　全球化背景下的人权和主权

冷战结束后，美国急欲建立以其为中心的单极霸权世界，为此，美国利用不断加速的全球化进程，极力鼓吹削弱或从根本上否定国家主权的理论，例如，"主权软化"、"主权模糊"、"主权终结"、"主权演变"、"主权可分"、"主权弱化"、"主权让渡"、"人权无国界"、"人权高于主权"，以及"自由高于集权"、"民主高于'专制'"、"新国际主义"、"新干涉主义"、"人道主义干预"、"道德相互依存"等。这些奇谈怪论在西方广为流传，已经成为有重要影响的国际政治理论。这些否定国家主权的理论虽然五花八门，但其本质却是一致的，即否认现存相对稳定的民族国家体系，鼓吹"超越主权"，使传统的国家主权成为所谓的"世界主权"，在全球化已经到来的时候，不让国家主权成为"历史发展的障碍"。这些理论的要害是剥夺他国神圣的主权，超越现存的国家界线，将以美国为中心的西方大国利益，不择手段地、随心所欲地扩大到全世界任何一个地区。民族国家的领土要素与主权要素有直接的联系，西方全球化意识形态既是对主权要素的挑战，也是对领土要素提出的挑战。

在上述种种"理论"中，"人权高于主权论"尤其荒谬。这一理论公然鼓吹国家、政府是威胁人权的根源，为了保护人权，"边界已经不是绝对的防线"。在全球化时代，维护"人权"，将在超国家的层面上展开；"各国政府绝不能躲在主权后面践踏人权，而期待世界其他地方坐视不管"。因为"人比国家重要"，"人权正在取代国家主权"，"人权不属于国内管辖，人的尊严和权利不再归国家所有，个人应该成为国际法的主体"。总之，在这些理论家看来，"全人类的利益高于一切"，"人权已经超越了主权的边界和国家的管辖"，人类社会正在从"国家社会"过渡到"人类社会"。① 从这些理论出发，国家主权原则、国际法中的不干涉基本准则和现代国际关系的基本准则等，统统"过时"或"失效"。在现代国际政治生活中，用人权否定国家主权；从美国等西方大国"全球化意识形态"出发，将属于国内范畴的人权问题国际化，进一步强化了现存不合理的国际政治秩序，对世界各国，特别是与西方国家有着不同意识形态的发展中国家，构成了现实的严重威胁。

"人权"，主要指"人"应当享受的基本权利。充分地享有人权、保障人权，是人类长期以来的共同理想和追求目标。人们对这个问题的讨论由来已久，早在 17 世纪时，西方思想家反对"君权神授"时，即明确地提出了这个问题，后在欧洲和美国反

---

① 以上参见：Nicholas Onuf, "Intervention for the Common Good," *Beyond Westphalia*, p. 44; Thomas C. Weiss and Jarat Chopra, "Sovereignty under Siege", p. 90; Rein Mullerson, "On Cultural Differences: Level of Social Development and Universal Human Rights", in Jerzy Makarczyk (ed.) *Theory of International Law at the Threshold of the 21st Century: Essays in Honor of Krzysztof Skubiszewski* (The Hague: Kluwer Law International, 1966), pp. 944—946; W. Michael Reisman, "Sovereignty and Human Rights in Contemporary International Law", *The American Journal of International Law*, No·4, 1990, p. 868; ［美］理查德·N. 哈斯著，殷雄、徐静译：《新干涉主义》，新华出版社 1999 年版，第 1—8 页；［美］路易斯·亨金：《权利的年代》，知识出版社 1997 年版，第 281 页。

封建的资产阶级革命中得到发展。"一旦社会的经济进步，把摆脱封建桎梏和通过消除封建不平等来确立权利平等的要求提到日程上来……这种要求就很自然地获得了普遍的、超出个别国家范围的性质，而自由和平等也很自然地被宣布为人权"。① 一般认为，1776 年美国独立战争期间颁布的《独立宣言》、1789 年法国大革命时颁布的《人权与公民权宣言》，较早、较系统地阐明了人权的基本内容，即"平等"和"自由"的权利。平等，既包括物质上，也包括精神上的平等权利；自由则强调每个人都能够充分地发挥自己的能力，使其能够得到最大的满足。当然，这种"满足"要受到社会道德和法律规范的约束。马克思称《独立宣言》，是"第一个人权宣言"，它继承并发扬了"天赋人权"和"社会契约"理论，宣布一切人生而平等，上帝赋予他们诸如生存、自由和追求幸福等不可让与的权利。任何政府如果损害这些权利，人民就有权改换它或废除它。《人权与公民权宣言》亦称《人权宣言》，它强调，社会的目的是求得"共同的幸福"，人民享有劳动权、救济权、教育权，以及人民有起义权等，矛头直接指向法国封建制度，对法国大革命的发展起了巨大的推动作用。

1948 年 12 月，联合国颁布的《世界人权宣言》，在国际范围内，第一次明确提出了人权的基本内容。这些内容包括公民的政治权利和经济、社会和文化权利两大部分。具体内容包括生命权、自由权和人身安全权、社会安全权、工作权、教育权、参加社会文化生活权，以及享有思想、意识和宗教的自由等。尽管《世界人权宣言》有很大的局限性，受到当时社会主义国家的抵制，但它毕竟在某些方面，反映了世界各国人民的愿望和要求。

---

① 《马克思恩格斯选集》第 3 卷，人民出版社 1995 年版，第 145 页。

在中国古代，也曾经提出过含有人权思想在内的民主思想，孟子所言"民为贵，社稷次之，君为轻"，① 以及《书经》中的"民惟邦本，本固邦宁"② 等，但是严酷的封建统治压抑了这些思想的发展。鸦片战争后，中国沦为半殖民地、半封建国家，帝国主义、封建主义和官僚资本主义的残暴统治，使中国人民更没有丝毫人权可言。只是新中国成立后，中国人民成为国家的主人，才开始享有比较充分的人权。我国宪法明确规定：中华人民共和国的一切权力属于人民；各民族一律平等；公民在法律面前一律平等。从我国的实际出发，生存权和发展权是首要的人权，随着社会生产力的不断发展和综合国力的不断提高，我国人民享受人权的水平会有不断的提高，在生存权、发展权和其他的公民权利、政治权利、经济、社会和文化等方面的权利会有更大的改善。

"人权"是历史的产物，属于一定的历史范畴。人权既有普遍性，又有特殊性。在不同的国家，"人权"概念有不同的内容，因社会制度、文化传统和经济发展水平的差异，实现人权利益的模式和途径也各不相同。总之，"人权"概念因国家和地区而异，而没有一个能够同时反映不同意识形态、不同社会制度、不同政治理念、不同经济发展水平、不同民族文化历史背景的"统一"的"人权"概念或人权标准。以某个国家或民族的人权模式为标准，去衡量、评价他国的人权状况，是十分荒谬的。如果一定要这样去做，那就是强权、就是霸权。第二次世界大战后，人权已经从国内法领域，进入国际法领域。据不完全的统计，自《联合国宪章》制定以来，已经通过了近 70 个关于人权

---

① 《孟子·尽心下》。
② 《书·夏书·五子之歌》

的国际宣言、公约、协议和议定书，以及区域性的人权公约和宣言等。尽管人权的内容十分丰富，主要包括人身权利、政治权利、经济权利、社会权利、文化教育权利；或个人权利、集体权利、民族权利等，但是在国际社会中却没有统一的"放之四海而皆准"的标准。任何权利，包括人权，"永远不能超出社会的经济结构以及由经济结构所制约的社会的文化发展"。① 实现人权的普遍原则，必须与本国的实际情况相结合，要从实际出发。

毋庸讳言，西方大国和发展中国家在"人权"的不少方面都存有分歧，甚至是激烈的争论。这主要是西方大国要把他们自己的人权标准，强加在发展中国家引起的。他们歪曲《世界人权宣言》的基本内容，片面强调只有政治权利是人权，而经济权利、社会和文化权利等，都不属于人权的范畴。在他们看来，《世界人权宣言》仅是为其政治利益服务的工具，可以随意剪裁，随意解释。广大发展中国家认为，政治权利、经济权利、社会和文化权利等，都属于人权范畴，彼此密切联系，相互统一，不可分割。因为实际生活中的一个基本事实告诉人们，离开了生存权、发展权、文化教育权和社会权等，所谓"自由"、"民主"就变成了分文不值的空话。

在经济全球化的过程中，世界范围内的贫富差距日渐扩大。在现实国际政治生活中，广大发展中国家更重视"发展权"问题，而西方大国则不承认发展权属于人权范畴，只强调"公民的政治权利"，认为这种政治权利是人权发展的前提。经过斗争，1986 年，联合国大会曾经通过了《发展权宣言》，明确指出"发展权是一项不可剥夺的人权"。这个问题的提出，进一步丰富了当代人权的内容，反映出广大发展中国家强烈要求自身发

---

① 《马克思恩格斯全集》第 3 卷，第 12 页。

展，努力改变现存不合理的旧的国际政治经济秩序的愿望。

　　冷战结束后，一些西方大国不仅把自己的人权标准强加于人，而且以人权问题为借口干涉他国内政，甚至实行军事干预或经济制裁，有着十分明显的政治目的。例如，苏联解体后，美国并没有改变在全球范围内"促进自由、民主和人权"，称霸世界的目标。美国政府认为，"我们国家安全战略的第三个核心目标是促进民主和人权。现在相当数量的国家正在摆脱专制统治，走向民主和顺应民意的体制。鉴于许多变革尚不能成功，我们的战略必须致力于增强它们民主改革的决心和能力"。① 不难理解，美国所"致力于"的，就是极力要把世界上的所有国家都变成"美国式的民主国家"。对于西方国家宣扬的"人权至上"和"人权中心理论"，我们要保持高度的警惕。1989 年，邓小平会见前美国总统尼克松时，明确提出国家利益、"国权"高于人权的问题。他说："说起来，国权比人权重要得多"。"西方的一些国家拿什么人权、什么社会主义制度不合理不合法等做幌子，实际上是要损害我们的国权"。② 美国等西方国家不时以人权问题大做文章，就是从其称霸世界的战略目标出发，不惜损害他国的国家利益，置他国神圣的国家主权于不顾，企图改变这些国家，首先是社会主义国家现行的社会制度。

　　1999 年，在华盛顿举行北约首脑会议时，英国首相布莱尔提出："如果一国内部'压迫'造成的人道主义问题足以构成对国际和平与安全的威胁，别的国家或国家集团有权以武力干涉"。③ 这种理论后被称为"新干涉主义"，是西方强国侵犯他国

---

① 参见阎学通：《中国和亚太安全》，时事出版社 1999 年版，第 73 页。
② 《邓小平文选》第 3 卷，第 345、348 页。
③ 参见中国人权发展基金会编：《人权与主权》，新世界出版社 2002 年版，第 171 页。

领土主权，推行世界霸权的重要工具。"新干涉主义"和"人道主义干预"一样，无论在实践中，还是在理论上，都是行不通的。1981 年通过的《不干涉宣言》明确指出："任何国家或国家集体均无权以任何方式或以任何理由干涉或干预其他国家的内政或外交"。①"不干涉内政"，已经成为国际社会公认的国际法准则，是处理国家之间关系的基本原则。"新干涉主义"是对这些原则的粗暴破坏。事实证明，"新干涉主义"对所谓出现"人权危机"的国家进行干预——把西方的人权标准强加于他国的结果，只能使这些国家的人权状况更加恶化，宣布了"新干涉主义"的破产。

近代以来的中外历史告诉人们，人权和主权密切联系在一起。一个国家，当其主权被肆意践踏或"干涉"，以至国家主权名存实亡，或失去时，还会有什么人权可言。"没有主权就没有人权"而不是"人权高于主权"。即使是在全球化的背景下，也不会改变这一事实。一些西方学者宣扬，全球化促使传统的"公民社会"向"全球化的社会"转化。如果说公民社会强调的是"物质相互依存"，那么"全球化的社会"强调的则是"道德相互依存"，这样，"人类的共同利益"，首先是人权问题成为"全球的中心问题"。实际上，这在实际生活中不仅解释不通，而且在理论上也是荒谬的。因为它割裂了主权和人权的内在联系；否定了人权在全球化时代仍然是属于一国管辖的问题。美国等西方大国以"人权高于主权"的名义，肆意侵犯他国的主权，恰恰是对这个国家人权的粗暴践踏。例如，以美国为首的北约，绕开了联合国，发动了对主权国家南联盟的战争。他们凭借着强大的经济实力和军事实力，越过"国界"，对南联盟狂轰滥炸 78

---

① 参见王铁崖：《国际法资料选编》，法律出版社 1995 年版。

天，造成了极大的"人道主义灾难"：两千多和平居民死于战火之中，上百万人无家可归，50万人失业，2万多颗具有放射性的贫铀炸弹，使生态环境急剧恶化。这一切不仅是侵犯了南联盟的主权，而且也是对其人权的侵犯。

"人权高于主权"与国际法的法理不符。这在"全球化的社会"也没有任何改变。所谓"为人道主义目的而使用武力并不为《联合国宪章》所禁止"，这是光天化日之下的谎言。《联合国宪章》"重申基本人权，人格尊严与价值，以及男女与大小各国平等权利之信念"。它是联合国的基本法，规定了当代国际关系的基本准则，是联合国一切活动所应该依据的准绳，对会员国有法律的约束力。其宗旨强调"维持国际和平及安全；并为此目的：采取有效集体办法，以防止且消除对于和平之威胁，制止侵略行为或其他和平之破坏……"。《宪章》第二条第四款明文规定："各会员国在其国际关系上不得使用威胁或武力，或与联合国宗旨不符之任何其他方法，侵害任何会员国或国家之领土完整或政治独立。"[①] 由以上不难看出，"人权"和"人道主义"干预，不应成为发动侵略战争，破坏他国国家统一、领土完整、政治独立的借口。在全球化的背景下，主权原则依然是国际法的基本原则，维护国家的主权不受侵犯，不允许任何国家以任何借口干涉内政，侵犯自己的主权，仍然是各国的首要任务。

三　跨越民族国家界限的"全球治理"

基于全球化进程已经极大地改变了传统的国家主权这一认识，西方一些学者提出建立一种与全球化进程相适应的全球秩

---

① 张宏良等编：《改变人类命运的八大宣言》，中国社会科学出版社1996年版，第240—241页。

序。他们认为,全球化为"世界政府"开辟了广阔的现实道路;建立"世界政府"和"世界社会",变得比以往任何时候更加重要。在当代西方新国家主权理论中,"全球治理"是最有影响的理论之一,类似的概念还有"国际治理"、"世界范围的治理"和"全球秩序的治理"等。

无论是"全球治理"还是"国际治理",都是和"国家权力多元化"理论联系在一起,即在全球化的背景下,为了克服传统主权的局限性,或将主权从国家外移,交给非国家、超国家机构;或者国家与区域性的、国际性的机构共享主权。总之,主权国家不能再继续独自"垄断"主权。国家作为对外拥有主权的活动主体,"将变得越来越过时","全球虚拟空间正在取代领土空间,国家政府的控制变得越来越不可能"。①

对全球治理虽然至今没有一致的、明确的定义,但在西方学术界五花八门的论点中,一般认为有两种有代表性的观点:一种是"激进的"全球治理理论;另一种是"温和"的全球治理理论。前者主要认为,主权制度是全球性危机、尤其是战争的罪魁祸首,是人民的敌人,必须推翻主权国家体制,建立世界政府。而后者则认为,在全球化时代,主权国家虽然不能垄断一切合法权力,但民族国家仍然是全球治理的基础和起点,只有依靠民族国家与民族国家、民族国家与非国家行为体的合作,才能较好地实现全球治理,提高人民福利水平,实现世界和平与发展,从而消解主权国家制度以及人们对之的认同,过渡到人类共同体社会或世界政府。②"温和"的全球治理理论,在西方学术界有更多

---

① [美]约瑟夫·S.奈等主编,王勇等译:《全球化世界的治理》,世界知识出版社 2003 年版,第 16 页。

② 参见卢凌宇:《论冷战后挑战主权的理论思潮》,中国社会科学出版社 2004年版,第 75 页。

的影响。一些学者较为具体地指出：治理的定义是："正式和非正式的指导并限制一个团体集体行动的程序和机制"。"民族国家并不会很快为其他组织取代，而失去其在国内和全球治理中主角的作用。……但是，我们相信，民族国家的作用在更为复杂的格局中正被其他角色如私人部门和第三部门所补充。民族国家是全球政治舞台上的最重要角色，但是它并不是唯一的重要角色"。① 无论是"激进的"，还是"温和"的或是其他的西方全球治理理论，其最终要实现的价值目标是一致的，那就是要从民族国家的政府，过渡到所谓的"人类共同体社会或世界政府"。在这个过程中，现存的"主权国家体制"则将削弱以至最后消失。

全球化时代的世界命运，使人们普遍感到不安。俄国政治家、俄罗斯联邦共产党中央委员会主席根纳季·久加诺夫写道："我们生活在被称作全球化时代的新时代里。各个国家和民族走向统一和一体化的意愿是完全正常的现象。但是，'世界新秩序'的始作俑者试图实现的全球化，是要使民族经济、民族文化和政治服从于一个中心。这样的全球化要求消灭民族国家及其主权。公认的国际法则被强权所取代"。② 根纳季·久加诺夫认为，随着强权时代的到来，将引发全球性的悲剧。他的这些认识并非是杞人忧天，从西方理论家提出的全球治理和"全球公民社会"理论中，即使人们清醒地感受到这一点。

全球治理的内容，包括社会秩序、社会调节和经济等方面，主要是指建立一个世界政府来制定法律和政策，并通过具有约束

① ［美］约瑟夫·S.奈等主编，王勇等译：《全球化世界的治理》，世界知识出版社2003年版，第11页。

② ［俄］根纳季·久加诺夫著，何宏江等译：《全球化与人类命运》，新华出版社2004年版，第2页。

力的国际规制解决全球性的冲突、生态、人权、移民、毒品、走私、传染病等问题，以维持正常的国际政治、经济秩序。全球治理的价值或全球治理的目标，从表面上看，是要实现超越国家、种族、宗教、意识形态、经济发展水平之上的"全人类"的普世价值。然而，在现实国际政治生活中，所谓"全人类"的普世价值是不存在的，如果一定要说这种"普世价值"，那实际上是以美国为代表的西方大国的"价值"，这种价值实现的过程，亦即在世界范围内称霸的过程。"全球治理"的结果，是要建立以美国为代表的西方大国主导的政治、经济秩序。

全球治理的主体主要有各国政府；正式的国际组织，如联合国、世界银行、世界贸易组织、国际货币基金组织等以及非正式的全球公民社会组织。一些思想家企图建立一个超越各国政府之上的世界政府，在全球范围内行使主权。然而，更多的人认为，虽然全球化在很大程度上削弱了传统的国家主权，但主权国家的政府过去现在和未来，都是全球治理的主角。在全球治理理论中有一个新的概念——"权威空间"。权威空间与国家领土疆界并不完全一致，主权国家和政府属于权威空间，但大量非政府组织也可在权威空间之内。所以全球治理的单位不仅仅是国家和政府，还有：非政府组织、非国家行为体和跨国联盟等。

在西方理论家看来，需要通过全球治理解决的主要问题有：全球安全，包括国家间或区域性的武装冲突、核武器生产与扩散、大规模杀伤性武器的生产和交易等；国际经济，包括全球金融市场、贫富分化、债务危机、国际汇率等；生态环境，包括资源的合理利用与开发、污染源的控制、稀有动植物的保护等；跨国犯罪，包括走私、非法移民、贩卖毒品、人口，以及多种形式的国际恐怖活动等；人权危机，例如种族灭

绝、疾病传播、饥饿与贫困等。"全球公民社会"是西方学者
"全球治理"理论中的一个重要的概念。所谓"全球公民社
会"主要指"全球性的民间社会",由国际性的非政府组织等
组成。随着经济全球化进程的加快,国际性的非政府民间组织
对国际事务的影响与日俱增,"全球公民社会"在全球治理中
的作用,也在不断增大。

"全球治理"是冷战后国际政治生活中引人注目的问题之
一,并非偶然,因为冷战结束并没从根本上改变在全球范围内
广泛存在的冲突,这些冲突,特别是一些激烈的冲突,成为威
胁、破坏世界和平的主要根源;在经济全球化背景下,国家之
间在政治、经济、文化和科学技术等方面的合作与交流空前地
增加,这些合作与交流需要在不同的国家之间确立一种共同遵
守的规则;冷战后美国虽然成为唯一的超级大国,但国际政治
仍朝着多极化方向发展,单极世界不可能有效解决诸如生态环
境、贫困、跨国犯罪、国际恐怖主义等人类共同面临的问题。
不难看出,以上是"全球治理"的动因。但我们还应该看到,
全球化并非仅仅是一种经济现象,而且在国际政治领域也有明
显的反映。"全球治理"可以被理解为政治领域全球化的一个
重要表现。

英国学者戴维·赫尔德说:"全球政治作为一个术语,非常
形象地描绘了政治关系在空间上和时间上的扩展与延伸,以及政
治权力和政治活动跨越民族国家的界限、无处不在的这样一种现
象。在世界某个角落所做的政治决定和发生的政治行为会迅速的
传遍世界,并获得世界性的反响。此外,各个政治活动中心或政
策制定中心可以通过快捷的信息传播途径连接成复杂的决策和政
治互动网络。与这种扩展相连的是全球政治活动产生的、通常是
更向纵深发展的影响。作为一种结果,全球层次的各种发展几乎

在同时就能对世界各地产生影响，反过来亦是如此。"[①] 以上比较准确地描述了政治领域的全球化现象，但却没有准确地指出这些想象所蕴涵的深刻的社会内容。"全球政治"不是美国政治，政治全球化的趋势不是全球政治美国化的趋势。但是，我们必须看到以美国为代表的西方大国，正在积极推行称霸世界的"全球政治"，跨越民族国家界限的"全球治理"，应该引起包括中国在内的世界各国人民的高度警惕。

西方学者提出"国家国际化"的概念，认为全球化的后果，或者是"世界的美国化"，或者是"世界的欧洲化"。这些理论引起世界各国人民，特别是发展中国家人民的不安。于是，一些人寄希望于联合国，希望不断提升联合国的作用，不断强化联合国的权威，使联合国在发挥"全球治理"作用的过程中，逐渐发展成为"世界政府"。这只是一相情愿，建立类似国内政府一样的"世界政府"，只是一种不切实际的幻想。尽管联合国在建立后半个多世纪的历史中，对维护世界和平等方面发挥了极其重要的作用，但联合国不可能成为进行"全球治理"的全球政府，只有世界各国政府和政府间的国际组织，才能够真正地对全球进行治理。

一些学者认为，虽然关于治理和"全球治理"的理论尚不成熟，甚至连它的基本概念还不清楚，在一些重大的原则问题上存有很大的争议。但是，这一理论无论在实践上看还是在理论上看都有其十分积极的意义。冷战结束后，国际政治格局面临着重大调整，作为唯一超级大国的美国在对外政策上呈现出单边主义的态势，"全球治理"强调国际关系的公平和公正，客观上有利

① ［英］戴维·赫尔德等著，杨雪冬等译：《全球大变革，全球化时代的政治、经济与文化》，社会科学文献出版社 2001 年版，第 69 页。

于制约以美国为代表的西方大国的霸权主义。但是，随着全球化进程的日益深入，人类所面临的经济、政治、生态等问题则越来越具有全球性。当国家主权在事实上受到严重削弱时，需要国际社会共同努力去解决上述问题。"全球治理"的提出，正是顺应了这一世界历史发展的客观要求。

上述观点，反映了人们渴求和平、稳定，反对世界霸权的善良愿望。但是，我们从现实出发，应清醒地看到"全球治理"所面临的众多制约因素，对全球治理的成效和前景不宜盲目乐观。首先，美国作为当今世界上唯一的超级大国，继续奉行单边世界霸权主义，这就决定了所谓的"全球治理"，只能够在美国的"领导"下进行，美国利益第一，各个民族国家，特别是广大发展中国家处于被动的、不平等的地位，它们的利益无法得到保护。在民族国家主权被肆意践踏、民族国家的疆界被不断模糊的状况下，"跨国治理"就会变成西方大国干涉他国内政、推行世界霸权主义的工具。在国际政治秩序不合理，而且越来越不合理的情况下，"全球治理"不可能有好的前景。虽然在全球化的背景下，各主权国家和国际组织在许多重大问题上利益相关，有不少共同语言，但是，各民族国家并没有因"全球化"而消失，每个国家都有自己的价值判断，都有自己的利益追求和利益目标。在全球治理的过程中，如果不能彻底摆脱以美国为代表的西方大国的控制；如果没有建立符合世界各国人民根本利益的新的国际政治经济新秩序，那么，在"全球治理"中只能体现西方大国国家利益和意志，而不可能在一些重大的全球性问题上达成共识。如果在强权之下能在"全球治理"的重大政治经济问题上形成"共识"，那这种"共识"对世界人民来说，只能是一种灾难。

第三节 边界是否是绝对的防线

一 国家主权终结论

国家理论与政治现实有着最为密切的联系，全球化挑战主权国家的现实，必然地导致了人们对传统的主权国家观念的重新思考，传统的国家理论因而也受到了严峻挑战。在民族国家遭受全球化的严重挑战后，西方有不少新的国家观和国家主权观产生。这些新的观念虽然表现不一，但其实质却是一致的，那就是认为"边界已经不是最后的防线"。如英国首相布莱尔积极倡导的"第三条道路"在西方有广泛而深刻的影响，其主要内容之一，就是宣扬随着全球化进程的加剧，传统的国家正处于危机之中，不论在国际上还是在国内，国家的作用似乎只是辅助全球经济力量。这样，国家表面上虽然保持着过去赋予的权利，但其作用已大大缩小。① 在国际关系中，国家主权原则是不可超越的这一基本准则，因全球化时代的到来而受到冲击和侵蚀，在这方面提出了许多新的"理论"。

在众多的理论中，以"国家主权终结论"的影响最为广大、最为深远，与其联系在一起的，还有"民族国家终结论"、"国家主权过时论"、"国家主权弱化论"等。应该指出的是，这些理论是西方大国推行世界霸权的产物，它和经济全球化的强势进程中给国家主权所带来的不可避免的损害，有本质的区别。有论者认为，这种损害主要表现在以下四个方面："一是经济全球化带来的客观侵蚀，包括国际组织、跨国公司、非政府组织、新国

① 参见王振华等主编：《重塑英国：布莱尔与"第三条道路"》，中国社会科学出版社 2000 年版，第 67 页。

际行为体等非国家因素的主体性侵蚀和世界经济与国际政治实践对国家主权的负面影响等；二是发达国家凭借优势的经济和政治实力，对发展中国家主权进行的有意识侵犯；三是国家内部民族分裂势力、政府权威、军事实力、经济发展水平和经济状况、民族的文化认同感和文化投射力等因素造成的主权能力和意志的弱化；四是国家本身基于种种因素而主动在主权方面作出的让渡或自我约束。这些侵蚀和损害虽然在根源、程度、效应和后果等方面均不尽相同，但它们共同作用的结果，造成了国家主权在经济全球化时代处于严重的弱势地位。"① 但是，这些损害只影响到国家主权边缘结构的层面，并没有改变国家主权的基本内涵。

民族国家最初出现在欧洲中世纪晚期，并在资产阶级革命时代形成。随着资本主义生产方式在全球的扩展，民族国家的形式愈益普遍化。在两次世界大战期间，亚非两洲新建有 10 个民族国家，第二次世界大战结束后到 1959 年，新建有 19 个民族国家，在 60 年代新建有 38 个国家。1970—1990 年，新建有 15 个国家。到 1993 年，世界上已经有 183 个国家。② 无论是西方的民族国家，还是非西方的民族国家；无论是历史悠久的民族国家，还是历史短暂的民族国家，它们都有共同的特点，那就是完全自主和领土统一；中央集权；主权人民化；国民文化的同质性和统一的民族市场。③ 但是，由于历史传统和物质、文化背景不同，各个民族国家发展的水平不尽相同，而且很不平衡，如有的国家在 20 世纪末，仍然处于民族国家的萌生阶段或起步阶段。

---

① 黄仁伟、刘杰：《国家主权新论》，时事出版社 2004 年版，第 46 页。
② 参见宁骚：《民族和国家》，北京大学出版社 1995 年版，第 302 页；［英］罗宾·科恩等，文军等译：《全球社会学》，社会科学文献出版社 2001 年版，第 126 页。
③ 参见宁骚：《民族和国家》，北京大学出版社 1995 年版，第 271—281 页。

由于经济全球化对民族国家的领土、主权提出挑战，使一些西方学者认为全球化的过程，同时也是"非民族国家化"的过程。他们认为，"至少在西方世界倒退到民族国家的时代已经不再可能"。"非民族国家化"已经成为全球化时代的特征之一。在他们看来，全球化破坏了国家的自主性，一个"社会的世界"正在取代"国家的世界"，"民族国家已经过时"，"民族国家正在终结"。民族与国家的分离是全球性取代现代性的必然结果，是人类历史发展的自然历史过程。我们不同意这种观点，因为全球化进程对民族国家的严峻挑战，主要表现为导致民族认同的削弱，并没有改变国家权力的制度基础和观念形态。

全球化的冲击，使民族国家的认同在以下三个方面发生了变化：首先，民族认同与国家认同的关系有所疏离。这集中体现为民众政治意识淡漠和国家合法性的下降，造成了国家认同的削弱，民族认同与国家认同出现一定程度的断裂。其次，民族国家认同出现了纵向和水平的分散。在全球化的冲击下，一些长期受到民族国家，特别是占国家人口多数的族群不公正对待的族群，公开要求自己裂土建国的权利。第三，民族国家认同分散的同时，民族国家认同也得到了强化。毕竟民族国家依然是个人和群体最主要的政治经济保护者，而且民族国家之间的竞争日益激烈，方式日趋多样。在这种情况下，对民族国家的认同反而会得到强化，尽管是片断性或局部的。① 以上这些现象并不表明民族国家"终结"或"过时"。西方理论家认为民族国家所以"过时"，主要是因为国家主权已经"过时"，传统的国家主权已经开始彻底崩溃，国家主权已经成为一个过时的概念。但是，我们

---

① 参见俞可平等：《全球化与国家主权》，社会科学文献出版社2004年版，第95—99页。

可以清楚地看到的却是，这些理论家只是认为广大发展中国家的"主权"过时，而西方国家，特别是美国的主权要"坚定捍卫"，不允许有任何侵犯，不存在着过时不过时的问题。例如，1991年，美国参议院外交委员会举行关于批准美国加入《公民权利和政治权利国际公约》听证会时，国会要求政府"必须努力捍卫美国的主权完整"，"不得批准有悖于美国主权的国际公约"。①这是典型的大国"二元主权观"。

20 世纪 90 年代出现的"第三条道路"思潮，进一步推动了"二元主权观"的蔓延。当代"第三条道路"的倡导者主要有英国首相布莱尔、德国总理施罗德、法国总理若斯潘、意大利总理达莱马等人。这一思潮的主要内容是要走一条既不同于以国家干预为主要特征的传统的民主社会主义，也不同于右翼政党信奉的自由放任主义的道路，企图在它们之间找到一条中间的道路——"第三条道路"。这一思潮的出现，在某种意义上可以说是经济全球化的产物。因为这一思潮强调，冷战结束后人们已经不再生活在意识形态极端对立的两极世界之中，而全球化时代的到来，随着人类共同的利益不断增多，阶级利益的对抗相对减少。这一切使民族国家的本质发生了变化，使其处于严重的危机之中，民族国家的作用明显地降低了。与此同时，出现了"国家权力的非中心化过程"（decentralization），使民族国家的主权不断弱化。

被称为"第三条道路"设计师的英国学者安东尼·吉登斯，在其代表作《第三条道路：社会民主主义的复兴》中，较全面地论述了他的观点：全球化不只是指经济上的相互依存，而且事关我们的生活在时间和空间上的变化。全球化导致新的跨国体制和力量的产生，创建了一些新的、有时往往跨越民族国家边界的

---

① 刘杰：《美国与国际人权法》，上海社会科学院出版社 1996 年版，第 181 页。

经济和文化区域，使民族国家失去了过去拥有的某些权力。主权不再是绝对的，国界变得越来越模糊不清。在可预见的将来，民族国家在国际舞台上仍将拥有相当大的政治、经济和文化权力，但它们只有在彼此之间，或者同地方和区域当局以及跨国集团和组织进行充分合作的情况下，才能有效地行使这些权力。① 总之，"两极化时代的终结，连同全球化所带来的冲击，从根本上改变了国家主权的性质。应当强调的是，全球化与国际化并不是一回事。它不仅关系到各个国家之间更为紧密的联系，而且还关注各种事态的进程，例如打破各个民族界限的全球性公民社会的出现。那些面临风险与危机而不是敌人的国家，不需要以现实主义者的眼光来看待这个世界——'现实主义'是一个错误的术语，因为它所涉及的信念正在日趋陈旧"。② 针对"第三条道路"的种种主张在世界范围内引起广泛的争论和批评，安东尼·吉登斯强调，"全球化"是一场正在发生的革命。这场革命渗透进了社会生活的各个领域，要求人们必须转变观念，超越传统，有效地回应这场革命，通过崭新的政策思路来迎接世界范围内新的激进政治的未来。

　　在吉登斯看来，"全球化"并非仅仅局限在经济生活中，所以他强调全球化"在建立国际间新秩序和力量对比的同时，也在改变着人们的日常生活"。③ "全球化不只是在一个'外在'（out there）的现象。它不仅指大规模全球体系的产生，而且指日常生活每一环节的变革。因此它是一个'内在'（in here）的

---

　　① 参见王振华等主编：《重塑英国——布莱尔主义与"第三条道路"》，中国社会科学出版社 2000 年版，第 55 页。

　　② ［英］安东尼·吉登斯著，郑戈译：《第三条道路：社会民主主义的复兴》，北京大学出版社、生活·读书·新知三联书店 2000 年版，第 143 页。

　　③ 同上书，第 36 页。

现象，甚至影响着个人认同的亲密行为（intimacies）。"① 吉登斯认为，全球化时代的世界是一个"充满错位的和不确定的世界"，是一个"失去控制的世界"，② 也是一个"令人生畏的世界"。它主要表现在以下 7 个方面：高强度意义上的风险的全球化，如核战争对人类生存的威胁；在突发事件不断增长意义上的风险的全球化，如全球劳动分工的变化；来自人造环境或社会化自然的风险，其标志是知识进入环境、制造环境；影响人们生活机会的制度化风险环境的发展，如金融交易；对风险的意识本身构成了一种风险；随着公众对他们共同面对的危险的了解，出现了分布趋于均匀的风险意识；由于"全能专家"的不可能存在，对专业知识局限性的意识正在不断扩散。为了应对这种"失去控制的世界"，和"令人生畏的世界"，吉登斯提出削弱民族国家主权的"世界政治"和"全球治理"的理论。

世界政治的理论基础是"世界主义"，主要表现为全球性的"普遍共识"、"合作精神"、"对话愿望"和"公共价值观"。吉登斯强调的是世界主义的"意识"，即所谓"全球意识"，这种意识同时也是"全球治理"的意识，其目标是致力于建立"世界性的国家"。在世界性的国家的框架内，无论是采取"区域统理"，还是采取"全球治理"的形式，其结果都是民族国家主权的弱化甚至丧失。吉登斯认为建立一个世界性的国家是完全可能的。早在中世纪晚期民族国家形成时，其主要标志是用明确的"边界"（borders）代替模糊的"边疆"（frontiers），民族国家在其边界内，享有绝对的主权，即"国家主权"。然而在全球化的

---

① ［英］安东尼·吉登斯著，周红云译：《失控的世界》，江西人民出版社2001年版，第108页。

② ［英］安东尼·吉登斯著，李惠斌、杨雪冬译：《超越左与右——激进政治的未来》，社会科学文献出版社2000年版，第3页。

背景下，各个国家之间明确的"边界"又逐渐演变成"边疆"，例如欧盟的形成。在"世界性的国家"中，自然会有"世界性的政治"，它同"世界性的国家"一样，所面临的是"全球"的问题，诸如如何面对人类共同的风险，如何维护人类共同的利益等。然而，吉登斯所谓的"世界"、"全球"、"人类"，完全是放在西方大国"全球化"的视野中去认识的，其基本点是在削弱民族国家的主权，即这些国家的权力从各个主权国家转移到"非政治化的全球领域"，① 致力于构建所谓的"全球性的公民社会"。总之，"西方中心主义"总是顽固地表现出来，一些论者认为西方中心主义是当代殖民主义的延续，不是没有道理的。

德国哲学家哈贝马斯是法兰克福学派的重要代表人物之一，在欧美学术界有着广泛影响。在涉及全球化与国家主权关系方面，有《民族与共和国》、《交往行为理论》、《道德意识与交往行为》、《超越民族国家》、《交往行为理论的准备性研究及其补充》、《在全球化压力下的欧洲的民族国家》等著述。冷战结束后，随着意识形态的冲突在国际关系中的淡化，不同类型的文化或文明之间的冲突日益凸现出来。美国学者亨廷顿的"文明冲突论"和阿拉伯裔的美国学者萨伊德的"东方主义"理论影响最大。哈贝马斯对上述两种观点均持异议。他认为前者夸大了文明"冲突"在国际政治生活中的作用，而后者又过分强调了"东方文化"对"西方文化"渗透的谴责和批判。

他的"主权终结理论"的立论基础，是强调全球化对国家主权的挑战。在他看来，全球化已使"民族国家"这一陈旧的概念过时；因全球化的到来，民族国家的主权不断萎缩，并被架

---

① ［英］安东尼·吉登斯著，郑戈译：《第三条道路：社会民主主义的复兴》，北京大学出版社、生活·读书·新知三联书店 2000 年版，第 147 页。

空；全球化使社会福利国家妥协面临着终结；全球化使主权国家行使自己权力的能力日益丧失和削弱。为了应对全球化对民族国家主权的挑战，必须"超越民族国家"，建立"世界公民社会"，今天，这个社会已经处于萌芽之中。在西方，与哈贝马斯"超越民族国家"大同小异的理论还有"非领土化的国家"、"非民族国家化"、"虚体国家"和"超越民族国家的治理"以及"没有政府的治理"等。在一些西方理论家看来，随着民族国家主权的衰落，一个体现了新的"全球规则"和"全球结构"的全球化的"帝国"正在形成。德国慕尼黑大学教授乌尔里希·贝克教授说："一个已经形成疆界和基础的世界是没有任何前途的，右翼民众主义在欧洲（和世界其他地方）的兴起，可以说就是对此做出的反应。"他在《全球化时代的权力与反权力》中所要强调的是："民族国家是未完成的国家……谁在世界性的超级游戏中只打民族国家的牌，谁就输。""世界主义国家——我们已经作了各种不同的论证——是通过与全球公民社会的融合而形成的国家。"① 在这里，乌尔里希·贝克所说的"全球化"，已经"不再是民族国家的社会空间之间的日益紧密的相互交织，而是民族国家的社会空间的内在的全球化本身"。② 乌尔里希·贝克对"全球化"的这种新定义，继吉登斯之后在西方有广泛的影响，日益引起人们的关注。

　　一些西方学者认为，现代国际政治的主体已经不再是"民族国家"，这是现代世界与前现代世界的区别。我们并不否认全

---

　　① ［德］乌尔里希·贝克著，蒋仁祥、胡颐译：《全球化时代的权力与反权力》，广西师范大学出版社2004年版，第1页及扉页。
　　② 蒋仁祥等：《全球化时代的权力与反权力·译后记》，见［德］乌尔里希·贝克著，蒋仁祥、胡颐译：《全球化时代的权力与反权力》，广西师范大学出版社2004年版，第319页。

球化对国家主权愈来愈加严重的挑战,① 但在全球化的背景下,国家依然是不可替代的政治权力主体;领土仍然是划分国家的基本标志;国家领土的属性没有消失,边界仍然是国家行使其管辖权的基本边限。国家主权仍然具有合理性和合法性,国家主权并没有"终结"。一些西方学者也持相同的或类似的观点,对西方主流全球化理论提出批评。例如,琳达·韦斯对"无权力国家"(powerless state) 理论提出批评时说:"这一概念及其相关的民族多样性消亡的说法基本上是一种误导,是一个不切实际的神话。与此相反,当今的国际经济实践并不足以证实使得本土国家变得无足轻重的全球市场已经产生。"在她看来,国家的结构和职能,在当代世界确实已经发生了许多重要的变化,但她认为所有这些变化并不是因为国家的性质在全球化时代发生了根本性变化,而是因为国家的适应性和应变能力在新的国际环境下发生了变化。例如,琳达·韦斯认为,国家的作用在所谓的全球化时代并没有被削弱,反而变得更加重要,国家权力在新的国际环境下有不断强化的趋势。她特别强调,当今世界的发展趋势恰恰是与全球化趋势相违背的,我们所处的世界与其说是国家间差别基本消失的"全球化的世界"(the globalized world),还不如说是国家间的差别依然十分突出的"国际化的世界"(the international-

---

① 国内一些论者认为这种挑战主要表现在以下 8 个方面:超国家组织对国内政治生活的影响日益增大;跨国公司不仅操纵着经济全球化进程,也在相当程度上左右着民族国家的国内政治;国家权力开始分层化和中空化,国家在权力体系中的核心地位受到一定程度的动摇;国家的传统只能受到严重的限制和削弱;国际因素已经成为制约国内政治发展的基本变量;全球问题的增加使得国家权力的边限在一定程度上开始变得模糊;民族国家的认同遇到了危机;全球化正在重塑国家的自主性。参见俞可平等:《全球化与国家主权》,社会科学文献出版社 2004 年版,第 38—45 页。

ized world)。① 这种在西方国家的非主流观点，已经日益引起人们广泛的关注。埃及学者萨米尔·阿明也指出，"新的全球化损害着民族国家管理经济的效率。然而，它并没有取消民族国家的存在"。② 这些从一个侧面反映了"全球化意识形态"的地位，并非是不可动摇的。

二 国家主权让渡论

一些西方学者认为全球化也叫"非民族化"，在全球化的强烈冲击下，民族国家已经或开始失去了行动权力和改造权力。他们强调，在全球化时代，"民族国家"概念已经过时；民族国家主权已经萎缩；民族国家行使自己权力的能力日益丧失。这样，国家主权已经被严重地削弱了，它不再具有先前的那种绝对性和至高无上性，"国家主权的减退是当今世界一大潮流"。但是，这种"削弱"或"减退"，只是那些弱国，是广大发展中国家，而非资本主义强国。他们认为，全球化就是资本主义化，资本主义在世界上已经占绝对统治地位，强国与弱国之间不存在平等的主权；这样，以美国为代表的西方资本主义大国，俨然成为"冷战"后的胜利者，成为当代世界的主人，他们应该享有更多的主权，而广大发展中国家和弱国，自然就应该享有较少的主权，将自己的主权"让渡"给资本主义强国。这样就提出了"主权让渡"的问题，其基本理论是因全球化的到来，使国家主权"弱化"、"泛化"，国家主权平等原则、不干涉内政原则等已经失去了原有的意义；这些原则已经向"干涉权"、"国际监护"、

---

① 参见俞可平等：《全球化与国家主权》，社会科学文献出版社 2004 年版，第262—263 页。

② 萨米尔·阿明：《五十年足矣》，参见王列等编译：《全球化与世界》，中央编译出版社 1998 年版，第 242 页。

"有限主权"等理论转化，传统意义上的民族国家只有让渡主权，才能继续存在和发展，在他们看来，让渡主权是符合这些国家的基本利益的。

"主权让渡"的前提，是主权可以分割。这是西方学者强调的全球化挑战国家权力的重要内容之一。而在传统的国家主权学说的主流理论中，主权是不可以分割的。国家主权学说奠基人布丹认为，主权的四个基本要素，即主权是绝对的权力、不受限制的权力、永恒的权力和高于法律的权力。从这四个要素中，没有任何主权可以分割的内容。如果主权可以分割，主权就不再是"绝对的"、"永恒的"权力。而在当代西方理论家看来，国家主权可以分成政治主权、经济主权、军事主权、文化主权、司法主权和信息主权等。在强国和弱国之间，没有平等的主权。前者可以享有较多的主权，而后者则相对享有较少的主权。如果主权不存在着这种可分性，"主权让渡"就不可能，因为"让渡"的只是主权的部分内容，而非是主权的全部。他们认为，欧盟就是"主权让渡"的成功典范。从1952年《欧洲煤钢联营条约》正式生效，到2002年欧元在世界上正式流通的50年间，西欧国家正是通过不断的"主权让渡"，实现了政治、经济、法制和外交等方面的"一体化"，建立了超国家主权的机构。欧盟的目标是建设"经济欧洲"、"公民欧洲"、"社会欧洲"的"大欧洲"，最终建立"多民族"的欧洲联邦国家。

这种似是而非的理论很能迷惑人，有更多的欺骗性。正如法国学者诺埃尔·布尔吉等所言："通过主权的自愿让渡实现了欧洲的统一，因此，这类言论在欧洲非常流行。然而，这种言论却经不起对全球化的分析。这种言论没有考虑到在自由市场的创建过程中国家所发挥的作用，掩盖了社会政策所追求的主要目的，并且忽视了由全球化所引起的国家之间的力量对比关系态势。与新的商业乌托邦所描绘的国家解体的背景相距甚远的是，美国的霸权已得到巩固，它的主权以惊人的形式显示其存在。至于欧洲，那里的国家权力再次在加入全球化游戏和实现经济统一中发挥作用。如果说，这种国家使命的再创造是以增加社会苦难为代价的话，那么，这远远不能被解释为国家权力机制的衰落。"①显然，"主权让渡"是有一定界限的，它并没有结束国家的使命。

　　关于主权是否可分，并不是一个新问题。早在18—19世纪，这个问题就已经成为国际法学界讨论的热点问题。我国学者认为："主权可分论"混淆了主权与治权、管辖权之间的区别，从而给主权的正确界定制造了困难；"主权可分论"把主权定位于"功能"，忽视了主权的法理性，其逻辑后果是否定国际法的主权原则；"主权可分论"的实质是主权相对论，结果将为西方大国推行霸权主义和强权政治提供理论上的依据，直接伤害到发展中国家的主权。②事实正是如此，"主权可分论"是建立在不平等的国际政治秩序的基础之上的。那些发展中的弱国，多是原来的殖民地、半殖民地国家。这些国家被西方大国视为"准国家"（Quisa – state）或"半国家"（Semi – state）。这些国家只能是"非完全主权国家"，从而享有"消极主权"（negative sovereignty），其主权自然可分；而实力雄厚的西方大国，则成为"完全主权国家"，享有"积极主权"（positive sovereignty），不存在主权分割的问题。所谓"主权可分"、"非完全主权国家"和"消极主权"等，其实质是对广大发展中国家主权的肆意践踏和

---

① 见［德］乌尔利希·贝克等著，张世鹏等编译：《全球政治与全球治理——政治领域的全球化》，中国国际广播出版社2004年版，第103—104页。
② 参见卢凌宇：《论冷战后挑战主权的理论思潮》，中国社会科学出版社2004年版，第64—68页。

破坏。

关于欧盟国家的"主权"让渡问题，人们看到的一个基本事实就是，这种一体化的联盟，丝毫没有改变其成员国的主权国家地位。如果说，目前欧盟的形态已经具有了联邦的某些特性，但是，仍然保持着主权国家联盟的性质，它的权力来源于各个成员国的授权。欧洲联盟是主权国家的联盟，建立它的目的，是为了寻求各个欧洲民族国家之间最佳的结合点。决定欧盟成员国行为的基本出发点，仍然是民族国家的各种利益，首先是经济利益。即使欧盟成员国将某些主权"让渡"给欧盟组织，例如建立关税同盟、海关公共监管职能、制定统一的农业政策、建立统一的货币体系，以及欧元的发行等，但这一切的前提是为了维护欧盟的整体利益，自然也包括每个成员国的利益，而在事关成员国重大国家利益的问题面前，激烈的争论是不可避免的。欧盟对国家观念和国家主权提出的挑战，引起人们的广泛关注。今后一体化的程度越高，国家主权让渡的内容也就越深，因此提出了一系列重大的理论问题令人思考，如欧盟一体化是向国家主权的原则挑战，还是向国家具体的职能职权挑战；欧盟国家之间相互让渡主权的现象，在世界范围内是否具有普遍的意义等。

"国家主权多元论"是推动"主权让渡"的另一个理论基础。20 世纪初，在西方就有人倡导多元论的主权观，英国思想家哈罗德·拉斯基就是这种观点的代表。他在 1917 年问世的《主权问题研究》一书中，即宣扬国家主权从来就不是一元的，而是多元的；至高无上的、绝对的和不可分割的国家主权是一个现代的偶像和政治神话。实际上，国家主权从来就是多元的。拉斯基认为，国家主权的权力分散于国内各种政治力量之中，如工会、教会和利益团体中间。

当代的一些西方学者则进一步指出，在全球化时代，国家主权开始在现实生活中变得真正的多元化，不再具有传统的那种绝对性，它变得可以让渡。国家主权同时向两个方向让渡：一方面向国内的地方政府和民间组织转移；另一方面向国际组织和全球公民社会组织转移。全球性的国际组织日趋具有更广泛的“国际性”，其作用已经超出了传统的国家主权的范围，使国家主权不可避免地受到损害，国家主权的屏障也将被冲破。英国学者保罗·赫斯特和格雷厄姆·汤普逊认为，在全球化时代，国家不可能像过去垄断合法使用暴力一样垄断所有治理权力。实际上，国家层次的机构远远不能提供足够的地方性知识和有效治理，各种超国家的国际组织、国内的各种民间组织，同样分担着国家的治理权力。他们说，国家仍然保持“主权”，但这种主权并非是指它们在其领土范围内是全能的或至高无上的，而是指国家仍然保持着领土的管辖权，它们在其边境内仍是居民的代表。所以这是一种新的“国家主权”，它可以分割和让渡。国家主权“向上”转移，指的是通过国家间协定建立和遵守各种形式的国际治理；“向下”转移，指的是国家对其领土内中央、区域和地方政府以及公民社会中得到认可的私人治理之间的权威与权力关系的宪法秩序进行调整。但是，当国家转让其传统的主权时，国家同时也获得了新的角色。①

　　在这个过程中，美国的霸权或美国的利益将不可避免地会体现出来。因为在当今世界上，“似乎没有一个国家或国家群体能够从政治上与美国抗衡，更谈不上能够重新对它在国家等级制度中的特殊地位提出挑战了。根据托马斯·弗里德曼的观点，‘在全球化体系中，所有的国家和民族都处在同一等级之上，都在不

---

　　① 保罗·赫斯特和格雷厄姆·汤普逊：《全球化与民族国家的未来》，转引自俞可平等：《全球化与国家主权》，社会科学文献出版社2004年版，第15—16页。

同程度上从属于美国'。换句话说，他们应该顺从来自美国的'和言悦耳的全球霸权'"。① 上述观点有无可取之处或有多少可取之处，自然可以进行研究讨论，但有一个不争的事实是，民族国家在全球化的冲击下，其治理能力显然已经被大幅度地削弱了，它的作用在某些领域确实已经发生了根本性的改变。这应该引起人们的高度警觉和重视。我国在积极参与各种形式的国际合作，积极参加跨国决策制定工作的同时，要坚决维护国家主权不可侵犯，维护我国的国家利益不受损害，同一切干涉我国内政的外来势力进行坚决的斗争。

第四节　"信息边界"和"信息边疆"

一　信息边疆"地缘"政治学说

传统意义上"边疆"的含义，主要指"地理的边疆"，即在一个相对稳定的空间内，各族群长期活动、交往的广义边界。现代意义上的任何国家之间，都有明确的领土分野，并以确定的国界为标志。民族—国家自形成始，便有一条明确的"边界"。边界是一条精确的界限，对边界的任何侵犯，都是对神圣的国家主权的侵犯。在国际政治生活中，特别是近代以来的国际政治生活中，"边疆"或"边界"从来就不是一个自然地理概念。在研究自然地理的"边疆"或"边界"时，总要和政治、经济、军事、文化、民族等诸多因素联系在一起，在更多的情况下，被纳入地缘政治学的研究领域。

地缘政治学又称地理政治学，它的任务是依据各种地理要素

---

① 见〔德〕乌尔利希·贝克等著，张世鹏等编译：《全球政治与全球治理——政治领域的全球化》，中国国际广播出版社2004年版，第106—107页。

和政治格局的地域形式，分析和预测某一国家、地区或世界范围内的政治行为和战略形势。地缘政治学是"一个国家依据地理因素对于安全政策的统筹规划"。包括西方国际关系理论在内，地理位置、国土面积、人口、民族、资源、经济实力、战略军备等，都被纳入地缘政治学的视野。至于信息边疆的"地缘"政治学说，顾名思义，总是和"信息"联系在一起。在信息时代，信息已经具有十分鲜明的意识形态色彩。西方大国凭借物质、军事和技术上的优势，通过这样或那样的信息，挑战他国的主权，以维护它的根本利益。"金融资本按照真实时间流动的全球化模糊了民族国家的边界，最终是跨国的信息传播新网络按照经济资本和文化资本的生产和分配重新分割世界空间"。① 所谓"重新分割世界空间"，只能是"跨越"信息边疆，对他国主权的肆意践踏和破坏。

　　在现实的国际社会中，"边疆观"是一个发展着的概念。在陆权时代，普遍的看法是，谁控制了欧亚大陆，谁就掌握了世界。当人类社会生产力有了迅速发展，将自己的生活范围从陆地扩大到海洋时，才出现了"领海"或"海疆"的问题，"海权"逐渐成为国家主权的主要内容之一。曾经两次出任美国海军学院院长的马汉，在认真总结和研究人类历史上的海战及其影响后，1890 年撰写《海权对历史的影响》，强调"制海权决定了一个国家的国运兴衰"，创立其影响人类历史进程的海权理论。随着飞机的出现，国家边疆的概念再次被突破，"领空"同样被纳入国家主权的范畴。意大利人杜黑是空军战略理论家，制空权理论的奠基人。他在 1921 年出版的《制空权》一书中提出：天空比海

————————

　　① 阿芒·马特拉：《世界传播与文化霸权》，中央编译出版社 2001 年版，第 5 页。

洋更重要，战争取胜的关键是掌握制空权；制空权包括空中交通控制权和空中作战成功两部分。1950 年，美国的塞维尔斯基在《空军：生存的关键》一书中，进一步发展了杜黑的制空权理论。他更加重视继陆地、海洋之后，当"航空"这一新的历史时期到来时，制空权在国家安全和全球战略中的重要作用。谁控制了空间，谁就控制了世界，几乎成为当时军事家的共识。20 世纪中期以后，人类开始征服太空，苏、美等航天大国展开了激烈的争夺和较量，随着太空航行、星球探测，以及太空防御战略系统的构想等，开始出现了"天疆"这样的概念。同"陆疆"相比，人们的边疆观念，已经有了极大的扩展。

　　国家主权在信息时代面临的突出问题之一，就是信息得不到传统的国家边界的保护。在农业或工业时代，对他国的侵略主要表现为物质掠夺和军事征服。而在信息时代，哪个国家掌握了信息控制权，就可以随意地侵占他国的信息资源。如果一个国家的信息控制权丧失了，那就意味着这个国家主权的丧失，后果不堪设想。随着信息时代的到来，信息时代那种崭新的、特殊的社会生产方式，立即展现在人们面前。信息科学与信息技术全面推动着政治、经济、科技和文化的持续发展，使社会生产方式和生活方式，迅速发生着根本性的变化。并非需要有多么复杂的技术，一台直径 30 厘米的小型家用卫星接收器，就可以直接接收 100 套以上国际卫星电视信号。信息的国际化迅速交流，标志着一个新时代的到来。正是在信息时代，才有可能出现"信息新大陆"，以及与之相连的"信息边疆"。"信息新大陆"是正在形成中的人类生存的新大陆，丰富的跨国网络，日益成为重要的战略资源。因此，它在某些人的眼中被看作是地球上新出现的"第八大陆"，不是没有道理的。但它和亚洲、非洲、欧洲、美洲、大洋洲等七大洲不同，它没有清晰的"边界"界限，没有任何具体的"边疆"地域，更不受任何形式条约的规范。全球化和信息社会已经改变、并继续改变着国家疆域的范围和空间。这就直接导致了"国内问题国际化"。这是对国家主权的粗暴干涉，例如，不容置疑属于国家主权范畴的"人权问题"，已经成了"国际化"的问题，有多少罪恶就是在"人权高于主权"的旗号下犯下的。

　　有效地控制跨国信息流动的内容和方式，已经成为国家主权的重要内容之一。"信息边疆"是一种正在形成和崛起的新的国家边疆。美国未来学家托夫勒说："谁掌握了信息，控制了网络，谁就将拥有整个世界。"① 正是在这种特定的历史背景下，出现了"信息边疆"这个来自现实生活中的新概念。它主要指在遥感技术、卫星通信、网络技术和多媒体技术等信息技术迅速发展和广泛应用的条件下，主权国家为了保护自身的信息资源，同时获取和创造新信息的空间和领域。这样，"信息边疆"于是就成了在陆疆、海疆、领空和太空之后的"第五边疆"。它与传统的"地理边疆"截然不同，大大突破了国家的地理疆界，成为影响国家安全的一个新的因素。它的主要特点，首先就表现为它的无形性和普遍性，使国家之间的传统的地理界限趋于淡化，以至基本消失。以领土、领空、领海自然疆域画线的边疆观，正在被"信息疆域"、"信息边界"等新理念所挑战。但是，在维护国家利益和国家安全方面，它和传统的地理边疆一样，具有同等重要的意义。在多边疆时代维护"信息边疆"安全，日益成为信息时代国家安全的重心。对于传统的、有形的地理疆域向无形的"信息疆域"拓展，是一个不可逆转的事实，对此，我们应该有清醒的认识。

---

　　①　转引自黄立军编著：《信息边疆》，新华出版社2003年版，第13页。

信息边疆的出现，导致国家利益的构成内容发生了深刻的变化，由信息边疆的"地缘"政治理论所决定，"信息"已经成为国家利益的重要组成部分。它是新时期保障国家发展的基础和前提。一个国家信息科学与信息技术的发展水平，一个国家所拥有的信息量，以及对这些信息的控制和使用，成为衡量国家力量、制约国家安全的重要因素。"谁能占有信息社会，谁就能称雄全球以至整个宇宙。不难预料，占有或垄断信息资源，必会成为世界各国的奢望，攫取信息资源赖以生存的信息空间以拓展各自的信息疆域，必会成为世界各国的战略目标。"① 美国是全球网络中心，拥有世界 50％ 以上的上网人口，和 75％ 以上的电子商务。网站的 85％ 以上使用英文。这种情况毫无疑问强化了"欧美中心意识"，而通过网络对此进行宣扬，极力推行西方的意识形态，价值标准，进行文化渗透，对广大发展中国家将会产生更大的危害。国际间争夺信息战略空间的斗争并非自今日始，只不过在信息时代，愈演愈烈的趋势引起了世界各国人民的重视。西方大国，特别是美国凭借强大的经济实力和先进的科学技术，不断拓展信息边疆，使网络已经成为美国推行世界霸权的重要工具。

信息时代的"地缘政治"，已经、并继续对中国产生影响。这种影响的主要表现之一，就是加快推行西方意识形态的渗透，加快推行"和平演变"政策。1953 年 1 月 15 日，曾任美国国务卿的约翰·福斯特·杜勒斯在美国国会的证词中，提出所谓的"解放政策"。他说：必须时刻记住在社会主义制度下"被奴役的人民的解放问题"，主张用"和平的方法"达到这一目的。1958 年 10 月 24 日，杜勒斯访问台湾后，在白宫的声明中说："中国共产主义是一个致命的危险"，要用"和平的方法使全中

① 黄立军编著：《信息边疆》，新华出版社 2003 年版，第 23 页。

国得到自由"。半个世纪过去了，美国始终没有放弃对社会主义中国实行"和平演变"的政策。而"网络"的出现，立即成为推行这一政策的有力工具。2000 年 3 月 8 日，时任美国总统的克林顿在约翰 · 霍普金斯大学讲演时说："在新世界，自由将通过移动电话和因特网传播。在过去的一年里，中国的因特网网址增加了 3 倍以上。从 200 万增加到 900 万，今年预计这个数字将超过 2000 万。"他特别强调："我们知道因特网使美国发生的巨大变化。我们已经是一个开放的社会。我们可以想象它可能使中国发生的变化。"同年 2 月，小布什在接受美国全国广播公司电视采访时说："因特网在中国的发展对促进中国的民主是极为重要的。如果因特网以在其他国家发展的那种方式进入中国，那么'自由'将迅速地在那片土地上站稳脚跟。"不难看出，美国政要鼓吹在中国建立所谓的"自由"，以及希望在中国出现的"变化"，无非是要用西方的意识形态、政治理念等，取代马克思主义在中国的指导地位。为了应对美国利用网络进行意识形态渗透，图谋世界霸权，我们应有针对性地建立起无形的精神防线，同时加快自己因特网的建设，固守自己的"信息边疆"。

二 信息边疆

"信息边疆"无界无疆、无形无象，是在新的历史条件下，和地理边疆相对而言提出的新概念，它看不见、摸不着，不在边境线上，是非封锁式的边疆，但又是客观存在，以信息作为"界碑"，是继陆疆、海疆、领空和太空之后的"第五边疆"。"信息边疆"是为了进行无形的信息对抗，在国家之间建立的信息安全屏障，但它有十分具体的内容，而非一个空洞的概念。它包括政治、经济、军事、外交、科技各个领域的信息边疆。在信息化时代，能否有效地抢占信息空间、争夺信息资源，以及把握住“制信息权”，关系到民族的兴衰和国家的生死存亡。在信息边疆的构成要素中，信息是影响国家经济发展、社会稳定、军力强弱的关键因素，网络是核心要素。在当代社会，网络已经深入到一个国家的政治、经济、科技、军事、文化、教育等社会一切领域。一些国家所以能够不断地拓展自己的信息边疆，将自己的信息疆域扩展到他国，就是因为他们掌握着先进的网络技术，通过网络侵犯他国的信息边疆，对其信息主权造成严重的威胁。同传统的陆疆、海疆相比，“信息边疆”在一定程度上替代了现行的民族和地理的疆界，而且是一道更难捍卫的“边疆”，因为在信息、网络面前，高山、海洋、草原、荒漠等传统的国家安全屏障，已经失去了任何防御作用。

　　20 世纪 90 年代以来迅猛发展的信息技术革命，使信息成为具有决定意义的战略资源，犹如农业社会的土地、工业社会的资本一样。当前一个重要的问题是“信息流、资本流与人才流的高度同步，使信息技术先进的国家更容易掌控国际资源，形成信息霸权，发展中国家受制于发达国家信息优势和信息威慑的危险越来越大”。① 和发展中国家相比，西方大国掌握着绝对的信息优势，这种优势已经超过了它们在经济方面的优势。据联合国开发计划署《人类发展报告 1999》统计，全球信息网络中 90% 的电脑，都在发达国家中，而这些国家的人口，仅占世界总人口的16% 。正是在网络已成为信息强权在全球推行霸权主义的工具这样的背景下，催生了“信息边疆”的新理念，导致了国家利益疆域和安全视野的扩大。一方面“信息边界”是无形的，不能以传统的领土、领空、领海或领天来划分。另一方面也为国家战

────────

　　① 中国现代国际关系研究所：《全球战略大格局》，时事出版社 2000 年版，第530 页。

略边疆的延伸提供了物质基础。只不过意识形态和国家价值观念的不同，有的表现为霸权主义的绝对扩张，有的则主张互利互惠、相互尊重的平等发展权。

"我们认为如下可能性并非不存在：掌握在个人手中的信息力量将被视为民族国家的竞争对手；信息可以成为阻止战争或促使战争爆发的有效工具；可以利用信息完善或摧毁整个社会。"[1]在新的历史时期，如何保卫"信息疆界"，是摆在我们面前迫切需要回答的问题。传统的国家边界，是指分隔一国领土与它国领土或公海的界线，主要有陆地边界、海上边界、空中边界和地下边界等。两国之间的边界线既有有形的，也有无形的。无形的边界以河流、湖泊、山脉、森林、沙漠等自然地形、地物构成，有形的边界线以人为设置的界桩、界石、运河、浮标等为标示。但无论是无形的还是有形的，传统的国界线总是界线分明，能为人们所见到。国界线表明了国家不可侵犯的领土范围，谁侵犯了国界，谁就侵犯了国家的领土主权。但信息时代则大不相同了，主要表现为信息网络的出现，使传统的"国界"意义被削弱，国家疆域的范围迅速地扩展了。这样，一个国家的疆域不仅包括传统意义上的领土、领空、领海、领天，还包括无形的、没有界限的网络空间。"信息边疆"是信息时代和网络时代的产物，它的出现，使传统的国家安全观的内容和形式都受到严重的挑战。领土安全只是国家安全的全部内容之一，此外，还有经济安全、生态安全、文化安全等。而经济安全、生态安全、文化安全等，又都是和信息安全——信息边疆和信息边界的安全联系在一起的。20世纪90年代，美国在"全球信息基础设施建设"等计划中提

---

① ［美］阿什利·泰利斯等著，门洪华、黄福武译：《国家实力评估资源、绩效、军事能力》，新华出版社2002年版，第6页。

出，发展"全球信息基础设施"的任务，就是要"促进民主原则，限制极权主义政权形式的蔓延"，在美国的领导下，使世界有"更大的共同性"。美国还提出"信息保护伞"的概念，来代替"核保护伞"概念等。显然，信息革命决不是仅仅影响信息技术的发展，确如 2000 年 7 月 9 日日本《读卖新闻》署名文章所言，"IT（信息技术）革命是政治的新武器"。信息力就是"国力"，信息时代的国家安全问题，已经引起世界各国人民的高度重视。因此，我们应当适应变化了的世界政治形势，建立"信息边疆"的安全观念，从多方面增强国家抵御全球风险的能力，切实维护我国在全球化时代的根本利益。

　　信息时代的国家疆域则是由陆、海、空、太空、网络五维空间组成的。如果说"信息疆域"是国家或政治集团信息传播力和影响力所能达到的无形空间，那么，"信息边疆"则不是以传统的地缘、领土、领空、领海来划分，而是以带有政治影响力的信息辐射空间划分。而"信息边界"是一种无形的、划分各个国家或政治团体"信息疆域"的不规则界限。① 信息技术和信息科学的发展水平，和维护"信息边疆"的安全有着直接的关系。当前，跨国界的计算机互联网络，已经实现了计算机网络之间的互通和互动。互联网的出现使地球"缩小"成为一个"村庄"。以美国为代表的西方大国凭借强大的经济实力和先进的科学技术，企图通过互联网来控制"地球村"，即控制整个世界。信息技术落后国家的"信息边疆"，和信息技术发达国家的"信息边疆"相比，面临着更多的不安全因素。在信息时代，国家发展在很大程度上取决于"信息疆域"的拓展及安全。没有先进的

──────────

　　① 参见马维野主编：《全球化时代的国家安全》，湖北教育出版社 2003 年版，第 67 页。

信息技术，就没有网络空间的国家主权和国家安全。

在当代世界，争夺信息网络优势，不断拓展"信息边疆"的"战争"正在进行，这是一场看不见硝烟的激烈的战争。即使在相对"和平稳定"之时，"信息边疆"之间的冲突，也从来不曾停止。信息战争是当代高技术战争的重心，具体体现了世界军事革命的特点和趋势。1998 年 5 月，美国总统克林顿在美国海军学院发表讲演时指出，"当 21 世纪即将降临的时候，美国的敌人已将战场从物理空间扩展到了虚拟空间"。信息战争被认为是和核战争、生化战争并列的严重威胁国家安全的战争。它虽然不费一枪一弹，但可以通过侵袭和操纵计算机网络的方式，彻底摧毁对方的国防设施和基础设施，使国家中枢系统瘫痪，实现既定的战略目标。①

如果说传统的军事冲突，主要发生在边疆地带；打击的目标有具体的指向性，如军事设施、基地，或其他重要的战略目标，交战双方更注重在物质力量基础上的综合较量。包括科技、钢铁、机器制造等方面的竞赛。战争的结果，主要表现在本国版图的扩展和边界线的重新确定。而信息冲突或信息战争则表现出新的特

---

① 对信息战争这一概念有多种理解。例如美军认为，信息战是通过影响敌方信息和信息系统，利用和保护己方的信息和信息系统来取得信息优势。信息优势指在信息领域取得支配地位，在作战时，不会遇到有力的抵抗。俄军认为，信息战是在军事（战斗）行动的准备和进程中，为夺取和保持对敌方的信息优势，按照统一意图和计划所实施的信息保障、信息对抗和信息防护的综合措施。参见；李显尧等：《信息战争》，解放军出版社 1998 年版，第 77 页。在国内学术界，和"信息战争"联系在一起的，还有"信息战"、"数字化战争"、"知识战争"、"高科技战争"、"信息时代的战争"、"信息化战争"等多种概念。近年的一种观点认为：信息化战争 ＝ 武器系统的信息化与智能化 ＋ 作战行动的一体化。前者主要包括信息化作战平台、信息化智能的弹药、数字化单兵作战系统、综合军事信息系统等；而且还认为，信息化战争仍然是政治的继续。参见何建良编著：《信息化战争——前所未有的较量》，新华出版社 2004 年版，第 70—73 页。

点，信息化战争虽然不排除物质力量的较量，但更主要的是知识的较量，仅仅依托在知识基础之上的信息，是信息战争毁灭力的主要来源，这正如人们所经常说的，"计算机中一盎司硅产生的效应也许比一吨铀还大"。此外，信息战争还突出表现为它的"全维性"，即攻击的领域不仅包括军事、经济、政治目标，而且还几乎囊括了社会生活的所有领域。它的攻击手段也是多种多样的，主要表现为："依托网络迷惑、干扰、威慑、破坏对方；以多种技术手段侵入对手的网络，掠取信息；以欺骗等手段阻止对方的网络渗透和入侵；在网上施放威慑信息，遏制对手的侵略；打击和破坏对手的网络边疆并寻找可乘之隙等。"① 保卫"信息边疆"的安全，就是维护国家利益，保护国家主权。信息战场的对抗能力，决定了保卫信息边疆的能力。为此，应当不失时机地建立"信息防护部队"。这是一支以信息科学专家为主的知识密集型的部队，在不断拓展自己的信息空间、不断加大自身信息影响力的同时，积极反对信息霸权主义，随时防止和打击他国信息入侵和信息掠夺，保卫无形的信息边界，保卫国家信息安全。

三　文化边疆

经济全球化进程，迅速地扩大了文化流动的空间，而国际互联网则急剧地加快了文化在全球范围内的流量。这一切不可避免地会对文化领域产生影响。在今天的世界上，不同文化之间的联系从来没有这样密切。他们之间既有碰撞、冲突，也有相互渗透、吸纳和融合。但是，经济全球化并不等于文化的全球化。美国杜克大学教授弗雷德里克·詹姆逊认为，文化的全球化是真正意义的全球化，是"界定全球化的真正核心：世界文化的标

---

① 黄立军编著：《信息边疆》，新华出版社2003年版，第21页。

准化；美国的电视，美国的音乐，好莱坞的电影，正在取代世界
上其他一切东西"。在他看来"文化全球化"的后果，是美国的
大众文化模式取代世界上各个民族的传统文化，而"特定种
族——民族的生活方式在这种文化标准化的过程中将遭到破
坏"。① 所谓"文化全球化"，是一个美丽的谎言，当任何一种文
化失去其"民族性"时，它也就不存在了。以美国文化为主导
的文化的"全球化"，其实质是典型的"文化帝国主义"。同
"信息边疆"一样，同样是现实生活催生了"文化边疆"。包括
中国在内的广大发展中国家目前存在的西方文化严重"入超"
的现象，是这些国家文化边疆"软化"的具体表现。如果说国
家安全是保持国家统一和领土完整的一种能力，合理地维持它与
世界其他国家和地区的经济联系，防止外来势力推倒他的制度和
统治，并且有效地控制它的边界，② 那么，这个边界显然是包括
"文化边界"在内的多种形式、多种内容的边界。

　　西方文化所蕴涵的政治理念、生活方式、思维方式，以至行
为方式，毫无疑问地会影响到中国人生活的各个方面，也包括意
识形态。以美国为代表的西方文化和价值观念，极力要渗透到世
界其他国家和民族之中，建立起以美国文化为主导的文化，这的
确是一个现实的挑战。文化边疆的软化引起人们思想上的混乱。
"文化交流"和"文化渗透"或"文化侵略"是完全不同的两
个概念。有论者认为："人类历史上从未有过如此的全球各种文
化的大交流。摩擦、碰撞、冲突应该看成是这种大交流、大融合
过程中自然和必然的反映。一大片的原来的社会主义国家转上市

---

　　① 弗雷德里克·詹姆逊：《论全球化和文化》，见王宁编《全球化与文化：西
方与中国》，北京大学出版社 2002 年版，第 108 页。

　　② Harold Brown, Thinking About National Security, Westiview Press, 1983, p. 14.

场经济的轨道，政治上不同程度地扩大民主化，不正是趋向的最好说明吗？"① 笔者不同意这种观点，因为"文化交流"的结果，不应是作为"民族文化"核心内容的意识形态和价值观的丧失，不是将本民族的文化"流"到他民族的文化之中去。而西方一些学者所鼓吹的"文化全球化"恰恰认为是这样。这样，在所谓"文化全球化"的喧嚣日趋高涨的情况下，一个现实的问题，即文化边疆和文化主权的问题摆在了我们的面前。文化边疆就是指民族国家的文化信仰、习俗和价值观念在国家版图内外的客观存在。它具有相对的独立性和稳定性。文化边界与文化边疆既有联系，又有区别。由民族文化的地域中心向外推延，当其辐射和影响难以企及之处即为民族边界。边界之外是与"我"截然有别的异族文化。文化主权就是保护文化边界不受侵蚀、侵犯，并使文化边疆持续发展的基本权利，这与保持民族的独立性紧紧联系在一起。当今世界仍然面临着单一文化的威胁，发展中国家对西方的文化渗透应保持足够的警惕，要采取积极的应对措施，维护国家的文化边疆的安全。

中国和广大发展中国家的文化边疆，面临着文化帝国主义或文化霸权主义的现实威胁。在当今世界，以美国为代表的西方文化作为一种显而易见的"强势文化"，进行文化扩展。冷战结束前，美国针对苏联和东欧社会主义国家，设立了"自由欧洲"电台，每天24小时连续播音。1985年，又针对古巴设立了"马蒂电台"，进行冷战宣传。冷战结束后，美国又开设了以针对中国为主的"自由亚洲"电台。"自由亚洲"每天对华广播24小时，其中普通话广播12小时，藏语广播8小时，粤语广播3小

---

① 朱旭东：《全球化历史进程与中国社会主义文化》，贵州人民出版社2002年版，第4页。

时，维吾尔语广播 1 小时。美国政府对其给予积极支持，仅 1995 财政年度就拨款 1 亿美元。与此同时，作为美国政府"不可缺少的工具"的"美国之音"，每周对华普通话广播 84 小时，藏语广播 28 小时，粤语广播 14 小时。美国政府强调，这些广播旨在向中国听众准确报道美国及其政策的新闻，以及客观权威地报道中国国内及周边地区所发生的事件。而且通过这些广播影响那些"美国商业手段无法接近的民众"。① 这里所说的"影响"，只能是美国价值观和意识形态的影响，其结果是企图将那些"民众"引入完全按照美国政治理念进行思考的轨道之中。

以电影、电视、流行音乐及因特网为代表的美国文化，借助商业机制和高科技手段，大举对世界各国进行渗透，而且有愈演愈烈之势。目前，美国控制了世界 75% 电视节目和 60% 以上广播节目的生产和制作，每年向国外发行的电视节目总量达 30 万小时，许多国家的电视节目中美国节目往往占到 60%—70%，有的占到 80% 以上，而美国自己的电视节目中，外国节目仅占 1%—2%。20 世纪 90 年代以来，世界电影票房价值约为 155 亿美元，而美国即占 2/3 以上，达到 105 亿美元。文化产品是美国最大的出口产品，每年的出口额达 600 多亿美元，已经超过航天航空和电子产品的出口额。在全球网络传播中，80% 以上的信息来自西方国家，90% 以上的网络服务由西方国家提供，中国大陆地区提供的仅占 1%。

除了获得巨大的商业利益外，美国还借助文化产品的输出推销其意识形态和生活方式，通过文化渗透"同共产主义做斗争"。例如，冷战期间美国曾经有利用流行音乐腐蚀苏联青年的

---

① Joseph S, Nye, Jr. and William A, Owens: "America's information Edge", Foreign Affairs, (March—April) 1996, p. 34.

计划。杜勒斯说："如果我们教会苏联的年轻人唱我们的歌曲并随之舞蹈，那么，我们迟早将教会他们按照我们所需要他们采取的方法思考问题"。① 再如 1995 年 7 月，美国负责东亚和太平洋事务的助理国务卿帮办魏德曼，在参议院对外关系委员会作证时说："贸易不只是创造财富的手段，它还是美国思想和理想借以渗透到所有中国人意识中的渠道；从长期来看，它为美国的意识形态产业（诸如电影、激光唱盘、软件、电视）和使国际交流更为便利的产品（诸如传真机和互联网络计算机）开辟市场。这些有可能使中国人的人权状况得到改善，从而发挥我们所有直接的和政府之间的努力加起来一样大的促进作用。"② 不难看出，美国的文化传播和文化产品输出的意识形态色彩，是十分明显的。近年发展中国家的一些年轻人的人生观、价值观不断受到侵蚀，本土文化、民族传统的认同被削弱，充分反映了民族国家的"文化边疆"受到侵袭这一客观事实。

　　文化帝国主义，文化侵略或文化扩张，历来是帝国主义的重要内容之一，而非始自 20 世纪末全球化时代的到来。那个时候虽然还没有提出"文化边疆"、"文化边界"这样的概念，但西方帝国主义在全球范围内的文化侵略，却是不争的事实。美籍学者爱德华·W·萨义德 1993 年在其代表作《文化与帝国主义》中，对此有详尽阐释。19 世纪末 20 世纪初，主要资本主义国家进入帝国主义发展阶段，帝国主义的统治与扩张，包括意识形态和文化方面的内容。从"西方中心主义"出发，认为西方与世

---

① 转引梁云彤等：《美国和平演变战略》，吉林人民出版社 1992 年版，第 39 页。

② Testimony by Kent Wiedemann, U. S. Deputy Assistant Secretary of State for East Asian and Pacific Affairs, before Senate Foreign Relations Committee Subcommittee on East Asian and Pacific Affairs, july25, 1995.

界其他地方之间，有本质的差别。"人们对于西方与非西方的边缘地带间的地理和文化的界限的感觉与认识非常强烈"，而且认为"这些边界是绝对的"。"西方对非西方世界的大规模统治现在已经是为人们所接受的历史研究的一个分支了。现在，就其研究范围而论，已是全球性的了。……帝国的巨大地理疆域，特别是英帝国的，与正在普遍化的文化语境已经结合在一起。当然，是权力使这种结合成为可能。与此同时，还有能够留在遥远的地方，得以了解别人，整理与传播知识，发现特征、描绘、传播、展示和表现其他文化（通过展览、远征、照片、绘画、调查、开办学校）的可能。而最主要的是统治他们的能力。这一切又产生了所谓对土著的'职责'，在非洲或其他地方为了土著的利益或者为了祖国的'声誉'而建立殖民地，这是文明人的使命措辞。"总之，帝国主义的"统治不是静止不动的，而是以许多方式传播宗主国的文化。……一系列较新的研究描述了帝国的主题是如何编进了大众文化和小说结构中或历史、哲学和地理的语境中去"。如果说，老牌帝国主义的霸权主要是通过两种力量，一种"存在于直接的统治"，另一种"存在于文化领域"，那么在当代美国，"它的不同之处在于文化扩张的范围的突飞猛进。这主要是由于传播与控制信息的工具空前发展。"① 在不同的历史时期和不同的国家或地区，文化帝国主义的内容及表现形式会有所变化，但是，它和现实世界的紧密联系，以及在政治、经济、军事和外交等领域的利益关系，却是不会改变的。

　　"冷战"结束后，各国文化的外部环境都发生深刻的变化，提出不少值得人们深思的新问题。在当前"经济全球化"的背

_____

① [美]爱德华·W·萨义德：《文化与帝国主义》，生活·读书·新知三联书店 2003 年版，第 150—151 页，第 415 页。

景下，文化帝国主义不断地冲击着民族国家的"文化边疆"，严重地威胁着这些国家的文化安全。当前美国国家政策的一个明显特点，是将"文化"和"新经济"、"高科技"并列，极力使以美国文化为中心的"西方文化"，成为当今世界的"主流文化"，用西方的价值观支配世界。托夫勒教授等认为，军事力量和经济力量不再作为衡量国家实力的主要目标，知识的控制是明日世界争夺的焦点。谁的文化成为主流文化，谁将成为国际权力斗争的赢家，谁将掌握未来。① 美国耶鲁大学教授保罗·肯尼迪说："今后的世界不是资本主义和社会主义的对峙，而是美国式的放任主义的文化和反美国文化之间的对峙。"亨廷顿认为，冷战后北约组织的主要任务是"保护和维护西方文明"，西方大国领导人的责任是"保护和促进他们共同拥有珍贵而又独特的文明中的利益、价值观和文化等"。② 从上述基本认识出发，一些美国学者极力鼓吹以美国文化为主导的"文化全球化"，肆意侵犯他国的文化边疆。

美国"世界霸权"，既包括政治、经济、军事、外交上的霸权，也包括文化方面的霸权。文化渗透和文化扩张，是美国称霸全球战略的重要组成部分，甚至在某种意义上可以说是美国世界霸权的基石。文化帝国主义是美国谋求世界霸权的重要内容之一，对世界各国、特别是对广大发展中国家的"文化边疆"造成了严重的威胁。在西方的一些理论家看来，通过"暴力"建立起来的霸权，是对权力的一种简单的体现，"是低质量的权力形式"，而通过"知识"或"文化"建立起来的权力——一种

---

① 中国社会科学院"世界文明"课题组编：《国际文化思潮评论》，中国社会科学出版社 1999 年版，第 6 页。

② 参见朱马杰：《当代国际关系中的文化博弈》，《国际问题研究》，2001 年第 2 期。

"有目的的支配他人的力量"，则是"高质量的权力"，具有高度的"灵活性"和"权威性"。前美国总统国家安全事务顾问布热津斯基在《大失控和大混乱》、《大棋局》等著述中认为，削弱民族国家的主权，增强美国文化作为世界各国'榜样'的文化和意识形态力量，是美国维持其霸权地位所必须实施的战略。美国在军事、经济、技术和文化方面的优势，以及这些优势合在一起，所形成的全球政治影响力，世界上没有任何一个民族国家可以与其相比拟。因此，美国极力要把自己的文化和价值观念，渗透到世界其他国家和民族之中，建立起以美国文化为主导的文化，把自己的意识形态强加给其他国家和人民，为此可以放肆地干涉别国内政，侵袭他国的文化边界，使广大发展中国家的文化边疆受到严重威胁。

任何一个有独立文化传统的国家，在经济全球化的背景下，都要为维护本国的文化传统、文化利益采取积极的措施，即全力维护"文化边疆"的安全。如许多国家以"多极文化论"与美国的"单边文化战略"相抗衡，这不仅是广大发展中国家，甚至还包括一些西方发达国家。1989年，欧洲议会通过"无国界电视"指令，规定欧共体成员必须保留大部分时间，播放欧洲的影视作品。1990年，法国政府规定，电视台必须用50%的时间播放法国的原创影视作品，余下的50%的时间，用来播放欧洲的影视作品。这些规定，确保了播放法国影视作品的时间额度。1992年，欧盟认同法国的"文化例外"概念，并确定了界定"文化例外"的六条标准。1993年，法国和加拿大等国在乌拉圭回合谈判中，提出"文化例外"主张，认为文化产品有特殊性，不能与其他商品一样流通，即关贸总协定的原则并不适用于视听产品，为了保护各民族的文化特性，文化产业应置于关贸总协定范围之外。不言而喻，这在全球化时代对于保护国家的文化安全是有益的。当然，民族国家固守自己的精神家园，维护"文化边疆"的安全，并不等于狭隘的"文化孤立主义"，相反，民族文化在经济全球化的背景下，将更加呈现出多元发展的趋势，从而使各个国家的"文化边疆"进一步得到巩固和发展。

结　束　语

　　在人类历史进程中，"边疆"是一个古老的，同时又是十分年轻的概念。这是因为世世代代人们对边疆的理解，始终处于一种变动之中。除了自然地理意义上的边疆之外，还有国际政治范畴中的边疆，当讨论近代以来国际关系体系中的诸多问题时，"边疆"问题则往往是首当其冲。在不同的历史条件下，人们出于不同的战略追求或利益需求，或两者兼而有之，"边疆"往往会被赋予这样那样的新的内容，做出新的解释，使之有新的涵义，尽管这些"新内容"、"新解释"和"新涵义"并不是人们都能接受的。也正是因为如此，"边疆"成为一个不确定的、歧义甚多的概念，以致在《中国大百科全书》、《不列颠百科全书》等中外著名的辞书中，都找不到有关它的辞条。

　　几年以前，当我们开始接触这个课题时，曾有过在世界历史的背景下，从理论上就"边疆"这一概念进行梳理和归纳，能够提出具有普遍意义的"边疆"概念的打算。因为这是一个出现频率十分频繁的术语，不仅仅在历史学，而且在其他的学科中经常出现。当时想，作为一种概念去规范和理解，"边疆"和"历史"在某种意义上似可相通，因为"历史"也是一个经常遇到、经常使用的概念，似乎是一个无人不知的概念。但若要真正回答"什么是历史"时，却发现这并不是简简单单就可以回答的问题。

　　现在，当这个课题行将结束时，我们放弃了最初的打算，至少是在近几年。因为从"新航路开辟"以来，西方有关"边疆理论"复杂的演变告诉我们，所谓"边疆"问题，远远不是一个理论问题，而更主要的是一个实践问题，这就是说，对边疆以及与之有关的一系列问题的解读，仍然处在观察和认识之中；对边疆的理解，要在国际政治生活的实践中，而不仅仅是在书本中。总之，对"边疆"概念或"边疆学"进行研究的前提，是积极投身于现实生活之中，对风云变幻的国际政治进行持之以恒的追踪研究，而不是进行所谓的"纯"理论研究。脱离正处于深刻、复杂变化中的实践，而急于做出这样或那样的理论判断，显然是不能得出正确结论的。

　　本书所研究的"边疆"，不是单纯的自然地理的边疆，而是国际关系体系中的边疆。国家主权原则是国际关系体系的基石，这样人们就不难理解，为什么人们论及"边疆"时，又总是和主权问题联系在一起。1576 年，法国思想家让·博丹首先提出"主权"概念，他强调这是一种永久的权力；是在这个国家内不受任何限制的权力；法律来源于主权，主权高于法律。所以主权是一种绝对的、不受限制的权力。稍晚于让·博丹的另一位生于16 世纪的思想家、荷兰人格劳秀斯发展了让·博丹的理论，更多地阐释了国家主权中的"对外主权"。这样，主权作为国家的基本属性不仅表现为在国家范围内的至高无上的权力，而且还表现为国家对外所具有自由、独立的权力。正是这些权力，直接或间接地影响到一个国家对自己"边疆"的认定，以及在这种认定基础上对与"边疆"有关的各种事物的认识。因为国家主权和国家领土的关系十分密切。一个国家一旦失去了主权，其领土也就无从谈起。1648 年《威斯特伐利亚和约》将让·博丹和格劳秀斯的理论加以肯定，并以这些理论为核心，确立了现代国际关系体系，即威斯特伐利亚体系。

从上述基本认识出发，本书重点考察了威斯特伐利亚体系以来，西方边疆理论的演变。无论在资本主义萌生时期、"自由"资本主义时期，还是在垄断资本主义时期，资产阶级为了维护自己的切身利益，在边疆问题上不断提出种种新的理论，但是直至第二次世界大战结束，甚至到"冷战"结束前的种种理论，都没有逾越威斯特伐利亚体系所确立的国际关系的框架。即都是在相互尊重国家主权原则和互不干涉内政的原则下讨论边疆问题，至少在表面上是这样。《联合国宪章》明确规定"各会员国主权平等的原则"。旧金山制宪会议第一专门委员会下辖的第一委员会在报告中对这项原则的解释是（1）国家法律上一律平等；（2）国家都享有完全主权的固有权利；（3）国家的人格如同其领土完整和政治独立一样同受尊重；（4）国家生活在国际秩序中皆应忠实地尽其国际责任与义务。《联合国宪章》还规定：各会员国在其国际关系上不得使用威胁或武力，或以与联合国宗旨不符之任何其他方法，侵犯任何会员国或国家之领土完整或政治独立。[①] 这些对于讨论边疆理论具有重要的指导意义。

但是，"冷战"结束后，美国在"全球化"的背景下相继提出"人权高于主权"、"人道主义干预"、"防止人道主义灾难"、"软边疆"、"国家主权让渡"、"国家主权终结"等理论，而且制订、实施"先发制人"的国家安全战略，要构筑信息时代的新的边疆"地缘"学说，公开地、粗暴地践踏国际法。这一切对《威斯特伐利亚和约》以来、包括《联合国宪章》中所规定的国家主权理念提出挑战，对国际法理中的边疆理论和当代国际关系

---

① 参见李铁城：《联合国五十年》，中国书籍出版社1995年版，第18页。

已经产生了并继续产生着深刻的影响。伊拉克战争就是美国上述某些理论的具体实践。美国认为伊拉克研制并保存有大规模杀伤性武器，已经威胁到美国的安全，从美国的利益出发，可以不受任何边界、边疆的约束，也可以不受国际法的约束，藐视联合国、绕开联合国，直接向伊拉克发起军事打击。

2003 年 3 月 26 日，美国总统布什在麦克迪尔空军基地对美国军事人员发表谈话时说："这场战争中的每一次胜利，每一次牺牲都是为保护美国和全世界的无辜生命不受恐怖武器之害。我们不会坐等危险降临。不再让消防人员、警察和医生在我国城市的大街小巷应对这一危险。为此，我们今天出动陆海空三军以及海岸警卫队和海军陆战队迎战这一危险。"① 然而，据美国《华盛顿邮报》2005 年 1 月 12 日报道，美在伊搜寻大规模杀伤性武器无果而终。美国在伊拉克的武器搜寻小组经过近两年的搜索后一无所获，已于去年年底悄然结束使命，并将在最终报告中作出结论：伊拉克在美国发动战争前没有大规模杀伤性武器。尽管如此，布什政府仍坚称伊拉克战争是正确抉择，有没有发现大规模杀伤性武器也是如此。这就是西方边疆理论在国际政治生活中的最新反映。

冷战结束后，一些西方理论家极力鼓吹"民族国家的终结"，认为民族国家已经成为"怀旧的幻想"，主张弱小的国家应主动地将主权"让与列强国家"。日本学者大前研一声称，民族国家是 18、19 世纪的产物，已经"趋于瓦解"，"民族国家已经失去了其作为全球经济重要参与者的传统地位"。那么，民族国家的出路是什么呢？那就是从"民族国家"走向所谓的"区域国家"，即"将民族国家的自主权转让给那些创造财富的区域

---

① 《中国日报》网站，2003 年 3 月 27 日。

国家，促进这些区域国家努力寻求全球性的解决办法"。这是人类目前的"唯一希望"。① 在所谓"区域国家"中，民族国家既然已经自愿地将国家主权全部"转让"，那边界、边疆等也自然而然地失去了原有的意义。如果说近年西方的边疆理论有什么重要的"理论问题"值得研究，那么"区域国家"理论应该算作其中之一。因为它清清楚楚地告诉人们，冷战后西方边疆理论虽然五花八门，不时翻新，但万变不离其宗，那就是极力推行强权政治，霸权主义，凭借其经济、军事的强大实力，公开对他国、特别是对广大发展中国家进行意识形态渗透，企图建立起可以一手遮天的一统天下。

　　本结束语只能是没有结束的"结束语"，随着国际政治生活波涛迭起，新的事件、新的事物将层出不穷，还会有更多的问题进入人们的研究视野。如果我们这部著作能够引起各界读者对国际政治生活中的边疆问题的重视，并更加关注我们自己的国家安全，那我们将感到无比欣慰！

---

　　① 参见俞可平等著：《全球化与国家主权》，社会科学文献出版社 2004 年版，第 272—273 页。

参考文献

一　中文文献（含译著）

1. 王春良主编：《世界现代史地图集》，中华地图学社 1992 年编绘出版。

2.《马克思恩格斯论殖民主义》，人民出版社 1962 年版。

3. 高岱、郑家馨：《殖民主义史》总论卷，北京大学出版社 2003 年版。

4. 叶自成主编：《地缘政治与中国外交》，北京出版社 1998 年版。

5. 刘从德著：《地缘政治学：历史、方法与世界格局》，华中师范大学出版社 1998 年 9 月第 1 版。

6. 陈乐民主编：《西方外交思想史》，中国社会科学出版社 1995 年版。

7. 陈玉刚：《国家与超国家——欧洲一体化理论比较研究》，上海人民出版社 2001 年版。

8. 程广中：《地缘战略论》，国防大学出版社 1999 年版。

9. 吕一燃编：《马克思恩格斯论国家领土与边界》，黑龙江教育出版社 1992 年版。

10. 钱乘旦主编：《欧洲文明：民族的融合与冲突》，贵州人民出版社 1999 年版。

11. 余伟民、郑寅达：《现代文明的发展与选择——20 世纪的世界史》，华东师范大学出版社 2001 年版。

12. ［美］塞缪尔·亨廷顿著，周琪、刘绯、张立平、王圆译：《文明的冲突与世界秩序的重建》，新华出版社 2002 年版。

13. 王绳祖主编：《国际关系史资料选编》，武汉大学出版社 1983 年 8 月第 1 版。

14. 刘宗绪主编：《世界近代史参考资料》，高等教育出版社 1987 年 10 月第 1 版。

15. 王斯德主编：《世界现代史参考资料》，高等教育出版社 1988 年 9 月第 1 版。

16. 王斯德、钱洪主编：《世界当代史参考资料》，高等教育出版社 1989 年 10 月第 1 版。

17. 王绳祖主编：《国际关系史》，世界知识出版社 1995 年 12 月第 1 版。

18. 刘德斌主编：《国际关系史》，高等教育出版社 2003 年版。

19. 《国际条约集》，世界知识出版社版。

20. ［英］M·阿库斯特著，汪瑄、朱奇武、余叔通、周仁译：《现代国际法概论》，中国社会科学出版社 1981 年版。

21. ［澳大利亚］J. R. V. 普雷斯科特著，王铁崖、邵津译：《海洋政治地理》，商务印书馆 1978 年 11 月第 1 版。

22. ［美］惠顿著，丁韪良译：《万国公法》，同治三年（1864）北京崇实印书馆初版，上海书店出版社 2002 年点校本。

23. ［苏联］伊格纳钦科、奥斯塔频科主编，俞大鑫、程晓霞等译：《国际法》，法律出版社 1982 年版。

24. 王铁崖、田如萱编：《国际法资料选编》，法律出版社 1982 年版。

25. ［英］斯塔克著，赵维田译：《国际法导论》，法律出版社 1984 年版。

26. 李家善著：《国际法学史新论》，法律出版社 1987 年版。

27. ［英］詹宁斯、瓦茨修订，王铁崖等译：《奥本海国际法》第 1 卷第 1、2 分册，中国大百科全书出版社 1995、1998 年版。

28. 慕亚平、周建海、吴慧著：《当代国际法论》，法律出版社 1998 年版。

29. 陈延中编著：《国际法案例》，法律出版社 1998 年版。

30. 邵津主编：《国际法》，北京大学出版社 2000 年版。

31. 田涛著《国际法输入与晚清中国》，济南出版社 2001 年 10 月第 1 版。

32. 北京大学法律系国际法教研室编：《海洋法资料汇编》，人民出版社 1974 年版。

33. ［苏联］苏联科学院国家和法研究所海洋法研究室编，吴云琪、刘楠来、王可菊译：《现代国际海洋法》，天津人民出版社 1981 年版。

34. 魏敏主编：《海洋法》，法律出版社 1987 年版。

35. 赵理海主编：《当代海洋法的理论与实践》，法律出版社 1987 年版。

36. 陈德恭：《现代国际海洋法》，中国社会科学出版社 1988 年版。

37. 李永采、王春良、盖莉、魏峰：《海洋开拓争霸简史》，海洋出版社 1990 年版。

38. 刘楠来、王可菊等：《国际海洋法》，海洋出版社 1986 年版。

39. ［加］巴里·布赞：《海底政治》，生活·读书·新知三联书店 1981 年版。

40. ［美］杰拉尔德·J·曼贡著，张继先译：《美国海洋政策》，海洋出版社 1982 年 3 月第 1 版。

41. 杨生茂编：《美国历史学家特纳及其学派》，商务印书馆 1984 年 2 月第 1 版。

42. 刘绪贻、杨生茂主编：《战后美国史（1945—1986）》，人民出版社 1989 年版。

43. 何顺果著：《美国边疆史》，北京大学出版社 1992 年版。

44. 刘从德：《地缘政治学：历史、方法与世界格局》，华中师范大学出版社 1998 年版。

45. 肖星编著：《政治地理学概论》，测绘出版社 1995 年版。

46. ［英］杰弗里·帕克著，刘从德译：《地缘政治学：过去、现在和未来》，新华出版社 2003 年版。

47. ［日］井上清：《日本军国主义》，商务印书馆 1985 年版。

48. ［日］信夫清三郎编：《日本外交史》，商务印书馆 1992 年版。

49. ［日］信夫清三郎著，周启乾、吕万和等译：《日本政治史》，上海译文出版社 1988 年版。

50. ［苏联］格列切夫：《第二次世界大战后的美国殖民政策》，世界知识出版社 1960 年版。

51. ［苏联］K. 斯皮琴科主编，何希泉译：《政治和军事地理学》，解放军出版社 1984 年版。

52. ［苏联］A. 普罗霍罗夫：《关于苏中边界问题》，商务印书馆 1977 年版。

53. 奥·鲍·鲍里索夫和鲍·特·科洛斯科夫合著，肖东川、谭实译：《苏中关系：1945—1980》，生活·读书·新知三联书店 1982 年版。

54. 华辛芝、陈东恩著:《斯大林与民族问题》,中央民族大学出版社 2002 年版。

55. 〔美〕兹比格纽·布热津斯基著,中国国际问题研究所译:《大棋局——美国的首要地位及其地缘战略》,上海人民出版社 1998 年版。

56. 〔美〕兹比格涅夫·布热津斯基著,刘晓明等译:《竞赛方案——进行美苏竞争的地缘战略纲领》,中国对外翻译出版公司 1988 年版。

57. 〔美〕德波特:《欧洲与超级大国》,中国社会科学出版社 1986 年版。

58. 〔美〕乔治·亚历山大·伦森编,杨诗浩译:《俄国向东方的扩张》,商务印书馆 1978 年版。

59. 〔美〕弗·阿·戈尔德:《俄国在太平洋的扩张》,商务印书馆 1981 年版。

60. 〔美〕丹尼尔·奥·格雷厄姆:《高边疆——新的国家战略》,军事科学出版社 1988 年版。

61. 〔美〕卡罗尔·卡尔金斯:《美国扩张与发展史话》,人民出版社 1984 年版。

62. 〔美〕德沙:《美苏空间争霸与美国利益》,国际文化出版公司 1988 年版。

63. 〔英〕温斯顿·丘吉尔:《欧洲联合起来》,商务印书馆 1977 年版。

64. 〔英〕拉博德: 《西欧地理》,天津人民出版社 1980 年版。

65. 〔英〕哈·麦金德:《历史的地理枢纽》,商务印书馆 1985 年版。

66. ［法］安德烈·梅尼埃著，蔡宗夏译：《法国地理学思想史》，商务印书馆 1999 年版。

67. ［法］皮埃尔·热尔贝：《欧洲统一的历史与现实》，中国社会科学出版社 1989 年版。

68. ［埃及］布特罗斯·加利著，仓友衡译：《非洲边界争端》，商务印书馆 1979 年版。

69. ［英］安东尼·吉登斯著，郑戈译：《第三条道路：社会民主主义的复兴》，北京大学出版社 2000 年版。

70. ［英］安东尼·吉登斯著，李惠斌，杨雪冬译：《超越左与右：激进政治的未来》，中国社会科学出版社 2000 年版。

71. 中国社会科学院西亚非洲研究所《非洲概况》编写组编：《非洲概况》，世界知识出版社 1981 年版。

二　西文文献

1. Alfred Thayer Mahan, *The Influence of Sea Power upon History*, 1660—1783, Little, Brown and Company, Boston, Boston, 1890。

2. Alexander de Seversky, *America*: *Too Young to Die*, New York, McGraw – Hill, 1961。

3. Alistair Hennessy, *The Frontier in Latin American History*, Edward Arnold, 1978。

4. Andrew Gyorgy, Geopolitics: *the New German Science* (University of California Publications in International Relations, Volume 3, No. 3, pp. 141—304), University of California Press, Berkeley and Los Angeles, 1944。

5. *Encyclopaedia of the Social Sciences*, Volume. 2, The Macmillan Company, New York, 1930。

6. Frederick Jackson Turner, *the Frontier in American History*,

Henry Holt and Company, New York, 1920。

7. George Nathaniel, *The Life of Lord Curzon*, Ernest Benn Ltd. , London, 1928.

8. G. R. Sloan, *Geopolitics in United States Strategy Policy, 1890—1987*, Wheatsheaf Books, 1988。

9. Geoffrey Parker, *Western Geopolitical Thought in the Twentieth Century*, Croom Helm Ltd. , Sydney, 1985。中文译本有李亦鸣等译:《二十世纪的西方地理政治思想》, 解放军出版社 1992 年 2 月第 1 版。

10. H. Hale Bellot, *American History and American Historians*, University of London, the Athlone Press, 1952。

11. Harold Brown, *Thinking About National Security*, Westivew Press, 1983。

12. Hon. George N. Curzon, *Problems of the Far East*, Long-mans, Green, and Co. , London, 1894。

13. Joseph S, Nye, Jr. and William A, *Owens*: "America's information Edge", Foreign Affairs, (March—April) 1996。

14. N. J. Spykman: *The Geography of the Peace*, Harcourt & Brace Co. NY, 1944。

Michael Welsh, *Europe united?* Macmillan, 1995。

15. Owen Lattimore, *Inner Asian Frontiers of China*, by Owen Lattimore, American Geographical Society, New York, 1940。中文译本有赵敏求译:《中国的边疆》, 正中书局 1941 年版。

16. Paul Vidal de la Blanche, *Principles of Human Geography*, Constable and Company Ltd. , London, 1926.

17. Ray Allen Billington, *Westward Expansion: A History of the American Frontier*, Macmillan Publishing Co. , Inc New York, Fourth

Edition，1974。中文译本有韩维纯译：《向西部扩张：美国边疆史》，商务印书馆 1991 年版。

18. Richard Falk and Tamas Szentes eds. , *A New Europe in the Changing Global System*, The United Nations University, 1997.

19. The White Home, *A National Security Strategy of the United States*, March 1990.

20. Thomas F. X. Noble et. eds. *Western Civilization – The Continuing Experiment*, Houghton Mifflin Company, 1998.

21. Thomas M. Wilson and Hastings Donnan edited, *Border Identities*, Cambridge University Press, 1998.

22. World Bank, *Global Economic Prospects and the Developing Countries*, Washington, D. C. , 1992.

23. Daniel Nordman, Frontieres de France. *De l' espace au territoire XVIe – XIXe siecle*, Gallimard, Bibliotheque des histoires.

三　相关网站资料

1. "中国边疆在线"网：www. Chinaborderland . net

2. 海洋和海洋法：http：//www. un. org/Depts/los

3. 联合国海洋地图集：http：//www. oceansatlas. org

4. 国际海洋法法庭：http：//www. itlos. org

5. 教科文组织政府间海洋学委员会：http：//ioc. unesco. org/iocweb

6. 环境规划署区域海洋方案：http：//www. unep. ch/seas

7. 海洋环境保护的科学方面联合专家组（科学专家组）：http：//gesamp. imo. org

8. 联合国海洋法公约：http：//www. un. org/chinese/law/sea/